Europäische Kulturen
in der Wirtschaftskommunikation
Band 17

Herausgegeben von
N. Janich, Darmstadt, Deutschland
D. Neuendorff, Åbo, Finnland
C. M. Schmidt, Åbo, Finnland

Die Schriftenreihe verbindet aktuelle sprachwissenschaftliche, betriebswirtschaftliche, kulturwissenschaftliche und kommunikationstheoretische Fragestellungen aus dem Handlungsbereich der Wirtschaft. Im Kontext einer interdisziplinär verankerten und interkulturell angewandten Forschung sollen wissenschaftlich fundierte und praxisnahe Problemlösungsstrategien für die Wirtschaftskommunikation geschaffen werden. Auf diesem Wege wird auch eine Überwindung traditioneller Fachgrenzen zur Erhöhung des Erkenntnisgewinns für die einzelnen Disziplinen angestrebt.

Herausgegeben von
Prof. Dr. Nina Janich
Technische Universität Darmstadt

Dr. habil. Christopher M. Schmidt
Åbo Akademi, Finnland

Prof. Dr. Dagmar Neuendorff
Åbo Akademi, Finnland

Kathrin Vogel

Corporate Style

Stil und Identität
in der Unternehmenskommunikation

Mit einem Geleitwort von Prof. Dr. Nina Janich

 Springer VS

RESEARCH

Kathrin Vogel
Darmstadt, Deutschland

Dissertation Technische Universität Darmstadt, 2011

D 17

ISBN 978-3-531-18265-0 ISBN 978-3-531-94138-7 (eBook)
DOI 10.1007/978-3-531-94138-7

Die Deutsche Nationalbibliothek verzeichnet diese Publikation in der Deutschen Nationalbibliografie; detaillierte bibliografische Daten sind im Internet über http://dnb.d-nb.de abrufbar.

Springer VS
© VS Verlag für Sozialwissenschaften | Springer Fachmedien Wiesbaden 2012
Das Werk einschließlich aller seiner Teile ist urheberrechtlich geschützt. Jede Verwertung, die nicht ausdrücklich vom Urheberrechtsgesetz zugelassen ist, bedarf der vorherigen Zustimmung des Verlags. Das gilt insbesondere für Vervielfältigungen, Bearbeitungen, Übersetzungen, Mikroverfilmungen und die Einspeicherung und Verarbeitung in elektronischen Systemen.

Die Wiedergabe von Gebrauchsnamen, Handelsnamen, Warenbezeichnungen usw. in diesem Werk berechtigt auch ohne besondere Kennzeichnung nicht zu der Annahme, dass solche Namen im Sinne der Warenzeichen- und Markenschutz-Gesetzgebung als frei zu betrachten wären und daher von jedermann benutzt werden dürften.

Einbandentwurf: KünkelLopka GmbH, Heidelberg

Gedruckt auf säurefreiem und chlorfrei gebleichtem Papier

Springer VS ist eine Marke von Springer DE. Springer DE ist Teil der Fachverlagsgruppe Springer Science+Business Media
www.springer-vs.de

Geleitwort

Die vorliegende Arbeit schließt eine Lücke im Kontext der Corporate-Language-Forschung, indem sie bereits existierenden Konzepten aus der Praxis einen linguistisch fundierten Vorschlag zur Bestimmung eines „Corporate Style" entgegenstellt. Die zentralen Leitfragen der Arbeit lauten dementsprechend, inwiefern sich Unternehmensidentität überhaupt in einem spezifischen Sprachstil äußern kann und inwiefern ein solcher Corporate Style situations- und textsortenübergreifend denkbar ist.

Die Arbeit ist dadurch geprägt, dass so vielschichtige und durch (zum Teil disziplinär) unterschiedliche Begriffstraditionen geprägte Konzepte wie ‚Stil' und ‚Identität' geklärt, zusammengeführt und auf den Kontext der Unternehmenskommunikation bezogen werden. Aus den Diskussionen unterschiedlicher Forschungsansätze resultiert in einem ersten Schritt eine Definition von Stil, die statt einer „monokulturellen" Fixierung offen für eine vielschichtige Interpretation bleibt und den relationalen, sozialen (und dabei doch auch individuellen), semiotischen und text- bzw. diskursgebundenen Charakter von Stil betont. In Auseinandersetzung mit betriebswirtschaftlichen Ansätzen zur Bestimmung von Unternehmensidentität und -image entwickelt die Autorin einen konstruktiven Vorschlag für einen Stilbegriff für die Unternehmenskommunikation. Zentral an dieser Definition über die bereits genannten linguistischen Aspekte hinaus ist das Postulat, dass ein unternehmensspezifischer Stil Unternehmenstexten mittels einer „einheitlichen Gestalt" zusätzliche Bedeutung verleiht und sie zudem intertextuell und semiotisch multimodal miteinander verknüpft.

Die Diskussion unterschiedlicher Identitätskonzeptionen führt in einem zweiten Schritt zu einem Konzept von Unternehmensidentität, dessen Kernaussage darin besteht, dass Unternehmensidentität sowohl als *dynamischer Ausfluss* als auch als *Orientierungspunkt von Identifikationsleistungen* begriffen werden kann. Diese Zweigesichtigkeit von Unternehmensidentität ist für das von der Autorin entwickelte Konzept eines Corporate Style von fundamentaler Bedeutung.

Für den Corporate Style-Begriff wird in einem dritten Schritt ein semiotisches Modell entwickelt, das genau dieses Oszillieren zwischen Identifikationsangebot und Ausdruck von Identität über einen unternehmensspezifischen Sprachstil im Sinne eines semiotischen Superzeichens zu fassen versucht, indem interdisziplinäre Erkenntnisse zum Zusammenhang von Sprachstil und Individualidentität als Folie genutzt werden.

Aus diesem (vornehmlich erst einmal deskriptiven) Konzept wird in einem vierten Schritt ein integrativer und kommunikationswissenschaftlich differenzierter Analyserahmen abgeleitet, der es ermöglicht, alle Kommunikate eines Unternehmens auf die Existenz/Nicht-Existenz eines Corporate Style hin zu prüfen.

Diese knappen Hinweise deuten bereits an, wie umsichtig und sorgfältig die Autorin mit der Vielschichtigkeit der von ihr untersuchten Zusammenhänge umzugehen weiß. Die stark theorieorientierte Arbeit versammelt dabei alle sprachwissenschaftlich relevanten Ansätze zum Stilbegriff und zur Wirtschaftskommunikationsforschung und spannt zusätzlich einen weiten interdisziplinären Bogen zu Wirtschafts- und anderen Geistes- und Sozialwissenschaften auf. Dabei ist die Autorin immer zur kritischen Diskussion und Reflexion bereit. Es besticht nicht nur der souveräne Umgang mit komplexen Begriffen wie ‚Identität' oder ‚Stil' und den entsprechend langen und multidisziplinären Forschungstraditionen, sondern vor allem auch die Balance zwischen immer kritisch bleibender Offenheit gegenüber fremden Ansätzen und Sichtweisen einerseits und einer begründeten Entschiedenheit im eigenen Vorgehen und der klaren Umsetzung selbst gesteckter Ziele andererseits.

Der Arbeit, die sich zudem mit Zwischenfazits und entsprechenden Überleitungen durch eine exzellente Leserführung auszeichnet, sind daher sowohl im Bereich der Sprach- und Kommunikationswissenschaft als auch der Betriebswirtschaftslehre und Organisationstheorie zahlreiche Leserinnen und Leser zu wünschen.

Nina Janich

Vorbemerkung

Das Corporate-Identity-Konzept hat mich bereits früh im Studium fasziniert. Die für diese Arbeit leitende Fragestellung, inwiefern es sich auch auf Sprachstil übertragen lässt bzw. inwiefern Sprachstil als Ausdruck der Corporate Identity fungieren kann, ist eine für die Wirtschaftslinguistik und auch für die Kommunikationspraxis grundlegende Fragestellung, die bisher auf beiden Seiten noch zu wenig Beachtung erfahren hat. Vielfach existieren allerdings falsche, zu stark pauschalisierende Vorstellungen bezüglich der Zusammenhänge zwischen Stil und Identität. Das Ziel, mit diesen Vorstellungen aufzuräumen und eine linguistische Fundierung zum Thema zu liefern, war für mich ein wichtiger Antrieb.

Ohne eine solche thematische Motivation ist eine Dissertation kaum zu bewältigen, ohne den Zuspruch und die Unterstützung von Freunden und Familie und ohne akademische Begleitung allerdings ebenso wenig. Für diese Unterstützung bin ich deshalb sehr dankbar.

Zuallererst möchte ich meiner Doktormutter Prof. Dr. Nina Janich danken: Ihre Anmerkungen und Vorschläge waren stets konstruktiv und ließen mir dabei die Freiheit, mein eigenes Gedankengebäude zu entwickeln. Auch die regelmäßigen Treffen mit den übrigen Janich'schen Doktoranden an der TU Darmstadt boten wichtige Anregungen und Unterstützung. Hier gilt mein Dank insbesondere Dr. Jens Runkehl, Anne Simmerling und Lisa Rhein.

Einen ganz besonderen Dank möchte ich meiner Zweitgutachterin, Prof. Dr. Eva-Maria Jakobs, für ihre äußerst hilfreichen Hinweise aussprechen. Wichtige Impulse für meine Arbeit habe ich außerdem bei zahlreichen Begegnungen im Rahmen der Forschungskooperation „Europäische Kulturen in der Wirtschaftskommunikation" erhalten, insbesondere von Dr. habil. Christopher M. Schmidt. Dafür herzlichen Dank.

Nicht zuletzt aber danke ich meinen Eltern und Geschwistern, meinem Mann und meinen Freunden für ihre Unterstützung und ihr Verständnis. Ihr Rückhalt ist mir das Wichtigste.

Kathrin Vogel

Inhaltsverzeichnis

Geleitwort 5

Vorbemerkung 7

1 **Einführung** 15
   1.1   Problemaufriss und Forschungsstand 15
   1.2   Ziele, Fragestellungen und Aufbau der Arbeit 18

2 **Grundlegung und Einordnung in die Unternehmenskommunikation** 25
   2.1   Corporate Style – Begriffsklärung und Abgrenzungen 25
   2.2   Zentrale Konzepte der Unternehmenskommunikation 29
       2.2.1 Corporate Identity und Corporate Communication 29
       2.2.2 Integrierte Kommunikation 33
       2.2.3 Verbindungslinien zwischen den Konzepten 35
       2.2.4 Kritische Beurteilung des Corporate Identity-Konzeptes . 37
   2.3   Corporate Style im Kontext von CI und IK 40
       2.3.1 Zum Stellenwert von Sprachstil in den Konzepten 40
       2.3.2 Einordnung des Corporate-Style-Modells in die Konzepte . 42
   2.4   Zum Geltungsbereich eines Corporate Style 43
       2.4.1 Unternehmenskommunikation als Geltungsbereich 43
       2.4.2 Mögliche Beschränkungen des Geltungsbereichs 47

3 **Stiltheoretisch-linguistische Rahmenüberlegungen** 51
   3.1   Einführender Forschungsüberblick 52
   3.2   Varietäten- und funktionalstilistische Perspektiven 54
   3.3   Pragmatische Perspektiven 59
   3.4   Soziolinguistische Perspektiven 61
   3.5   Semiotische Perspektiven 64
   3.6   Intertextualität und Diskursivität von Stil 71
   3.7   Normen und ihre Durchbrechung 77
   3.8   Stilistische Anforderungen und Voraussetzungen für Stil 79
   3.9   Zusammenfassung 82

Inhaltsverzeichnis

4 Stil in der Unternehmenskommunikation 83
- 4.1 Determinanten stilistischen Handelns in der UK 83
  - 4.1.1 Diskursbezogene Faktoren 84
  - 4.1.2 Sozialbezogene Faktoren: Die Bezugsgruppen des Unternehmens 90
  - 4.1.3 Selbstbezogene Faktoren: Das Unternehmen als Publikationsinstanz 93
- 4.2 Ein Stilbegriff für die Unternehmenskommunikation 96

5 Unternehmensidentität 99
- 5.1 Einführung und Forschungsüberblick 99
- 5.2 Abgrenzungen: Identität, Kultur, Image und Reputation 101
- 5.3 Identifikation und Ausgrenzung (Inklusion und Exklusion) 105
- 5.4 Corporate Identity und organisationale Identität 109
- 5.5 Anforderungen an die Identität von Unternehmen 112
  - 5.5.1 Einzigartigkeit und Anpassung 112
  - 5.5.2 Kontinuität und Dynamik 113
  - 5.5.3 Einheitlichkeit und Vielfalt 114
  - 5.5.4 Authentizität und Inszenierung 117
- 5.6 Zusammenfassung und Definition zur Unternehmensidentität 119

6 Linguistische Zugänge zu Sprachstil und Identität 121
- 6.1 Begriffsklärungen und Forschungsüberblick 121
- 6.2 Funktionen von Sprachstil für Identität 123
- 6.3 Modelle zu Sprachstil und Identität von Individuen 126
  - 6.3.1 Multiple Sprachidentität 126
  - 6.3.2 Der Persönlichkeits-Interaktions-Kreis 128
  - 6.3.3 Narrative Identität 131
- 6.4 Identitätsstiftende Strategien 135
  - 6.4.1 Originalisieren als identitätsstiftendes Stilmuster 136
  - 6.4.2 Perspektivierung und Adressierung 138
  - 6.4.3 ‚Kulturelle Stile' und Identität 139
  - 6.4.4 Selbstdarstellungsstrategien 142
  - 6.4.5 Stilregister der Selbstdarstellung 144
  - 6.4.6 Namen 145
  - 6.4.7 Identitätsstiftende Lexik 147
- 6.5 Zusammenfassung und Schlussfolgerungen 147

7 Normative Konzepte zu Sprachstil und Unternehmensidentität 151
- 7.1 Die ausgewählten Konzepte im Überblick 152
- 7.2 Normative Ansätze und Sprach- und Stilratgeber 153
- 7.3 Analyse- und Diskussionsaspekte 157
  - 7.3.1 Rahmenbedingungen zur Publikation 158
  - 7.3.2 Beschreibung des jeweiligen Konzepts in seinen Grundzügen 159
  - 7.3.3 Stilauffassungen 160
  - 7.3.4 Identitätsauffassungen 161
  - 7.3.5 Gesamtpotenzial des Konzepts 162
  - 7.3.6 Überblick über die Analyse- und Diskussionsaspekte 163

Inhalt

7.4		Diskussion A: Corporate Wording (Förster et al. 2010)	165
	7.4.1	Rahmenbedingungen zur Publikation	165
	7.4.2	Das Konzept in seinen Grundzügen	167
	7.4.3	Stil bzw. „Sprachklima" bei Förster	171
	7.4.4	Identität bei Förster et al.	174
	7.4.5	Gesamtpotenzial des Konzepts	175
7.5		Diskussion B: Corporate Language (Reins 2006)	176
	7.5.1	Rahmenbedingungen zur Publikation	176
	7.5.2	Das Konzept in seinen Grundzügen	177
	7.5.3	Stilauffassungen bei Reins	180
	7.5.4	Identität bei Reins	181
	7.5.5	Gesamtpotenzial des Konzepts	182
7.6		Diskussion C: CI in Texten (Sauer 2002)	183
	7.6.1	Rahmenbedingungen zur Publikation	183
	7.6.2	Das Konzept in seinen Grundzügen	184
	7.6.3	Stilauffassungen bei Sauer	186
	7.6.4	Identität bei Sauer	189
	7.6.5	Gesamtpotenzial des Konzepts	190
7.7		Zwischenergebnis	191
8		**Corporate Style: Ein integratives Beschreibungs- und Analysemodell**	**195**
8.1		Definitionserweiterung zum Corporate Style	195
8.2		Semiotisches Modell zum Corporate Style	196
	8.2.1	Anforderungen an ein Corporate-Style-Modell	197
	8.2.2	Geltungsbereich und Determinanten	198
	8.2.3	Ein semiotisches Modell zum Corporate Style	199
8.3		Analyserahmen zum Corporate Style	202
	8.3.1	Anforderungen	202
	8.3.2	Mehrstufige Analyseverfahren	203
	8.3.3	Erläuterung des Analyserahmens	205
9		**Exemplarische Analyse: Innocent Drinks**	**215**
9.1		Innocent Drinks – Ein Unternehmen und seine Identität	216
9.2		Weitere Determinanten des Corporate Style von Innocent Drinks	218
9.3		Korpuseingrenzung und -überblick	221
9.4		Corporate Style als Zeichenmittel	223
9.5		Corporate Style als Demonstration von Stilkompetenz	227
9.6		Corporate Style als Identifikationsangebot	229
9.7		Corporate Style als Referenz auf die Unternehmensidentität	230
9.8		Abschließende Betrachtung des Corporate Style	232
9.9		Zwischenergebnis: Beurteilung des Analyserahmens	233
10		**Schluss**	**235**
10.1		Zusammenfassung	235
10.2		Schlussfolgerungen	237
10.3		Ausblick und Desiderata	239

Literatur 243
  A. Primärliteratur 243
  B. Sekundärliteratur 246

Anhang 1: Farbabbildungen 263

Anhang 2: Korpustabellen 265

Abbildungsverzeichnis

Abbildung 1: Hierarchisierung stilbildender Elemente 56
Abbildung 2: Stilorientiertes Kommunikationsmodell nach Sandig (^{2}2006: 18) 60
Abbildung 3: Triadisches Zeichenmodell nach Peirce (aus Eco ^{2}1991: 90) 67
Abbildung 4: Textsorten-Beziehungen am Beispiel Soap Opera nach Klein (2000: 35) 75
Abbildung 5: Unternehmensidentität und Image 105
Abbildung 6: Organisationale Identität und Corporate Identity 111
Abbildung 7: Das Modell der multiplen Sprachidentität nach Kresic (2006: 228) 127
Abbildung 8: Persönlichkeits-Interaktions-Kreis nach Bendel (2007: 356) 130
Abbildung 9: Das semiotisch-pragmatische Corporate-Style-Modell 200
Abbildung 10: Visualisierung zur Herstellung von Säften aus Konzentraten [A20] 263
Abbildung 11: Logo von Innocent Drinks 263
Abbildung 12: Screenshot der Webseite „Unser Team – Wir" von Innocent Drinks [A61] 264
Abbildung 13: Screenshot der Webseite „Unsere Werte" von Innocent Drinks [A62] 264

Tabellenverzeichnis

Tabelle 1: Aufbau der Arbeit 22
Tabelle 2: Vertextungsstrategien nach Eroms (1986: 18) 57
Tabelle 3: Intertextualitäts-Kategorien (vgl. Janich 2008a, Holthuis 1993, Klein 2000) 75
Tabelle 4: Fragenkatalog zu den normativen Konzepten 164
Tabelle 5: Sprachklimata nach Förster et al. (2010: 53-57), Förster (^{8}2006: 23) 168
Tabelle 6: Die Corporate-Language-12-Schritte-Methode nach Reins (2006:186-188) 179
Tabelle 7: Corporate-Style-Analyserahmen in acht bzw. neun Schritten 205
Tabelle 8: Gegenüberstellung der Farbanalysen verschiedener Funktionalstile 263

1 Einführung

1.1 Problemaufriss und Forschungsstand

Die breit gefächerte Literatur zur Unternehmenskommunikation thematisiert vielfältige Ausdrucksformen der Unternehmensidentität. Im Rahmen des Corporate-Identity-Konzepts werden vor allem visuelle (Corporate Design) und verbale (Corporate Communication) Ausdrucksformen diskutiert. Dabei treten jedoch sprachlich-stilistische Fragen gegenüber kommunikativ-strategischen und inhaltlichen Fragen in den Hintergrund oder finden nur am Rande Erwähnung (so z.B. bei Mast ^{5}2008; Kunczik ^{5}2010; Birkigt/Stadler ^{11}2002). Der Fokus liegt vielmehr auf den zu wählenden Kommunikationsinstrumenten und Verbreitungskanälen, den zu transportierenden inhaltlichen Botschaften sowie auf übergreifenden Kommunikationsstrategien. Wo Sprachstil thematisiert wird, bleibt dies entweder in Pauschalaussagen und Allgemeinplätzen verhaftet[1] oder bezieht sich auf die Anforderungen spezifischer Textsorten (wie Geschäftsbericht oder Pressemitteilung) und bestimmter Situationen (insbesondere Krisensituationen).

Das wohl bekannteste Beispiel dafür, dass eine nähere Beschäftigung mit ihrem Sprachstil für Unternehmen lohnend sein und dass eine „besondere Sprache einer Marke Identität verleihen" (Meier 2009: 239) kann, ist Ikea. Verschiedene Aufsätze und Zeitungsartikel (z.B. Meier 2009; Sick 2006) zeugen davon, dass der Sprachstil von Ikea tatsächlich als typisch für das Unternehmen wahrgenommen wird. Der markante Stilzug des Duzens zieht sich durch fast alle Texte des Unternehmens und sorgt für einen hohen Wiedererkennungswert. Damit werden Skeptiker wie Vries (1998: 332), der unternehmenstypische Sprachformen für „keine besonders trennscharfe Möglichkeit der Unterscheidung" hält, widerlegt. Auch in der Praxis werden die Potenziale eines unternehmensspezifischen, auf die Unternehmensidentität bezogenen Sprachstils zunehmend erkannt. So interessieren sich Unternehmen beispielsweise dafür, welche sprachlich-stilistischen Mittel ihrem Image-Aufbau dienen (vgl. Handler 2005: 128). Delin

---

[1] Siehe hierzu ausführlicher Unterabschnitt 2.3.1.

fordert als Konsequenz, es müsse „ein Verfahren aufgebaut werden, das zu konkreten Texten mit konkreten linguistisch zu benennenden Eigenarten führt" (Vortrag Delin 2004, zit. nach Handler 2005: 128).

Es existieren jedoch nur wenige konkrete Ansätze dazu, wie Unternehmensidentität und Sprachstil aufeinander bezogen sind und wie die konkrete sprachliche Gestaltung von Texten zur Darstellung und Konstruktion der Unternehmensidentität beitragen kann. Sauer (2002: 47) findet in wirtschaftsorientierten Werken zwar häufig die Forderung, „daß Unternehmen einen speziellen Stilführer bereitstellen sollten, der eine optimale Ausrichtung der Kommunikation auf das gewünschte Image gewährleistet". Konkrete Hinweise zur Entwicklung eines solchen Stilführers fehlen jedoch meist, wie auch Sauer (ebd.) kritisiert.

Erste Versuche, einen Zusammenhang zwischen Corporate Identity (CI) und Sprachstil herzustellen, liegen mit den praxisorientierten Konzepten von Reins (2006) zu Corporate Language und von Förster (1994ff. bzw. Förster et al. 2010) zu Corporate Wording vor. Diese als ‚laienlinguistisch'[2] einzustufenden Konzepte bieten durchaus diskussionswürdige Ansätze, wurden in der linguistischen Forschung bisher jedoch nur vereinzelt rezipiert (z.B. bei Sauer 2002; Emmerling 2007) und noch keiner systematischen Untersuchung unterzogen.

Umgekehrt ist ein mangelhafter Transfer linguistischer Erkenntnisse zu Stil und Identität in die Unternehmenskommunikation hinein festzustellen.[3] So könnten etwa die vorhandenen Ansätze für die Unternehmenskommunikation fruchtbar gemacht und neue Ansätze mit Bezug auf die Unternehmensidentität entwickelt werden. Bisher liegen von wissenschaftlicher Seite lediglich ein schreibdidaktisch-normatives, linguistisches Konzept von Sauer (2002) zu „Corporate Identity in Texten" sowie ein betriebswirtschaftlicher, deskriptiver Ansatz von Beer (1996) vor. Brudler (1993) differenziert erstmals einzelne Funktionen von Sprachstil für die Unternehmensidentität und legt damit den Grundstein für die Forschung zu „CI in Texten", wie Sauer (2002) das Forschungsfeld zu Unternehmensidentität und Sprachstil benennt. Weitere Arbeiten beziehen sich auf inhaltlich-explizite Selbstdarstellungsstrategien in ausgewiesenen Selbstdarstellungstexten wie Leitbildern, „Über uns"-Sektionen auf Websites oder Unternehmensgrundsätzen (z.B. Biere 1994; Emmerling 2006ff.; Pätzmann 1993). Auch die Frage nach der Verständlichkeit der Unternehmenstexte wird in den Blick genommen (Klein 1995). Textsortenlinguistisch orientierte Untersuchungen beschreiben die Textmuster typischer Unternehmenstexte wie Werk- und Kundenzeitschriften (Hassinen/Wenner 1994) und Betriebsbroschüren (Juhl Bang 2004; Nordmann 2002; Roinila 1991). Ebert (1997) untersucht die „kommunikativen

---

[2] Mit dem Begriff der „Laienlinguistik" nimmt Antos (1996) von linguistischen Laien verfasste und an linguistische Laien vermittelte Sprach- und Stilauffassungen in den Blick, wie sie beispielsweise in Sprachratgebern transportiert werden (siehe auch Abschnitt 7.2).
[3] Inzwischen wird ein solcher Transfermangel auch in Bezug auf die mündliche Kommunikation von verschiedenen Autoren thematisiert (Antos 2000; Nestler 2007 und Kessel 2009).

1.1 Problemaufriss und Forschungsstand

Funktionen und Strukturmuster" in Führungs- und Unternehmensgrundsätzen und zeichnet dabei das Bild einer heterogenen Textsorte, deren dominierende Textfunktionen Legitimation, Instruktion, Information oder aber Werbung/Identitätskonstruktion sein können (vgl. Ebert 1997: 321f.). Verbindungen zwischen Sprachstil und Unternehmensidentität werden in Eberts Analyse jedoch nicht hergestellt. Ebert/Piwinger (2003) entwickeln in ihrem Aufsatz zu „Sprachstil und Imagearbeit in Aktionärsbriefen" erste subjektive Annäherungen an die möglichen Auswirkungen stilistischer Strategien, indem sie die eingesetzten Stilmittel auch unter Imageaspekten bewerten. Die Analyse bleibt jedoch bezüglich der Imagewirkungen unsystematisch und ist vor allem auf Aspekte der Textoptimierung wie Verständlichkeit und Leserführung ausgerichtet. Ähnlich verhält es sich bei Keller (2006), der sich ausführlich mit der Sprache des Geschäftsberichts beschäftigt, oder bei Schuster (2000: 606f.), der die Textsorte Imagebroschüre untersucht. Beide machen zwar Vorschläge zur sprachlich-stilistischen Optimierung, allerdings ohne Bezug auf die Unternehmensidentität.

Das Desiderat eines linguistisch fundierten Konzepts zur sprachlich-stilistischen Darstellung der Unternehmensidentität wurde bereits bei Vogel (2009) ausgemacht. Eine umfassende – linguistisch motivierte – Evaluation der Zusammenhänge zwischen Sprachstil und Unternehmensidentität sowie der dazu existierenden Erklärungsmodelle steht somit bisher noch aus. Die vorliegende Arbeit soll zum Schließen der Forschungslücke beitragen und behandelt die Frage nach einem unternehmensspezifischen, die Unternehmensidentität widerspiegelnden Sprachstil unter dem titelgebenden Schlagwort *Corporate Style*.[4] Dieser Terminus wurde bereits bei Vogel (2009) als Bezeichnung für einen „unternehmensspezifischen, die Unternehmensidentität widerspiegelnden Sprachstil" eingeführt.

Die Diskussion zu Stil und Unternehmensidentität ist dabei vor dem Hintergrund sich wandelnder Rahmenbedingungen in der Unternehmenskommunikation zu sehen. Unter wechselnden Schlagworten wie *Multimedia* in den 1990er Jahren oder jüngst *Social Media* wird die Nützlichkeit technisch-medialer Innovationen für die Unternehmenskommunikation diskutiert. Damit einhergehend werden eine zunehmende Verknüpfung unterschiedlicher Kommunikationsmodi sowie ein wachsender Stellenwert bildlicher Darstellungsformen in der Kommunikation registriert. Diese Entwicklungen werden auch von der Linguistik beobachtet, was sich insbesondere in der Werbesprachenforschung sowie in einer semiotisch orientierten Stilforschung niederschlägt. Dabei wird nicht nur auf die Bedeutung von Bild-Text-Relationen aufmerksam gemacht (z.B. bei Fix 2001b;

---

[4] In den Abschnitten 1.3 und 8.1 wird der Begriff ‚Corporate Style' ausführlicher erläutert bzw. weiter differenziert.

Janich 2006), sondern es werden auch umfassende Konzepte zu deren Analyse entwickelt (vor allem Stöckl 2004a; Meier 2008a und 2008b).[5]

1.2 Ziele, Fragestellungen und Aufbau der Arbeit

Ziel dieser Arbeit ist es, im Rahmen eines stiltheoretischen Zugangs ein sprachwissenschaftlich fundiertes Modell zum Zusammenhang von Sprachstil und Unternehmensidentität zu entwickeln. Darauf aufbauend wird ein Analyserahmen zur Stilanalyse entwickelt, der die Beschreibung und Kontrolle eines Corporate Style ermöglicht. Zwar schließt sich die Frage nach der Entwicklung und Implementierung eines Corporate Style hier unmittelbar an, sie würde jedoch über eine stiltheoretische Grundlegung zur Thematik weit hinausführen und zudem sehr viel weitreichendere empirische Untersuchungen erfordern, als sie in einer Dissertation zu leisten sind. Die Arbeit konzentriert sich daher auf die Modellierung der Zusammenhänge zwischen Stil und Identität und verweist damit auf die grundlegende Fragestellung, inwiefern sich Unternehmensidentität überhaupt in einem bestimmten Sprachstil manifestieren kann. Dabei spielt die Frage nach den Voraussetzungen für Identität eine wichtige Rolle – wie müsste also ein Sprachstil beschaffen sein, der die Identität des Unternehmens widerspiegelt? Des Weiteren: Lässt sich ein solcher Sprachstil für verschiedene Textsorten aus unterschiedlichen Kommunikationsbereichen nutzen? Diese Frage ist insbesondere aus Sicht der Praxis relevant. Sie zielt auf die möglichen Grenzen eines Corporate Style, d.h. ob dieser über verschiedene Kommunikationssituationen und Textfunktionen hinweg Gültigkeit beanspruchen kann oder ob hier Einschränkungen des Geltungsbereichs notwendig sind.

Dabei ist zu beachten, dass sowohl Stil als auch Identität vieldiskutierte Begriffe darstellen, die aus verschiedenen Perspektiven mit vielfältigen Bedeutungsinhalten gefüllt wurden und werden und somit nur schwer zu fassen sind. Bevor also ein Modell zum Zusammenhang von Sprachstil und Unternehmensidentität entwickelt werden kann, müssen diese Themenkomplexe ausführlich behandelt werden. Somit schließen sich weitere Fragen an, die für den Verlauf der Arbeit bestimmend sind und deshalb im Folgenden mit einzelnen Arbeitsschritten und Kapiteln verknüpft werden:

---

[5] An dieser Stelle wurde vor allem auf den Forschungsstand zu den Zusammenhängen zwischen Sprachstil und Unternehmensidentität fokussiert. Es hat sich gezeigt, dass in diesem Bereich noch einiger Forschungsbedarf vorhanden ist. Die damit verbundenen Einzelgegenstände (insbesondere Stil, Identität und Unternehmensidentität) können jedoch bereits als breit diskutiert gelten. Sie werden ebenso wie der jeweils relevante Forschungsstand in den folgenden Kapiteln ausführlich dargestellt.

1.2 Ziele, Fragestellungen und Aufbau der Arbeit

Kapitel 2: Welche Inhalte sollen mit Corporate Style verbunden werden, wie wird Corporate Style innerhalb dieser Arbeit definiert? Welchen Stellenwert hat Sprachstil in den zentralen Konzepten zur Unternehmenskommunikation (Corporate Identity und Integrierte Kommunikation), und wie lässt sich Corporate Style in diese Konzepte einordnen? Welcher Geltungsbereich soll einem Corporate Style zugeschrieben werden und auf welchen Objektbereich bezieht sich das zu entwickelnde Modell?
Diese für die Arbeit grundlegenden Fragen werden in Kapitel 2 beantwortet. Dabei werden auch die angrenzenden oder übergeordneten Konzepte wie Corporate Identity, Integrierte Kommunikation, Corporate Language und Corporate Wording näher beleuchtet und eingeführt. Die sprachbezogenen Konzepte Corporate Language und Corporate Wording werden allerdings in Kapitel 7 nochmals aufgegriffen und dort aus sprachwissenschaftlicher Perspektive detailliert betrachtet und kritisch untersucht.

Kapitel 3: Welche Aspekte werden aus stiltheoretisch-linguistischer Perspektive mit Stil verbunden? Welche Stilauffassung vertreten Linguisten verschiedener Teildisziplinen, insbesondere Stiltheoretiker?
Die Beantwortung dieser Fragen durch die ausführliche Darlegung aktueller stiltheoretischer Positionen dient gleichzeitig der linguistischen Fundierung der Gesamtdiskussion und zielt auf einen Katalog stiltheoretischer Aspekte ab, die bei der in Kapitel 4 folgenden Erarbeitung des Stilbegriffs für die Unternehmenskommunikation zu beachten sind.

Kapitel 4: Wie gestalten sich die Rahmenbedingungen der Unternehmenskommunikation insgesamt (insbesondere im Hinblick auf Rezipienten, Kommunikationsbereiche und kommunikative Ziele) und inwiefern müssen sie bei der Entwicklung eines Corporate Style und bei der Festlegung seines Geltungsbereichs berücksichtigt werden? Welcher Stilbegriff kann angesichts der herrschenden Rahmenbedingungen für die Unternehmenskommunikation als adäquat gelten?
Vor dem Hintergrund dieser Fragen werden die Rahmenbedingungen der Unternehmenskommunikation dargestellt und diskutiert. Schließlich wird ein für die weitere Arbeit grundlegender Stilbegriff für die Unternehmenskommunikation definiert.

Kapitel 5: Welcher Identitätsbegriff kann in Bezug auf Unternehmenskommunikation als sinnvoll erachtet werden? Lassen sich Merkmale der Individual-Identität auf die Unternehmensidentität übertragen?

Um diese Fragen zu beantworten, werden aktuelle Sichtweisen zu Identität mit besonderem Schwerpunkt auf ‚Unternehmensidentität' diskutiert. Die Begriffserörterung greift dabei Kontroversen auf, die im Hinblick auf die Unternehmenskommunikation geführt wurden und weist vereinzelt bereits auf damit verbundene sprachlich-stilistische Aspekte hin. Somit werden Bezugspunkte für die weiteren theoretischen Ausführungen zu Sprachstil und Identität geschaffen. Abschließend wird zusammenfassend ein Begriff der Unternehmensidentität erarbeitet. Stil- und Identitätsbegriff stellen zusammen eine wichtige Grundlage für das zu entwickelnde Corporate-Style-Modell dar.

Kapitel 6: Welche Ansätze zum Zusammenhang von Stil und Identität existieren bereits in den verschiedenen linguistischen Teildisziplinen und inwiefern können diese auf die Unternehmenskommunikation übertragen werden?
Es werden einzelne linguistische Ansätze zu diesem Zusammenhang ausführlicher vorgestellt und unter Berücksichtigung der vorhergehenden Ausführungen zu Stil und Identität diskutiert. Außerdem werden einige identitätsstiftende Strategien unter Berücksichtigung stilistischer Aspekte ausführlicher vorgestellt und es wird ein Versuch zur Systematisierung gemacht.

Kapitel 7: Wie sind die vorhandenen normativ-praxisorientierten Konzepte zu Sprachstil und Unternehmensidentität vor dem Hintergrund der erarbeiteten Begriffe von Stil und Identität sowie unter dem Aspekt der Funktionalität zu bewerten? Inwiefern tragen die Konzepte tatsächlich zur Darstellung und Konstruktion der Unternehmensidentität bei?
Die Konzepte von Förster, Reins und Sauer zu Corporate Wording, Corporate Language und CI in Texten werden auf diese Fragen hin ausführlich untersucht.

Kapitel 8: Welche Anforderungen muss ein Corporate-Style-Konzept grundsätzlich erfüllen? Welche Ansätze und Bedingungen muss das Konzept berücksichtigen? Wie lässt sich das zu entwickelnde Modell schließlich sinnvoll in einen Analyseansatz überführen?
Zunächst werden grundsätzliche Anforderungen an das Modell festgelegt. Das auf dieser Basis entwickelte integrative Modell wird schließlich in einen Analyseansatz überführt, dessen Einzelschritte ausführlich dargestellt werden.

Kapitel 9: Welche Strategien zur Identitätsdarstellung und -konstruktion werden bereits in Texten der Unternehmenskommunikation angewendet? Welcher Geltungsbereich wird einem unternehmensspezifischen Sprachstil vom Unternehmen selbst zugestanden?

1.2 Ziele, Fragestellungen und Aufbau der Arbeit

Diese Fragen können lediglich exemplarisch am Beispiel eines realen Unternehmens beantwortet werden. Das zuvor entwickelte Analysemodell wird anhand konkreter Textbeispiele des Getränkeherstellers Innocent Drinks erprobt. Diesem Unternehmen wird ein spezifischer Sprachstil zugeschrieben, und es soll überprüft werden, ob das Corporate-Style-Modell die Analyse dieser Spezifika und des damit verbundenen Bildes der Unternehmensidentität ermöglicht.

Kapitel 10: Welche Schlussfolgerungen sind aus dem Diskussionsverlauf heraus für die grundsätzlichen Zusammenhänge zwischen Stil und Unternehmensidentität zu ziehen? Wie können die eingangs (in Kapitel 1) aufgeworfenen Fragen beantwortet werden, und welche weiteren Schritte sind für die linguistisch-stiltheoretische Erforschung der Unternehmenskommunikation nützlich und sinnvoll?

Die Ergebnisse der einzelnen Kapitel werden abschließend zusammengefasst, und die einzelnen Fragestellungen der Arbeit werden abermals aufgegriffen und diskutiert. Ferner werden mögliche Schritte zur Weiterentwicklung des Corporate-Style-Modells skizziert.

Tabelle 1 zeigt den Aufbau der Arbeit nochmals im Überblick. Kapitel 2 ist der Einführung grundlegender Begriffe und Konzepte gewidmet und dient der Einordnung der vorliegenden Arbeit in den Kontext der Unternehmenskommunikation. Der ab Kapitel 3 folgende Kern der Arbeit gliedert sich in drei Teile, wie Tabelle 1 zeigt.

Im ersten Teil (Kapitel 3-5) werden die Begriffe Stil und Identität weitgehend getrennt voneinander systematisch erörtert und definiert. Der zweite Teil behandelt die Zusammenhänge zwischen Sprachstil und Unternehmensidentität und ihrer Darstellung aus linguistisch-deskriptiver Perspektive (Kapitel 6) sowie aus normativ-praxisorientierter Perspektive (Kapitel 7). Im dritten Teil erfolgt die Entwicklung und Darstellung des Corporate-Style-Modells (Kapitel 8) und die exemplarische Erprobung des zugehörigen integrativen Analyserahmens (Kapitel 9). Das Abschlusskapitel greift alle Fragen der Arbeit nochmals auf und fasst die Ergebnisse zusammen (Kapitel 10).

1 Einführung
2 Grundlegung und Einordnung in die Unternehmenskommunikation

TEIL 1: GRUNDLAGEN ZU STIL UND IDENTITÄT	
3 Stiltheoretisch-linguistische Rahmenüberlegungen	5 Unternehmensidentität
4 Stil in der Unternehmens- kommunikation	

TEIL 2: ZUSAMMENHÄNGE ZWISCHEN STIL UND IDENTITÄT	
6 Linguistische Zugänge zu Sprachstil und Identität	7 Normative Konzepte zu Sprachstil und Unternehmensidentität

TEIL 3: MODELLENTWICKLUNG ZUM CORPORATE STYLE
8 Corporate Style: Ein integratives Beschreibungs- und Analysemodell
9 Exemplarische Analyse: Innocent Drinks

10 Schluss

Tabelle 1: Aufbau der Arbeit

Die stilistische Perspektive auf die Unternehmenskommunikation ist nicht zufällig gewählt, sondern lässt sich mehrfach begründen. So enthält die „Definition der CI [...] bereits eine Reihe von Problemen, die besonders gut an sprachlichen Phänomenen zu verdeutlichen sind" (Emmerling 2007: 10). Im Rahmen des Corporate-Identity-Konzepts werden zudem einige Forderungen gestellt, die als stilistische Forderungen zu klassifizieren sind (siehe Unterabschnitt 2.3.2). Die Frage nach der sprachlich-stilistischen Darstellung und Konstruktion von Unternehmensidentität berührt folglich die Diskussion zur Unternehmensidentität in ihrem Kern. Die stilistische Perspektive ist als dem CI-Konzept immanent anzusehen und besitzt großes Potenzial für die Beschreibung und Analyse von Unternehmensidentität.

Umso mehr verwundert es, dass Zusammenhänge zwischen Sprachstil und Unternehmensidentität in der Linguistik bisher kaum thematisiert wurden (vgl. Abschnitt 1.1). Der Erfolg insbesondere der Corporate-Wording-Ratgeber von Förster[6] weist jedoch darauf hin, dass in der Praxis durchaus ein Bewusstsein für

---

[6] „Texten wie ein Profi" von Förster basiert ebenfalls auf dem Corporate-Wording-Prinzip und ist 2008 bereits in der 11. Auflage erschienen. „Corporate Wording" ist 1994 zuerst erschienen und erst 2010 in einer zweiten, grundlegend veränderten Auflage mit zwei Koautoren publiziert worden. Zwischenzeitlich wurden zwei weitere Auflagen von „Corporate Wording. Das Strategiebuch." (2001, 2003) herausgebracht.

1.2 Ziele, Fragestellungen und Aufbau der Arbeit

die engen Zusammenhänge zwischen Unternehmensidentität und Sprachstil besteht. Die Ratgeber von Förster und Reins versuchen jeweils, Sprachstil als Darstellungsinstrument der Unternehmensidentität zu konzeptualisieren und verdeutlichen bereits durch ihre bloße Existenz, dass ein Bedarf daran besteht, linguistisches Wissen in den Bereich der Unternehmenskommunikation zu transferieren.

Die Arbeit verbindet in erster Linie stiltheoretische, textanalytische, laienlinguistische sowie wirtschaftslinguistische Ansätze, bezieht aber daneben Erkenntnisse aus vielfältigen weiteren Forschungsgebieten mit ein. Hierzu zählen Soziolinguistik, Kommunikations- und Medientheorie, Betriebswirtschaftlehre und Organisationstheorie. Bezogen auf die Identitätsthematik sind außerdem philosophische, psychologische und soziologische Ansätze relevant. Mit diesem breit angelegten, interdisziplinären Ansatz gewährleistet die Arbeit einen umfassenden und differenzierten Blick auf die Phänomene Stil und Identität in der Unternehmenskommunikation. Sie schließt eine Lücke zwischen linguistischer Theorie und der Praxis der Unternehmenskommunikation und betrifft sowohl den Kern der bereits seit Jahrzehnten diskutierten Corporate-Identity-Thematik als auch die stiltheoretische Frage nach der Leistungsfähigkeit eines semiotisch-pragmatischen Stilbegriffs für die kommunikative Konstruktion von Identität.

2 Grundlegung und Einordnung in die Unternehmenskommunikation

Dieses Kapitel führt einige grundlegende Begriffe aus dem Kontext der Unternehmenskommunikation ein. Dazu gehört zunächst der für diese Arbeit neu geprägte Begriff Corporate Style, aber auch die benachbarten Begriffe Corporate Language, Corporate Wording oder Unternehmenssprache müssen näher erläutert werden (Abschnitt 2.1).

Gleichzeitig leistet dieses Kapitel eine Einordnung des Corporate-Style-Modells in die Unternehmenskommunikation und setzt das Modell in Beziehung zu den bereits bestehenden Konzepten der Corporate Identity und der Integrierten Kommunikation. Zu diesem Zweck werden letztere beide Konzepte zunächst ausführlich erläutert und diskutiert (Abschnitt 2.2). Im Anschluss wird der Stellenwert von Sprache und Sprachstil innerhalb dieser Konzepte diskutiert und eine erste Einordnung des Corporate-Style-Modells in den Kontext von Corporate Identity und Integrierter Kommunikation vorgenommen (Abschnitt 2.3).

Ein weiteres zentrales Anliegen dieses Kapitels ist es, den Gegenstandsbereich der Arbeit einzugrenzen und bereits erste Aussagen zum möglichen Geltungsbereich eines Corporate Style zu treffen (Abschnitt 2.4).

2.1 Corporate Style – Begriffsklärung und Abgrenzungen

Wer sich im Bereich der Unternehmenskommunikation mit Sprachstil beschäftigt, begegnet Begriffen wie Corporate Wording, Corporate Language oder Unternehmenssprache. Diese bereits etablierten Termini sind jedoch für die Bezeichnung des Gemeinten weniger geeignet. Der Begriff *Corporate Style* soll, wie bereits in Abschnitt 1.1 erwähnt, für einen unternehmensspezifischen, die Identität des Unternehmens widerspiegelnden Sprachstil stehen. Im Folgenden wird die Begriffswahl ausführlich begründet und es werden die verwandten Be-

griffe Corporate Wording, Corporate Language und Unternehmenssprache gegenüber dem Corporate-Style-Begriff abgegrenzt.[7]
Der Terminus *Corporate Wording* wurde von Förster (1994ff.) geprägt und ist eng mit seinem Corporate-Wording-Konzept verknüpft. Zudem ist der Konzeptname in diesem Zusammenhang rechtlich geschützt und seine Verwendung für ein neues Konzept damit ausgeschlossen. Neben diesen rechtlichen Hindernissen spricht jedoch auch die Semantik der Bezeichnung *Corporate Wording* gegen den Einsatz als Terminus für einen unternehmensspezifischen Sprachstil. Der Terminus *Corporate Wording* reduziert Sprachstil zu stark auf die Wortwahl und suggeriert, syntaktische oder paraverbale Aspekte seien stilistisch irrelevant.[8]
Der Terminus *Corporate Language* ist ähnlich jung wie *Corporate Wording*. Laut Beer (1996: 7) taucht er in der relevanten anglophonen Literatur erst 1996 auf und wird dort von Beer selbst eingeführt. Beer definiert Corporate Language folgendermaßen:

> Corporate language denotes the total verbal communication with regard to form and content used by and in a company that serves to fulfil the company's organizational goals by creating a unique corporate image both within and outside the company. (Beer 1996: 76f.)

Damit spricht Beer ähnliche Aspekte an, wie sie bei Vogel (2009) genannt werden: Es geht zumindest auch um die Gestaltung („form") der verbalen Kommunikation im Hinblick auf ein einzigartiges Unternehmensimage. Auch in der Praxis wird der Begriff häufig mit Bezug auf unternehmensspezifische Schlüsselwörter und Rechtschreibregeln gebraucht. Beide Aspekte stehen in engem Zusammenhang mit einem unternehmensspezifischen Sprachstil. Zudem handelt es sich um einen bereits etablierten Terminus. Dennoch sprechen einige Gründe gegen die Verwendung des Begriffs Corporate Language.
Zum einen suggeriert die Bezeichnung *Corporate Language*, dass in Unternehmen eine ganz andere Sprache gesprochen werden solle als in der übrigen Gesellschaft. Zwar mögen unternehmensspezifische Abkürzungen (z.B. für Abteilungsbezeichnungen) oder technische Fachbegriffe in einigen Unternehmen verstärkten Gebrauch erfahren und mit einer gewissen Unverständlichkeit für Außenstehende einhergehen, doch dies kann kein Maßstab für einen Corporate Style sein. Ein Corporate Style sollte nicht nur für die Mitarbeiter ein positives

---

[7] Dabei wird in Grenzen auch der Untersuchungsgegenstand schärfer umrissen. Wie jedoch Sprachstil und Unternehmensidentität jeweils genau zu fassen sind, muss grundlegend vor dem Hintergrund der Unternehmenskommunikation diskutiert werden und soll hier nicht vorab definiert werden. Eine weitere inhaltsseitige Präzisierung des Corporate-Style-Begriffs erfolgt daher in Abschnitt 8.1 im Rahmen der Entwicklung eines umfassenden Corporate-Style-Konzeptes.
[8] An dieser Stelle wird nur Kritik am Begriff ‚Corporate Wording' geübt, nicht am Konzept. Das Konzept wird in Abschnitt 7.4 ausführlich diskutiert.

2.1 Corporate Style – Begriffsklärung und Abgrenzungen

Symbol der Unternehmensidentität darstellen, sondern auch auf andere Bezugsgruppen des Unternehmens positive Wirkung ausüben. Zum anderen werden beide Termini (*Corporate Language* und *Unternehmenssprache*) in Theorie und Praxis mit vielfältigen Inhalten verbunden. Nickerson (2000) etwa untersucht unter dem Titel „Playing the Corporate Language Game" unterschiedliche sprachliche Strategien von Mitarbeitern in der internen Kommunikation. Corporate Language wird bei Nickerson also darauf bezogen, wie sich konkrete Mitarbeiter in Unternehmen sprachlich verhalten. Besonders häufig werden *Corporate Language* und *Unternehmenssprache* jedoch in der Bedeutung einer Lingua franca in internationalen Unternehmen genutzt, etwa in Aussagen wie *Deutsch ist Unternehmenssprache*.[9] Diese Eingrenzung findet sich auch in der Literatur wieder, so wird Unternehmenssprache etwa bei Buß (2006: 75) als „die von der Unternehmensleitung festgelegte offizielle Sprache in der internen Kommunikation" verstanden. Damit wird *Unternehmenssprache* auf die interne Kommunikation beschränkt und der Terminus im Sinne einzelsprachlicher Ausprägungen verwendet. *Corporate Language* hingegen legt nach Buß „die Verwendung und Bedeutung interner Fachbegriffe" sowie „das sprachliche Erscheinungsbild" fest, d.h. „Schreibweisen, Worte, aber auch ganze Formulierungen wie z.B. Begrüßungsformeln" gefasst werden (Buß 2006: 75).[10] Gleichzeitig ist es jedoch so, dass „Autoren [...] auch in diesem Zusammenhang von einer Unternehmenssprache" sprechen (Buß 2006: 75). Eine eindeutige Definition der Termini *Unternehmenssprache* und *Corporate Language* existiert also nicht. Es besteht jedoch eine deutliche Tendenz in der Sprachpraxis, beide Be-

---

[9] Im Folgenden wird die Frage nach der Unternehmenssprache im Sinne einzelsprachlicher Ausprägungen weitgehend ausgeblendet, da die Diskussion und Illustration eines unternehmensspezifischen Sprachstils zunächst auf der Folie des Deutschen als Einzelsprache erfolgt. Fragen der Übersetzung sowie sprachlich-stilistische sowie kulturellen Anpassung von Texten können jedoch insbesondere in international agierenden Unternehmen eine große Rolle spielen. Insbesondere im letzten Jahrzehnt ist das Interesse an interkulturell vergleichenden Untersuchungen gewachsen. Jüngere Arbeiten zur Kultur- und Sprachgebundenheit von Stilen stammen z.B. von Reichert (1992f.), Fabricius-Hansen (2000) und Gerzymisch-Arbogast (2001). Mit Bezug auf Textsorten der Wirtschaft sind stilistische kulturvergleichende Untersuchungen beispielsweise von Schlierer (2004) und Wawra (2008) vorgenommen worden. Ein weiteres Beispiel ist die Arbeit von Emmerling (2007), die landeskulturelle Ausprägungen der sprachlichen Identität eines Pharmaunternehmens auf dessen Webseiten untersucht.

[10] Emmerling führt den Terminus *Corporate Language* mit einer ähnlich umfassenden Bedeutung ein, nämlich als „die offizielle Unternehmenssprache als Ausdruck der Unternehmensidentität, die Sprachstil, *Corporate Wording*, *Guidelines* zum Abfassen von Unternehmenstexten, Glossar von Fachbegriffen, Präsentationsstil und Umgangston im Unternehmen umfasst" (Emmerling 2007: 9f., Hervorhebungen im Original). Allerdings betont sie gleichzeitig, dass weder *Corporate Wording* noch *Corporate Language* als Termini ausreichend in der Marketingliteratur verankert seien.

griffe vor allem auf die unternehmensintern verwendete Lingua franca zu beziehen. Vorteil all dieser Begriffe ist es, dass sie innerhalb der Unternehmenskommunikation in Bezug auf Sprache bereits verwendet und in der relevanten Literatur entsprechend diskutiert werden (etwa bei Sauer 2002; Emmerling 2007). Der Begriff Corporate Style besitzt zwar (in Deutschland) einen ähnlichen Verbreitungsgrad wie *Corporate Language* und *Corporate Wording*,[11] wird allerdings mit verschiedensten Bedeutungen verknüpft. Diese Bedeutungsvielfalt hängt mit der Vieldeutigkeit des Stilbegriffs selbst zusammen, da ‚Stil' sich nicht nur auf Sprache, sondern auch auf andere Ausdrucksformen (wie Mode, Musik, Kunst etc.) beziehen lässt. In der Vieldeutigkeit liegen jedoch auch Vorteile: Zum einen ist *Corporate Style* damit in seiner Bedeutung noch nicht so sehr fixiert wie die etablierten Termini *Corporate Wording*, *Corporate Language* oder *Unternehmenssprache* und lässt sich daher auf den bezeichneten Begriffsinhalt des unternehmenstypischen Sprachstils anwenden. Zum anderen kommt die Ambiguität dem Anspruch entgegen, ein integratives und umfassendes Konzept zum unternehmensspezifischen Sprachstil zu modellieren: Da die Texte der Unternehmenskommunikation zunehmend semiotisch komplexe Einheiten bilden, kann Sprachstil nicht mehr unabhängig von anderen Ausdrucksformen der Unternehmensidentität betrachtet werden.[12]

In dieser Arbeit wird Corporate Style daher im engeren Sinne auf den unternehmensspezifischen Sprachstil bezogen, im weiteren Sinne jedoch auch auf das Zusammenspiel der verschiedenen Ausdrucksformen im Sinne eines einheitlichen Unternehmensstils insgesamt. Bezogen auf Sprachstil verwendet, trifft der Terminus *Corporate Style* zudem auch semantisch besser als etwa *Corporate Language* das, was eigentlich gemeint ist: die unternehmensspezifische Gestaltung von Sprache. Der Begriff hat zudem den Vorteil, dass die stiltheoretische Ausrichtung des Ansatzes sofort deutlich wird.

---

[11] Als Indikator für den Bekanntheitsgrad der Begriffe sei hier auf die Anzahl der Treffer in der Suchmaschine Google verwiesen. Corporate Style: 4.700 Treffer, Corporate Language: 7.970 Treffer, Corporate Wording: 5.030 Treffer, Unternehmenssprache: 84.200 Treffer [http://www.google.de; Auswahl: Seiten aus Deutschland; am 31.05.2010]. Damit ist *Unternehmenssprache* der in Deutschland bei weitem bekannteste Terminus.

[12] Die Metaphorik der Bezeichnung *Corporate* mag zwar irreführend sein, da sie eine in der Realität nicht vorhandene Kontrollierbarkeit der „Unternehmensglieder" suggeriert (vgl. Nielsen 2006: 89, in Bezug auf Christensen/Morsing 2005). Der Zusatz *Corporate* hat sich jedoch inzwischen für die Ausdrucksformen der Unternehmensidentität auch unabhängig von Corporate-Identity-Strategien etabliert und wird deshalb auch in dieser Arbeit verwendet.

2.2 Zentrale Konzepte der Unternehmenskommunikation

Die Konzepte zu Corporate Identity (CI), Corporate Communication (CC) und Integrierter Kommunikation (IK) sind in der Literatur zur Unternehmenskommunikation viel zitiert worden. ‚Identität' erscheint insbesondere im Corporate-Identity-Konzept als wichtige Größe. Corporate Language und Corporate Wording werden bereits aufgrund ihrer Benennungen mit diesen Konzepten in Verbindung gebracht und verschiedentlich auch explizit in den Rahmen des CI-Konzepts eingeordnet (z.B. bei Bickmann 1999: 204-222). Um in Abschnitt 2.3 die Verknüpfung des angestrebten Corporate-Style-Modells mit den bereits existierenden CI- und IK-Konzepten aufzeigen zu können, werden die Konzepte ausführlich erläutert und diskutiert. Dabei wird zunächst ein Verständnis von Corporate Identity und Corporate Communication (Unterabschnitt 2.2.1) sowie von Integrierter Kommunikation (Unterabschnitt 2.2.2) erarbeitet. Außerdem werden Verbindungslinien zwischen den Konzepten aufgezeigt (Unterabschnitt 2.2.3) und die Konzepte aus kritischer Perspektive dargestellt und beurteilt (Unterabschnitt 2.2.4).

Corporate Identity und Corporate Communication werden im Folgenden strategisch verstanden. Der mit dem Corporate-Identity-Konzept verbundene Identitätsbegriff wird zwar ansatzweise in Unterabschnitt 2.2.4 diskutiert, ausführlich jedoch erst im Rahmen der Identitätsdiskussion in Abschnitt 5.4 erörtert.

2.2.1 *Corporate Identity und Corporate Communication*

Corporate Identity als betriebswirtschaftliches Konzept geht grundsätzlich davon aus, dass Merkmale von Ich-Identität bzw. individueller Identität auf Unternehmen übertragen werden und Unternehmen in diesem Sinne als Persönlichkeiten dargestellt und wahrgenommen werden können.[13] Auch Birkigt/Stadler (2002: 18) ziehen in ihrem Standardwerk zur Corporate Identity die Parallele zwischen Corporate Identity und ‚Ich-Identität', ebenso wie Heller:

> Wer gut aussieht, hat es leichter im Leben. Wir alle beurteilen Menschen zuerst nach ihrem äußeren Eindruck. [...] Was im zwischenmenschlichen Bereich gilt, gilt auch in der Unternehmenskommunikation. [...] Ein Unternehmen, das bereits in seiner visuellen Darstellung positive Werte transportiert, hat es leichter. Es hat Wettbewerbsvorteile im Markt. (Heller 1998: 7)

---

[13] Ob diese Übertragung gerechtfertigt ist, wird erst in Kapitel 5 erörtert und hier lediglich als eine Voraussetzung für das Konzept erwähnt.

Um die Übertragung der Identitätskonzeption auf Unternehmen zu rechtfertigen, werden also direkte Vergleiche zwischen Mensch und Unternehmen herangezogen. Begriffsbestimmungen zur Corporate Identity werden sowohl in der praxisorientierten Literatur (etwa bei Heller 1998; Regenthal 2003) als auch in der wissenschaftlichen Forschung verschiedener Fachrichtungen (z.B. Bungarten 1993b; Mast ³2008) vorgenommen. Birkigt/Stadler definieren im Hinblick auf die wirtschaftliche Praxis:

> In der wirtschaftlichen Praxis ist demnach Corporate Identity die strategisch geplante und operativ eingesetzte Selbstdarstellung und Verhaltensweise eines Unternehmens nach innen und außen auf Basis einer festgelegten Unternehmensphilosophie, einer langfristigen Unternehmenszielsetzung und eines definierten (Soll-)Images – mit dem Willen, alle Handlungsinstrumente des Unternehmens in einheitlichem Rahmen nach innen und außen zur Darstellung zu bringen. (Birkigt/Stadler 2002: 18)

Hier wird Corporate Identity also gleichzeitig als Strategie, als Ziel und als Prozess verstanden. Diese scheinbare Widersprüchlichkeit wird auch von den Autoren selbst gesehen (vgl. Birkigt/Stadler 2002: 18; Regenthal 2003: 77). Es scheint tatsächlich so, als gäbe es „kein Führungsproblem, das nicht mit einer CI-Strategie gelöst werden könnte" (Pätzmann 1993: 108). Mit Corporate Identity werden außerdem vielfältige positive Wirkungen wie Identifikation, Vertrauen und Motivation verbunden (vgl. Pätzmann 1993: 99; Regenthal 2003: 153; Veser 1995: 95-97).

Die verstärkte Beachtung des Corporate-Identity-Konzepts wird in den 1990er Jahren vor allem mit der Suche nach Orientierung angesichts eines umfassenden Wertewandels und Informationsüberangebots begründet (vgl. Pätzmann 1993: 3-42; Veser 1995: 1). Im 21. Jahrhundert gewinnen Corporate-Identity-Konzeptionen insbesondere aufgrund von Fusionen und Zerschlagungen und dem damit einhergehenden „Zerfall großer Konzerne in Teilidentitäten" wieder an Bedeutung (Emmerling 2007: 14). Oftmals sollen Corporate-Identity-Maßnahmen heute auch als Legitimation für das unternehmerische Handeln dienen. Damit wird die Identität (und damit die Existenz) des Unternehmens zumindest vordergründig zum Selbstzweck erhoben, um von Profitzielen abzulenken (vgl. Christensen/Cheney 2000: 248).

Die terminologische Verwirrung in Bezug auf Corporate Identity wird in den meisten Forschungsarbeiten beklagt (z.B. auch bei Bungarten 1993b: 116). Sie liegt in der historischen Entwicklung des Corporate-Identity-Konzeptes mit

2.2 Zentrale Konzepte der Unternehmenskommunikation

Quellen in verschiedenen Forschungsrichtungen begründet.[14] Die Verwirrung kann nur selten zufriedenstellend aufgelöst werden, selbst wenn eine eindeutige Perspektive gewählt wird. Oftmals wird zur Erklärung von Unternehmensidentität der Begriff der ‚Unternehmenspersönlichkeit' herangezogen (z.b. bei Bungarten 1993b: 117f.). Da *Unternehmensidentität* und *Unternehmenspersönlichkeit* jedoch auch synonym verwendet werden, muss ein solcher Erklärungsversuch scheitern.

Schlögl bemängelt ebenfalls das Nichtvorhandensein eindeutiger Begriffssysteme und versucht in seinem Konzept zur Corporate Identity einen stufenweisen Corporate-Identity-Begriff mit „Übereinstimmung" als Ziel zu installieren. Die höchste Stufe beschreibt den „Zustand einer *vollendeten* Unternehmensidentität" (Schlögl 2003: 90, Hervorhebung im Original). Dieser Idealzustand sei dann erreicht, wenn Übereinstimmung zwischen kommunizierter und tatsächlicher Identität herrsche und angestrebtes und tatsächliches Image deckungsgleich seien (vgl. Schlögl 2003: 90). Die höchste Stufe der Identität wird demnach dann erreicht, wenn widerspruchsfrei und kongruent gehandelt, gedacht und kommuniziert wird. Tatsächlich ist ein solcher Zustand jedoch unerreichbar und vielleicht auch gar nicht wünschenswert, da bei seiner Erreichung die Identität zu etwas Statischem und das Unternehmen unfähig zu Veränderungen würde. Die Darstellung Schlögls macht jedoch deutlich, dass Konsistenz, Übereinstimmung und mithin Einheitlichkeit innerhalb der Corporate-Identity-Konzeption zentrale Anliegen sind bzw. sogar als Voraussetzung für Identität betrachtet werden sollen.

Als Bestandteile der Corporate Identity werden meist Corporate Design, Corporate Behaviour und Corporate Communication genannt (z.b. bei Bickmann 1999: 102; Hansen/Schmidt 2006: 160). Diese werden häufig zum „Identitäts-Mix" (in Analogie zum „Marketing-Mix") zusammengefasst. Birkigt/Stadler, deren Corporate-Identity-Konzeption in der Literatur immer wieder diskutiert wird und daher als grundlegend gelten kann, nennen in ihrem Entwurf die Unternehmenspersönlichkeit als weiteres Element der Corporate Identity (vgl. Birkigt/ Stadler 2002: 18) – gleichzeitig wird ‚Unternehmenspersönlichkeit' jedoch auch häufig als Synonym für ‚Unternehmensidentität' benutzt oder als Basis der Unternehmensidentität dargestellt. Während sich Gestalt/Aussehen (Corporate Design), Handeln (Corporate Behaviour) und Kommunikation (Corporate Commu-

---

[14] Corporate Identity hat seine Ursprünge in drei verschiedenen Forschungsbereichen, nämlich erstens „Imageforschung", zweitens „Unternehmensforschung und Management-Wissenschaft (Scientific Management)" sowie drittens „Organisations- und Industrie-Soziologie" (Birkigt/Stadler [11]2002: 27-31). Das Interesse an CI hat seit den 1970er Jahren immer wieder zu- und abgenommen. Zu den historischen Phasen der Corporate Identity als Konzept siehe Emmerling (2007: 14) und Birkigt/Stadler ([11]2002: 33-35).

nication) aber gleichzeitig als Darstellungsformen bzw. als Instrumente von Corporate Identity verstehen lassen, trifft dies auf die Unternehmenspersönlichkeit nicht zu.

Seit kurzem tritt ergänzend die Beschäftigung mit weiteren Erscheinungs- bzw. Darstellungsformen der Unternehmensidentität hinzu. Dazu gehören etwa „Corporate Imagery" (Herbst/Scheier 2004), „Corporate Fashion" (Zimmermann 2009), „Corporate Architecture" (Müller-Rees 2008) und „Corporate Wording" (Förster 1994) bzw. „Corporate Language" (Reins 2006). Teilweise lassen sich diese Erscheinungsformen den bereits genannten klassischen Bestandteilen (Design, Communication, Behaviour) unterordnen, d.h. sie können als Ausdifferenzierungen des CI-Mix verstanden werden.[15] Christensen/Cheney (2000: 249) beobachten infolge von Corporate-Identity-Maßnahmen insgesamt eine Zunahme solcher unternehmensspezifischer, schnell wiedererkennbarer Symbolisierungen. In diesem Zusammenhang prägen Schultz et al. (2000) daher auch den Ausdruck „expressive organization".

‚Corporate Communication' (CC) ist ein wesentlicher Bestandteil der Corporate Identity bzw. gar der „elementare Kern von CI" (Bungarten 1993b: 116). Inzwischen gibt es vielfältige Definitionen des Begriffs (siehe z.B. Nielsen 2006: 84f.). Kiessling/Babel beispielsweise nehmen in ihre Definition lediglich zielgerichtete bzw. dem Unternehmenszweck dienende Kommunikation auf:

> Corporate Communications (CC) bezeichnet die aus dem Unternehmensleitbild heraus schlüssige und stimmige Mitarbeiterkommunikation (nach innen) und Unternehmenskommunikation (nach außen) mit dem Ziel, die jeweiligen Zielgruppen rechtzeitig mit allen entscheidungsrelevanten Informationen zu versorgen. Die Informationen müssen für den Empfänger verständlich sein und sie sollen die Glaubwürdigkeit und das Vertrauen in das Unternehmen stärken. (Kiessling/Babel 2007: 74)

Hier wird also unter Corporate Communication einerseits umfassend interne und externe Kommunikation verstanden, andererseits wird die nicht auf Unternehmenszwecke bezogene Sozialkommunikation ausgeklammert. Kommunikation wird innerhalb der Corporate-Identity-Konzeption vor allem instrumental, als Mittel zum Erreichen bestimmter Zwecke, verstanden. Diese Sichtweise auf Kommunikation ist für betriebswirtschaftliche Darstellungen nicht untypisch (vgl. Abschnitt 2.4) und findet sich beispielsweise auch bei Birkigt/Stadler ([11]2002) oder Regenthal (2003). Ziel von CC sei es, „die Einstellungen der Öffentlichkeit, der Kunden und der Mitarbeiter/Mitarbeiterinnen gegenüber dieser Organisation/diesem Unternehmen entsprechend der spezifischen Identität zu beeinflussen oder zu verändern" (Regenthal 2003: 151).

---

[15] All diese Ausdrucksformen können gleichzeitig als Manifestation der Corporate Culture gesehen werden, also der Unternehmenskultur. Kultur und Identität hängen demnach eng zusammen (vgl. Bungarten 2005). Grundlegende Abgrenzungen und Erläuterungen von Identität zu Kultur, Image und Reputation werden zu Beginn der Identitätsdiskussion in Abschnitt 4.2 vollzogen.

2.2 Zentrale Konzepte der Unternehmenskommunikation

Ein anderer Aspekt, der in Bezug auf Corporate Communication betont wird, ist ein „systematischer Einsatz aller Kommunikationsinstrumente" (Pätzmann 1993: 10) und die damit verbundenen Synergieeffekte (vgl. Bensmann 1993: 29). Es wird betont, dass die verschiedenen Bereiche der Unternehmenskommunikation vernetzt sein müssen, um das Ziel einer einheitlichen Kommunikation zu erreichen (vgl. Regenthal 2003: 153; Heller 1998: 27). Corporate Communication kann also als eine besondere Gestaltung der Unternehmenskommunikation verstanden werden. Integration und Einheitlichkeit sind ebenfalls in Bezug auf Corporate Identity häufig fallende Schlagworte (z.b. bei Regenthal 2003: 153).

In der Diskussion zur Corporate Identity wird immer wieder betont, die Corporate-Identity-Elemente müssten im Sinne eines einheitlichen Auftritts aufeinander abgestimmt werden (z.B. bei Böttcher 1993: 91; Heller 1998: 18). Allerdings werden kaum konkrete Hinweise zur Umsetzung dieser Abstimmung gegeben, was einzelne Instrumente, Maßnahmen oder Abteilungen betrifft. Dieser Mangel ist häufig kritisiert worden (z.b. bei Pätzmann 1993: 72; Bruhn ^{5}2009: 69) – doch bedeutet dies nicht zwangsläufig die Diskreditierung des gesamten Konzeptes, sondern es lässt sich vielmehr eine Leerstelle im Konzept bezüglich der Operationalisierung ausmachen.

Vielfach wird in der Praxis Unternehmenskommunikation mit ‚Corporate Communication' gleichgesetzt (vgl. Mast ^{3}2008: 12; Hansen/Schmidt 2006: 159). Der Begriff ‚Corporate Communication' soll im Folgenden jedoch nur dann gebraucht werden, wenn das CI-strategische Konzept gemeint ist.[16]

2.2.2 Integrierte Kommunikation

Nachdem bereits in den 1990er Jahren die Notwendigkeit einer Integrierten Kommunikation erkannt wurde, ist laut Hansen/Schmidt (2006: 13) inzwischen auch die Umsetzung in der Praxis zur Selbstverständlichkeit geworden. Als Beleg dafür dafür kann auch die hohe Zahl der Kommunikationsdienstleister dienen, die mit dieser Formel werben.

Das Konzept der Integrierten Kommunikation strebt – in seiner von Bruhn (^{5}2009) und Zerfaß (^{3}2010) geprägten Ausrichtung – ähnlich wie das Corporate-Identity-Konzept ein konsistentes Erscheinungsbild des Unternehmens an. Nicht umsonst klingen die Definitionen sehr ähnlich. Backhus etwa definiert integrierte Unternehmenskommunikation als die „nach innen und außen gerichtete, wider-

---

[16] Diese Begriffsverwendung erfolgt analog zur Differenzierung von Unternehmensidentität und Corporate Identity bei Bungarten (2005: 236f.). Bungarten präferiert dabei den Begriff ‚Unternehmensidentität' im Rahmen wissenschaftlicher Diskussionen, während ‚Corporate Identity' ausschließlich auf das strategische, betriebswirtschaftliche Konzept bezogen wird.

spruchsfreie und konsistente Kommunikation bzw. Darstellung des Unternehmens" (Backhus 2000: 28). Allerdings werden im Gegensatz zum Corporate-Identity-Konzept konkrete Wege zur Umsetzung aufgezeigt. Damit setzt das Konzept an der entscheidenden Schwachstelle des CI-Konzepts an. Bruhn definiert als Ziel der Integrierten Kommunikation die „Entwicklung einer einheitlichen Kommunikationsstrategie, die alle Instrumente formal, inhaltlich und zeitlich integriert und ein einheitliches Unternehmensbild schafft" (Bruhn [5]2009: 309). Sein Ansatz stützt sich vor allem auf systemtheoretische und gestaltpsychologische sowie schematheoretische Erkenntnisse und berücksichtigt zudem Ergebnisse aus der Entscheidungstheorie.

Insbesondere die Grundsätze der Gestaltpsychologie sind prägend für Bruhns Konzept und bilden Leitlinien einer Integrierten Unternehmenskommunikation. Dazu gehören: das Gesetz der guten Gestalt bzw. Prägnanzprinzip, das Gesetz der Gleichartigkeit (das die Einheitlichkeit der Darstellung sicherstellen soll), das Gesetz der Nähe (räumlich-zeitlich nahe Reize werden als Einheit wahrgenommen), das Gesetz der Geschlossenheit (das sich vor allem auf die formale Gestaltung von Logos, Slogans und Bildern bezieht) sowie das Gesetz der Erfahrung (d.h. Bilder und Botschaften sollten sich auf das Vorwissen und die Erfahrung der Rezipienten beziehen) (vgl. Bruhn [5]2009: 45-50). Bruhn ([5]2009: 80-89) leitet daraus verschiedene Formen der Integrierten Kommunikation ab und unterteilt sie analog zu Zerfaß ([3]2010: 311f.) grob in inhaltliche, formale und zeitliche Integrationsformen:

- *Inhaltliche Integration* bezieht sich auf die Verknüpfung der Instrumente „durch thematische Verbindungslinien, z.B. durch die Verwendung einheitlicher Leitmotive, Slogans, Kernbotschaften und Schlüsselbilder" (Zerfaß [3]2010: 311). Inhaltliche Integration, verstanden als systematisches Herstellen von Intertextualität (im Sinne von Abschnitt 3.6), kann somit beispielsweise durch Zitat (Wiederholung von Slogans und Kernbotschaften) oder Übernahme einzelner, bedeutungsvoller lexikalischer Elemente (Schlüsselbilder) erfolgen. Beides sind Formen referentieller Intertextualität.
- *Formale Integration* könne durch „einheitliche Gestaltungsprinzipien für alle Kommunikationsaktivitäten" gewährleistet werden und beziehe sich vor allem auf die schriftliche Kommunikation (vgl. Zerfaß [3]2010: 311). Vereinheitlicht werden sollen demnach z.B. das verwendete Layout und die Verwendung von Logos. Die Verwendung von Logos kann für die schriftlichen Texte bereits als konventionalisiert gelten, d.h. man kann diesbezüglich mit Einschränkungen von typologisch motivierter Intertextualität zwischen Einzeltexten sprechen.
- Ziel der *zeitlichen Integration* ist es Zerfaß ([2]2004: 312) zufolge, eine „gewisse Kontinuität im Zeitablauf" sicherzustellen. Inhaltliche Zeitpläne können dabei hilfreich sein, allerdings nur im Hinblick auf die „selbst initiierte und

vorhersehbare Kommunikation". Sobald es um die Beantwortung spontaner Anfragen von außen gehe, greife die inhaltliche Integration nicht mehr. Zerfaß erachtetet es daher als sinnvoll, dass „Steuerungspotentiale in allen Managementfunktionen angelegt werden" (ebd.: 313).

Als übergreifendes Ziel der Integrierten Kommunikation werden die „Synchronisierung divergierender Kommunikationsprozesse" (Derieth 1995: 147) und die Beseitigung eventueller Widersprüchlichkeiten genannt. Die Ursachen solcher Widersprüchlichkeiten sind dabei vielfältig. Bruhn unterscheidet inhaltlich-konzeptionelle (z.b. mangelnde Konzepte), organisatorisch-strukturelle (z.b. Ressortdenken, mangelndes Wissensmanagement) und personell-kulturelle Ursachen (vgl. Bruhn ^{5}2009: 97-105). Mit personell-kulturellen Barrieren sind Probleme gemeint, die in der Personal- und Informationskultur des Unternehmens verwurzelt sind. Das hängt mit den organisatorisch-strukturellen Barrieren zusammen (vgl. Bruhn ^{5}2009: 103) – bei einem global agierenden Unternehmen können dies beispielsweise auch interkulturelle Barrieren sein.[17]

Insgesamt ist zu vermerken, dass Bruhns Ansatz zur Integrierten Kommunikation sehr viel konkreter wird und nicht so sehr nach einer oberflächlichen Einheitlichkeit strebt, die Bruhn selbst am CI-Konzept bemängelt (vgl. Bruhn ^{5}2009: 67f.). Hier wird versucht, unterschiedliche Formen der Integration verschiedener Kommunikationsmittel, -strategien und -botschaften etc. zu finden, sie operationalisierbar zu machen, aber auch Grenzen, Hindernisse und Zielkonflikte aufzuzeigen. Inzwischen ist das Konzept der Integrierten Kommunikation in verschiedenen Modellen auch von anderen Autoren erweitert und verändert worden. Bei Boenigk (2008) beispielsweise findet sich ein Überblick zu implementierungsorientierten betriebswirtschaftlichen Modellierungen; Stumpf (2008) entwickelt beispielsweise einen Bewertungsansatz zum Grad der Integration.

2.2.3 Verbindungslinien zwischen den Konzepten

Die vorhergehenden Ausführungen haben das Corporate-Identity-Konzept sowie das Konzept der Integrierten Kommunikation lediglich in ihren Grundzügen darstellen können. Es existieren viele verschiedene Subkonzepte (einige davon finden sich beispielsweise in der Darstellung von Herger 2006), die teils eher praktisch, teils eher theoretisch orientiert sind. Ein Beispiel für letzteres ist das

---

[17] Die Problematik kultur- und länderübergreifender Kommunikation wird in Unterabschnitt 4.5.3 näher behandelt.

Konzept der „kulturellen Identität" von Pätzmann (1993), das Unternehmenskultur und Corporate Identity zusammenzuführen versucht.[18]

Da die Konzepte Corporate Identity und Integrierte Kommunikation dieselben Ziele verfolgen und sich an ähnlichen Prinzipien orientieren, werden sie oftmals als Synonyme verwendet (z.b. bei Nielsen 2006: 87; Ditlevsen 2006: 16f.). Tatsächlich haben die Konzepte viele Gemeinsamkeiten und lassen sich bei näherem Hinsehen auch sinnvoll zusammenführen.

Ein entscheidender Unterschied zwischen CI- und IK-Konzepten wurde schon genannt: Innerhalb der CI-Konzepte sind „keine Hinweise darauf zu finden, wie die einzelnen Bereiche miteinander verzahnt werden sollen" (Pätzmann 1993: 72). Das Konzept der Integrierten Kommunikation wird diesbezüglich bedeutend konkreter, allerdings scheint in der Praxis dennoch Unklarheit bezüglich der Umsetzung zu herrschen. In der praxisorientierten Literatur wird daher immer wieder auf das von Bruhn (^{5}2009) verfasste und inzwischen in der fünften Auflage erschienene Standardwerk zur Integrierten Kommunikation verwiesen – und oftmals bleibt es dabei (z.b. bei Hansen/Schmidt 2006: 124-127).

Corporate Communication als Subkonzept von Corporate Identity bezieht sich wie Integrierte Kommunikation auf die Kommunikation des Unternehmens. Gemeinsamkeiten zeigen sich auch bei den Zielen: Sowohl Corporate Communication als auch Integrierte Kommunikation haben das Ziel, eine einheitliche und authentische Kommunikation des Unternehmens und damit eine konsistente Darstellung seiner Identität nach innen und außen aufzubauen. Ditlevsen stellt beispielsweise fest, dass sowohl Integrierte Kommunikation wie auch Corporate Communication a) als Prozess bzw. Aufgabe des Managements gesehen werden, b) die Zielsetzung eines konsistenten Erscheinungsbildes teilen und c) die gesamte Unternehmenskommunikation betreffen, d.h. sowohl die interne als auch externe Kommunikation (vgl. Ditlevsen 2006: 16f.). Bruhn selbst differenziert die Begriffe ebenfalls nicht nach „zugrunde liegenden Ideen", wie Ditlevsen (2006: 18) feststellt, sondern unterscheidet die Konzepte nach „Konkretisierungsgrad und in den Auswirkungen im Hinblick auf die Struktur der Kommunikationsarbeit in den Unternehmen" (Bruhn ^{5}2009: 69). Deshalb verwendet Ditlevsen *Integrierte Kommunikation* und *Corporate Communication* synonym (vgl. Ditlevsen 2006: 18). Die Ausführungen von Christensen/Morsing (2005) und Nielsen (2006) legen hingegen eine Trennung der Begriffe nahe. Nielsen schlägt vor, Integrierte Kommunikation als „operationalisierte Corporate Communication" (Nielsen 2006: 86) zu betrachten. Die Corporate Identity wird dabei als übergeordnete Leitvorstellung gesehen, Integrierte Kommunikation hingegen beschreibt den operativen Integrationsprozess zur Verwirklichung dieser Leitvorstellung. Diese begriffliche Trennung weist gleichzeitig auf die Notwendig-

---

[18] In Abschnitt 5.2 wird erörtert, warum es sinnvoll ist, die beiden Begriffe Kultur und Identität deutlich voneinander abzugrenzen.

2.2 Zentrale Konzepte der Unternehmenskommunikation

keit einer Zusammenführung der Konzepte hin, da eine Integration der Kommunikation ohne Ziel sinnlos ist und eine Corporate Identity ohne eine Instrument zur konsistenten Darstellung nicht dargestellt und konstruiert werden kann.

2.2.4 Kritische Beurteilung des Corporate Identity-Konzeptes

Da die vorliegende Arbeit auf die Frage nach dem Ob und Wie eines Corporate Style fokussiert, muss auch die Frage gestellt werden, inwiefern die damit verbundenen Konzepte – nämlich Corporate Identity und Integrierte Kommunikation – überhaupt zielführend und sinnvoll sind. In jüngster Zeit mehren sich diesbezüglich kritische Stimmen, die sich oftmals auf beide Konzepte beziehen. So stellen insbesondere Christensen/Cheney (2000) und Nielsen (2006) die grundlegende Frage nach dem Sinn und Zweck von Corporate Identity und Integrierter Kommunikation. Nielsen bezieht sich dabei insbesondere auf den kritischen Aufsatz von Christensen/Morsing (2005). Einzelne der bei diesen Autoren diskutierten Kritikpunkte werden im Folgenden wieder aufgenommen und zusammengefasst. Dabei geht es weniger um eine grundsätzliche Infragestellung der Konzepte, sondern vielmehr um das Aufzeigen möglicher Gefahren.

Ein grundlegendes Problem des Corporate-Identity-Konzepts liegt darin, dass Aspekte organisationaler Identität dabei zu wenig berücksichtigt werden.[19] Bungarten kritisiert, das marktstrategische, betriebswirtschaftlich-instrumentale Verständnis von CI beraube das Konzept der ihm innewohnenden Erkenntnis- und Einflussmöglichkeiten in Bezug auf Unternehmen und Gesellschaft und mache es damit zum „kalkulierbaren Mittel der Unternehmensführung, der Marktstrategie und der PR-Arbeit, das auch der kritische Verbraucher nach beiläufiger Informationsrecherche in seiner manipulativen Funktion entlarven kann" (Bungarten 1993b: 113). Bungarten zufolge behindert also die offensichtliche Manipulation der Unternehmensidentität selbige in ihren Funktionen.

Angesichts der Umstände, mit denen Unternehmen heute und in Zukunft umgehen müssen, nämlich mit „Marktbedingungen von gesättigten Märkten, technisch ausgereiften und funktional substituierbaren Produkten und diesem Klima der nahezu erdrückenden Informationsüberlastung" (Nielsen 2006: 87), wird es einerseits immer wichtiger, sich von anderen Unternehmen etwa mittels eines überzeugend umgesetzten Corporate-Identity-Konzeptes abzuheben, doch andererseits wird dieses Vorhaben immer schwieriger. Integrierte Kommunikation wird in diesem Kontext oft als „Zauberformel" (Nielsen 2006: 83) betrachtet, als Allheilmittel gegen Informationsüberlastung und gegen die mangelnde Differen-

---

[19] Der Gegensatz zwischen organisationaler Identität und Corporate Identity und den damit jeweils verbundenen Identitätsauffassungen wird in Abschnitt 4.4 ausführlicher behandelt.

zierung von Produkten bzw. ihre Anfälligkeit, kopiert zu werden. Dieser Anspruch lässt die Kommunikation jedoch in letzter Konsequenz zur Leerformel für nicht vorhandene Inhalte werden.

Ein Ziel von Corporate Communication ist es, das Unternehmen als einzigartig darzustellen. So soll der zunehmenden Produktgleichartigkeit begegnet werden – die Differenzierung wird vom Produkt selbst auf das Feld der Kommunikation verlagert (vgl. Kroeber-Riel ^{6}1996: 116ff; Nielsen 2006: 92). Die Einzigartigkeit des Produkts soll sich also vor allem in der Produktkommunikation zeigen. Da dies jedoch von allen Unternehmen angestrebt wird und die mit ähnlichen Produkten zu verbindenden Werte (bzw. Erlebnisse) selbst auch sehr ähnlich sind und somit nun auch in der Produktkommunikation recht ähnliche Strategien verfolgt werden, wird auch eine Differenzierung über die Kommunikation immer schwieriger. Die „Austauschbarkeit von Erlebniskonzepten" (Nielsen 2006: 92), die „Undifferenziertheit unternehmerischer Aussagen" (ebd.: 84) bzw. die Homogenisierung der Aussagen (vgl. ebd.: 92-93) werden somit zum Problem. Je mehr Unternehmen die gleichen Strategien nutzen, desto weniger lassen sie sich voneinander unterscheiden, obwohl das Gegenteil angestrebt wird: „Damit wird Integrierte Kommunikation zu einem zweischneidigen Schwert, das ein Problem lösen soll, zu dessen Entstehung es selbst erheblich beiträgt" (Nielsen 2006: 84).

Ebenso befördert Integrierte Kommunikation die Informationsüberlastung weiter. Die Kommunikationsmaßnahmen sollen das Unternehmen aus der Informationsflut herausheben und tragen damit gleichzeitig zu dieser Informationsflut weiter bei (vgl. Christensen/Cheney 2000: 249). Grundsätzlich ist es richtig, dass Unternehmen durch erhöhten Informationsausstoß ein höheres Maß an Transparenz nach außen schaffen können. Eine grundlegende Infragestellung dieses Prinzips wäre verfehlt. Dies gilt jedoch nicht mehr, wenn die Flut der Informationen solche Ausmaße annimmt, dass sie prinzipiell für den Rezipienten unüberschaubar wird.

Die intensive Beschäftigung des Unternehmens mit sich selbst, mit seinen Werten, seiner Sprache etc., verführt zudem zu der falschen Annahme, die externen Bezugsgruppen würden sich ebenso intensiv mit dem Unternehmen auseinandersetzen (vgl. Nielsen 2006: 90f.; Cheney et al. 2004: 130ff.; Christensen/Cheney 2000: 251). Kritik am Unternehmen wird daher häufig als erhöhtes Interesse an ihm missverstanden (vgl. Christensen/Cheney 2000: 261). Dies ist als Folge der übermäßigen Beschäftigung mit der eigenen Identität zu sehen. Bei Christensen/Cheney (2000: 250) wird diesbezüglich von „Corporate Self-Absorption" gesprochen, bei Nielsen (2006: 90) von „Selbstverführung". Oftmals sei die externe Kommunikation eher im Sinne einer erweiterten internen Kommunikation zu verstehen, da sie vor allem Relevanz für das kommunizierende Unternehmen (bzw. dessen Mitarbeiter) besitze: "Thus, in the process of

2.2 Zentrale Konzepte der Unternehmenskommunikation

auto-communication, the 'external' world becomes a reference point rather than a receiver, a 'mirror' rather than an audience" (Christensen/Cheney 2000: 252).[20]

Problematisch kann es auch sein, wenn die Einheitlichkeit im Außenauftritt nur mit einem hohen Maß an Kontrolle den Mitarbeitern gegenüber erreicht werden kann oder aber wenn Maßnahmen zur Vereinheitlichung auch auf den privaten Bereich übertragen werden (vgl. Christensen/Cheney 2000: 255). Eine „Überintegration" birgt jedoch auch weitere Gefahren:

> Die übermäßige Vereinheitlichung verwischt die Verschiedenheiten, reduziert die Stärken unterschiedlicher Kommunikationsfelder und -instrumente und limitiert generell den Output der Organisationskommunikation. (Herger 2006: 74)

Eine einheitliche Kommunikation kann so Dynamiken zu einem gewissen Grad ausbremsen und die Fähigkeit des Unternehmens zur Veränderung stark verringern. Schließlich müssen die Mitarbeiter die durch die externe Kommunikation aufgebauten und von den externen Bezugsgruppen wieder an sie herangetragenen Erwartungen erfüllen und werden dadurch in ihren Handlungsmöglichkeiten stark eingeschränkt (vgl. Nielsen 2006: 89).[21]

Ob eine integrierte Kommunikation möglich und sinnvoll ist, kann auch vor dem Hintergrund unterschiedlicher funktionaler Kommunikationsbereiche diskutiert werden. Dies mündet jedoch in eher betriebsorganisatorischen Fragestellungen, etwa ob die Finanzkommunikation der Kommunikationsabteilung untergeordnet werden soll oder ob beide unabhängig voneinander agieren sollten. Janik (2002: 23) argumentiert in diesem Zusammenhang, dass aufgrund der gesellschaftlichen Entwicklungen ein immer größerer Gegensatz zwischen sozialen und wirtschaftlichen Interessen entstehe und Investoren Unternehmen nach anderen Maßstäben bewerteten als Mitarbeiter oder Umweltschutzorganisationen. Aufgrund dieser Argumentation auf eine integrierte Kommunikation zu verzichten, hieße jedoch, dem Rezipienten ggf. die Integration konträrer Aussagen zu überlassen, da er als Einzelperson durchaus in beiden Kommunikationsarenen Rollen übernehmen kann.

Die Frage nach der Sinnhaftigkeit einer Integrierten Kommunikation betrifft letztlich auch die Frage nach dem strategischen Einsatz eines Corporate Style. Dieser lässt sich ebenfalls als Integrationsinstrument betrachten, das eine weitere „Klammer" für die kommunikativen Aufgaben des Unternehmens bildet.

---

[20] Dabei können Texte prinzipiell immer sowohl der Kommunikation als auch der Autokommunikation dienen (vgl. Christensen/Cheney 2000: 253).
[21] Weitere Ausführungen zu den Themenkomplexen Kontinuität und Dynamik sowie Identifikation und der damit jeweils verbundenen Kritik am Identitätsbegriff des Corporate-Identity-Konzepts sind Teil der Abschnitte 5.3, 5.4 und 5.5.

2.3 Corporate Style im Kontext von CI und IK

Im nun folgenden Abschnitt soll nochmals die Relevanz der Corporate-Style-Thematik verdeutlicht werden, indem die bisherige Einbindung von Sprache und Sprachstil innerhalb des Corporate Identity-Konzepts sowie der Integrierten Kommunikation näher beleuchtet wird (Unterabschnitt 2.3.1). Im Anschluss wird zunächst die Relevanz einer Betrachtung der Konzepte aus stiltheoretischer Perspektive verdeutlicht und eine Einordnung des Corporate-Style-Modells in die bestehenden Konzepte vorgenommen (Unterabschnitt 2.3.2).

2.3.1 Zum Stellenwert von Sprachstil in den Konzepten

Wie die vorhergehenden Ausführungen insbesondere in Unterabschnitt 2.2.1 gezeigt haben, wird Kommunikation als zentrales Instrument zur Darstellung und Konstruktion der Corporate Identity betrachtet. Erst Sprache und Kommunikation ermöglichen die Herausbildung einer Corporate Identity (vgl. Emmerling 2007: 13). Sprache wird als „Identifikationsfaktor" (Heller 1998: 20) und als Profilierungsinstrument (vgl. Brudler 1993: 104) gesehen. Dennoch erhalten sprachlich-stilistische Fragen innerhalb des Corporate-Identity-Diskurses wenig Beachtung,[22] so beispielsweise auch bei Bruhn. Bruhn (^{5}2009: 84) thematisiert sprachliche Gestaltung lediglich im Zusammenhang der formalen Integration, die die Festlegung von Markenname, Logo, Slogan, Typografie, Layout, Farben und Bildern umfassen soll. Zu diesen Elementen, die zum großen Teil dem Corporate Design zugerechnet werden können, gibt es jeweils nähere Erläuterungen in Unterkapiteln. Zur Gestaltung des Slogan gibt es zwar ein eigenes Unterkapitel (vgl. Bruhn ^{5}2009: 211-214), es finden sich darin jedoch neben der Forderung, der Slogan als „kommunikative Leitidee" solle „leicht verständlich und auf einem relativ hohen Abstraktionsniveau verfasst" werden (ebd.: 212), keine weiteren sprachlich-stilistische Hinweise.

Trotz der Beschäftigung mit Corporate Communication bleibt jedoch die konkrete sprachliche Gestaltung und damit die Ausrichtung des Sprachstils auf die Unternehmensidentität innerhalb des Corporate-Identity-Konzepts ein Randthema, das in der praxisorientierten und/oder betriebswirtschaftlichen Literatur meist nur sehr kurz und in pauschalen Aussagen abgehandelt wird. Auch die folgenden Beispiele belegen dies, wenngleich sie im Vergleich mit anderen

---

[22] Das hängt vermutlich damit zusammen, dass hierbei häufig der Sprachstil dem Corporate Design zugeschlagen wird und damit das Corporate Design als übergreifende Kategorie einen höheren Stellenwert erhält. Heller (1998: 85, 156) beispielsweise erwähnt als Elemente des Corporate Design u.a. auch die „Individualbeschriftung", womit die Individualisierung von beispielsweise Typographie, Layout, Zahlen- und Tabellenformaten, aber auch der Schreibstil bzw. Sprachstil und Anrede- und Grußformeln gemeint sind (vgl. Heller 1998: 163). Sprachstil wird bei Heller also zum einen sehr eng gefasst und zum anderen als Teil des Corporate Design begriffen.

2.3 Corporate Style im Kontext von CI und IK

Werken eine etwas intensivere Beschäftigung mit sprachlich-stilistischen Fragen erkennen lassen.

Bei Antonoff (1993) beispielsweise werden in einem Aufgabenkatalog zur Corporate Identity auch sprachlich-stilistische Aspekte angesprochen. So nennt Antonoff als zentrale Aufgaben zur „Substanz der Identität" u.a. auch die „Definition von Stil-Konstanten" (erklärt aber nicht, worauf Stil hier bezogen werden soll), die „Entwicklung des verbalen Erscheinungsbildes" und als wichtige „Aufgaben zum Ausdruck der Identität" des Weiteren „Normen zur Kommunikation des Unternehmens in Wort, Bild, Material und Medium" sowie „Basis-Elemente der Sprachkultur" (Antonoff 1993: 21). Konkretere Hinweise zum Umgang mit den einzelnen Aspekten werden allerdings nicht genannt.

In den für die Praxis verfassten „Grundlagen der Unternehmenskommunikation" von Göldi (2005) beispielsweise werden der sprachlichen Gestaltung immerhin insgesamt sechs Seiten gewidmet (Göldi 2005: 20; 90-95). Im Vergleich mit der ausführlicheren Darstellung einzelner Kommunikationsbereiche wie Public Relations, Werbung oder Verkaufsförderung, deren Abhandlung kapitelweise erfolgt, ist dies jedoch wenig. Sprachliche Gestaltung, die doch in allen diesen Bereichen eine Rolle spielt, wird somit auch bei Göldi nicht entsprechend ihrer thematischen Relevanz behandelt. Zudem werden in Bezug auf den Sprachstil oft nur plakativ-vage Aussagen gemacht:

> Besonders gelungene Slogans sind auch sprachlich perfekt gefeilt. [...] Gute Slogans vermitteln Ideen, Werte und Ziele in formvollendeter Sprache. (Göldi 2005: 90)

Bickmann (1999: 204-222) widmet dem Thema Corporate Language immerhin ein ganzes Unterkapitel, etwa 18 volle Seiten. Allerdings fasst er dabei unter diesem Begriff recht unterschiedliche Inhalte, u.a. „Geschichten", „Unternehmenswitze", „Nicht-Worte" (d.h. Tabuworte), den „Betriebsumgangston", „Subsprachen" und „Sprachliche Anleihen bei fachfremden Bereichen" (ebd.: 207-215). Insbesondere letztere Kategorien verweisen zwar auf stilistische Aspekte, doch Bickmann (1999: 206) schlägt im selben Kapitel vor, „Problematiken bezüglich der Gestaltung von Sprachstil, Wortlaut und Textfassung" als „Teilbereich des Corporate Designs" zu sehen. Die versprochene Behandlung im entsprechenden Kapitel erfolgt jedoch nicht.

Teilweise sind die Verknüpfungen aus linguistischer Sicht fragwürdig, da der Begriff ‚Language' zwar mit Sprachgebrauch oder -system verbunden, nicht jedoch wie bei Bickmann (1999: 207-209) auf Kommunikationsformen wie Witze oder Geschichten bezogen werden kann. Dabei geht Bickmann zudem wenig systematisch vor. Positiv hervorzuheben ist immerhin, dass er ausführliche Beispiele etwa zum Gebrauch von Metaphern (z.B. Kriegsmetaphern bei Nike, siehe ebd.: 213-215) gibt. Auch betont Bickmann die Bedeutung von Sprache und warnt gleichzeitig vor unzulässigen Vereinfachungen in diesem Zusammenhang:

> Sprache als Werkzeug? Ganz so einfach ist es nicht. Doch Sprache beeinflußt und repräsentiert die Unternehmenskultur und -identität, zu jeder Zeit. (Bickmann 1999: 221)

Sauer (2002: 29) stellt mit Blick auf Ratgeber zur Geschäftskorrespondenz fest, dass immerhin auf die „Bedeutung eines solchen konsistenten Stils" hingewiesen werde. Darin ist auch bei Bickmann ein Verdienst zu sehen, doch auch bei ihm fehlen konkrete Hinweise zur „Etablierung und Pflege eines Unternehmensstils" (Sauer 2002: 29).

Diese Ausführungen zeigen deutlich, dass die Darstellung von Zusammenhängen zwischen Sprachstil und Unternehmensidentität innerhalb des Corporate-Identity-Diskurses (jenseits der bereits in Abschnitt 2.1 erwähnten Ratgeber von Reins und Förster) bisher nur pauschalisierend und/oder rudimentär behandelt wurde.

2.3.2 Einordnung des Corporate-Style-Modells in die Konzepte

Eine nähere Beschäftigung mit Stilfragen im Rahmen der Unternehmenskommunikation verspricht indes besonders im Hinblick auf das Corporate-Identity-Konzept durchaus lohnende Erträge. So ist Corporate Identity zum einen ein „Phänomen [...], das sich in kommunikativen Prozessen äußert und das sich dadurch mit Mitteln der Linguistik besonders gut charakterisieren lässt" (Nickl 2005: 116). Zum anderen beinhaltet die „Definition der CI [...] bereits eine Reihe von Problemen, die besonders gut an sprachlichen Phänomenen zu verdeutlichen sind" (Emmerling 2007: 10).

Die Relevanz einer stilistischen Perspektive für die Unternehmenskommunikation lässt sich auch daran erkennen, dass Konzepte wie Integrierte Kommunikation und Corporate Identity Anforderungen an Erscheinungsbild und Kommunikation des Unternehmens stellen, bei denen es sich im Grunde um stilistische Anforderungen handelt. Diese Anforderungen sind in Bezug auf die Unternehmenskommunikation jedoch überraschenderweise noch nicht aus stiltheoretischer Perspektive beleuchtet worden. Mit Integrierter Kommunikation werden „Einheit, Einheitlichkeit, Kontinuität und ein konsistentes Erscheinungsbild" (Nielsen 2006: 83) verbunden. Einheitlichkeit wird ebenfalls oft als Voraussetzung für Stil und Stilwirkungen (siehe Eroms 2008: 18-20) genannt. Stile und Stilmuster können nur als solche überhaupt wahrgenommen und identifiziert werden, wenn sie eine „einheitliche Gestalt" ergeben (ausführlicher hierzu siehe Abschnitt 3.8). Wie in Unterabschnitt 5.5.3 noch gezeigt wird, ist Einheitlichkeit auch für Identität zu einem gewissen Grad konstituierend. Die sprachliche Identitätsdarstellung stellt damit, da sie Einheitlichkeit erfordert, immer auch eine stilistische Leistung dar.

Wie bereits in Unterabschnitt 2.2.1 festgestellt, können Corporate Communications, Corporate Behaviour und Corporate Design als Ausdrucksmittel der Corporate Identity betrachtet werden. Corporate Style im weiteren Sinne, wie in Abschnitt 2.1 definiert, betrifft alle diese Ausdrucksmittel. Corporate Style im engeren Sinne, also auf Sprachstil bezogen, betrifft hingegen lediglich den Bereich Corporate Communications. Gleichzeitig kann Corporate Style als ein weiteres Mittel zur Integration der Kommunikation gesehen werden, und zwar sowohl auf sprachlich-stilistischer Ebene als auch ganzheitlich im Sinne eines übergreifenden kommunikativen Unternehmensstils.

2.4 Zum Geltungsbereich eines Corporate Style

Eine der zentralen Fragen für die Analyse des Corporate Style ist es, in welchen Textsorten ein unternehmensspezifischer Stil überhaupt eingesetzt werden kann, ohne die Funktionalität des jeweiligen Texts zu schmälern. Diese Frage nach dem Geltungsbereich eines Corporate Style ist deshalb für die Analyse relevant, weil die Antwort darauf gleichzeitig den Gegenstandsbereich der Analyse begrenzt.

Im Hinblick auf die Implementierung bzw. Weiterentwicklung eines Corporate Style ließe sich die Frage nach dem Geltungsbereich auch anders stellen: In welchen Texten *sollte* ein unternehmensspezifischer Sprachstil eingesetzt werden? Wo ist ein solcher Sprachstil vielleicht sogar erwartbar? Anders ausgedrückt, für welche Texte erhöht sich durch den Einsatz eines Corporate Style die Funktionalität?

Um diese Fragen zu beantworten, muss zunächst geklärt werden, welcher Begriff von Unternehmenskommunikation hier zugrundegelegt werden soll (Unterabschnitt 2.4.1) und welche Bereiche der Unternehmenskommunikation abzugrenzen sind (Unterabschnitt 2.4.2). Dabei wird gleichzeitig zunächst ein grundsätzlicher Gegenstandsbereich der Arbeit umrissen und anschließend mögliche Einschränkungen des Geltungsbereichs eines Corporate Style diskutiert.

2.4.1 *Unternehmenskommunikation als Geltungsbereich*

Das Kompositum *Unternehmenskommunikation* lässt die unterschiedlichsten Deutungen zu: Kommunikation mit Unternehmen, von Unternehmen, für

Unternehmen, in Unternehmen. Linguistische Untersuchungen zur Unternehmenskommunikation können als Teildisziplin der Wirtschaftslinguistik begriffen werden.[23] Der Untersuchungsgegenstand der Wirtschaftslinguistik kann weiter gefasst als „Sprache in wirtschaftlichen Zusammenhängen" beschrieben werden, während die linguistische Forschung zur Unternehmenskommunikation sprachliche Äußerungen in und von Unternehmen analysiert.

Die Begriffsbestimmungen zur Unternehmenskommunikation sind uneinheitlich (vgl. Derieth 1995: 20; Janich 2008c: 273; Jakobs 2008: 13). Dies hängt damit zusammen, dass Unternehmenskommunikation ein interdisziplinärer Forschungsgegenstand ist und somit aus verschiedenen Perspektiven betrachtet wird.[24] Janich vergleicht insbesondere betriebswirtschaftliche und linguistische Definitionen zur Unternehmenskommunikation und unterscheidet dabei folgende Ausrichtungen der Definitionsansätze (vgl. Janich 2008c: 279-281):

- *Referenziell-themaorientiert*: Das Unternehmen wird als Bezugsobjekt der Unternehmenskommunikation betrachtet, ähnlich wie etwa die Marke als Bezugsobjekt der Markenkommunikation.
- *Instrumentell-strategisch*: Unternehmenskommunikation fungiert als „Sammelbecken" verschiedener Kommunikationsinstrumente und -strategien. Diese Sichtweise ist in der Betriebswirtschaftlehre und auch in der Praxis nach wie vor vorherrschend. Dies hängt damit zusammen, dass dort „bis heute ein technizistischer, wenn nicht gar behavioristischer Kommunikationsbegriff" dominiert (Janich 2008c: 282).
- *Funktional-prozessual*: Unternehmenskommunikation wird als „Gesamtheit der sprachlich-kommunikativen Prozesse und Anteile von Aktivitäten entlang von Wertschöpfungsketten, von unterstützenden Aktivitäten und von Managementaktivitäten sowie ihr Zusammenspiel" (Jakobs 2008: 18) betrachtet.
- *Kontextuell*: Unternehmenskommunikation wird als Kontext für bestimmte Kommunikationsprozesse und Kommunikate definiert.
- *Organisatorisch*: Unternehmenskommunikation wird als Organisationseinheit im Unternehmen betrachtet.

Anzumerken ist, dass Definitionen zur Unternehmenskommunikation häufig mehrere der bei Janich (2008c) genannten Aspekte enthalten, wenngleich je nach

---

[23] Die Beschäftigung mit der Sprache der Wirtschaft hat eine lange Tradition in der Sprachwissenschaft. Historisch orientierte Forschungsüberblicke zur Wirtschaftslinguistik bieten Schuldt (1997) und – bezogen auf interkulturelle Wirtschaftskommunikation – Bolten (2000c).

[24] PR-wissenschaftliche und betriebswirtschaftliche Darstellungen zur Unternehmenskommunikation orientieren sich teilweise stark an der Praxis oder richten sich explizit an diese (z.B. Birkigt/Stadler [11]2002; Mast [3]2008). Unternehmenskommunikation wird dabei in unterschiedliche hierarchische Zusammenhänge mit Public Relations, Marketing und Werbung gebracht (siehe Abschnitt 3.2.1).

2.4 Zum Geltungsbereich eines Corporate Style

Disziplin bestimmte Ausrichtungen dominant sind. Der technisch-instrumentale Kommunikationsbegriff in der Betriebswirtschaftslehre beispielsweise ist laut Janich zurückzuführen auf die Popularität des informationstheoretischen Sender-Empfänger-Modells nach Shannon/ Weaver (1949), das Kommunikation auf die Übertragung von Informationen reduziert. Janich (2008c: 282) nennt u.a. den Kommunikationsbegriff von Bruhn (2005) als Beispiel für diese Auffassung. Auch Beer (1996) führt das Sender-Empfänger-Modell an. Auch im Alltag kann ein Trend hin zur pragmatisch-instrumentalistischen Sprachreflexion festgestellt werden (vgl. Antos 1999: 11), in Bezug auf die Wirtschaft ist diese Perspektive jedoch besonders dominant:

> Sprache ist heute eine zentrale Ressource der Wirtschaft. Sie wird – wie andere Ressourcen – zum Teil hemmungslos ‚verbraucht', wenn darin ein Vorteil gesehen wird. D. h.: Der Gebrauch der Sprache in der Wirtschaft ist im Hinblick auf eine Optimierung als Verständigungsmittel fast immer auch Resultat einer Reflexion im Hinblick auf Wirkungsmöglichkeiten. (Antos 1999: 20)

Als vor allem instrumentell-strategisch ist auch der betriebswirtschaftliche Ansatz von Zerfaß einzuordnen, der Unternehmenskommunikation als den wertschöpfungsorientierten Teil der Organisationskommunikation definiert. Unternehmenskommunikation umfasst nach Zerfaß (^{3}2010: 287) „alle kommunikativen Handlungen von Organisationsmitgliedern, mit denen ein Beitrag zur Aufgabendefinition und -erfüllung in gewinnorientierten Wirtschaftseinheiten geleistet wird".[25] Damit wird Unternehmenskommunikation von der übrigen Organisationskommunikation des Unternehmens getrennt. Diese Sichtweise wird von Mast (^{3}2008: 11) grundsätzlich geteilt.

Brünner untersucht Unternehmenskommunikation mit gesprächslinguistischen Methoden und fasst den Begriff daher weiter. Sie subsumiert darunter sowohl Arbeits- als auch Sozialkommunikation[26] (vgl. Brünner 2000: 8). Tatsächlich vermischen sich unternehmerische und nicht-unternehmerische Kommunikation in mündlicher Kommunikation oft. Daher lassen sich die beiden Bereiche innerhalb des Brünner'schen Materials nur schlecht trennen bzw. es

---

[25] Hier wird gleichzeitig eine Abgrenzung zu „nicht-gewinnorientierten" Wirtschaftseinheiten vorgenommen. Darunter fielen beispielsweise Universitäten oder Kirchen.

[26] Die von Brünner (2000: 8-11) gewählten Termini „kooperationsbezogen" für aufgabenorientierte Kommunikation und „kooperationsunabhängig" für nicht aufgabenbezogene Sozialkommunikation sind m.E. nicht ganz glücklich gewählt. Zum einen ist die Sozialkommunikation für die Kooperation bzw. Zusammenarbeit am Arbeitsplatz nicht immer ganz unbedeutend (und sei es nur als Motivationsfaktor), zum anderen ist eine gelingende Sozialkommunikation ohne die Kooperation der Interaktionspartner nicht möglich – der Begriff „kooperationsunabhängig" suggeriert jedoch das Gegenteil. Gerade im gesprächslinguistischen Kontext erscheint die Begriffswahl daher sogar irreführend.

handelt sich um eine lediglich theoretische Trennlinie. Dementsprechend wählt Brünner auch eine weniger enge Bezeichnung, nämlich *Wirtschaftskommunikation* als Synonym zu *Unternehmenskommunikation* oder *betrieblicher Kommunikation* (vgl. Brünner 2000: 5). *Wirtschaftskommunikation* kann jedoch nicht nur auf Kommunikation von und in Unternehmen bezogen werden, sondern auch auf die Kommunikation über Unternehmen und wirtschaftliche Zusammenhänge.

Von Höhne (1993) wird ein linguistischer „komplexer Ansatz zur Beschreibung von Unternehmenskommunikation" in die Diskussion eingebracht. Dabei wird Unternehmenskommunikation aus der Perspektive der Fachsprachenforschung erfasst, d.h. die Fachlichkeit von Texten steht im Vordergrund – und entsprechend unbrauchbar sind Höhnes Ausführungen im Zusammenhang mit der sprachlich-stilistischen Darstellung und Konstruktion von Unternehmensidentität.

Der funktional-prozessuale, wirtschaftslinguistische Ansatz von Jakobs (2008) verdient besondere Beachtung, da Jakobs damit eine „Dachkonstruktion" anstrebt, die „die Verortung von Studien im komplexen Geflecht des Phänomenbereichs Unternehmenskommunikation erlaubt" (Jakobs 2008: 13). Kommunikation wird dabei im Zusammenhang mit Aufgabenfeldern entlang der Wertschöpfungskette und der begleitenden (betrieblich sekundären) Prozesse betrachtet. Ein solcher Ansatz ist insbesondere für gesprächsanalytische und am Kommunikationsprozess interessierte Arbeiten sehr fruchtbar. Für die hier angestrebte Abgrenzung des Geltungsbereichs eines Corporate Style ist er jedoch nicht zielführend. Sinnvoller erscheint es, einen weit gefassten Begriff von Unternehmenskommunikation zugrundezulegen und diese nicht prozessgebunden, sondern nach Kommunikationsarenen zu untergliedern.

In dieser Arbeit wird deshalb im Anschluss an Brünner ein umfassender Begriff der Unternehmenskommunikation zugrundegelegt, der ‚Unternehmenskommunikation' als übergeordnete kontextuelle Größe begreift, die die Bereiche Public Relations, Werbekommunikation, Personalkommunikation etc. einschließt und über den wertschöpfungsbezogenen Teil der Kommunikation hinausweist. Dieses Verständnis von Unternehmenskommunikation entspricht auch dem insgesamt integrativen Ansatz dieser Arbeit, da ein unternehmensspezifischer Sprachstil prinzipiell in allen Kommunikationszusammenhängen in und von Unternehmen verwendet werden könnte. Der grundsätzliche Gegenstandsbereich dieser Arbeit umfasst also die gesamte Kommunikation in und von Unternehmen. Dennoch ist es in der Praxis wahrscheinlich notwendig, Einschränkungen und Beschränkungen bezüglich eines solchen spezifischen Sprachstils zu machen. Mögliche Einschränkungen des Geltungsbereichs werden im folgenden Unterabschnitt diskutiert.

2.4.2 Mögliche Beschränkungen des Geltungsbereichs

Um mögliche Beschränkungen des Geltungsbereichs aufzuzeigen, muss zunächst eine Untergliederung der Unternehmenskommunikation vorgenommen werden. Die Bereiche der Unternehmenskommunikation werden in der Literatur sehr unterschiedlich abgesteckt: So subsumiert Bungarten (1994a: 32) beispielsweise unter Unternehmenskommunikation vier große Bereiche, nämlich interne Kommunikation, B2B-Kommunikation (d.h. von Unternehmen mit Unternehmen), Kundenkommunikation und gesellschaftliche Kommunikation. Nach Pätzmann (1993: 72) wiederum sind Corporate Design, Unternehmenswerbung, Öffentlichkeitsarbeit und Mitarbeiterkommunikation sowie Produktwerbung hinzuzurechnen. Dabei sind konkrete organisatorische Fragen nach dem Einsatz von Kommunikationsinstrumenten, deren Ausdifferenzierung zu Aufgabenfeldern und Zuständigkeitsbereichen bis hin zu eigenständigen Organisationseinheiten jedoch letztlich abhängig von Größe, Rechtsform und Zielsetzung/Strategie des jeweiligen Unternehmens. Fest steht, dass in allen genannten Bereichen Kommunikation stattfindet, die unternehmensbezogene Ziele verfolgt.

Ist die Uneinheitlichkeit in der Abgrenzung grober Aufgabenbereiche bereits groß, so wächst sie noch bei der Abgrenzung einzelner kommunikativer Aufgaben und ihrer Benennung. Es finden sich zweckgebundene Benennungen wie „Verkaufsförderung" oder „Personalmanagement" ebenso wie auf Kommunikationskanäle und Medien bezogene Bezeichnungen wie „Online-Kommunikation" oder „Persönliche Kommunikation". Solche heterogenen Auflistungen finden sich beispielsweise in betriebswirtschaftlichen Werken bei Bruhn (^{5}2009) oder Beier-Middelschulte (2004), aber auch in praxisorientierter Literatur wie bei Hansen/Schmidt (2006). Die Benennung der einzelnen Aufgabenfelder ist dabei ebenso unterschiedlich wie die Zuordnung zu organisatorischen Großbereichen.[27]

Brünner (2000: 11-17) erörtert Kriterien zur Kategorisierung der Kommunikationsformen in der Unternehmenskommunikation.[28] Dabei ist die Abgrenzung sogenannter „eigenständiger" gegenüber subsidiärer Kommunikation von besonderem Interesse. Bei eigenständiger Kommunikation dominieren nach Brünner (2000: 15) das kommunikative Handeln und ein kommunikativer Zweck. Dazu

---

[27] So rechnet beispielsweise Beier-Middelschulte (2004: 41) Advertising, Corporate Design und Sponsoring dem Marketing zu und berücksichtigt auch die interne Kommunikation lediglich zweckgebunden im Sinne von „Personalmanagement".

[28] Konkret nennt Brünner (2000: 11-17) für die Untergliederung der Arbeitskommunikation die Kategorien sachlich-technisch vs. hierarchisch-ökonomisch, fachintern vs. fachextern, eigenständig vs. subsidiär, empraktisch vs. nicht-empraktisch.

sind etwa folgende „Schwerpunkte sprach- und kommunikationsintensiver Tätigkeiten" zu zählen:

- (planende, koordinierende, kontrollierende) Management-Tätigkeiten
- Verhandlungen, Besprechungen
- Verträge, Schriftverkehr, Formulare
- Öffentlichkeitsarbeit, Werbung
- Beratung, Verkauf, Service, Reklamationsabwicklung
- technische Dokumentation, Gebrauchsanleitungen
- Terminologiearbeit, Übersetzung
- betriebliche Aus- und Fortbildung (Brünner 2000: 15)

Hier werden sowohl Aufgabenfelder der Unternehmenskommunikation und organisatorische Einheiten (z.b. Öffentlichkeitsarbeit, Werbung) als auch Kommunikationsformen und Textsorten (z.b. Verhandlungen, Gebrauchsanleitungen) sowie mit der Textproduktion verbundene Tätigkeiten (z.b. Terminologiearbeit, Übersetzung) genannt. Es handelt sich also nicht um eine homogene Auflistung der kommunikativen Aufgabenfelder. Das Verdienst solcher Listen kann darin gesehen werden, dass auf verschiedene Aspekte von Kommunikation in betrieblichen Zusammenhängen aufmerksam gemacht wird.

Pätzmann (1993: 85) kritisiert die inkonsequenten Kategorisierungen der „Kommunikationsmittel, -maßnahmen und -instrumente" insbesondere bei Bruhn und schlägt vor, zwischen der „allgemeinen Öffentlichkeitsarbeit (PR), dem Markt (Marketing und hierunter fällt selbstverständlich auch die Kundenkommunikation) und der internen Kommunikation (Mitarbeiter) zu trennen". Mast unterscheidet ebenfalls Marktkommunikation, Mitarbeiterkommunikation und Public Relations als „Funktionsfelder der Unternehmenskommunikation" (Mast ^{3}2008: 13f.), ähnlich zu Zerfaß (^{3}2010). Eine solche Systematisierung erscheint einleuchtend – doch auch hier ergeben sich Probleme bei der Zuordnung bestimmter Kommunikationsbereiche. Die Finanzkommunikation beispielsweise wäre hier nicht eindeutig zuzuordnen, da sie sich mit bestimmten Texten direkt an den Finanzmarkt wendet (Geschäftsberichte, Zwischenberichte), mit anderen jedoch zunächst an Finanzjournalisten und Öffentlichkeit (Ad-hoc-Meldungen, Finanzmitteilungen). Damit wäre sie sowohl der allgemeinen Öffentlichkeitsarbeit als auch der Marktkommunikation zuzurechnen. Ähnlich verhält es sich mit bestimmten Formen der Personalkommunikation, die sich sowohl an bereits angestellte als auch an potentielle Mitarbeiter richten und damit nicht nur der internen Kommunikation zugeschlagen werden können. Neben den bereits aufgeführten Tätigkeitsbereichen gibt es außerdem Aufgaben, die einem übergreifenden Kommunikationsmanagement zugerechnet werden können, etwa das Erstellen von Kommunikationsrichtlinien, das Corporate Design und auch die Entwicklung eines Corporate Style. Diese Aufgaben werden zwar oft entweder von PR- oder Marketingabteilungen übernommen, tatsächlich

2.4 Zum Geltungsbereich eines Corporate Style

handelt es sich jedoch schwerpunktmäßig um Kommunikation mit den Mitarbeitern, da diese die Richtlinien befolgen sollen.[29]
Die Systematisierung der Aufgabenbereiche muss generell je nach Untersuchungsfokus gewählt werden. Für die vorliegende Arbeit wäre eine distinkte Abgrenzung der Aufgabenbereiche zwar insofern wünschenswert, als dann konkretere Aussagen möglich wären, in welchen Bereichen ein Corporate Style eingeführt werden kann und soll und in welchen nicht. Vor dem Hintergrund der vielfachen Überschneidungen muss dieses Ziel jedoch aufgegeben werden. Daher folgt diese Arbeit grob der oben dargestellten Einteilung in Marktkommunikation, Mitarbeiterkommunikation und Presse- und Öffentlichkeitsarbeit und ordnet diesen Funktionsfeldern die wichtigsten Adressatengruppen zu:

- Marktkommunikation (mit Kunden, Konkurrenten, Zulieferern, Kapitalgebern, potentielle Mitarbeitern/Arbeitsmarkt),
- Mitarbeiterkommunikation (mit aktuellen Mitarbeitern/intern),
- Presse- und Öffentlichkeitsarbeit (mit Journalisten, Interessengruppen, Politikern).

Die Finanzkommunikation beispielsweise findet sich damit in zwei Bereichen wieder: Marktkommunikation mit Kapitalgebern, Presse- und Öffentlichkeitsarbeit mit Finanzjournalisten.[30]
Für die vorliegende Arbeit ist es nun zentral, danach zu fragen, inwiefern diese Aufgabenbereiche den Stil der konkreten Unternehmenstexte beeinflussen könnten. Stilistisch ist die Abgrenzung der erwähnten Kommunikationsbereiche insofern relevant, als hier bestimmte Funktionalstile vorherrschend sein können. In der Finanzkommunikation etwa wird ein eher bürokratischer Stil erwartet, in der Presse- und Öffentlichkeitsarbeit hingegen ein journalistischer Stil, im Marketing ein werbender Stil.
Diesbezügliche Erwartungen und Normen befinden sich jedoch im Wandel. Einerseits ist dabei (teilweise) eine immer größere Spezifizierung einzelner unternehmerischer Bereiche und damit die Ausbildung spezifischer fachsprachlicher Stile zu beobachten, andererseits könnten die zunehmenden Integrationsbemühungen bezüglich der Unternehmenskommunikation auch zu einer Konvergenz der Funktionalstile führen. Bereichsspezifische Funktionalstile

---

[29] Hier sei einmal außer Acht gelassen, dass einige Unternehmen beispielsweise ihre Corporate-Design-Richtlinien auch öffentlich zugänglich machen.
[30] Dabei wird wiederum ausgeblendet, dass sich die Finanzkommunikation mit den gleichen Kommunikationsinstrumenten an beide Zielgruppen wendet.

und Fachsprachen lassen sich in der Kommunikation von Unternehmen allerdings kaum gänzlich vermeiden, da sonst vieles gar nicht ausgedrückt werden könnte. Ein Corporate Style muss dem in angemessener Weise Rechnung tragen.

Der Anspruch eines unternehmensspezifischen Sprachstils auf Einzigartigkeit kann zudem in Konflikt mit der Forderung nach einem angemessenen Ausdruck treten. Zunächst mag es daher nicht angemessen erscheinen, einen Corporate Style beispielsweise im Bereich der Finanzkommunikation einzusetzen. Grundsätzlich kann ein unternehmensspezifischer Sprachstil jedoch auch stark fachsprachlich oder sogar bürokratisch sein – und damit angemessen im Bereich der Finanzkommunikation. Ein bürokratischer Stil wiederum könnte jedoch die Werbefunktion des Textes einschränken. Bei der Festlegung eines Geltungsbereichs für den Corporate Style gilt es also zu beachten, dass positive Wirkungen in einem Bereich nicht immer positive Wirkungen in anderen Bereichen bedeuten müssen. Es erscheint daher sinnvoll, präferierte Kommunikationsarenen für die Umsetzung eines Corporate Style zu definieren. Als absoluter Minimalbereich für den Einsatz eines Corporate Style ist die schriftliche Kommunikation mit den Kunden zu sehen, denn sie ist das Aushängeschild des Unternehmens.

Sinnvoll erscheint es außerdem, Einschränkungen in Bezug auf geplante/spontane, (konzeptuell) mündliche/schriftliche, externe/interne Kommunikationsformen zu machen. Als Minimalbereich eines Corporate Style kann die geplante, schriftliche, externe Kommunikation definiert werden. Prinzipiell ist auch hier eine Ausweitung auf alle Bereiche denkbar, allerdings könnte die Festlegung auf einen Corporate Style auch für mündliche Kommunikation die spontane Rede und damit beispielsweise die interne Kommunikation stark erschweren. Umgekehrt kann die spontane, interne Kommunikation dennoch ein sinnvoller Gegenstand einer Corporate-Style-Analyse sein, da hier für die Weiterentwicklung eines bestehenden Corporate Style wichtige Impulse zu finden sein könnten: Welchen Sprachstil pflegen die Mitarbeiter des Unternehmens? Passt der Außenauftritt des Unternehmens dazu?

Um die grundsätzliche Funktionsweise eines Corporate Style zu überprüfen, konzentriert sich die vorliegende Arbeit zunächst auf den geforderten „Minimalbereich" eines Corporate Style und damit auf die geplante, schriftliche, externe Unternehmenskommunikation. Dieser Minimalbereich lässt sich auch aus der Praxis-Perspektive damit begründen, dass ein unternehmensspezifischer Sprachstil in diesem Bereich leichter durchsetzbar und umsetzbar sein wird. Zudem ist es so, dass selbst dort, wo eine Übertragung sprachlicher Regelungen auf die mündliche Kommunikation sinnvoll erscheint, die sprachlich-stilistische Gestaltung zunächst in schriftlicher Form entworfen wird (etwa bei Telefonleitfäden oder Reden).

3 Stiltheoretisch-linguistische Rahmenüberlegungen

Die Begriffe Stil und Identität sind grundlegend für die vorliegende Untersuchung der Zusammenhänge zwischen Sprachstil und Unternehmensidentität. Beide Phänomene sind nur schwer zu fassen und müssen deshalb grundsätzlich und in Bezug auf die Unternehmenskommunikation erörtert werden. Dieses Kapitel erläutert zunächst grundsätzliche Aspekte von Sprachstil unter Berücksichtigung aktueller stiltheoretischer Positionen. Dabei spielen auch bereits identitätsbezogene Aspekte von Stil eine Rolle. Die Erörterung der stiltheoretischen Positionen bildet die Grundlage für die Diskussion stilistischer Aspekte in der Unternehmenskommunikation in Kapitel 4 und insbesondere für die Erarbeitung eines Stilbegriffs für die Unternehmenskommunikation in Abschnitt 4.2. Identitätsbezogene Ansätze werden später nochmals ausführlicher aufgegriffen, nämlich in Kapitel 6, das sich ausführlich und systematisch den Zusammenhängen zwischen Stil und Identität aus linguistischer Perspektive widmet.

Nachfolgend sei die Gliederung dieses Kapitels kurz umrissen: Zunächst wird ein einführender Forschungsüberblick zur Stilistik gegeben (Abschnitt 3.1). In den folgenden Abschnitten werden verschiedene stiltheoretische Positionen im Detail skizziert. Dabei werden insbesondere varietäten- und funktionalstilistische (Abschnitt 3.2) sowie pragmatische Stilauffassungen (Abschnitt 3.3) in den Blick genommen. Soziolinguistische Stilauffassungen erfahren aufgrund ihrer Relevanz für den Themenkomplex Stil und Identität besondere Beachtung (Abschnitt 3.4). Des Weiteren werden mit semiotischen (Abschnitt 3.5) sowie diskurslinguistischen und intertextuellen Perspektiven auf Stil (Abschnitt 3.6) aktuelle stiltheoretische Positionen ausführlicher dargestellt. Schließlich wird auch das Verhältnis von Stil und Normen erörtert, wobei sowohl normative als auch deskriptive Stilauffassungen berücksichtigt werden (Abschnitt 3.7). Im Anschluss daran werden einige grundlegende stilistische Anforderungen an Stil bzw. Voraussetzungen für Stil erörtert und der Frage nachgegangen, inwiefern diese bereits als normativ zu werten sind (Abschnitt 3.8). Abschließend erfolgt ein zusammenfassender Überblick über die dargestellten Stilauffassungen (Abschnitt 3.9).

3.1 Einführender Forschungsüberblick

Der Begriff des Stils bzw. Sprachstils weist eine große, historisch gewachsene Bedeutungsvielfalt auf (vgl. Sowinski 1991: 13-18; Asmuth 1991: 24-35; zur Wortgeschichte auch Gauger 1992), die verschiedentlich zu Unmutsäußerungen geführt hat. Stil sei ein „Chamäleon", das sich ständig „wegverwandelt" (Sandig 1986: *Vorwort*), oder gar „eine ärgerliche Kategorie" (Gauger 1992: 9). Tatsächlich sind ein einheitlicher Stilbegriff und eine umfassende Stiltheorie angesichts der Breite stilistischer Phänomene und der Vielfalt stilistischer Perspektiven in weite Ferne gerückt (vgl. Peer 2001: 39). Dessen ungeachtet bietet der Stilbegriff jedoch nach wie vor den besten Zugriff auf Besonderheiten des Sprachgebrauchs und die scheinbar widersprüchlichen Anforderungen an dessen Gestaltung. Auch Handler (2005: 127) sieht die „Stil-Perspektive" als „ausgezeichnete Wahl, um Spracheigenschaften in Zusammenhang mit ihrem pragmatischen Kontext zu betrachten".

Stil ist sowohl in der Literaturwissenschaft als auch in der Linguistik eine zentrale Kategorie. Diese Disziplinen konzentrieren sich bei stilistischen Untersuchungen allerdings auf verschiedene Aspekte: Für Sprachwissenschaftler ist das gesamte sprachlich-stilistische Regelsystem interessant; Literaturwissenschaftler hingegen fokussieren auf Regelabweichungen, die zur Ausbildung von Individual-, Epochen- oder Gattungsstilen führen (vgl. Asmuth 1991: 23). Diese Tendenzen in der Ausrichtung des Forschungsinteresses haben auch dazu geführt, dass sich die linguistische Stilistik bisher nur wenig mit dem Individualstil auseinandergesetzt hat.

Peer stellt noch 2001 fest, dass die Beschäftigung mit Stil in der Linguistik seit den 1960er/70er Jahren zurückgegangen sei und zudem der Austausch mit der Literaturwissenschaft stark abgenommen habe. Er nimmt jedoch gleichzeitig „Zeichen einer Wiederbelebung" (Peer 2001: 35) zur Kenntnis, die seit der Jahrtausendwende weiterhin zunehmen. Dies zeigen beispielsweise die verschiedenen Einführungen, die textlinguistische und stilistische Ansätze verbinden (z.B. Fix et al. ³2003; Eroms 2008), sowie die aufkommenden semiostilistischen (z.B. Stöckl 1997ff.; Fix 2001b) und soziostilistischen Ansätze (z.B. Coupland 2001f.; Eckert/Rickford 2001). In der germanistischen Linguistik gipfelt die stärkere Beachtung stilistischer Zusammenhänge in der zusammenfassenden Herausgabe der stiltheoretischen Aufsätze von Fix (2007a) sowie in der Aktualisierung der Stilistik von Sandig (²2006). Beachtenswert ist außerdem das zweibändige, von Fix et al. (2009) herausgegebene Handbuch zu Rhetorik und Stilistik, das einen umfassenden Überblick über aktuelle Perspektiven auf Stil gibt.

Fix (2006) unterscheidet textinterne und textexterne Stilauffassungen. Als textintern sind unter anderem traditionelle Auffassungen von Stil einzustufen, die Stil „als Schmuck der Rede" begreifen, aber auch strukturalistische Stilauf-

3.1 Einführender Forschungsüberblick

fassungen. Diese begreifen Stil als „Zusammenwirken aller Formelemente eines Textes, die ihren Wert erst durch ihren Bezug aufeinander bekommen" (Fix 2006: 251). Strukturalistische Stilauffassungen sind „vorwiegend deskriptiv mit dem Ziel, Stilmerkmale und [...] Stilwerte auf allen Ebenen des Sprachsystems zu inventarisieren" (Janich 2006: 273). Solche Stilauffassungen greifen jedoch in verschiedener Hinsicht zu kurz, u.a. da sie die pragmatische, textexterne Bedingtheit von Stil nicht berücksichtigen.

Funktionale Stilauffassungen hingegen „gehen davon aus, dass sich aufgrund verschiedener Kontexte und außersprachlicher Bedingungen unterschiedliche Funktionalstile herausbilden" (Janich 2006: 274). Daher vertritt die Funktionalstilistik eine textexterne Stilauffassung. Sowohl funktionale als auch strukturalistische Stilauffassungen zielen jedoch auf eine stilorientierte Ordnung des Varietätenraums und auf eine Stilcharakterisierung und -kategorisierung ab. Solche Ansätze werden in Abschnitt 3.2 ausführlicher erörtert.

Pragmatische und kommunikative Stilauffassungen sind ebenfalls den textexternen Stilauffassungen zuzurechnen. Während die Funktionalstilistik Stil vor allem funktionsgebunden begreift, berücksichtigt die pragmatische Stilistik weitere Faktoren der Handlungssituation. Sie fragt „ausgehend von der sprachlichen Form nach den sekundären Informationen [...], die sowohl pragmatischer, sozialer als auch poetisch-ästhetischer Art sein können" (Janich 2006: 274). Pragmatische Stilauffassungen behandeln Stil als Ergebnis sprachlichen Handelns, das ästhetisch und pragmatisch bedingt ist und zudem „Bedeutung transportiert", d.h. „man vermittelt durch den Stil seiner Äußerungen zusätzlich zum ‚Primärsinn', der Sachinformation, einen ‚Zweitsinn'" (Fix 2006: 253). Der ‚Zweitsinn' vermittelt Fix zufolge sowohl Informationen über den Sender als auch über die Beziehung zum Empfänger. Fix betrachtet Selbstdarstellung und Beziehungsgestaltung daher als zentrale Funktionen von Stil (vgl. ebd.). Dieser Gedanke ist grundlegend für die vorliegende Arbeit, die Stil als Ausdrucks- und Konstruktionsmittel von Identität thematisiert. Pragmatische Perspektiven auf Stil werden daher in Abschnitt 3.3 weiter ausgeführt. Auch die soziolinguistische Sicht auf Sprachstil und seine Funktionen ist handlungsorientiert und erfährt besondere Beachtung in Abschnitt 3.4. Semiotische, diskurslinguistische und intertextuelle Stilauffassungen basieren auf einem pragmatischen Stilbegriff. Sie werden ausführlicher in den Abschnitten 3.5 und 3.6 erörtert.

Die grundlegende Unterscheidung zwischen einem deskriptiv-analytischen und einem präskriptiv-normativen Stilbegriff wird bei Fix (2006) nicht dargestellt. Für die vorliegende Arbeit ist diese Unterscheidung jedoch zentral, da sowohl normative als auch deskriptive Ansätze eine Rolle spielen werden. Ein präskriptiver Stilbegriff ist vor allem für die didaktische Vermittlung grundlegend, wobei Stilideale und -normen aufgestellt werden, deren Einhaltung die

Produktion angemessener Texte ermöglichen soll. Von der linguistischen Stilistik wird zumeist ein deskriptiver Stilbegriff verfolgt. Dabei wird lediglich ein Beschreiben und Kategorisieren von Stil angestrebt, nicht aber ein *Vor*schreiben. Beide Sichtweisen werden in den Abschnitten 3.7 und 3.8 näher erläutert.

3.2 Varietäten- und funktionalstilistische Perspektiven

Die linguistische Stilistik hat verschiedentlich versucht, Stilcharakterisierungen zu systematisieren und einzelne Stile mit bestimmten Stilzügen und Stilfiguren zu verbinden. Dabei ist zu beachten, dass sich diese Zuordnungen und Charakterisierungen diachron verändern und zudem synchron in verschiedenen gesellschaftlichen Gruppen unterschiedlich vorgenommen werden. Beispielsweise wird heute ein *gehobener* Stil anders realisiert als noch vor zwanzig Jahren bzw. was heute als gehobener Stil gilt, kann vor zwanzig Jahren als *standardsprachlich* eingestuft worden sein. Hinzu kommt die prinzipielle Unendlichkeit sprachlicher Möglichkeiten und ihrer Kombinationen, die eine abschließende Stilkategorisierung verhindert.

Zu den Kategorisierungsversuchen ist auch die Funktionalstilistik zu zählen, wie sie etwa von Fleischer (1992b) vertreten wird. Die Funktionalstilistik versucht verschiedenen Lebensbereichen typische, dominante Stilzüge zuzuordnen. So können Teile des Wortschatzes funktional markiert sein (etwa *Postwertzeichen* als Teil der Verwaltungssprache), einzelne Worte können jedoch nicht allein an einen bestimmten Stil gebunden werden (vgl. Fleischer 1992b: 119f.). Innerhalb dieser funktionalen Stiltypen schlägt Fleischer Subklassifizierungen vor (vgl. Fleischer 1992b: 129). Die Kategorisierung der Funktionalstile ist zwar uneinheitlich, immer wieder genannt werden jedoch die Lebensbereiche Wissenschaft, Alltag, Verwaltung/Direktive sowie Presse/Journalismus und Literatur/Belletristik (vgl. Fleischer 1992b: 121; Fix et al. ^{3}2003: 33). Die Einstufung der Funktionalstile des Journalismus und der Belletristik ist jedoch wegen ihrer stilistischen Uneinheitlichkeit umstritten. Zudem werden die Kriterien zur Abgrenzung der Funktionalstile (z.B. spontan vs. ausgefeilt) als uneinheitlich kritisiert, da sie sich teils „auf das Gedanklich-Sprachliche, teils auf das Intentionale" (Fix et al. ^{3}2003: 34) bezögen.

Eine zentrale Kategorie der Funktionalstilistik bilden die ‚Stilzüge', die den Stil eines Textes bestimmen und bei Fix et al. (^{3}2003: 51f.) als „charakteristische Gestaltungsprinzipien eines Text- und Stilganzen" beschrieben werden. Stilelemente und Stilmittel (Formulierungsverfahren, Stilfiguren etc.) lassen sich umgekehrt in ihrer funktionalen Wirkung zu Stilzügen zusammenfassen (vgl. ebd.: 51). Janich (2006: 274) spricht daher von Funktionalstilen als einer „spezifischen

3.2 Varietäten- und funktionalstilistische Perspektiven

Kombination von dominanten Stilzügen, die wiederum durch bestimmte Stilelemente quantitativ und qualitativ charakterisiert werden können".
Damit können stilbildende Elemente auf Mikro-, Meso- und Makroebene unterschieden werden. Zur Illustration wurde in Abbildung 1 der wissenschaftliche Stil als Beispiel gewählt. Charakteristisch sind u.a. die Stilzüge der Sachlichkeit, Eindeutigkeit und Klarheit sowie ein argumentativer und erklärender Stil. Diese Stilzüge wiederum können durch unterschiedliche Stilelemente realisiert werden. So kann der Stilzug der Sachlichkeit beispielsweise durch neutrale, distanzierte Formulierungen realisiert werden. Tatsächlich sind jedoch auf der Mikroebene ganz unterschiedliche konkrete Formulierungen denkbar. Zudem spielt die Häufigkeit bestimmter stilistischer Elemente eine große Rolle. So kann etwa eine zu große Häufung von Nominalisierungen und Verbgefügen dazu führen, dass der jeweilige Text nicht mehr bloß als „wissenschaftlich", sondern als „bürokratisch" eingestuft wird. Umgekehrt kann „Sachlichkeit" auch mit einer attributarmen Sprache demonstriert werden, d.h. auch das Fehlen bestimmter Elemente kann stilbildend wirken. Hieran wird außerdem deutlich, dass eindeutige Entsprechungen und Zuordnungen nicht existieren. Es gibt oft unterschiedliche Möglichkeiten, einen Stilzug oder ein Stilmuster zu realisieren. Auch deshalb ist in Abbildung 1 von „variablen Kombinationen" die Rede: Zwar gelten für bestimmte Stilzüge bestimmte Stilelemente als typisch, es müssen jedoch nicht alle Stilelemente realisiert werden, um diese Stilzüge in einem Text erkennen zu können.

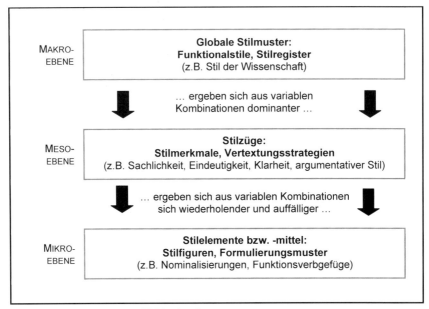

Abbildung 1: Hierarchisierung stilbildender Elemente

Auf Textmuster und Textsorten bezogen, ergibt sich auch aufgrund dieser Vielfalt der Möglichkeiten ein komplexes Bild. Im Gegensatz zu Textmustern sind Stilmuster nicht an bestimmte Textsorten gebunden, sondern prinzipiell in allen Textsorten verwendbar. Stilmuster verweisen lediglich auf Kommunikationsbereiche oder andere situationsdeterminierende Faktoren, nicht aber auf bestimmte Textsorten. Daher können Stilmuster Teil von Textmustern sein, Textmuster jedoch nicht Teil von Stilmustern. Eine Textsorte kann ein oder mehrere Textmuster haben, d.h. es gibt ebenfalls keine eindeutige Entsprechung zwischen Textsorte und Textmuster (vgl. Heinemann/Viehweger 1991: 138). Rezipienten mit dem entsprechenden Textsorten- und Textmusterwissen können Texte leichter verstehen, einordnen und bewerten (vgl. ebd.: 129f.). Es handelt sich um Orientierungsmuster, die die „Erwartungshaltungen der Interagierenden" prägen (ebd.: 133). Die Musterhaftigkeit von Textsorten ist allerdings unterschiedlich stark ausgeprägt (vgl. Michel 2001: 91): Während Formulare einen sehr hohen Grad an Musterhaftigkeit und damit oft sehr detaillierte und strikt einzuhaltende Textmuster aufweisen, besitzen etwa Romane einen sehr viel geringeren Grad an Musterhaftigkeit.

Als übergreifende Stilmuster könnten beispielsweise die bei Eroms genannten Vertextungsstrategien wie Erzählen, Beschreiben, Argumentieren und Anweisen eingeordnet werden. Als ‚Vertextungsstrategien' bezeichnet Eroms

3.2 Varietäten- und funktionalstilistische Perspektiven

(1986: 18) stilistisch beschreib- und unterscheidbare Strategien zur Kohärenzherstellung in Texten bzw. „operative Maßnahmen, die die Zusammenbindung von Sätzen steuern". Den einzelnen Strategien werden idealtypisch bestimmte bevorzugte Tempora, bestimmte Verbklassen und damit jeweils verbundene dominante Funktionen zugeordnet (siehe Tabelle 2). Die Vertextungsstrategien nach Eroms sollen an dieser Stelle als ein Beispiel für die Zuordnung einzelner Stilmerkmale und funktionalen Bedeutungen zu Stilmustern (zu denen die Vertextungsstrategien zu zählen sind) angeführt werden.

Vertextungs-strategie	Tempus	Funktion	Dominanter Verbgebrauch	Funktion
Erzählen	Präteritum	Vergangenes evozieren	Geschehens- und Handlungsprädikate	chronologische Geschehens-/ Handlungswiedergabe
Beschreiben	Präsens (Präteritum)	Zeitloses abbilden	Orientierungsprädikate	topologische Orientierung/ Phänomenerklärung
Argumentieren	Präsens (Präteritum)	Zukünftige (vergangene) Handlungen begründen	‚logische' Verknüpfungsprädikate	Handlungsbegründung
Anweisen	Futur (Präsens)	zu simultanen Handlungen auffordern	Handlungsprädikate	Handlungsvollzug

Tabelle 2: Vertextungsstrategien nach Eroms (1986: 18)

Eroms (1986: 18) führt ferner aus, in einem konkreten Text sei im Regelfall jeweils eine dieser Strategien dominant. Auch die hier aufgeführten Tempora und typischen Prädikate sind lediglich als dominante Strukturen anzusehen, d.h. es können im Rahmen der Vertextungsstrategien auch weitere Tempora genutzt werden, etwa beim Erzählen Präsens oder Plusquamperfekt.[31]

---

[31] Bezüglich der Tempora nimmt Eroms in seiner Einführung zur Stilistik (2008: 83) leichte Veränderungen vor, und zwar werden der Vertextungsstrategie des Argumentierens nunmehr die Zeitformen Präsens und evtl. Futur zugeschrieben, während Anweisungstexten jetzt ausschließlich der Gebrauch des Präsens zugeschrieben wird. Allerdings werden diese Veränderungen in der Tabelle von Eroms weder begründet noch überhaupt thematisiert. So kann nur vermutet werden, dass es sich hier entweder um eine Korrektur handelt oder aber dass die Anpassungen einem diachronen Wandel der Vertextungsstrategien geschuldet sind.

Insgesamt lässt sich festhalten, dass sich der spezifische Sprachstil eines konkreten Textes aus dem Zusammenwirken verschiedener Elemente bzw. Merkmale oder Merkmalsbündel ergibt. Diese Merkmale sind nicht nur auf der lexikalischen, sondern auf allen sprachlichen Ebenen zu finden. Fraglich bleibt, wie Dialekte und andere Typen von Varietäten in die Hierarchie der Stilmuster eingeordnet werden können. Es existieren bereits einige Versuche, Funktionalstile und Varietäten in ein gemeinsames Varietätensystem zu integrieren. Zu den Varietäten des Deutschen haben z.b. Löffler (^{4}2010), Dittmar (1995) oder Nabrings (bzw. Adamzik 1981) systematisierende Darstellungen geliefert. Begründet wird die Relevanz der Integrationsversuche u.a. mit der stilistischen Relevanz all dieser sprachlichen Ausprägungen. Auch der Gebrauch von Dialekten gibt anderen die Möglichkeit zu entsprechender Interpretation und somit zum Zuweisen stilistischer Bedeutung (vgl. Coupland 2001: 204). Bei der Ordnung des Varietätenraums verschränken sich soziale und territoriale Dimensionen (vgl. Tophinke 2000: 348). Auch deshalb ist die Einteilung des Varietätenraums abhängig von der Einzelsprache.[32] Dittmar (1995: 144f.) unterscheidet für das Deutsche in Anlehnung an Nabrings (1981) vier Typen von Varietäten, nämlich diatopische, diastratische, diasituative und diachrone Varietäten und erweitert diese um einen diakommunikativen Typ, den er einer Kommunikationsgemeinschaft zuschreibt. Damit trägt Dittmar der Situation des Deutschen als plurizentraler Sprache Rechnung und ermöglicht gleichzeitig eine Einordnung sprachlicher Subkulturen (z.B. *foreigner talk*), die über die Einzelsprache hinausweisen. Allerdings ist die Bezeichnung *diakommunikativ* denkbar vage und dient als Sammelkategorie für alle den übrigen Typen nicht zuzuordnenden Stile.

Löffler hingegen (1994: 86f.) unterscheidet sechs Typen von Varietäten bzw. ‚Lekten', nämlich Dialekte, Soziolekte, Sexolekte, Mediolekte, Idiolekte, Funktiolekte und schließlich Situolekte. Dies ermöglicht die Kategorisierung regionen-, gruppen-, geschlechts-, personen-, funktions- und situationsspezifischer Varietäten. Textsorten und Stile ordnet Löffler den Situolekten zu, was für einen eher eng gefassten Stilbegriff spricht. Gleichzeitig betont Löffler die Verwobenheit aller Lekte miteinander, wie auch Fix (2006: 249) anmerkt. Da allerdings die Kategorie ‚Situation' geprägt ist von verschiedenen pragmatischen Bedingungen, können hier wiederum auch Dialekte, Mediolekte etc. eine Rolle spielen.

---

[32] Andererseits können jedoch bestimmte Stile nicht in den Grenzen einer Einzelsprache beschrieben werden, sondern weisen deutlich darüber hinaus. Hierzu gehört auch der jugendsprachliche Stil (vgl. Tophinke 2000: 348).

3.3 Pragmatische Perspektiven

Die im vorigen Abschnitt dargestellten varietäten- und funktionalstilistischen Ansätze begreifen Stil als Wahl, die sich allein aus den Unterschieden zwischen gesellschaftlichen und geographischen Bereichen begründen lässt. Auch traditionell wird Stil als ein Phänomen der Wahl gesehen, d.h. Stil wird dort verortet, wo sprachliche Wahlmöglichkeiten wahrgenommen werden können. Im Grunde sind immer Wahlmöglichkeiten gegeben, weshalb auch kein Text dem anderen gleicht. Die Wahl wird allerdings unter unterschiedlichen Voraussetzungen getroffen und mündet entweder in der Einhaltung stilistischer Normen oder in ihrer Durchbrechung (siehe Abschnitt 3.7). Die Auffassung von Stil als sprachlicher Variation ist inzwischen nicht vollkommen verworfen, sondern vielmehr erweitert oder differenziert worden. Stil wird im Sinne einer Modifikation funktionalstilistischer Ansätze aktuell als ein ganzheitliches, sozial bedeutsames Mehrebenen-Phänomen beschrieben (vgl. Auer 2007a: 11), das „nicht mehr auf Einzelwörter oder Sätze, sondern auf ganze Texte bezogen" (Fix et al. [3]2003: 35) wird. Konkreter wird Stil handlungsbezogen als „die sozial bedeutsame Art der Durchführung einer kommunikativen Handlung" (Sandig [2]2006: 17) aufgefasst und kann somit als stark sozial determiniert angesehen werden.

Fix (2006: 247) beispielsweise sieht die Variationsmöglichkeiten durch pragmatische Bedingungen stark begrenzt. In einem früheren Aufsatz betont Fix jedoch, Stilistisches sei „immer auch Ästhetisches" (Fix 1996: 319) und stilistisches Gestalten „ästhetisierendes Handeln" (Fix 1996: 318). Tatsächlich ist stilistisches Handeln sowohl inhaltlich-sozial als auch ästhetisch motiviert. Die Trennung zwischen inhaltlich fundierten und rein ästhetischen Stilentscheidungen, wie Fix (2006) sie vorschlägt, ist höchstens auf theoretischer Ebene möglich. Das belegt auch das von Fix gewählte literarische Beispiel von Variationsmöglichkeiten einer Aussage: „*Der Regen klopft an die Scheiben / Der Regen trommelt an die Scheiben / Er prasselt an die Scheiben*". Fix unterstellt, dass es hier „nicht um inhaltliche Differenzierungen geht" (Fix 2006: 245). Der Rezipient fällt m.E. jedoch auch bei literarischen Texten nicht nur ein ästhetisches Urteil bezüglich der Wohlgestalt der Sätze, sondern zieht (bewusst oder unbewusst) außerdem inhaltliche Rückschlüsse beispielsweise auf die (Laut-)Stärke des Regens oder eine eventuelle Bedrohlichkeit der Situation. Umgekehrt ist in Bezug auf Sachtexte nicht anzunehmen, dass ästhetische Gesichtspunkte für ihre stilistische Gestaltung gar keine Rolle spielten. Fix aber vermutet hier eine untergeordnete Rolle ästhetischer Motive, denn im Falle von Sachtexten handele es sich „jedenfalls nicht in erster Linie [...] um eine ästhetische Wahl, sondern um eine sozial begründete Entscheidung" (Fix 2006: 246). Bei stilistischen Entscheidungen spielen also stets beide Faktoren – Ästhetik und soziale Anpassung – eine Rolle, allerdings in unterschiedlicher Gewichtung. Eine die soziale Determiniertheit stärker gewichtende Sichtweise auf Stil wird auch in der pragmatischen Stilauffassung von Sandig (1986ff.) deutlich. Stil richtet sich demnach als soziales Handeln immer an außersprachlichen Bedingungen aus und erlaubt gleichzeitig auch Rückschlüsse auf diese Bedingungen. Stil ist insofern als ein relationales Phänomen zu verstehen. Sandig (^{2}2006: 18) stellt ein stilbezogenes Kommunikationsmodell auf, das in Abbildung 2 wiedergegeben wird und Interaktionsaspekte in Relation zu Stil darstellt.

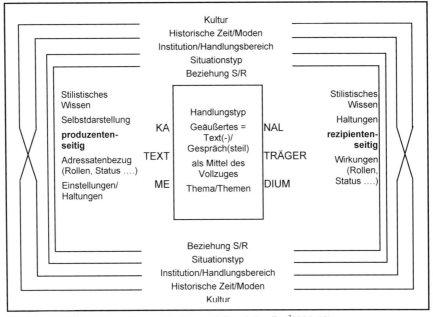

Abbildung 2: Stilorientiertes Kommunikationsmodell nach Sandig (^{2}2006: 18)

Das Modell umfasst sechs Kategorien von Relationen, nämlich 1) Handlung, 2) Thema, 3) Handlungsumstände (Situation), Interaktanten (Produzent und Rezipient), 5) soziokulturelle Einbettung und schließlich 6) intertextuelle thematisch-pragmatische Einbettung (vgl. Sandig 2001: 22f.).[33] Die Handlungsumstände betreffen die Beziehung zwischen Sender und Rezipient (S/R), den Situationstyp

---

[33] Das Kommunikationsmodell lässt zwar die Interaktion zwischen Rezipient und Produzent in der Darstellung unberücksichtigt, diese ist jedoch Sandig zufolge stets „mitgemeint" (vgl. Sandig 2001: 23). Tatsächlich wirkt die Interaktion immer auch verändernd auf die Gesamtsituation und damit auf alle zu berücksichtigen Faktoren und stellt daher eine wichtige Größe dar.

und den Handlungsbereich sowie die historische Zeit und die umgebende Kultur. Was als einheitlich und „(wohl-) gestaltet" wahrgenommen wird, ist immer auch von Gewohnheiten geprägt und damit abhängig von Kultur, Moden und Sozialisation.

Stil dient Sandigs Kommunikationsmodell zufolge nicht nur dazu, Texte ästhetisch zu gestalten, sondern auch dazu, an soziale Gegebenheiten anzuknüpfen und ‚sozialen Sinn' zu erzeugen. Sandig stellt fest, Stil sei „*erst in Relation des gestalthaft Geäußerten zu Interaktionsaspekten interpretierbar*" (Sandig 2001: 23, Hervorhebungen im Original). Die hier enthaltene Gestaltungskomponente, die ‚Gestalt' von Stil, führt Sandig auch an anderer Stelle aus und spricht dabei von Stil als einer „charakteristischen Struktur":

> Diese entsteht aus einer begrenzten Menge kookkurrierender Merkmale, die zusammen als Gestalt interpretierbar sind. Diese Gestalt (oder der Gestalt-Komplex) hat eine Funktion: Sie ist bedeutsam, interpretierbar [...]. (Sandig ^{2}2006: 86)

Die Gestaltmetapher wurde vor allem von Fix (1996, 2001a) und Abraham (2009) ausführlich thematisiert. Abraham betont in diesem Zusammenhang die Relevanz eines ganzheitlichen Zugangs zu Stil:

> Es geht bei der Wahrnehmung von *Stil* in Texten nicht um den einzelnen *Ausdruck*, die einzelne *Formulierung*, [...] sondern um den alles Einzelne synthetisierenden Zugriff auf eine sprachliche Gestalt. (Abraham 2009: 1353, Hervorhebungen im Original)

Gleichzeitig ist Abraham (2009: 1353) der Ansicht, eine synthetische Betrachtung sei nur durch die Annäherung in einzelnen Schritten zu realisieren. Damit ist bereits eine wichtige Anforderung für die Stilanalyse gestellt, die in Unterabschnitt 8.3.2 wieder aufgegriffen wird.

Fix fasst den Gestaltbegriff pragmatisch und verbindet damit „die Vorstellung von der Einheitlichkeit sichtbarmachenden, konturierenden, intendierten Handelns und der Einheitlichkeit seines Produktes" (Fix 1996: 312). Einheitlichkeit wird damit zur zentralen Stilvoraussetzung und gleichzeitig zur Zielsetzung stilistischen Handelns (vgl. Fix 1996: 317f.). Diese Annahme wird in der stiltheoretischen Forschung weitgehend geteilt und insbesondere in Abschnitt 3.8 weiter diskutiert.

3.4 Soziolinguistische Perspektiven

Die Soziostilistik speist sich zum einen aus traditionellen, varietätenstilistischen Herangehensweisen, die den Einfluss sozialer Schichtungen und Unterschiede auf Sprachstil betonen, zum anderen greift sie die Grundidee der Pragmastilistik auf, die Sprache handlungsorientiert betrachtet. Thematisch beschäftigt sich die Soziolinguistik damit, wie und warum das Individuum Gruppenzugehörigkeiten und -abgrenzungen sprachlich realisiert. In diesem Zusammenhang werden alle Formen sprachlicher Variation relevant, die eine Aussage über die Verortung des Individuums in der Gesellschaft ermöglichen bzw. Rückschlüsse darüber zulassen. Des Weiteren sagt Stil auch etwas über die Beziehung zum Gegenüber aus sowie über die Situation und ist damit nicht nur von der Identität des Stilproduzenten beeinflusst. Dennoch lässt wiederum auch die Art und Weise, wie jemand mit einer Situation umgeht, wie er sich sprachlich in ihr äußert, welche Beziehungen er wie zum Gegenüber aufbaut, wie und ob er die Intention, mit der er kommunikativ handelt, offenlegt oder nicht, immer auch Rückschlüsse auf ihn selbst zu. Stil wird deshalb insbesondere im Bereich der Soziolinguistik auch als Identitätsmanagement bzw. „persona management" begriffen (vgl. Coupland 2001: 197). In der deutschsprachigen Literatur ist in diesem Zusammenhang auch von „Eindrucksmanagement" die Rede (vgl. Brünner 1994: 334). Renner et al. (2006: 100) sprechen ebenfalls von „Eindrucksmanagement" bzw. „Eindruckslenkung". „Eindrucksmanagement" und „Identitätskonstruktion" stellen nach ihrem Verständnis jedoch sehr verschiedene Prozesse dar, da die Kommunikanten „Selbstdarstellung auch für die eigene Selbstverwirklichung und Identitätskonstruktion nutzen (können), was im Widerspruch zur erforderlichen sozialen Beeinflussung durch Eindrucksmanagement stehen kann" (ebd.). Der dabei gemachten Unterscheidung zwischen der Selbstdarstellung zur Erreichung eines bestimmten (kommunikativen) Ziels bzw. zur Erfüllung einer Aufgabe (Eindrucksmanagement) und Selbstdarstellung zur Sichtbarmachung der eigenen Identität (Identitätskonstruktion) kann zwar im Prinzip gefolgt werden, nicht jedoch der damit verbundenen Identitätsauffassung. Identität wird stets auch von Rollenübernahmen in Institutionen geprägt und integriert daher aufgaben- und rollenbezogene Aspekte. Das Eindrucksmanagement sollte daher vielmehr als Teil der Identitätskonstruktion begriffen werden. Eventuelle Widersprüche können auf Konflikte zwischen den Rollen zurückgeführt werden, die das Individuum integrieren muss. Dieser Gedankengang lässt sich auch auf Unternehmen übertragen.

Coupland stellt weitere Zusammenhänge zwischen Interaktion und Identität her: „Interaction is the forum not only for representing and realizing the self, but for rendering the self coherent" (Coupland 2001: 203). Er schlägt einen Perspektivenwechsel vom Textstil auf den Sprecherstil vor, um identitätsbezogene Stilaussagen zu treffen. Auch auf den Adressaten ausgerichtete Stile und Stilverschiebungen will Coupland als Teil des „persona management" begreifen:

> The shift of emphasis is a subtle one – from recognizing 'accommodated styles' to recognizing speakers as 'being accommodative' – from text to relational self. Interpretations in terms

3.4 Soziolinguistische Perspektiven

of self-identity motives are entirely consistent with findings that we have generally represented as audience effects. (Coupland 2001: 201)

Dies entspricht dem Ansatz von Le Page (1980: 13), jede Äußerung als "act of identity" zu betrachten (siehe auch Bell 2001: 165f.). Bell erkennt entgegen früherer Ausführungen inzwischen ebenfalls "referee design as an ever-present part of individuals' use of language" an (Bell 2001: 165). ‚Audience design' und ‚referee design' sind damit gleichzeitig und komplementär wirkende Stildimensionen (vgl. Bell 2001: 165). Diese Auffassung findet sich auch bei Rothkegel (2001) wieder. Rothkegel geht in ihrer Gegenüberstellung von ‚Stil' und ‚Design' von der Involvierung bzw. Aufmerksamkeit der Handelnden aus. Entsprechend begreift sie ‚Stil' als „Ausdruck-von" und ‚Design' als „Wirkung-auf" (Rothkegel 2001: 83). Rothkegel führt weiter aus:

> Die Involvierung des Personenaspekts mag der Grund sein, Stil bzw. Design in einem gesellschaftlichen und kommunikativen Kontext zu sehen. Die Aufmerksamkeit kann entsprechend auf die beiden Rollen der Beteiligten in der Kommunikation gerichtet sein: auf Produzent (Ausdruck) und Rezipient (anvisierte Wirkung). (Rothkegel 2001: 83)

Der sprachliche Ausdruck wird bei Rothkegel als Symptom der Persönlichkeit verstanden, die in Form des Designs als „Wirkung-auf" entweder Identifikation oder Ablehnung hervorrufen kann (vgl. Rothkegel 2001: 83). Zwar erscheint die Kategorie ‚Design' im linguistischen Kontext fremd und auch unnötig, da die Kategorie ‚Stil' sich sowohl auf Stilwirkungen als auch auf stilistischen Ausdruck beziehen lässt – die grundsätzliche Unterscheidung von Ausdruck und Wirkung ist jedoch äußerst zweckdienlich im Kontext der Identitätsdiskussion.

Ausdruck und Wirkung können in ihren Funktionen noch weiter differenziert werden. Die Kommunikationswissenschaften unterscheiden laut Coupland (2001: 188) grob zwischen instrumentellen, relationalen und identitätsbezogenen Kommunikationsfunktionen. Coupland verortet seine Stil- bzw. Registerkategorien entsprechend. Demnach stellt Stil Sinnbeziehungen zum Diskurs, zur Sender-Identität sowie zu den Rezipienten von Texten her. Die instrumentelle Funktion von Stil regelt die Zugehörigkeit eines Textes zum Diskurs, die relationale Funktion regelt die Beziehung zum Rezipienten (und wirkt sozialbezogen) und die identitätsbezogene Funktion regelt den Bezug auf den Sender. In Anlehnung an diese Ausführungen von Coupland werden im Folgenden *diskursbezogene*, *sozialbezogene* und *selbstbezogene Stilwirkungen* unterschieden. Diese Termini können m.E. die Richtung der Stilwirkungen besser darstellen. Die Konzeption von Bell stellt zwar ähnliche Kategorien auf und unterscheidet *audience design* und *referee design* (vgl. Yaeger-Dror 2001: 174), es fehlt jedoch die diskursbezogene Komponente. Wenn diesen Stilregistern bzw. Stilwirkungen konkrete sprachliche Elemente zugeordnet werden sollen, dann wird evident, dass eine

Zuordnung nicht pauschal möglich ist, sondern nur auf qualitativer Basis unter Berücksichtigung des Kontexts erfolgen kann (vgl. ebd.: 183).

Diskurs-, sozial- und selbstbezogene Stilfunktionen finden sich auch in der soziostilistisch und varietätenlinguistisch ausgerichteten Darstellung von Stilregistern der Werbesprache bei Hoffmann (2002) wieder. Hoffmann identifiziert als entscheidende Stilregister[34] der Werbesprache Register der Beziehungsgestaltung (relational), der Selbstpräsentation (selbstbezogen) sowie der Einstellungsbekundung (instrumentell-diskursbezogen). Diese Grobkategorisierung nach Stilfunktionen bezieht sich zwar auf Werbung und somit auf Texte mit dominanter Selbstdarstellungsfunktion, kann jedoch auf Unternehmenskommunikation übertragen werden.[35]

In Bezug auf Unternehmen kann die Adressierung „über soziale Stilisierungen, d.h. über die kommunikative Inszenierung sozialer Stile" (Haase et al. 2006: 218) auch im Sinne eines Identifikationsangebots verstanden werden (vgl. Habscheid/Stöckl 2003; Janich 2006; Haase et al. 2006). Dieser Gedankengang lässt sich ebenfalls auf das gesamte Eindrucksmanagement und damit auch auf die Identitätsdarstellung und -konstruktion übertragen und wird in Unterabschnitt 8.3.2 weiter ausgeführt.

3.5   Semiotische Perspektiven

Semiotische Stilauffassungen beziehen nicht nur sprachliche Zeichen als Träger stilistischen Sinnes mit ein, sondern schreiben auch den Zeichen der übrigen Zeichensysteme stilistische Bedeutung zu. Aktuell wird von verschiedenen Stiltheoretikern ein semiotischer Stilbegriff gefordert bzw. favorisiert (vgl. Fix 2001b, 2007a und 2007b; Hoffmann 2001; Sandig [2]2006: V). Dies wird vor allem damit begründet, dass „der prototypische Text [...] kein rein sprachlicher mehr ist, sondern ein genuin multimodaler" (Stöckl 2004a: 5; siehe auch Schmitz 1997: 1; Kress/Leeuwen 2001: 1). Das Hinzufügen von Graphiken in Texten ist zwar bereits seit dem Mittelalter etablierte Praxis, ein entscheidender Wandel ist jedoch in der zunehmenden Dominanz der bildlichen Zeichen in der Kommunikation zu sehen. Bereits Ende des 20. Jahrhunderts wurde diese Entwicklung mit den Schlagwörtern „Bilderflut" und „pictorial turn" in Verbindung gebracht (vgl. Bucher 2000: 661). Stöckl identifiziert als hauptsächliche Ursache von „semiotischen Verschiebungsprozessen [...] sich verändernde Denkstile einer Zeit [...],

---

[34]   Der Begriff der ‚Stilregister' ist hierbei mit Einschränkungen gleichzusetzen mit ‚Stilen' – eine eindeutige Abgrenzung gelingt auch Hoffmann (2002) nicht (er scheint dies aber auch nicht anzustreben).

[35]   Die sich bei Hoffmann anschließende Feinkategorisierung einzelner Stile wird in Unterabschnitt 6.4.5 ausführlicher beschrieben.

3.5 Semiotische Perspektiven

technische Entwicklungen sowie gesellschaftliche Gruppeninteressen und soziale Machteinflüsse" (Stöckl 2004a: 5). Die Entwicklungen im technischen Bereich erleichtern nicht nur die Verbindung von Bild und Text, sondern schaffen zugleich neue Gestaltungsmöglichkeiten (vgl. ebd.). Entsprechend „wandeln sich Textformen und -muster, verschieben sich Funktionalitäten und etablieren sich neue, multimodale kommunikative Praktiken" (Stöckl 2004a: 2). Texte werden zunehmend multimedial ausgestaltet (siehe auch Kress 1998), d.h. es werden neben Text, graphischer Textgestaltung und (statischem) Bild weitere Zeichenmodalitäten integriert – nämlich Ton und bewegte Bilder. Teilweise kann diese Multimedialität vom Rezipienten eher passiv genossen werden (z.B. Homepages, Blogs), teilweise erfordert die „erfolgreiche" Nutzung jedoch die erhöhte Aktivität des Nutzers (z.B. bei sozialen Netzwerken oder Softwareanwendungen wie Spielen). Das Phänomen des Verschmelzens verschiedener Modalitäten wird auch als „Medienkonvergenz" (Bucher 2000: 663) bezeichnet.

Diese Entwicklung führt auch zu einer entsprechend stärkeren Beachtung bildlicher Kategorien innerhalb der Textanalyse (vgl. Bucher 2000: 661). Die Werbesprachenforschung hat den semiotisch-komplexen Charakter von Texten bereits seit langem im Blick. Die Frage, ob Texte mit dominant bildlichem Anteil überhaupt Gegenstand sprachwissenschaftlicher Analysen sein sollten (vgl. Hoffmann 2001: 128), wird dabei nicht einmal mehr gestellt. Die analytische Berücksichtigung von Bild, Text und möglicherweise auch weiteren Zeichenebenen (z.B. bei Hardt-Mautner 1994; Janich 1998) bleibt in der Werbesprachenforschung jedoch oft unsystematisch bezüglich der Zeichensysteme und ihrer Verknüpfungen.

Die Diskussion um den ‚pictorial turn' hat zu einer stärkeren Berücksichtigung para- und nonverbaler Kategorien auch in der linguistischen Theoriebildung geführt. Ein semiotischer Stilbegriff wird dabei zum einen in theoretisch orientierten Aufsätzen thematisiert (z.B. Fix 2001a und 2001b) und erfährt zum anderen in analytisch orientierten Arbeiten eine näherungsweise Anwendung (z.B. Janich 2006). Insbesondere die Arbeiten von Stöckl (1997, 2004a, 2004b) und die diskursanalytischen Ansätze von Meier (2008a und 2008b) bieten umfassende Modelle zur analytischen Berücksichtigung von Bild-Text-Verknüpfungen. Ein theoretischer Rahmen für die ganzheitliche Analyse aller Zeichenmodalitäten unter Berücksichtigung ihres Zusammenspiels fehlt allerdings weiterhin. Nur Stöckl (2004b, 2007) gibt bereits einige Anregungen zum Einbeziehen weiterer Zeichenmodalitäten.

Zusätzlich zu den verschiedenen Darstellungsformen kommen verschiedene mediale Kanäle und Textträger hinzu, die jeweils eigene Anforderungen an die Textgestaltung stellen und weitere Möglichkeiten zur Vernetzung der Darstellungsformen schaffen, was unter dem Schlagwort der Multimedialität erfasst wird. Bezüglich der Multikodalität, -modalität und -medialität herrscht eine gewisse Begriffsverwirrung, die in der Überschneidung der damit bezeichneten Phänomene begründet liegt, je nachdem ob auf die Ausdrucksebene von Zeichen (Kode), auf die Wahrnehmungskanäle (Modalitäten) oder auf die Zeichenträger (Medium) fokussiert wird.

In heutigen Texten wirken oftmals verschiedene Kodes bzw. Zeichensysteme zusammen. Die semiotische Verfasstheit bzw. Gebundenheit von Stil zeigt sich nicht zuletzt darin, dass Stilmuster[36] auch durch ein bestimmtes Layout signalisiert werden können. So wird etwa der journalistische Stil mit einem mehrspaltigen Layout oder der wissenschaftliche Stil mit einer Nummerierung aller Gliederungselemente in Verbindung gebracht. Umgekehrt würde ein sakraler, feierlicher Sprachstil (beispielsweise in Gebetsbüchern) einiges von seiner feierlichen Wirkung einbüßen, zeichnete man ihn in einer serifenlosen Schriftart wie Arial aus. Diese Beispiele machen deutlich, dass Stilmuster nicht nur sprachlich gebunden, sondern semiotisch verfasst sind. Es handelt sich daher nicht um Sprachstile, sondern vielmehr um kommunikative Stile. Gleichzeitig ist die Stilwirkung der semiotisch komplexen Zeichen kulturellen Konventionen unterworfen; beispielsweise kann ein bestimmter kommunikativer Stil mit einer bestimmten stilistischen Wirkung in einer anderen Kultur mit anderen sprachlichen und bildlichen Mitteln verknüpft sein bzw. die gleichen stilistischen Mittel können in dieser Kultur eine andere Wirkung haben.

Die stilistische Wirkung eines Textes kann daher unter alleiniger Berücksichtigung der verbalen Seite nicht ausreichend beschrieben werden, sondern muss aus ganzheitlicher Perspektive in den Blick genommen werden. Dabei ist auch zu beachten, dass Zeichen jeweils kulturell unterschiedlich geprägt sind und sich in ihrer Wirkungsweise kulturelle Unterschiede ergeben. Dies gilt sowohl für symbolische als auch für ikonische Zeichen. Ikonische Zeichen werden bei Peirce (1993) durch ihre Ähnlichkeit mit dem Referenzobjekt charakterisiert (z.B. Fotos oder Zeichnungen). Eco (^{8}1994: 205) hat jedoch argumentiert, dass die Selektion und Realisierung dieser Ähnlichkeiten sowie die üblichen Mittel ihrer Darstellung wiederum auf Konventionen beruhen und somit kulturell geprägt sind. Selbst die Interpretation von Index-Zeichen ist demnach als konventionsbedingt anzusehen (vgl. Meier 2008a: 119).

Im Hinblick auf die Bedeutungskonstitution lassen sich zwei grundlegende semiotische Modelle unterscheiden, das dyadische Modell von Saussure und das triadische Modell von Peirce. Saussure geht in seinem dyadischen Modell von einem Doppelcharakter des Zeichens aus, das aus seiner meist physischen Repräsentation (Lautbild, Schriftbild)[37] sowie der damit verbundenen Vorstellung

---

[36] Siehe auch Abschnitt 2.2.
[37] Es sei darauf hingewiesen, dass das ‚Lautbild' auch nur in der Vorstellung existieren kann, etwa wenn ein Text leise gelesen wird.

3.5 Semiotische Perspektiven

besteht (Saussure 2000: 36f.). Saussure bezeichnet dabei die physische Repräsentation als „Signifikant", die mentale Vorstellung als „Signifikat".

Das triadische Modell von Peirce (1993) thematisiert Relationen zwischen Zeichen, Objekt und Bedeutung. Peirce unterscheidet also erstens die physische Repräsentation des Zeichens (‚Repräsentamen'), zweitens das damit verbundene konkrete Objekt oder die abstrakte Idee (‚Objekt') und drittens die Bedeutung (den ‚Interpretant') des Zeichens. Letztere wird auch umschrieben als *„die Wirkung des Zeichens im Bewusstsein eines Interpreten"* (Nöth 1985: 38; Hervorhebung im Original). Interpretanten bilden jedoch nach Eco „neben der Denotation und Konnotation alle möglichen Schlussfolgerungsketten, die durch das Zeichen kulturbedingt angeregt werden" (Meier 2008a: 121). Das Konzept des Interpretanten eignet sich daher auch zur Darstellung stilistischen Sinns. Mit der Berücksichtigung des Objekts stellt Peirce im Gegensatz zu Saussure auch die Beziehung des Zeichens zur Außenwelt (im weitesten Sinne) dar. Die Beziehung zwischen den drei Dimensionen des Modells von Peirce wird als ‚semiotisches Dreieck' dargestellt (siehe Abbildung 3).

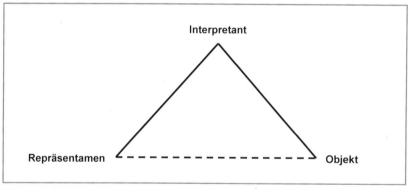

Abbildung 3: Triadisches Zeichenmodell nach Peirce (aus Eco ²1991: 90)

Die triadische Zeichenstruktur kann grundlegend zu einem semiotischen Verständnis von Stil beitragen. Der Stil eines Textes lässt sich in diesem Sinne als komplexes semiotisches Zeichen (=Zeichenmittel/Repräsentamen) betrachten, dem stilistischer Sinn bzw. eine soziale Bedeutung zugeschrieben wird (=Zeichenbedeutung/Interpretant) und das den Text in Relation mit sozialen Entitäten setzt bzw. auf diese verweist (=Zeichenobjekt). Eine ähnliche Herangehensweise an Stil wählt auch Janich (2006: 275).

Folgt man einer semiotischen Auffassung von Stil, so können auch Bedingungen von Stil wie z.b. Einheitlichkeit nur multimodal erfasst werden (vgl. Fix 2001b: 119). Erste Voraussetzung für die Erfassung der semiotischen Komplexität von Stil ist eine Systematisierung der verschiedenen stilistisch relevanten Modalitäten und Ebenen. Bolten et al. (1996: 394) unterscheiden in ihrem Kommunikationssystem vier Ebenen: Verbale, nonverbale, paraverbale und extraverbale Zeichen. Auf schriftliche Kommunikation bezogen, ordnen Bolten et al. (ebd.) diesen Ebenen folgende „Vertextungselemente" zu:

a)	verbal	lexikalische, syntaktische, rhetorisch-stilistische Vertextungsmittel; Kriterien wie Direktheit/Indirektheit
b)	nonverbal	Papierqualität, Format, Faltweise, Farbe, Layout, Tabellen, Diagramme, Bilder
c)	paraverbal	Typographie, Interpunktion, Schreibweise, Zwischenräume, Intonation, Akzent, Rhythmus
d)	extraverbal	Zeit (z. B. Erscheinungsweise), Raum (Ort und Modi der Textübermittlung); soziale Variablen (Beziehung Autor – Leser; Zielgruppenspezifika)

Bolten et al. (1996: 394) sehen in dieser Kategorisierung vor allem den Vorteil, „daß auch nichtsprachliche Elemente als eigenständige Textkonstituenten von Schriftstücken analysiert werden können". Gleichzeitig weisen sie jedoch auf die mangelnde Distinktheit der nonverbalen und paraverbalen Kategorie hin und fassen diese daher in der Analyse zusammen. Anschließend wird diese synthetische Kategorie der non- und paraverbalen Merkmale wieder aufgespalten, nämlich in die Modalität der Informationsträgergestaltung (Typographie, Layout, Abbildungen etc.) und die Qualität der Informationsträgergestaltung (Papier, Format, Bindung etc.) (vgl. Bolten et al. 1996: 405). Der Begriff „Informationsträgergestaltung" ist allerdings m.E. nur auf die qualitativen Merkmale sinnvoll anzuwenden. Typographie, Layout und Abbildungen hingegen sind im engeren Sinne der „Textgestaltung" zuzurechnen, da sie auch inhaltlich-stilistische Beiträge leisten und nicht zwingend an einen bestimmten Informationsträger gebunden sind. Des Weiteren ist der Begriff „Vertextungselemente" zumindest in Bezug auf die Kategorie der extraverbalen Faktoren problematisch. Bolten et al. (1996: 395) fassen hierunter „Erscheinungsweise, Umfang, Distribution, Zielgruppendefiniertheit, Autorschaft und inhaltliche Gliederungsmerkmale". Dies sind pragmatische Faktoren, die die Textproduktion und -rezeption determinieren. Sie werden selbst nur bedingt als Teil eines Kodes und damit als eigenständige Zeichen wahrgenommen, da sie im Text nur implizit zum Tragen kommen (sofern sie nicht aus irgendeinem Grund im Text thematisiert werden; dann lassen sie sich jedoch an der Textoberfläche analysieren). Die Kategorisierung extraverbaler Elemente bei Bolten et al. (1996) ist somit kritisch zu sehen.

Bei Fix (2007c: 87) werden extraverbale bzw. außersprachliche Mittel anders definiert, nämlich als Sammelkategorie für visuelle und körpersprachliche Zei-

3.5 Semiotische Perspektiven

chen. Situationsdeterminierende Faktoren wie Zeit, Ort oder der Status der anwesenden Personen fallen also nicht in diese Kategorie.

Stöckl (2004b: 16-21) versucht ebenfalls, die möglichen Bestandteile der semiotisch komplexen Einheit zu systematisieren. Dafür wählt er den Zugang über Modalitäten bzw. Wahrnehmungskanäle, denen er Kodes zuordnet. Tatsächlich verhilft diese Vorgehensweise zu einem systematischen Überblick über die verschiedenen Zeichenmodalitäten. Stöckl ordnet diese auf einem Kontinuum von rein visuell (Bilder) über visuell oder auditiv (Sprache) bis hin zu rein auditiv wahrgenommenen Modalitäten (Musik) an. Sprache kann über beide Sinneskanäle (visuell und auditiv) vermittelt werden. Als zentrale Modalitäten bezieht Stöckl in sein Modell Bild, Sprache, Geräusche und Musik ein. Nonverbale Zeichen (Gestik, Mimik, Körperhaltung etc.), Typographie (Farben, Schriften etc.) und paraverbale Zeichen (Lautstärke, Intonation, Rhythmus etc.) ordnet Stöckl hingegen als periphere Modalitäten ein, und zwar weil sie sich einerseits „in Abhängigkeit von der Zeichenmodalität Sprache befinden, andererseits aber ein eigenständiges Ausdruckssystem bilden" (Stöckl 2004b: 16). Periphere Modalitäten kommen „nur durch die mediale Realisierung einer zentralen Modalität ins Spiel" (Stöckl 2004b: 16).

Als peripher lassen sich diese Modalitäten auch deshalb bezeichnen, weil sie nicht für alle Textsorten die gleiche Relevanz besitzen. Schließlich sind nicht alle Textsorten multimodal verfasst – beispielsweise sind für eine Vorstandsrede typographische Aspekte irrelevant. Zur auditiven Modalität führt Göttler allerdings an, dass „Klang" immer ein wichtiges stilistisches Beurteilungskriterium darstelle. Bisher wurde diese Kategorie von der Stilistik jedoch kaum beachtet (vgl. Göttler 1991: 195). Stöckl (2004b) macht im Zusammenhang seines Entwurfs zu den einzelnen Modalitäten ebenfalls auf die Relevanz der lautlichen Erscheinungen von Sprache aufmerksam. Allerdings ist bezüglich der Integration in ein übergreifendes Modell zur Interpretation stilistischen Sinns noch viel Arbeit zu leisten. So bietet etwa Schmedes (2002) zwar einen durchaus elaborierten semiotischen Ansatz zur auditiven Modalität und ihren Kodes, ohne diese jedoch mit anderen Modalitäten zu verknüpfen. Brauchbare Ansätze zur Verknüpfung mit der Ebene auditiver Zeichen fehlen daher weiterhin. Eine Ausgangsbasis hierfür könnten gesprächsanalytische Ansätze darstellen, wie sie etwa von Wahl (2009) zur Analyse eines TV-Spots genutzt werden.

Für die Unternehmenskommunikation sind diese Überlegungen relevant, weil auch hier die para- und nonverbalen Textebenen (Typographie, Textdesign, Farbwahl, Bildsprache) eine wichtige Rolle spielen. Praxisautoren konstatieren, dass erst in der Kombination übereinstimmender Bild- und Sprachbotschaften eine wirkungsvolle Aussage entstehe (vgl. Heller 1998: 21). Daher muss ein semiotischer Stil- und Textbegriff gewählt werden (vgl. Fix 2001a und 2007b), der auch die Situations- und Kontextabhängigkeit bzw. die Relationalität von Stil (vgl. Sandig ²2006), berücksichtigt.

Die Verknüpfungen bzw. Interdependenzen zwischen den verschiedenen Zeichenmodalitäten sind für die Unternehmenskommunikation von hoher Relevanz, da ihre Nichtbeachtung zu einem uneinheitlichen oder gar widersprüchlichen Kommunikationsstil führen kann (vgl. Bolten et al. 1996: 418). Die Vielfalt möglicher Verknüpfungen wird beispielsweise in den Arbeiten von Bucher (2000), Fix (2001a); Meier (2008a,b), Schierl (2001) und Stöckl (1997ff.) zu Bild-Text-Beziehungen sowie von Antos (2001), Stöckl (2004b) und Rothkegel (2001) zu Text-Textgestaltungsbeziehungen deutlich. Für das Ziel der vorliegenden Arbeit ist allerdings weniger die Art der Verknüpfungen relevant, sondern vielmehr die Frage, inwiefern sie zum stilistischen Sinn beitragen.

Antos (2001: 57) geht davon aus, dass „transsemiotische (z.B. ‚Texte auf Waren' [...]) und multisemiotische Kontextualisierung (z.B. Text-Bild-Beziehungen) sowie das Layout eines Textes zentrale Elemente einer Vollzugsorganisation im Medium der Schriftlichkeit" seien. Diese Kontextualisierung und Textgestaltung wird bei Antos als „Sprachdesign" (ebd.) bezeichnet und hat ihm zufolge sowohl ästhetische als auch sinnstiftende Funktionen. Zum einen werden Texte, Textteile und Bilder durch Sprachdesign gegliedert (d.h. die „Wissensarchitektur" eines Textes wird verdeutlicht), kontextualisiert (miteinander verknüpft) und rekontextualisiert (in neue Zusammenhänge gestellt), zum anderen wird der Rezipient durch die Ästhetik zur Lektüre motiviert (vgl. Antos 2001: 57ff.). Damit leisten semiotische Verknüpfungen einen entscheidenden Beitrag zum stilistischen Sinn.

Bezüglich der Verknüpfung und Integration der Zeichenebenen im Sinne eines einheitlichen Stils (und damit einer integrierten Kommunikation) wird häufig Kohärenz als Bewertungskriterium herangezogen (vgl. Emmerling 2006b: 231; Bucher 2000: 680). Tatsächlich beziehen sich sowohl die Stiltheorie als auch das Konzept der integrierten Kommunikation auf die Gestalttheorie. So wird Stil als etwas Gestalthaftes interpretiert und als „sprachliche Gestaltung" umschrieben. Bucher (2000) verwendet den Gestaltbegriff im Zusammenhang mit der visuellen Textgestaltung. Er betont, das Textdesign müsse „als ‚Gestalt' und die visuellen Markierungen als Kohärenzindikatoren wahrgenommen werden", um die Textstruktur zu erkennen (Bucher 2000: 680). Auch hier wird die bereits in Abschnitt 2.3 diskutierte Gestaltmetapher herangezogen.

3.6 Intertextualität und Diskursivität von Stil

Intertextualität bezeichnet, grob gesprochen, die Bezüglichkeit von Texten auf andere Texte bzw. die „Vernetztheit der Texte miteinander" (Adamzik 2004: 95). In diesem Abschnitt soll geklärt werden, inwiefern Stil als „systematisches Herstellen von Intertextualität" gesehen werden kann. Stil wird dabei grundsätzlich pragmatisch als Ergebnis sozialer Handlungen betrachtet. In den Ausführungen zur pragmatischen Perspektive in Abschnitt 2.3 wurde bereits die Relationalität sprachlich-stilistischer Handlungen betont – Stil stellt also Bezüge auf außertextuelle Referenzobjekte her, mit denen typische Stilmerkmale und Stilzüge verbunden werden. Eroms schreibt vor allem referentiellen Formen von Intertextualität stilistische Relevanz zu (vgl. Eroms 2008: 54). Es lässt sich jedoch argumentieren, dass Stil immer auch Bezüge zu anderen Texten und Textsorten herstellt. Stilistisch wirksame intertextuelle Bezüge sind zudem in hohem Maße typologisch motiviert, da erst diese Bezüge die Zuordnung einzelner Texte und Textsorten zu bestimmten Funktionalstilen ermöglichen. Von stilistischer Relevanz sind daher nicht nur Einzeltextreferenzen, sondern auch typologische und diskursive Bezüge. Im Folgenden werden Ansätze zur Intertextualität in einem groben Überblick dargestellt.[38]

Ursprünglich stammt der Intertextualitätsbegriff aus der Literaturwissenschaft und wurde dort von Kristeva bereits 1967 eingebracht (vgl. Pfister 1985: 1). Kristeva verbindet mit dem Begriff die Auflösung des Textbegriffs und eine Entgrenzung des Textes selbst. Das bedeutet, dass Text als Schnittstelle von Produktion und Rezeption begriffen wird (vgl. Adamzik 2004: 94, 96). Leser und Autor sind beeinflusst von Vor- bzw. Prätexten (vgl. Heinemann 1997: 23).

In der Sprachwissenschaft ist der Begriff vergleichsweise spät aufgegriffen worden (vgl. Fix 2000: 450). Bei de Beaugrande/Dressler (1981: 13, 188-215) wird Intertextualität als konstitutives Textualitätskriterium vorgestellt, was vor allem auf typologische Intertextualität bezogen werden muss. Ohne typologische Intertextualität ist die Entwicklung von Textsorten demnach gar nicht denkbar: Indem sich Texte formal aufeinander beziehen, bilden sich Textsorten heraus (vgl. Heinemann 1997: 25). Blühdorn (2006: 293f.) argumentiert zudem, dass Intertextualität auch eine Voraussetzung für das Textverstehen darstelle, da der Erwerb der Kompetenzen zum Verstehen von Texten (d.h. Textsorten-, Medien-, Sprachmittel-, sprachkritische und sprachschöpferische Kompetenz) und damit der Spracherwerb als „intertextueller Prozess" zu verstehen sei. Das Erkennen von Texten als Texte bzw. als Vertreter bestimmter Textsorten ist tatsächlich

---

[38] Für einen ausführlichen Überblick zu Intertextualitätsansätzen siehe beispielsweise Jakobs (1999).

abhängig vom intertextuell herausgebildeten prototypischen Textverständnis des Einzelnen. Insofern kann Intertextualität sogar als zentrales Textualitätskriterium betrachtet werden.

Gegner eines solchen universalistischen Intertextualitätsbegriffs im Sinne Kristevas haben argumentiert, dass dieser für die Analyse kaum handhabbare Kategorien liefere (vgl. Harras 1998: 602). Vertreter einer „moderaten" (Linke/Nussbaumer 1997: 111) bzw. „trivialen" (Adamzik 2004: 97) Lesart versuchen, einer Zerfaserung des Begriffs entgegenzuwirken und definieren Intertextualität nicht mehr als „universelle Vernetztheit von Texten", sondern als „ausweisbare Relation zwischen zwei oder mehreren Texten" (Heinemann 1997: 24; vgl. für die Kritik an Kristeva auch Tegtmeyer 1997: 50). Es lässt sich somit von einer Intertextualität im weiteren Sinne (d.h. als grundlegende Eigenschaft von Texten) und einer Intertextualität im engeren Sinne (d.h. als konkreter, belegbarer Bezug in Einzeltexten auf Einzeltexte) unterscheiden. Ein so verengter Intertextualitätsbegriff wird auch von Janich vertreten:

> Intertextualität ist eine konkret belegbare Eigenschaft von einzelnen Texten und liegt dann vor, wenn vom Autor bewusst und mit einer bestimmten Absicht auf andere, vorliegende einzelne Texte oder ganze Textgattungen/Textsorten durch Anspielung oder Zitat Bezug genommen wird, und zwar unabhängig davon, ob er diese Bezüge ausdrücklich markiert und kenntlich macht oder nicht. (Janich [2]2001: 174)

Die Frage, ob als Voraussetzung für intertextuelle Bezüge die Bezugnahme tatsächlich vom Autor beabsichtigt bzw. bewusst vorgenommen worden sein muss, ist ebenso umstritten wie die Gegenfrage, ob Intertextualität nur dann vorliegt, wenn sie auch vom Rezipienten als solche erkannt wird. Letztere Position wird z.B. bei Holthuis (1993) vertreten. Ein solcher rezipientenorientierter Intertextualitätsbegriff hat zwar den Vorteil, dass die Analyse der Verweise „objektivierbar" ist (Harras 1998: 605), doch werden vorhandene Textbeziehungen eben nicht immer vom Rezipienten wahrgenommen und umgekehrt wahrgenommene Beziehungen nicht immer vom Autor beabsichtigt; sie „sind vielfach auch nicht-systematischer Natur" (Jakobs 1999).

In der Vergangenheit wurde grundlegend meist zwischen typologischer (Textsorte-Textexemplar) und referenzieller Intertextualität (Textexemplar-Textexemplar) unterschieden (vgl. Adamzik 2004: 103-105; Holthuis 1993: 48ff.). Janich (2008a: 188) erweitert dies um eine dritte Kategorie und trennt Bezüge zwischen Textexemplar und Textexemplar (Einzeltextreferenz), zwischen Textexemplar und Textmuster (Systemreferenz) sowie zwischen Textsorten (Textsorten-in-Vernetzung).

Bezogen auf Einzeltextreferenzen, lassen sich nach Janich vier Typen unterscheiden:

> a) VOLLSTÄNDIGE ODER UNVOLLSTÄNDIGE ÜBERNAHME (Zitat) eines Referenztextes, weiter zu unterscheiden nach vorhandener oder fehlender Markierung;

3.6 Intertextualität und Diskursivität von Stil

b) ANSPIELUNG auf einen Referenztext durch die ÜBERNAHME VON (SYNTAKTISCHEN) STRUKTUREN BEI LEXIKALISCHER SUBSTITUTION;
c) ANSPIELUNG auf einen Referenztext durch VERWENDUNG ZENTRALER LEXIKALISCHER ELEMENTE BEI STRUKTURELLER MODIFIKATION (Aufgreifen von ‚Schlüsselwörtern');
d) ANSPIELUNG auf einen Referenztext über den VISUELLEN CODE.

(Janich 2008a: 189, Hervorhebungen im Original)

Für die Formen typologischer Intertextualität liegt eine brauchbare Kategorisierung von Holthuis (1993: 54f., 59) vor. Sie differenziert „konventionalisierte" und „evaluierende" typologische Intertextualität sowie „typologisch motivierte Intertextualität zwischen Einzeltexten". Mit konventionalisierter typologischer Intertextualität sind Vertextungskonventionen (standardisierte Textmuster, Textanfänge, texttypische Handlungsstrukturen etc.) gemeint, die nur deshalb auftreten, weil ein Text Vertreter einer bestimmten Textsorte ist, und ihn gleichzeitig als Vertreter dieser Textsorte auszeichnen (vgl. Holthuis 1993: 54f.). Dieser Art von Intertextualität schreibt Holthuis zwar ein häufiges Vorkommen, jedoch eine eher geringe intertextuelle Relevanz zu (vgl. Holthuis 1993: 55), vermutlich aufgrund der geringen Auffälligkeit für den Rezipienten: Rezipienten könnten diese Art von Intertextualität als so selbstverständlich erachten, dass sie ihnen gar nicht bewusst werden. Ungeachtet der möglichen oder nicht möglichen Nachvollziehbarkeit durch den Rezipienten kommt konventionalisierten typologischen Bezügen aus textlinguistischer Sicht jedoch große Relevanz zu, da der Stil eines Textes stets Ausdruck der so beschriebenen typologischen Intertextualität ist:

> Wenn ich professoral oder pastoral rede oder fachspezifisch schreibe, so verweisen meine sprachlichen Produkte in stilistischer (oder aber auch in medial-typographischer Hinsicht) auf vergleichbare Produkte (oder sie setzen sich davon ab). Natürlich erhalten meine sprachlichen Produkte ihre Bedeutung durch Rekurs auf lexikalisch-semantische und syntaktische Muster bzw. auf Textmuster usw. (Antos 2001: 65)

Das gilt also selbst dann, wenn die konventionalisierten Muster durchbrochen werden und es sich somit um evaluierende typologische Intertextualität handelt. Holthuis erfasst mit diesem Begriff Textbezüge, die gegen geltende Produktionsnormen und Vertextungskonventionen verstoßen oder diese variieren (vgl. Holthuis 1993: 55). Die Kategorie evaluierender typologischer Intertextualität macht die Relevanz des stilistischen Zugangs zur Intertextualität sehr deutlich.

Im Randbereich zwischen typologischer und referentieller Intertextualität liegt die typologisch motivierte Intertextualität zwischen Einzeltexten. Damit sind referentielle Verweise auf konkrete Texte gemeint, die im Textmuster der jeweiligen Textsorte konventionalisiert sind (vgl. Holthuis 1993: 59f.). Eine solche Art von Intertextualität liegt beispielsweise für die Parodie vor, da hier

Bezüge auf den Text, der parodiert wird, erwartbar und damit im Textmuster konventionalisiert sind. Auch in wissenschaftlichen Abhandlungen beispielsweise sind Bezüge auf andere wissenschaftliche Texte zu erwarten.[39]

Hinzu kommen weitere Formen von Intertextualität, die erst in jüngerer Zeit in den Blick geraten sind. Sie werden u.a. bei Klein (2000), Adamzik (2001a und 2001b) und Janich (2008a, 2009b) thematisiert. Dazu zählen insbesondere funktionale Beziehungen zwischen Textsorten, die auch als ‚Textsorten-Intertextualität' oder ‚Textsorten-Vernetzung' (Janich 2008a: 194) bezeichnet werden. Janich unterscheidet zunächst paradigmatische und syntagmatische Beziehungen zwischen Textsorten. Damit nimmt sie die bei Adamzik (2001b) aufgeführten Relationen auf. Als syntagmatisch werden dabei chronologische Textsortenbeziehungen eingeordnet. Janich (2009b: 8) nennt hier als Beispiel die Abfolge Magisterarbeit – Gutachten – Zeugnis. Als paradigmatisch werden Beziehungen zwischen alternativ für eine kommunikative Aufgabe zur Wahl stehende Textsorten aufgefasst, die somit „statteinander" verwendet werden können (vgl. ebd.). Als Beispiel nennt Janich die Beziehungen zwischen Plakat, Anzeige, Fernsehspot und anderen Kommunikationsformen. Daneben sind weitere Beziehungen funktionaler Art möglich. Auch bei Klein (2000: 34) werden einige funktionale Relationen zwischen Textsorten genannt, die sich als syntagmatisch einordnen lassen. So kann ein Text etwa Bestandteil eines anderen Textes sein, er kann positiv oder negativ zu ihm Stellung nehmen oder über seine Inhalte informieren oder auf einen anderen Text im Ganzen referieren. Die bei Klein (2000) und Janich (2008a, 2009b) aufgeführten funktionalen Relationen lassen sich auch in Form eines Netzdiagramms repräsentieren, wobei deutlich wird, dass vielfältige Bezüge realisiert werden (siehe Abbildung 4).

---

[39] Tegtmeyer kritisiert, dass diese Kategorien typologischer Intertextualität nur schwer auf literarische Texte anwendbar seien. Für Gebrauchstexte sieht er kaum Probleme (vgl. Tegtmeyer 1997: 59), aber auch für literarische Texte lässt sich Tegtmeyers Urteil zumindest in Teilen revidieren. Typologische Intertextualität ist in literarischen Texten zwar ein schwächer ausgeprägtes Phänomen, da diese Texte im Vergleich zu Gebrauchstexten weniger musterhaft sind. Dennoch finden sich auch im Bereich der Literatur verschiedenste Formen typologischer und typologisch motivierter Intertextualität: So existieren charakteristische Vertextungsstrategien und Formulierungen, die beispielsweise für Kriminalromane oder Liebesgedichte typisch sind. Referentielle Bezüge auf andere Texte sind im Falle von Parodien Teil des Textmusters und damit typologisch motiviert. Schließlich stehen literarische Texte in typologisch motivierter Beziehung zu nichtliterarischen Texten – man denke etwa an Teiltexte wie den Klappentext, an Zusammenfassungen oder Rezensionen.

3.6 Intertextualität und Diskursivität von Stil 75

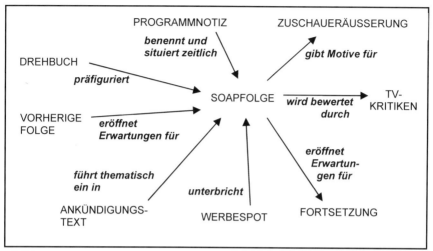

Abbildung 4: Textsorten-Beziehungen am Beispiel Soap Opera nach Klein (2000: 35)

Die hier dargestellten Formen von Intertextualität und Diskursivität lassen sich also insbesondere unter Berücksichtigung der Darstellungen von Janich (2008a: 189, 195), Holthuis (1993: 54-60) und Klein (2000) wie in Tabelle 3 zusammenfassen:

Referentielle Intertextualität (Einzeltext-Einzeltext)	<ul><li>vollständige oder unvollständige Übernahme (Zitat) a) markiert b) unmarkiert</li><li>Übernahme der syntaktischen Strukturen</li><li>Übernahme einzelner lexikalischer Elemente</li><li>Anspielung über den visuellen Code</li></ul>
Typologische Intertextualität (Einzeltext-Textsorte)	<ul><li>konventionalisiert (Übernahme von Vertextungsmustern)</li><li>evaluierend (Verstoß gegen oder Variation von üblichen Vertextungsmustern)</li></ul>
Typologisch motivierte Intertextualität zwischen Einzeltexten	<ul><li>konventionalisierte Bezüge auf konkrete Einzeltexte</li></ul>
Textsorten-Intertextualität (Textsorte-Textsorte) = ‚Textsorten-in-Vernetzung'	<ul><li>paradigmatisch (ergänzend/ersetzend)</li><li>syntagmatisch (chronologisch/funktional)</li><li>mehrdimensional</li></ul>

Tabelle 3: Intertextualitäts-Kategorien (vgl. Janich 2008a, Holthuis 1993, Klein 2000)

Über die typologische Intertextualität hinausgehend kann die „Vernetztheit" von Texten außerdem als ‚Diskursivität' erfasst werden. Heinemann/Heinemann schlagen ‚Diskursivität' entsprechend als weiteres Textualitätskriterium vor. Texte werden dabei als „Teil größerer kommunikativer Ordnungsstrukturen" (Heinemann/ Heinemann 2002: 108) betrachtet. Ein Einzeltext ist stets auch „Teilelement einer in sich geordneten und strukturierten Menge von Texten", d.h. von Diskursen – umgekehrt ist Diskursivität „konstituiert durch das Netz der Bezüge zwischen den Einzeltexten" (ebd.). Auch Kulturalität kann in diesem Sinne als eine Form von Intertextualität begriffen werden, „die insbesondere auf unbestimmte Vortexte verweist", wie Meier (2008a: 95) deutlich macht.[40]

Intertextualität kann in diesem Sinne als zentrale Analysekategorie der Diskurslinguistik angesehen werden. Das spiegelt sich auch in der Diskursauffassung von Warnke/Spitzmüller (2008: 14) wider:

> Der Diskurs als transtextuelle Struktur ist realisiert durch Intertextualität und thematisch-funktionale Kohärenz. Unter einem Diskurs versteht man daher sprachbezogen eine Gebrauchsformation, also eine Art der Verwendung von Sprache.

Stil (‚Art der Verwendung von Sprache') und Diskurs werden hier als interdependente Kategorien verstanden, ähnlich wie bei Coupland (2001: 193), der Stil im Diskurs verortet.

Wenn Intertextualität Voraussetzung für die Existenz von Diskursen darstellt, dann können Diskurse als thematisch gebundene Textnetze begriffen werden. In der Unternehmenskommunikation kann das Unternehmen selbst als übergreifendes, verknüpfendes Thema bzw. als „thematische Superstruktur" verstanden werden (in Anlehnung an Schütte 2004: 211).[41] Entsprechend der Annahme, dass sich die Unternehmensidentität auch stilistisch in den Texten des Unternehmens manifestiert, gilt es zu untersuchen, wie sich die thematische Superstruktur sprachlich-stilistisch in den Texten verfestigt.

---

[40] Die Kulturspezifik von Textsorten wurde in jüngerer Zeit immer wieder betont und wird auch evident in entsprechenden textlinguistisch-stilistischen Analysen (z.B. Schlierer 2004). Fix et al. (2001: 7) veröffentlichen einen ganzen Sammelband dazu und schlagen vor, die Textualitätskriterien von Beaugrande/ Dressler (1981) um „das Kriterium der kulturellen Geprägtheit" bzw. „Kulturalität" zu erweitern.

[41] Schütte diskutiert dies zwar im Hinblick auf die Unternehmenshomepage, das Unternehmen kann jedoch auch für alle Texte des Unternehmens als thematische Superstruktur angesehen werden.

3.7 Normen und ihre Durchbrechung

Stilistisches Handeln kann zum einen in der Anpassung an existierende Normen bestehen (mit dem Ziel der stilistischen Angemessenheit), zum anderen in der bewussten Durchbrechung der Normen (mit dem Ziel der stilistischen Einzigartigkeit). Peer (2001) unterscheidet als grundlegende Funktionen von Stil einerseits „Neuerung", andererseits „Nachahmung" und erklärt dies u.a. evolutionstheoretisch. Auch hier findet sich zum einen die Orientierung an Normen (Nachahmung), andererseits das Streben nach Originalität und Einzigartigkeit (Neuerung):

> Die Vorstellung von ‚Stil-als-Abweichung' entspricht der zweiten Funktion von Stil (Neuerung), während die Vorstellung von ‚Stil-als-Wahl' (wenn Wahl verstanden wird als eine begrenzte und verpflichtende Auslese aus einem bestimmten Repertoire) der ersten Funktion von Stil entspricht: durch die Auswahl jener Elemente aus dem Repertoire, von denen bekannt ist, daß sie durch andere Teilnehmer an der Interaktion als habituell oder prestigevoll angesehen werden, überträgt der Sprecher/Schreiber einen hohen Stellenwert auf sein linguistisches Verfahren. (Peer 2001: 43)

Peer (2001: 43) führt die Unvereinbarkeit mancher Stilbegriffe auf die implizite und unreflektierte Orientierung an den beiden Stilfunktionen Nachahmung und Neuerung zurück. Eroms spricht bezüglich Normierung und Abweichung von einem „Doppelcharakter" des Stils (vgl. Eroms 2008: 16-18). Demnach setzen Normierung und Abweichung einander voraus bzw. können nicht ohne einander existieren. Tatsächlich spielen auch für die Analyse und Bewertung von Stil immer beide Aspekte eine Rolle.

Die Beschäftigung mit Sprachnormen und Sprachwirkungen in der Sprachwissenschaft ist vielfältig. Insbesondere befassen sich Fleischer (1992a), Greule (1995, 1998) und Josten (1976) sowie die Beiträge der Sammelbände von Henne et al. (1986) und Polenz (1986) mit der Thematik. In den letzten beiden Jahrzehnten sind Sprachnormen vermehrt mit Bezug auf Sprachratgeber diskutiert worden (siehe Abschnitt 6.2), aber auch im Zusammenhang mit alltagsgebundener Sprachreflexion (z.B. bei Lehr 2001f.).

Normen sind im Gegensatz zu den dahinterliegenden Werten zumindest teilweise in Regelwerken kodifiziert (z.B. Rechtschreib- und Grammatikregeln). In Bezug auf Sprache wird jedoch schnell offensichtlich, dass nicht in allen Situationen die gleichen Normen gelten. Bereits Hartung (1986: 1986: 6) konstatiert, dass „ein erhobener oder unterstellter Absolutheitsanspruch zu relativieren" sei. Fleischer fordert entsprechend, Stilnormen funktionalstilistisch zu relativieren (vgl. Fleischer 1992b: 131). Zuvor wurde lange Zeit von gesellschaftlich einheitlichen Normen ausgegangen. Ihre Nichteinhaltung wurde auf persönliches Unvermögen der Sprachverwender zurückgeführt oder sogar aufgrund von sprachlichen Eigenheiten auf die Herkunft aus niederen sozialen Schichten geschlossen.[42] Ein weiterer Streitpunkt besteht darin, wer zur Aufstellung von Normen berechtigt ist (vgl. Hartung 1986: 7). Die einem deskriptiven Ansatz verpflichtete Linguistik hat sich lange Zeit dieser Aufgabe verwehrt (siehe auch Abschnitt 6.2) und bemüht sich auch heute vor allem darum, den Absolutheitsanspruch normativer Haltungen weiter zu relativieren. Vor diesem Hintergrund ist auch die Unterscheidung präskriptiver (Soll-)Normen und deskriptiver (Ist-)Normen zu sehen, die in der Linguistik gemacht wird (vgl. Hartung 1986: 6f.). Auch kann sich der Geltungsbereich von Normen nicht auf alle Einzelfälle erstrecken, sondern Normen können nach linguistischem Verständnis lediglich „eine Orientierungshilfe in bezug auf […] Textwirklichkeit" (Hartung 1986: 7) bieten.

Selbst die in der Linguistik viel diskutierten und anerkannten Grice'schen Konversationsmaximen können keine absolute Geltung beanspruchen (vgl. Fix 1989: 135f.). So beklagt Fix (1989: 136), dass die Maximen stilistische Aspekte der Kommunikation nur unzureichend berücksichtigen, und illustriert dies anhand verschiedener Untermaximen:

> Vor allem aber kann die Untermaxime ‚Sei kurz' bei der Anwendung auf monologische Äußerungen, aber auch noch im Bereich des Dialogischen nicht uneingeschränkt gelten. Weitschweifigkeit kann unter Umständen auch am Platze sein. Auch die Maxime ‚Vermeide Mehrdeutigkeit' ist nicht immer gültig. Befolgte man sie ausnahmslos, gingen der Reiz des Sprachspiels und der ästhetische Reiz von Verstehensbemühungen, z. B. des Entschlüsselns von Metaphern […], verloren. (Fix 1989: 136)

Der Geltungsbereich der Maximen ist somit stark eingeschränkt bzw. die Normen stoßen hier an die Grenzen ihrer Leistungsfähigkeit. Fix sieht darin einen Wesenszug von Maximen, da diese „durch die notwendige Verknappung und Zuspitzung dem eigenen Anspruch, das Verhalten der Menschen zueinander zu regeln, nicht völlig genügen […] können" (Fix 1989: 136).

Diese Argumente können auch gegen das Aufstellen von Normen und Maximen als Gegenstand der Linguistik ins Feld gebracht werden. Zum einen kann es nicht Aufgabe der Sprachwissenschaft sein, „das Verhalten der Menschen zueinander zu regeln", zum anderen können Verknappung und Zuspitzung nicht das Ziel wissenschaftlichen Anspruchs sein; vielmehr sollte die Komplexität sprachlichen Handelns in seiner Breite dargestellt werden. Stilistisches Handeln sollte stets sowohl in seiner Normgebundenheit und pragmatischen Bedingtheit (Relationalität) als auch in seinem Bestreben, Einzigartigkeit und damit Abweichungen von stilistischen Normen zu produzieren, gesehen werden.

Auch das Durchbrechen von Stilmustern kann zur Norm werden, wie Fix (1997) darlegt. Werbetexte und Gebrauchstexte werden, um Aufmerksamkeit zu

---

[42] Diese Sichtweise wird in der Soziolinguistik unter dem Schlagwort „Defizithypothese" diskutiert und ist inzwischen in weiten Teilen widerlegt.

erregen, zunehmend mit „Mitteln der Auflösung des Kanons gestaltet: Abwandlungen, Textmontagen, Text- und Stilmusterbrüche und -mischungen" (Fix 1997: 97). Fix (1997: 104) interpretiert diese Phänomene zunächst als „sichtbare Auflösung des kulturellen Kanons". Tatsächlich kann das Durchbrechen der Stilnormen seine Wirkung jedoch nur dann entfalten, wenn die entsprechenden Normen bekannt sind. Daher können etwa Parodien auch nur als solche erkannt werden, wenn das Original und dessen Stilmuster bekannt sind. Fix argumentiert ähnlich:

> Auflösung des Kanons hat nur Sinn vor dem Hintergrund des Kanons. Mustermischen und -brechen wird erst zeichenhaft vor dem Hintergrund der immer mitgedachten Musterhaftigkeit. Damit sind der Auflösung der Konturen, der Unbestimmtheit, der Relativität Grenzen gesetzt. (Fix 1997: 104)

Das Durchbrechen und Befolgen von Stilnormen kann auch mittels eines semiotischen Zugangs erfasst werden. Nöth (2009: 1182) legt dar, dass Stil ebenso als indexikalisches wie auch als ikonisches oder symbolhaftes Zeichen auftreten kann: Als Beispiel für Stil als indexikalisches Zeichen nennt Nöth den Individualstil, der als Anzeichen eines Individuums verstanden werden kann. Die Befolgung der Stilnormen einer Gesellschaft oder Kultur führt hingegen dazu, dass ein bstimmter Stil aufgrund von Konventionen symbolhaft interpretiert werden kann. Schließlich kann Stil aufgrund einer Ähnlichkeitsbeziehung als ikonisch verstanden werden. Als Beispiel hierfür nennt Nöth die Epoche der Klassik, die den Stil der Antike imitiert. Ein ikonischer Stil verweist also stets auf einen anderen, früheren Stil. Nöth (2009: 1183) konstatiert ferner, jeder Stil sei „in gewisser Weise stets indexikalisch, symbolisch und ikonisch zugleich" und die entsprechende Kategorisierung eines Stils könne „somit nur heißen, seine dominanten Stilmerkmale zu interpretieren". Dies impliziert, dass jeder Stil stets von Nachahmung und Neuerung geprägt ist und damit vom Einhalten und Durchbrechen von Stilnormen.

3.8 Stilistische Anforderungen und Voraussetzungen für Stil

Anforderungen an Stil und Postulierungen bezüglich seiner Voraussetzungen werden sowohl in normativen als auch in deskriptiven Stilistiken diskutiert. Klotz (1991: 39) nennt als konstituierende Faktoren von Stil Markanz und Frequenz, d.h. sowohl Auffälligkeit als auch Häufigkeit stilistischer Elemente wirken stilbildend. Dabei kann zum einen „jedes sprachliche Mittel [...] aufgrund seiner Funktion im Text zum Stilelement werden" (Fix et al. ^{3}2003: 51), zum anderen kann jedoch „auch die systematische Abwesenheit von etwas ein Stilistikum sein" (Klotz 1991: 40). Die Wirkungen von Markanz und Frequenz sind daher dependent und kontextgebunden: Je frequenter (d.h. häufiger) beispielsweise ein sonst unscheinbares stilistisches Element ist, desto markanter (d.h. auffälliger) ist es auch. Wie markant ein stilistisches Element wirkt, ist stark davon abhängig, in welchem Kontext das Element erscheint.

Eroms (2008: 18-20) nennt ferner Einheitlichkeit als grundlegende Voraussetzung für Stil. Diese Einschätzung wird in der stiltheoretischen Linguistik geteilt, wie die Diskussion zu Fix und Sandig in Abschnitt 2.3 deutlich gemacht hat.

Daneben nennt Eroms weitere „Stilanforderungen", nämlich Variation, Angemessenheit, Expressivität, Anschaulichkeit und Sparsamkeit (vgl. Eroms 2008: 24-30). Allerdings stellen die Kriterien der Anschaulichkeit und Sparsamkeit bereits wertende Kriterien dar, die auf die ‚Gelungenheit' eines Stils abzielen. Sie stellen keine Voraussetzungen für Stil dar, sondern dienen der Einordnung und Charakterisierung von Stilen (*anschaulicher* vs. *trockener* Stil, *kitschiger* vs. *nüchterner* Stil). Eroms entwickelt somit eine normative Stilauffassung. Sehr deutlich wird seine stark wertende Haltung in der folgenden Anmerkung:

> Jedes Element eines Textes ist daraufhin zu prüfen, ob es die Botschaft eines Textes unterstützt – dann ist es stilistisch gelungen – oder nur aufgesetzt und überflüssig ist. (Eroms 2008: 54)

Auch die Formulierungen, mit denen Eroms seine Beispiele kommentiert, weisen in diese Richtung:

> Es wird abgewichen vom Normalen, vom Erwarteten, und zwar in einer so krassen Weise, dass die Verstöße als unangenehm, als anstößig empfunden werden. (Eroms 2008: 29)

Auch wenn in der vorliegenden Arbeit ein deskriptiver Stilbegriff im Vordergrund steht, soll hier auf die einzelnen Anforderungen bei Eroms näher eingegangen werden, da diese für einen Vergleich mit den normativen Auffassungen der in Kapitel 6 untersuchten Konzepte zu Stil und Unternehmensidentität von Interesse sind.

Variation in der Wahl der stilistischen Mittel gewährleistet Eroms zufolge die Ausgewogenheit eines Textes: Stilistisch markierte und unmarkierte Mittel sollen sich abwechseln (vgl. Eroms 2008: 24-26). Diese Forderung steht jedoch teils im Widerspruch zur Forderung nach Einheitlichkeit. Nach wie vor ist es eine ungeklärte Frage der Stilistik, wie viel stilistische Variation möglich ist und wie viel Konsistenz nötig ist, damit Stile identifizierbar und kategorisierbar werden (vgl. Auer 2007a: 14).

Angemessenheit wird bei Eroms (2008: 26f.) vor allem als „Sachangemessenheit" und damit als pragmatisch determiniert begriffen – d.h. der Stil muss

3.8 Stilistische Anforderungen und Voraussetzungen für Stil 81

dem kommunikativen Zweck angemessen sein (vgl. ebd.: 27). Die oben erwähnte Ausgewogenheit wird dabei als Voraussetzung für Angemessenheit gesehen. Mit Anschaulichkeit bezieht Eroms sich auf einen „individuell gefärbten Sprecher-Hörer-Bezug [...], der den kommunikativen Effekt betrifft" (Eroms 2008: 27). Neben Bildlichkeit und Emotionalität sollen dabei auch weitere Gesichtspunkte eine Rolle spielen – diese werden indes nicht thematisiert.

Sparsamkeit schließlich steht in enger Beziehung zur Forderung nach Ausgewogenheit und Variation. Die Forderung nach Sparsamkeit im Gebrauch stilistischer Mittel korrespondiert mit dem bei Klotz genannten Faktor der Frequenz. Der angemessene Einsatz der gewählten Mittel bedeutet gleichzeitig eine angemessene Frequenz. Vereinfachend wird hier oftmals das Gebot der Sparsamkeit postuliert, wodurch eine Überanstrengung des Lesers verhindert werden soll. Mit dem Verweis auf das Sparsamkeitsgebot wendet sich Eroms (2008: 29) auch gegen eine zu starke Bildlichkeit, mit der er bestimmte Stilwirkungen wie etwa „Kitsch" verbindet. Hierin zeigt sich auch die normative Stilauffassung von Eroms, da erstens das Wort „Kitsch" stark negative Konnotationen evoziert und zweitens solche Stilwirkungen ja durchaus auch beabsichtigt sein könnten und damit funktional wären.

Die Erörterung der einzelnen Kriterien macht deutlich, dass Stilanalyse immer einen wertenden, beurteilenden Charakter hat. Dabei lassen sich zwar Stilurteile nicht nur als bloßes Geschmacksurteil verstehen, sondern sie sind auch abhängig von gesellschaftlich verankerten Stilnormen. Inwiefern der Einzelne diese Stilnormen allerdings aktiv und passiv beherrscht (Stilkompetenz), ist abhängig von seiner „stilistischen Sozialisierung". Deshalb haben die Beurteilungen immer auch ein subjektives Moment, dessen sich der Analysierende bewusst sein sollte.

Um Stile als solche zu erkennen und zu kennzeichnen, sind bestimmte Voraussetzungen zu erfüllen. Diese Voraussetzungen sind mit den Merkmalen Einheitlichkeit, Markanz und Frequenz ausreichend spezifiziert. Damit liegt noch keine Wertung darüber vor, wie viel Einheitlichkeit und wie viele markante Elemente nötig sind oder wie hoch deren Frequenz sein muss, um Stile zu charakterisieren.

Die Diskussion zur Normativität und Einzigartigkeit von Stil ist für die Frage nach einem unternehmensspezifischen Sprachstil von besonderer Relevanz. Sie berührt die grundlegende Frage, wie Sprachstil gleichzeitig sowohl situative Bedingungen angemessen abbilden (um etwa textsorten-, branchen-, oder zielgruppenbezogenen Stilnormen gerecht zu werden) als auch der Identitätsexpression dienen kann. Des Weiteren betrifft sie die Frage nach dem Geltungsbereich eines unternehmensspezifischen Sprachstils bzw. danach, auf welche Textsorten ein Corporate Style unter Einhaltung der sie prägenden textuellen Normen oder unter Inkaufnahme von Normdurchbrechungen angewendet werden kann. In Abschnitt 6.2 werden Stilnormen daher nochmals auf Sprachratgeber bezogen diskutiert.

3.9 Zusammenfassung

Die vorhergehenden Ausführungen haben deutlich gemacht, dass Stil ein vielgestaltiges, vielschichtiges und komplexes Phänomen ist, das sich zudem aus verschiedenen Perspektiven unterschiedlich fassen lässt. Folgende zentrale Aspekte sind daher mit dem Stilbegriff verbunden:

- Stil ist ein relationales Phänomen, und weder die Beschreibung noch die Bewertung von Stilen ist ohne die Berücksichtigung der durch Stil aktivierten relationalen Kontexte möglich.
- Stil verleiht Texten mittels einer einheitlichen Gestalt und der damit aktivierten Relationen eine soziale Bedeutung bzw. einen ‚Zweitsinn'.
- Stil ist mit diskurs-, sozial- und selbstbezogenen Stilwirkungen verbunden.
- Stil ist als semiotisch verfasstes Phänomen zu verstehen, das sich mithilfe verschiedener Zeichenmodalitäten konstituiert.
- Stil ist ein text- und diskursgebundenes Phänomen, das mittels intertextueller und intratextueller Verknüpfungen realisiert wird.
- Stil ist ein Phänomen, das zwischen sozialer Determiniertheit und individuellem Ausdruck oszilliert (und somit stets sowohl vom Einhalten als auch vom Durchbrechen stilistischer Normen geprägt ist).

Die semiotische Verfasstheit von Stil macht es nötig, einen erweiterten Textbegriff zugrunde zu legen. Dabei sind Texte wiederum als Teil von Diskursen zu verstehen. Der Diskursbegriff wird in der vorliegenden Arbeit explizit nicht auf Einzelgespräche bezogen (vielmehr wird der Textbegriff auch auf Gespräche ausgedehnt), sondern Diskurse werden als thematisch gebundene Textnetze begriffen.

Unter Berücksichtigung der hier aufgezeigten Aspekte und vor dem Hintergrund der im folgenden Kapitel dargestellten Rahmenbedingungen der Unternehmenskommunikation wird in Abschnitt 4.2 ein Stilbegriff für die Unternehmenskommunikation entwickelt. Dieser Stilbegriff muss dabei die verschiedenen, hier dargestellten Perspektiven auf Stil berücksichtigen, um stilistische Phänomene im Hinblick auf den stilistischen Sinn interpretierbar zu machen (vgl. Janich 2006: 273).

4 Stil in der Unternehmenskommunikation

In Kapitel 3 wurde Stil bereits unter vielfältigen Aspekten betrachtet. Dieses Kapitel betrachtet Stil nun vor dem Hintergrund der Unternehmenskommunikation und versucht, die Bedeutung stilistischer Phänomene für die Unternehmenskommunikation zu illustrieren. Ziel dieses Kapitels ist es, eine für die Unternehmenskommunikation adäquate Stilauffassung zu entwickeln.

Zu diesem Zweck wird zunächst ein Überblick über die Determinanten stilistischen Handelns in der Unternehmenskommunikation gegeben (Abschnitt 4.1). Hierzu zählen Aufgabenfelder und Kommunikationsbereiche, das Unternehmen und seine Bezugsgruppen als Interaktanten der Unternehmenskommunikation sowie zentrale Textfunktionen und typische Textsorten. Die mit den Determinanten verbundenen Stilwirkungen werden unter Rückgriff auf die Ausführungen in Abschnitt 3.4 als diskurs-, sozial- und selbstbezogene Stilwirkungen kategorisiert und es werden Hinweise gegeben, welche Rolle die einzelnen Determinanten bei der Stilanalyse und evtl. auch bei der Entwicklung eines Corporate Style spielen könnten.

Anschließend werden die Ergebnisse aus Abschnitt 4.1 zusammengefasst und ein auf die Unternehmenskommunikation bezogener Stilbegriff unter Rückbezug auf die Anforderungen an einen Stilbegriff aus Abschnitt 3.9 erarbeitet (Abschnitt 4.2).

4.1 Determinanten stilistischen Handelns in der UK

Auch ein Modell zum unternehmensspezifischen Sprachstil kann sich nicht nur auf die Unternehmensidentität als stildeterminierende Größe beschränken, sondern muss Einflüsse weiterer Faktoren berücksichtigen, wie bereits in Abschnitt 3.2 mit Bezug auf Sandig (^{2}2006: 18) dargestellt worden ist. Mit Hinblick auf die Stilwirkungen sollen im Folgenden die zentralen diskurs-, sozial- und selbstbezogene Faktoren berücksichtigt werden:

- Diskursbezogen: Bereiche und Aufgabenfelder, Kommunikations- und Textfunktionen, Textsorten (Unterabschnitt 4.1.1)
- Sozialbezogen: Bezugsgruppen von Unternehmen (Unterabschnitt 4.1.2)
- Selbstbezogen: Das Unternehmen als Kommunikant (Unterabschnitt 4.1.3)

Hierbei werden die im engeren Sinne textbezogenen Faktoren wie Textsorte und -funktion als diskursbezogene Faktoren eingeordnet. Damit Texte ihre spezifische Funktion im Diskurs erfüllen können, müssen sie bestimmten Konventionen folgen und bestimmte Textmuster einhalten (oder auch diese durchbrechen). Deshalb lassen sich instrumentelle (funktionale) Stilwirkungen auch als diskursbezogene Stilwirkungen fassen (siehe auch Abschnitt 3.4).

Zu beachten ist bei dieser Kategorisierung der stildeterminierenden Faktoren, dass sie nach der dominanten Funktion der Faktoren erfolgt. Es gibt jedoch immer auch Einflüsse auf die übrigen Funktionsbereiche. So haben etwa in erster Linie diskursbezogene Textmuster auch Einfluss darauf, wie sich der Kommunikant auf den Rezipienten bezieht oder wie er sich selbst darstellt. Ein Beispiel dafür ist das Textmuster des klassischen Briefes, das eine direkte Ansprache des Rezipienten sowie eine explizite Nennung des Kommunikanten verlangt, der zudem üblicherweise in der Ich-Form berichtet.

Die stilistische Relevanz der einzelnen Faktoren wird im jeweiligen Unterabschnitt erörtert. Bei der Darstellung des Unternehmens als Textproduzent wird auf Rahmenbedingungen der Textproduktion in der Unternehmenskommunikation fokussiert. Aspekte der Unternehmensidentität spielen daher hier noch eine untergeordnete Rolle. Sie werden in den Kapiteln 5 und 6 noch ausführlich erläutert. Eine umfassende Darstellung der einzelnen Faktoren wird im Rahmen dieser Arbeit nicht angestrebt, da sowohl die Kommunikationsformen als auch die möglichen Situationskonstellationen in der Unternehmenskommunikation hierfür zu zahlreich und vielfältig sind.

4.1.1 Diskursbezogene Faktoren

Als wichtigste diskursbezogene Faktoren sind zunächst Bereiche und Aufgabenfelder und im weiteren Text- und Kommunikationsfunktionen sowie Textsorten der Unternehmenskommunikation identifiziert worden.

Bezüglich der Kommunikationsbereiche in der Unternehmenskommunikation sind bereits in Unterabschnitt 2.4.2 ausführlich mögliche stilistische Implikationen diskutiert worden. Daher sollen diese hier nicht nochmals aufgegriffen werden und die Ausführungen an dieser Stelle können sich auf Funktionen und Kommunikationsformen konzentrieren.

a) Kommunikations- und Textfunktionen

Der Unternehmenskommunikation werden vielfältige Funktionen zugeschrieben. In der Literatur werden u.a. Information, Imageaufbau, Wirklichkeitskonstruktion, Legitimation, Integration und Kontakt genannt (siehe Backhus 2000; Derieth 1995). Als zentrale Funktionen der Unternehmenskommunikation gelten insbesondere die Informations- und Imagefunktion (vgl. Backhus 2000: 37). Image- und Konstruktionsfunktion ergänzen sich: Die Imagefunktion zielt darauf ab, in der Öffentlichkeitsarbeit ein positives, realistisches Image zu schaffen (vgl. ebd.: 7, 37). Durch die gezielte Selbstdarstellung des Unternehmens und den Imageaufbau wird gleichzeitig die Konstruktion von Wirklichkeit geleistet (vgl. Derieth 1995: 147f.):

> Das Unternehmen definiert, bezeichnet, erklärt durch Kommunikation die ‚Wirklichkeit', bewertet und legitimiert sein Handeln wie auch das Handeln der Mitglieder in ihren unternehmensbezogenen Rollen. (Bungarten 1993a: 9f.)

Eine Legitimationsfunktion erhält die Unternehmenskommunikation insofern, als sie die Aufgabe hat, das Handeln des Unternehmens transparent zu machen und es zu legitimieren. Damit trägt das Unternehmen zu seiner eigenen Sicherung und Akzeptanz bei (vgl. Derieth 1995: 148f.). Mittels der Integration verschiedener Botschaften und Bereiche trägt die Unternehmenskommunikation des Weiteren zu einer Konsistenz der Darstellung bei (vgl. Derieth 1995: 147). Grage (1993: 146) definiert als übergreifende Aufgabe der Unternehmenskommunikation, entsprechend „das Eigen- und Fremdbild eines Wirtschaftsbetriebes zur Deckungsgleichheit (Identität) zu führen". Damit werden Identitätskonstruktion und -darstellung zu zentralen Aufgaben der Unternehmenskommunikation.[43] Die Kontaktfunktion schließlich kann als Voraussetzung für das Vertrauen der Bezugsgruppen in das Unternehmen gelten (vgl. Backhus 2000: 37).

Entsprechend dem sehr weit gefassten Textfunktionsbegriff Adamziks könnten die hier vorgestellten Funktionen auch auf Texte übertragen werden. Adamzik versteht unter der Textfunktion alles, „was eine sinnvolle Antwort auf die Frage ist, wozu Texte produziert und rezipiert werden oder was Sprachbenutzer mit Texten machen" (Adamzik 2004: 111). Von Heinemann/Viehweger (1991: 148) wird die Textfunktion kurz als die „Rolle von Texten in der Interaktion" umschrieben. Von Seiten der Textlinguistik werden jedoch in der Regel andere, sich nur teilweise mit den oben genannten überschneidende Textfunktionen in den Vordergrund gestellt und auch für die Textsortenklassifikation fruchtbar gemacht. Vertreter solcher funktionalen Klassifikationsversuche sind z.B.

---

[43] In Abschnitt 5.2 werden die Konstruktions- und Darstellungsfunktionen von Sprache in Bezug auf Identität ausführlicher dargestellt.

Brinker (⁷2010), Rolf (1993) und Heinemann/Viehweger (1991). Bei Hundt (2000) werden die von Rolf (1993: 312f.) vorgestellten primären Textfunktionen von Gebrauchstextsorten wieder aufgegriffen, die wiederum auf die Sprechaktklassifikation von Searle (1969) zurückgehen:

- Assertive Texte dienen der Informationsvermittlung und damit der Beeinflussung der Wirklichkeitswahrnehmung des Rezipienten (vgl. Rolf 1993: 172, 312).
- Direktive Texte bezwecken die „Herbeiführung einer bestimmten Adressatenhandlung" (ebd.: 313).
- Kommissive Texte verpflichten die Textproduzenten und -rezipienten auf bestimmte zukünftige Handlungs- und Verhaltensweisen und ermöglichen daher die Einschätzung zukünftiger Verhaltensweisen (vgl. ebd.).
- Expressive Texte dienen der „Einflußnahme auf den auf Seiten des Adressaten vorausgesetzten Zustand seines emotionalen Gleichgewichts" (ebd.).
- Deklarative Texte schließlich dienen der „Erzeugung, Aufrechterhaltung, Transformation oder Aufhebung einer (unterstellten) institutionellen Wirklichkeit" (ebd.).

Hundt (2000: 645) stellt bei seiner Klassifikation von Wirtschaftstexten fest, dass expressive Texte in diesem Bereich unterrepräsentiert sind.[44] Expressivität ist also für wirtschaftliche Gebrauchstexte von geringer Bedeutung. Dies verdeutlicht, dass die Abgrenzung kategorisierungsrelevanter Textfunktionen auch von dem Kommunikationsbereich abhängig ist, dem die zu kategorisierenden Textsorten zuzurechnen sind.

Brinker (⁷2010: 98-112) unterscheidet in seiner Darstellung zur Textlinguistik ganz ähnlich Informations-, Appell-, Obligations-, Kontakt- und Deklarationsfunktion und ersetzt nur die expressive Funktion durch die engere Kontaktfunktion. In einer Hierarchie textsortendifferenzierender Merkmale[45] betrachtet Brinker (⁷2010: 145) die Textfunktion als wichtigstes Kriterium und unterscheidet in der Konsequenz fünf „Textklassen":

---

[44] Auch die von Hundt den expressiven Texten zugeordnete Textsorte *Belobigungsschreiben* ist dort nicht eindeutig kategorisiert, wie Hundt selbst zugibt (vgl. Hundt 2000: 646). In der Tat überwiegt m.E. in dieser Textsorte die direktive Funktion, da jemand mit dem Schreiben zur positiven Beurteilung des Belobigten und evtl. zu weiteren Handlungen (Einstellung o.ä.) bewegt werden soll. Sollte ein an den Belobigten selbst gerichtetes Belobigungsschreiben des Arbeitgebers gemeint sein, so gilt dies ebenfalls, da der Belobigte zu weiterer Arbeit für den Arbeitgeber motiviert werden soll.

[45] Brinkers Textsortenklassifikation berücksichtigt außerdem die Kommunikationssituation (Handlungsbereich und Kommunikationsform) und den Textinhalt (Textthema und Strukturierungstypen).

4.1 Determinanten stilistischen Handelns in der UK

- Informationstexte (Nachricht, Bericht, Sachbuch, Rezension …)
- Appelltexte (Werbeanzeige, Kommentar, Gesetz, Antrag …)
- Obligationstexte (Vertrag, Garantieschein, Gelöbnis …)
- Kontakttexte (Danksagung, Kondolenzschreiben, Ansichtskarte …)
- Deklarationstexte (Testament, Ernennungsurkunde …)

Heinemann/Viehweger (1991) schlagen wie Brinker ein Textsortenklassifikations- und Beschreibungsschema mit mehreren Ebenen vor. Auch hier wird die Textfunktion als primäres Kategorisierungskriterium gesetzt. Heinemann/Viehweger betonen zwar von vornherein, dass von Mischtypen (d.h. Textsorten mit mehreren Textfunktionen) auszugehen sei. Gleichzeitig gebe es jedoch immer eine dominante Funktion, die eine Abgrenzung ermögliche (vgl. Heinemann/Viehweger 1991: 149). Adamzik (2004: 107) kritisiert grundsätzlich, dass die Funktionen oft fälschlich als distinkt betrachtet werden.

Die Kategorisierung der Texte nach Funktionen lässt sich anhand der Textsorten Werbetext und Geschäftsbericht illustrieren (hierzu siehe auch Hundt 2000: 655f.). In Werbetexten sucht der Rezipient vor allem nach Information (und/oder Unterhaltung), d.h. für ihn haben die Werbetexte vor allem Informationsfunktion. Entsprechend werden Werbetexte als assertive Texte gestaltet. Für den Textproduzenten erfüllen Werbetexte jedoch vor allem direktive Funktionen, was dem aufgeklärten Rezipienten bewusst ist. Im Falle des Werbetextes lassen sich somit zwei zentrale Funktionen feststellen, von denen je nach Standpunkt eine Funktion dominiert. Ähnlich verhält es sich mit dem Geschäftsbericht, der aufgrund seiner obligatorischen Anteile wie Jahresabschluss und Lagebericht deutlich informierende Funktion hat und von Unternehmen lange Zeit vor allem als Dokumentationsinstrument genutzt wurde. Inzwischen haben Unternehmen das Potenzial der Textsorte für das Aktienmarketing erkannt (vgl. Keller 2006: 28ff.). Damit erhält der Geschäftsbericht laut Hundt (2000: 656) dominant direktive Funktion, m.E. ist jedoch auch hier von einer Doppelbesetzung der dominanten Funktion auszugehen.[46]

Entsprechend der dominanten Textfunktionen werden bestimmte Stilzüge und Vertextungsstrategien erwartet und genutzt. Wie hier für den Geschäftsbericht aufgezeigt werden konnte, können sich jedoch die einer Textsorte zugeschriebenen Funktionen wandeln. Damit verbunden ist auch ein Wandel stilistischer Ausgestaltung – im Falle des Geschäftsberichts bedeutet dies konkret eine Veränderung weg vom ehemals bürokratischen hin zu einem leserfreundlicheren, auf Verständlichkeit zielenden Stil (vgl. Keller 2006: 28-37).

---

[46] Dies macht die Textfunktion als primäres Klassifikationskriterium für Textsorten problematisch, was für die Corporate-Style-Diskussion jedoch unbedeutend ist und deshalb nicht weiter diskutiert werden soll.

b) Textsorten der Unternehmenskommunikation

Es gibt bisher nur wenige Systematisierungsversuche zu den Kommunikationsformen der Unternehmenskommunikation (vgl. Hundt 2000: 643).[47] Einen ersten Überblick über die mündlichen Formen der Unternehmenskommunikation gibt Brünner (2000),[48] zu den schriftlichen Formen bieten Hundt (2000) und Diatlova (2003) erste systematische Darstellungen. Auf eine Darstellung zu den mündlichen Formen soll an dieser Stelle verzichtet werden, da ein unternehmensspezifischer Sprachstil zunächst auf die schriftlichen Textsorten angewendet werden soll (siehe Abschnitt 2.4.2). Insbesondere die Klassifikation Diatlovas zu den schriftlichen Textsorten soll hier jedoch nähere Beachtung erfahren.

In Unterabschnitt 2.4.2 wurden bereits Textsortenklassifikationen vorgestellt, die primär nach der Textfunktion kategorisieren und weitere Kriterien untergeordnet einbeziehen. Ein alternatives Verfahren besteht darin, die Dominantsetzung bestimmter Kriterien (wie z.B. Textfunktion oder Rezipientengruppen) an realen Gegebenheiten auszurichten. So führt beispielsweise Klein (2000) eine Kategorisierung politischer Textsorten nach der Kategorie ‚Emittent' durch, während Diatlova (2003: 105) Textsorten der Unternehmenskommunikation primär nach der Kategorie ‚Rezipient' systematisiert. Dies wird jeweils mit den realen Gegebenheiten begründet: Emittenten politischer Texte müssen mit einem „im Einzelnen kaum bestimmbaren Rezipientenspektrum" (Klein 2000: 737) rechnen, Unternehmen hingegen richten ihre Texte „überwiegend auf die jeweiligen Zielgruppen" aus (Diatlova 2003: 105). Da sich zudem Unternehmenstexte selten einer Einzelperson als Autor zuordnen lassen und bei größeren Unternehmen u.a. auch mehrere Abteilungen an der Produktion eines Einzeltextes beteiligt sind, erscheint die Kategorisierung nach Rezipienten zunächst zielführender als nach Emittenten.

---

[47] ‚Kommunikationsformen' bildet hier den Überbegriff zu Text- und Gesprächssorten. Der Begriff kann zudem auch für größere kommunikative Einheiten verwendet werden, die mehrere Gesprächs- und Textsorten inkludieren, etwa die Website. In diesem Sinne wird der Begriff offenbar bei Meier (2008a: 180, 348) verwendet. Teilweise wird der Begriff auch in einem noch sehr viel weiteren Sinne verwendet und umfasst dann alle „Arten und Weisen der Kommunikation" und damit auch stilistische Register und Varietäten. In diesem Sinne werden ‚Kommunikationsformen' auch bei Warnke/Spitzmüller (2008: 37) aufgefasst.

[48] Eine weitere erwähnenswerte Arbeit ist die soziolinguistische Arbeit von Müller (2006), die sich u.a. mit verschiedenen Formen innerbetrieblicher Kommunikation („Dozieren", „Dissensaustragung", „Bericht", „Routineinformation" u.a.) und ihrer Musterhaftigkeit auseinandersetzt – allerdings nicht mit dem Ziel, eine Klassifizierung von Gesprächssorten vorzunehmen, sondern „die Kontextgebundenheit des Ausdrucksverhaltens von Mitarbeitern in interaktiven Handlungszusammenhängen zu analysieren und ihren sozialen Sinn zu erläutern" (Müller 2006: 282). Entsprechend wird hier für die Zusammenstellung der Kommunikationsformen kein homogener Kriterienkatalog verwendet (vgl. Müller 2006: 198f.). Dennoch kann die Zusammenstellung wichtige Anhaltspunkte für weitere Arbeiten in diesem Bereich liefern.

4.1 Determinanten stilistischen Handelns in der UK

Alternativ dazu schlägt Diatlova (2003: 98f.) themenzentrierte „Textcluster" als Kategorisierungssystem für Textsorten vor, womit die Vernetztheit der Textsorten untereinander stärker berücksichtigt wird. Diatlova berücksichtigt bei ihrem Überblick auch Textsorten, die nicht Teil der öffentlich zugänglichen Unternehmenskommunikation sind (z.b. Verträge).

Eine umfassende Aufstellung der Textsorten der Unternehmenskommunikation wird an dieser Stelle nicht angestrebt, da der Bestand an Textsorten oder gar Subtextsorten zu groß ist für eine Überblicksdarstellung und eine solche Aufstellung überdies nicht der Fragestellung dieser Arbeit dient.[49] Die folgende Auflistung dient lediglich der Orientierung und ordnet den in Unterabschnitt 2.4.2 definierten Großbereichen der Unternehmenskommunikation beispielhaft typische Textsorten zu:

- Marktkommunikation: z.b. Produktbroschüren, Kataloge, Werbeanzeige
- Mitarbeiterkommunikation: z.b. Mitarbeiterzeitschrift, E-Mail, Memo/Rundschreiben
- Presse- und Öffentlichkeitsarbeit: z.b. Pressemitteilungen, Ad-hoc-Meldungen, Geschäftsbericht, Imagebroschüre, Unternehmensphilosophie

Auch in dieser Kategorisierung zeigt sich, dass eine eindeutige Zuordnung schwierig ist. So werden E-Mails beispielsweise nicht nur in der Mitarbeiterkommunikation, sondern auch in allen anderen Kommunikationsbereichen geschrieben, Pressemitteilungen etwa werden inzwischen häufig per E-Mail verschickt. Ein anderes Beispiel: Die Unternehmensphilosophie dient zum einen im Rahmen der Öffentlichkeitsarbeit auf der Unternehmenshomepage der Imagebildung, zum anderen stellt sie jedoch auch (im Idealfall) eine Fixierung der Unternehmenskultur dar und sollte daher auch in die Mitarbeiterkommunikation einfließen.

Einige Textsorten der externen schriftlichen Unternehmenskommunikation können bereits als relativ breit untersucht gelten. Dies betrifft beispielsweise den Geschäftsbericht, der unter verschiedenen Gesichtspunkten zum Gegenstand linguistischer Untersuchungen gemacht wurde (z.b. bei Nielsen/Ditlevsen 2008; Bextermöller 2001f.; Schlierer 2004; Wawra 2008). Insbesondere die Teiltextsorte ‚Aktionärsbrief' hat große Beachtung von linguistischer Seite erfahren

---

[49] Abgesehen davon ist eine „umfassende" Aufstellung auch deshalb unmöglich, weil ständig neue Kommunikationsformen hinzukommen (und andere veralten oder wegfallen). In Bezug auf Textsorten muss also von einer prinzipiell offenen Liste ausgegangen werden. Erschwerend für eine solche Aufstellung kommt hinzu, dass weder in allen Unternehmen die gleichen Textsorten verwendet noch die gleichen Bezeichnungen für diese genutzt werden. Auch in der wissenschaftlichen Literatur unterscheiden sich die Benennungen.

(z.B. Gohr 2002). Allerdings stellt der Geschäftsbericht eine außerordentlich komplexe Textsorte dar, sodass hierzu noch weitere ertragreiche Forschungsarbeiten zu erwarten sind.

4.1.2 Sozialbezogene Faktoren: Die Bezugsgruppen des Unternehmens

In den vorangegangen Abschnitten wurde bereits deutlich, wie vielfältig die Bezugsgruppen des Unternehmens sind: Mitarbeiter, Kunden, Lieferanten, Kreditgeber, Presse, Verbände, Politiker, Anwohner, Absatz-, Beschaffungs- und Arbeitsmärkte, Medienöffentlichkeit etc. (siehe z.B. Avenarius ^{2}2000: 181). Ebenso vielfältig sind auch die Oberbegriffe für diese Gruppen: *Stakeholder, Anspruchsgruppen, Bezugsgruppen, Rezipientengruppen, Kommunikationsgruppen, Zielgruppen*. Jede Benennung charakterisiert dabei die Beziehung zum Unternehmen unter anderen Aspekten. Ein Manko insbesondere der Bezeichnungen *Zielgruppen* und *Rezipientengruppen* ist es, dass hierbei die Bezugsgruppen des Unternehmens lediglich als Empfänger von Informationen in Erscheinung treten und nicht als gleichwertige Kommunikationspartner behandelt werden.[50] Die Bezeichnungen *Stakeholder* und *Anspruchsgruppen* wiederum suggerieren dem Unternehmen fälschlich ein starkes Interesse am Unternehmen bzw. an unternehmensbezogenen Themen. Der von Göldi (2005: 93) gewählte Ausdruck *Kommunikationsgruppe* hingegen sagt kaum etwas über den Bezug zum Unternehmen aus. Im Public Relations-Bereich ist auch die Rede von *Öffentlichkeiten* und *Teilöffentlichkeiten*, dabei werden jedoch nur externe Bezugsgruppen thematisiert.

Hinzu treten kommunikations- bzw. sprachwissenschaftliche Kategorien wie *Rezipient* und *Adressat*. *Rezipient* ist hierbei die übergeordnete Kategorie und bezeichnet jeden „der den Text liest bzw. rezipiert", als *Adressaten* hingegen gelten nur „die Rezipienten, an die die Texte adressiert sind, für die sie gedacht sind" (Diatlova 2003: 105).

Grundsätzlich wird in dieser Arbeit zwischen folgenden Gruppen differenziert:

- *Rezipienten(gruppen)*: Damit sind sowohl intendierte als auch nicht intendierte Rezipienten von Texten gemeint.
- *Adressaten(gruppen)/Zielgruppen*: Damit sind lediglich intendierte Rezipienten von Texten gemeint. Die Begriffe überschneiden sich vom Bedeutungsge-

---

[50] ‚Zielgruppen' können zudem auch nach anderen Kriterien unterschieden werden als nach ihrer Beziehung zum Unternehmen, z.B. nach Lebensstil, Alter, Einkommen oder Mediennutzungsverhalten. So können Zielgruppen auch nach ihrer Rolle im Informationsvermittlungsprozess in Primär- und Sekundärzielgruppen eingeteilt werden, um Meinungsführer und -vermittler gegenüber der übrigen Öffentlichkeit abzugrenzen. Diese Unterscheidung kann im Kontext der neuen Medien jedoch immer seltener eindeutig getroffen werden, auch ist sie kaum für die stilistische Ausgestaltung der Texte relevant.

halt her. In sprachwissenschaftlichen Zusammenhängen wird der Ausdruck *Adressaten* verwendet, in betriebswirtschaftlichen hingegen *Zielgruppen*.
- *Bezugsgruppen*: Dieser nicht-linguistische Begriff wird dann gewählt, wenn die Beziehung der Rezipienten zum Unternehmen im Vordergrund steht.

In Bezug auf den Sprachstil stellt sich nun die Frage, ob und inwiefern der Sprachstil auf die einzelnen Zielgruppen hin ausgerichtet werden sollte. In praxisorientierter Literatur wird dies meist vehement befürwortet (so z.B. bei Hansen/Schmidt 2006: 89). Die sprachliche Darstellung der Unternehmensidentität kann dabei allerdings so sehr in den Hintergrund geraten, dass die Texte nur noch aufgrund der Erwähnung des Namens dem gleichen Unternehmen zugeordnet werden können. Dies gilt umso mehr, wenn die Zielgruppen sehr unterschiedlich sind.

Nach Ansicht von Zerfaß (^{3}2010: 309) ist eine integrative Strategie schon deshalb notwendig, weil die potentiellen Kommunikationspartner im realen Leben verschiedene Rollen innehaben und somit z.B. gleichzeitig Stakeholder und Konsument sein können. Auch Bunkus (1994) weist in diesem Zusammenhang auf „Schwierigkeiten der Grenzziehung" hin. So könne etwa „bei ehemaligen Mitarbeitern [...] der Gehalt der Botschaft dadurch Brisanz erlangen, daß der Sender als interner Kenner des Unternehmens auftritt" (Bunkus 1994: 52).

Ein weiteres Argument für eine integrierte Kommunikation ist die „*Verflechtung gesellschaftlicher Kommunikationsarenen*" (Zerfaß ^{3}2010: 310, Hervorhebungen im Original). Im Zeitalter der Massenkommunikation sind die verschiedenen Kommunikationsarenen nicht immer so voneinander getrennt, dass eine Nachricht, die sich zielgerichtet an eine bestimmte Gruppe wendet, nicht an andere Gruppen weitergeleitet würde. Außerdem werden viele Fragen grundsätzlich in verschiedenen Arenen diskutiert – sie sind unter verschiedenen Aspekten für mehrere Arenen interessant. Die scharfe Trennung der Bezugsgruppen ist ebenfalls eher theoretischer Natur, da konkrete Personen in ihren verschiedenen Lebensbereichen unterschiedliche Rollen einnehmen (vgl. Zerfaß ^{3}2010: 309). Der Lieferant kann beispielsweise gleichzeitig Kleinaktionär des Unternehmens sein und im Supermarkt die Produkte des Unternehmens kaufen. Ferner werden einzelne Themen in verschiedenen Kommunikationsarenen diskutiert und finden außerdem Eingang in die gesamtgesellschaftliche Diskussion. Dank solcher Dynamiken können bereits geringe Widersprüchlichkeiten gewichtige Dissonanzen hervorrufen (vgl. Zerfaß ^{3}2010: 310).[51] Die Problematik, dass Unterneh-

---

[51] Dennoch richten viele Unternehmen ihre Kommunikation auf spezifische Anspruchs- und Bezugsgruppen aus, was auch in der Ausrichtung der Navigation von Unternehmenshomepages an den Zielgruppen deutlich wird.

menstexte zwar einerseits für bestimmte Adressaten geschrieben werden, andererseits aber auch von nicht intendierten Personen rezipiert werden, wird in der Linguistik mit dem Terminus „Mehrfachadressierung" (Kühn 1995: 63) belegt. Kühn unterscheidet dabei absichtliche, in Kauf genommene und unabsichtliche Mehrfachadressierungen. Allerdings beinhaltet *Adressierung* semantisch bereits eine ‚Gerichtetheit' und damit eine Intention. Deshalb erscheint die Unterscheidung zwischen den ‚Adressaten' und den ‚Rezipienten' eines Textes in diesem Zusammenhang passender.

Bei der Betrachtung der Rezipienten unternehmerischer Kommunikationsformen tritt in einer globalisierten Wirtschaft auch die Frage nach kultureller und sprachlicher Anpassung der Kommunikation ins Blickfeld. Aspekte der Übersetzung und kulturellen Anpassung von Unternehmenstexten stellen jedoch eine eigene Thematik dar, die vor allem in kulturvergleichenden Arbeiten behandelt wird (z.B. bei Bolten et al. 1996; Böttger/Probst 2001; Emmerling 2007; Schlierer 2004). In der vorliegenden Arbeit kann dieser Aspekt nur am Rande weiter verfolgt werden. So werden in Unterabschnitt 5.5.3 Aspekte der Standardisierung mit Fragen kultureller Anpassung von Texten in Verbindung gebracht. In Unterabschnitt 6.4.3 schließlich werden Zusammenhänge zwischen kulturellen Stilen und Identität erörtert. Grundsätzlich ist der Faktor ‚Kulturalität' von Texten im Rahmen eines Corporate-Style-Modells zu berücksichtigen, insbesondere im Hinblick auf international operierende Unternehmen.

Es zeigt sich, dass die Anpassung an die Rezipienten sowohl in der mündlichen als auch in der schriftlichen Kommunikation eine Rolle spielt. Sofern Adressierungsstrategien ein elementarer Bestandteil des Corporate Style sind (wie es etwa bei Ikea der Fall ist), können sich bei der stilistischen Beachtung sozialer Normen auch Brüche mit dem Corporate Style ergeben. Diese haben jedoch durchaus ihre Funktion, wie die laienlinguistische Polemik von Sick (2006) nahelegt:

> Doch Kunden ab Mitte vierzig stutzen, wenn ihnen in ihrer örtlichen Ikea-Filiale über Lautsprecher die neuesten Angebot [sic] entgegengeduzt werden: ‚Hej, jetzt kannst du dein Badezimmer komplett neu einrichten und dabei noch sparen!' oder ‚In unserem Restaurant warten heute wieder viele leckere Spezialitäten auf dich!'.
> Dabei handelt es sich um Bandansagen, die vermutlich in allen deutschen Ikea-Filialen abgespielt werden. Interessant wird es, wenn ein Zwischenruf des deutschen Personals ertönt. Dann ist es mit der Duz-Herrlichkeit nämlich plötzlich vorbei: ‚Gesucht wird der Halter des Fahrzeugs mit dem Kennzeichen DU DA 496. Bitte melden Sie sich umgehend an der Information!' Die Wirkung wäre nicht dieselbe, wenn es hieße: ‚Bitte melde dich an der Information!' Die Älteren würden denken, es würde nach einem Kind gesucht, das aus Småland ausgebrochen ist, und lächelnd ihrer Wege gehen.

In bestimmten Fällen garantiert also nur die Einhaltung von Konventionen das Erreichen der kommunikativen Ziele. Unternehmensspezifische Stilnormen lassen sich deshalb nicht immer in allen Textsorten und Teiltexten anwenden.

4.1.3 Selbstbezogene Faktoren: Das Unternehmen als Publikationsinstanz

Unternehmenstexte werden von Rezipienten meist vereinfachend dem Unternehmen als Ganzem zugeschrieben, d.h. das Unternehmen erscheint als Sender bzw. Autor der Texte. Die physisch-realen Vertexter bleiben oft anonym im Hintergrund. Die ‚Autorschaft' des Unternehmens stellt somit eine wichtige Orientierungsmarke für den Textrezipienten dar:

> Prinzipien wie Autorschaft und Dokumentcharakter besitzen wichtige soziale Funktionen. Sie ermöglichen, Personen oder Institutionen für Texte verantwortlich zu machen bzw. Verantwortung zu übernehmen [...]. Fallen Dimensionen wie Autorschaft oder Dokumentcharakter weg, verlieren wir einen Teil unserer Orientierung in textuellen Räumen. (Jakobs 1999: 19)

Was nun die konkrete Autorschaft betrifft, so sind im Falle von Unternehmenstexten verschiedenste Konstellationen denkbar, die sich auch auf den Stil der Texte auswirken. Es ist daher nötig, die Autorenrolle weiter zu differenzieren.

Die Werbeforschung unterscheidet grundlegend zwischen Primär- und Sekundärsender (vgl. Brandt 1973: 149). Dabei wird das verantwortliche Unternehmen als Primärsender, der konkrete Sprecher oder die im Text auftretende Person hingegen als Sekundärsender betrachtet. Die Personen, die den Text tatsächlich produziert haben, werden dem Primärsender zugerechnet – was eine Vereinfachung bedeutet.

In der Diskurslinguistik wird zwischen realem Textproduzenten und dem im Text verorteten „Subjekt einer Aussage" unterschieden. Dies entspricht der diskursanalytischen Trennung von Individuum und Subjekt bei Foucault (siehe Albert 2008: 159).[52] Das Subjekt einer Aussage ist hierbei „auf der Textoberfläche" zu verorten und zudem beliebig füllbar (vgl. ebd.: 172f.), das Individuum hingegen könne „höchstens im Subtext ausfindig gemacht werden, allerdings eher durch psycho- denn durch diskursanalytische Methoden" (Albert 2008: 173). Deshalb kann nur eingeschränkt von stilistischen Texteigenschaften auf die Identität rückgeschlossen werden. Lediglich die soziale Erscheinung der Identität im Diskurs kann Objekt der linguistischen Untersuchung werden. Tatsächlich trennen Rezipienten Subjekt und Individuum jedoch nicht immer und beziehen

---

[52] Das Subjekt bzw. bei Warnke/Spitzmüller (2008) der „Akteur" ist eine zentrale Kategorie der Diskurslinguistik. Da jedoch von einer Negation des Subjekts bei Foucault ausgegangen wurde, hat sich die Diskurslinguistik von Foucault entfernt (vgl. Albert 2008). Albert sucht dieses Missverständnis mittels einer breiten Diskussion der Kategorien Individuum und Subjekt aufzuklären und den Subjektbegriff Foucaults „für die Diskurslinguistik methodisch nutzbar zu machen" (Albert 2008: 151).

ihre Rückschlüsse fälschlich auf das Individuum, das sie als Autor oder Primärsender identifizieren.
Die Diskurslinguisten Warnke und Spitzmüller differenzieren die Autorenrollen noch weiter. Sie trennen zwischen dem „*Vertexter*", der „konkreten und häufig auch markierten *Autorschaft*" und „den *Instanzen der Äußerung*" (Warnke/Spitzmüller 2008: 33, Hervorhebungen im Original). Dabei fällt die konkrete ‚Autorschaft' mit dem Primärsender aus der Werbeforschung zusammen; die ‚Instanzen der Äußerung' sind mit dem Sekundärsender gleichzusetzen. Die ‚Vertexter' sind als die tatsächlichen Textproduzenten anzusehen. Diese Dreiteilung der Autorenrollen ist für die vorliegende Arbeit zielführend, da sie es ermöglicht, alle Einflussfaktoren auf Stil im Bereich des Senders sauber zu trennen. In Bezug auf das Unternehmen erscheint es jedoch angemessener, nicht vom *Autor* zu sprechen, da der Terminus *Autor* in der Alltagssprache zu stark mit den konkreten Textproduzenten bzw. Vertextern und somit mit Einzelpersonen verbunden wird. Stattdessen wird vorgeschlagen, hier den kommunikationswissenschaftlichen Terminus *Sender* in verengter Bedeutung einzusetzen. Für Unternehmenstexte ergibt sich bezüglich der Autorenrollen vor diesem Hintergrund folgendes Bild:

- Die ‚Vertexter' und damit die physisch-realen Produzenten von Unternehmenstexten bleiben oftmals anonym und sind daher persönlich nicht identifizierbar. Das gilt gleichfalls für die meisten anderen Gebrauchstexte, denn oft ist eine Kette von Bearbeitern an der Textproduktion beteiligt (vgl. Adamzik 2004: 85), die zudem aus verschiedenen Abteilungen des Unternehmens stammen können. Auch die Mitwirkung unternehmensfremder Textproduzenten ist üblich, beispielsweise von freien Textern, Übersetzern oder Agenturmitarbeitern (vgl. Nordmann 2002: 40f.). Daher kann zumeist von Autorenkonglomeraten ausgegangen werden.
- Als ‚Sender' kann im Falle von Unternehmenstexten oft das Unternehmen angesehen werden, manchmal werden auch spezifische Abteilungen oder Personen explizit genannt. Diese treten jedoch als Teil des Unternehmens auf.
- Als ‚Instanzen der Äußerung' fungieren abgebildete und zitierte Einzelpersonen. Auch das Unternehmen selbst kann als Äußerungsinstanz auftreten, wenn ihm im Text Merkmale und Handlungen zugeschrieben werden.

Diese typische Konstellation ist nicht immer gegeben. Im Falle einer Vorstandsrede etwa sind ‚Sender' und ‚Äußerungsinstanz' identisch (d.h. als solcher wäre der Vorstand zu identifizieren), die tatsächlichen ‚Vertexter' jedoch bleiben im

4.1 Determinanten stilistischen Handelns in der UK

Hintergrund. Meist handelt es sich dabei um die Kommunikationsabteilung oder aber sogar um professionelle Redenschreiber.[53]

Alle beschriebenen Autorenrollen haben Einfluss auf den Textstil, da die physisch-realen Vertexter ihre stilistische Kompetenz sowie ihren Stilgeschmack mit einbringen, den Textstil jedoch gleichzeitig auf das Unternehmen oder seine Vertreter als Autoren und auf die im Text stilisierten Äußerungsinstanzen ausrichten.

Unabhängig davon, welche der angesprochenen Autoren-Konstellationen tatsächlich vorliegt, können anhand der Texte stets auch Rückschlüsse auf das damit verbundene Unternehmen gezogen werden. Somit wird auch in diesem Fall das Unternehmen wiederum zum wichtigsten Referenzpunkt. Deshalb sollten im Sinne eines Corporate Style auch solche Unternehmenstexte, für die Unternehmensvertreter als Sender und Äußerungsinstanz fungieren (da sie unterzeichnen oder vortragen), im Hinblick auf das Unternehmen als stets mitgedachte Äußerungsinstanz gestaltet werden.

Einfluss auf die Texterstellung von Unternehmen hat ferner die Zuständigkeitsverteilung bezüglich kommunikativer Aufgaben im Unternehmen und ob es eigene Stellen oder sogar Abteilungen gibt, die sich professionell der Unternehmenskommunikation widmen. Schließlich hat die Informationspolitik der einzelnen Abteilungen Einfluss auf die inhaltliche Ausgestaltung der Texte und damit auch auf ihre stilistische Ausgestaltung. Dies zeigt sich beispielsweise im Bereich der technischen Dokumentation (siehe Nickl 2009), die heute „meist der relativ marketingfernen Produkt-Entwicklung zugeordnet" wird und in der „Markeninhalte und Markenkonzepte weitgehend unbekannt" sind (ebd.: 164). Marketingabteilung und Dokumentation sollten Nickl zufolge stärker zusammen arbeiten, um die Dokumentation sowohl als Produktbestandteil als auch als Markenträger zu funktionalisieren (vgl. ebd.: 178). Die unterschiedlichen Ziele der Marketingabteilung einerseits (Absatzförderung) und der technischen Dokumentation andererseits (Information zur Produktverwendung) sowie die damit verbundenen Funktionalstile (fachsprachlich-argumentativ vs. werbesprachlich-persuasiv) könnten diese Zusammenarbeit jedoch erschweren.

---

[53] Auch ist denkbar, dass der Vorstand seine Rede selbst verfasst, in diesem Falle wären alle Rollen der gleichen Instanz zuzuordnen.

4.2 Ein Stilbegriff für die Unternehmenskommunikation

Im Zusammenhang mit den verschiedenen kommunikativen Faktoren (Kommunikationsbereiche/Aufgabenfelder, Adressaten, Kommunikationsformen) sowie den zentralen Kommunikationskonzepten sind einige wichtige Problemstellungen der Unternehmenskommunikation in den Blick genommen worden. Die in Abschnitt 4.1 dargestellten Faktoren haben stildeterminierende Wirkung – neben der Unternehmensidentität. In den folgenden Kapiteln liegt der Fokus auf der Unternehmensidentität (Kapitel 5) und ihren möglichen Einflüssen auf den Sprachstil des Unternehmens (Kapitel 6). Diese stehen jedoch im Wechselspiel mit den bereits genannten Faktoren und müssen somit bei der Modellbildung zum Corporate Style in Kapitel 8 berücksichtigt werden.

In Abschnitt 2.2 wurden die zentralen Konzepte der Unternehmenskommunikation – Corporate Identity und integrierte Kommunikation – dargestellt. Bezüglich der Stellung von Sprache und Stil konnte festgestellt werden, dass diese zwar als zentrale Faktoren für die Unternehmenskommunikation erkannt werden, die Beschäftigung damit sich jedoch mehr oder weniger in allgemeinen Floskeln erschöpft und daher im Vagen verhaftet bleibt.

Bei der Beschäftigung mit integrierter Kommunikation aus linguistischer Perspektive fällt auf, dass sich hier starke Überschneidungen mit dem linguistischen Konzept der Intertextualität ergeben. Integrierte Kommunikation lässt sich demnach, sowohl auf die sprachlich-stilistische als auch auf die sprachlich-inhaltliche Seite bezogen, als systematisches Herstellen von Intertextualität bzw. als strategischer Einsatz intertextueller Bezüge begreifen. Dabei entstehen zunächst Einzeltextreferenzen, die jedoch bei dauerhafter Etablierung einer integrierten Kommunikation schließlich konventionalisiert und daher typologisiert werden – d.h. die Bezüge werden Teil der jeweiligen Textmuster. Damit werden letztlich alle Formen von Intertextualität relevant. Soweit damit stilistische und nicht in erster Linie inhaltliche Bezüge gemeint sind, lässt sich sagen, das Konzept der integrierten Kommunikation sei eine Anleitung zum stilistischen Handeln. Umgekehrt kann Intertextualität als grundlegende Voraussetzung für integrierte Kommunikation betrachtet werden. Damit ist Intertextualität auch Voraussetzung für einen Corporate Style und der gezielte Einsatz intertextueller Bezüge das wichtigste Mittel zur Umsetzung eines Corporate Style. Einheitlichkeit über Textsorten und Kommunikationsformen hinweg kann nur dann systematisch werden, wenn zwischen den Texten und Kommunikationsformen feste Beziehungen etabliert werden. Die Berücksichtigung intertextueller Bezüge ist daher für ein Corporate-Style-Modell unerlässlich.

Die in Abschnitt 3.9 dargestellten Aspekte von Stil müssen in einen Stilbegriff für die Unternehmenskommunikation einfließen. Vor dem Hintergrund der

4.2 Ein Stilbegriff für die Unternehmenskommunikation

in diesem Kapitel erarbeiteten pragmatischen Rahmenbedingungen soll daher folgender Stilbegriff für die Unternehmenskommunikation geprägt werden:

> **Definition 1: Stilbegriff für die Unternehmenskommunikation**
> Das stilistische Handeln von Unternehmen stellt relationale Bezüge her, aktiviert relationale Kontexte und wird gleichzeitig von diesen Kontexten determiniert. Es manifestiert sich auf verschiedenen sprachlichen und nichtsprachlichen Zeichenebenen. Ein unternehmensspezifischer kommunikativer Stil verleiht Unternehmenstexten mittels einer einheitlichen Gestalt zusätzliche Bedeutung, da es sie als Texte eines bestimmten Unternehmens auszeichnet, und verknüpft die Unternehmenstexte mittels unternehmensspezifischer (sprachlich-stilistischer, bildlicher und anderer) Bezüge.

Dieser nun spezifizierte Stilbegriff dient als Vergleichsbasis für die Diskussion der Stilauffassungen in den normativen Konzepten in Kapitel 7 sowie als Grundlage für das in Kapitel 8 entwickelte Corporate-Style-Modell.

5 Unternehmensidentität

Im nun folgenden Kapitel wird der Begriff der Unternehmensidentität aus verschiedenen Blickwinkeln beleuchtet. Außerdem werden mit dem Identitätsbegriff verbundene Aspekte diskutiert, um ein umfassendes Verständnis der Unternehmensidentität zu entwickeln. Zu diesem Zweck wird zunächst der Forschungsstand zu Identität und Unternehmensidentität in einem groben Überblick dargestellt (Abschnitt 5.1). Abzugrenzen ist Identität im Zusammenhang mit Unternehmen auch von den Begriffen Kultur und Image (Abschnitt 5.2). Im Weiteren wird Unternehmensidentität als Produkt der Identifikations- und Abgrenzungsprozesse seiner Mitglieder beschrieben (Abschnitt 5.3). Hierbei werden auch Aspekte individueller und kollektiver Identität relevant. Anschließend werden zwei Sichtweisen auf Unternehmensidentität voneinander abgegrenzt, nämlich Corporate Identity und Organisationale Identität (Abschnitt 5.4). Im Zusammenhang mit Identität werden immer wieder verschiedene Bestimmungsgrößen und Anforderungen genannt, die auch zentral für den Corporate-Identity-Diskurs sind. Diese Bestimmungsgrößen (Einzigartigkeit, Dynamik und Kontinuität, Einheitlichkeit und Authentizität) werden unter Einbezug verschiedener Forschungsperspektiven und im Hinblick auf stilistische Implikationen ausführlicher diskutiert (Abschnitt 5.5). Zusammenfassend werden die Funktionen von Identität für Unternehmen herausgearbeitet. Schließlich wird als Quintessenz der gesamten Diskussion ein Begriff von Unternehmensidentität entwickelt, der als Ankerpunkt für das Corporate-Style-Modell dienen kann (Abschnitt 5.6).

5.1 Einführung und Forschungsüberblick

Die Theorieangebote zum schillernden Begriff ‚Identität' sind zahlreich. Grundsätzlich müssen Ausprägungen von Identität auf folgenden Ebenen unterschieden werden:

- Individuum: Ich-Identität bzw. Individual-Identität (im Folgenden auch häufig als ‚individuelle Identität' umschrieben),
- Gruppen: Gruppen-Identität bzw. kollektive Identität,
- Organisationen: Organisations-Identität bzw. Institutions-Identität.

All diese Ausprägungen von Identität stehen miteinander in Beziehung. Die Unternehmensidentität ist auf gleicher Ebene wie die Organisations-Identität anzusiedeln. Eine Übertragung von Merkmalen individueller Identität auf Unternehmen, wie es das Corporate-Identity-Konzept vorsieht (siehe auch Unterabschnitt 2.2.1), ist kontrovers diskutiert worden (vgl. Veser 1995: 23). Dennoch kann Unternehmensidentität nicht ohne Bezug auf andere Ausprägungen von Identität gedacht werden, wie im Folgenden noch gezeigt wird.

In den letzten Jahrzehnten ist ein gesteigertes Interesse an Identitätsfragen zu erkennen, sodass Neuberger (2000: 519) gar von „Identitätsfetischismus" spricht. Die aktuelle wissenschaftliche Forschung blickt aus einer Vielzahl unterschiedlicher Perspektiven auf das Phänomen ‚Identität' und fokussiert dabei jeweils auf unterschiedliche Ausprägungen. Zu nennen sind insbesondere psychologische, philosophische, soziologische und soziolinguistische Ansätze zu individueller Identität sowie zu Gruppen- und Organisationsidentität, des Weiteren aber auch betriebswirtschaftliche und organisationstheoretische Ansätze, die sich insbesondere mit Unternehmens-, Institutions- und Organisationsidentität befassen.

Die Psychologie beschäftigt sich vor allem mit Individual-Identität und betrachtet Identität als Problemfeld (z.B. Keupp 2002). Philosophie und Soziologie setzen sich zwar auch mit individueller Identität auseinander, betrachten das Individuum dabei jedoch vor allem im Spannungsfeld mit Gruppen und Institutionen. Soziologische Perspektiven auf Identität wurden z.B. von Goffman (2003) und Dahrendorf (^{4}1964) entwickelt. Die Inklusion des Individuums in Gruppen und Institutionen wird dabei als Ergebnis von Rollenübernahmen dargestellt. Ein weiterer soziologischer Ansatz stammt von Giddens (1991), der sich vor allem mit der psychischen Konstitution von Identität beschäftigt (siehe auch Otto 1995). Philosophisch-soziologische Ansätze zur Identität sind außerdem von Adorno (^{8}1994), Habermas (1995) und Luhmann (^{4}2005) in die Diskussion eingebracht worden.[54] Dabei wird auch die Frage nach dem Verhältnis von Identität und Institution gestellt.

Aus Sicht der Linguistik wird Identität vor allem im Kontext interkultureller und soziokultureller Fragestellungen bzw. im Zusammenhang mit Sprachkultur und Nationalsprachen relevant, wie auch der von Janich/Thim-Mabrey (2003) herausgegebene Sammelband zu Identität und Sprache illustriert. Soziolinguistisch wird Identität vor allem in Migrationskontexten und im Zusammenhang mit

---

[54] Eine umfassende Einführung zu diesen Autoren und ihrem Identitätsbegriff findet sich bei Dubiel (1973).

5.2 Abgrenzungen: Identität, Kultur, Image und Reputation

Bilingualität oder Mehrsprachigkeit untersucht, beispielsweise bei Hornung (2002) oder im Sammelband von Krohn (1999).
Ausführliche Darstellungen der Theorieangebote zu organisationaler bzw. Unternehmens-Identität aus betriebswirtschaftlicher Sicht werden insbesondere bei Veser (1995) und Rometsch (2008) geboten. Weitere Gegenüberstellungen von Corporate Identity und organisationaler Identität finden sich bei Grage (1993), Herger (2006) und Hatch/ Schultz (2000). Unternehmensidentität bzw. Corporate Identity wird des Weiteren in verschiedenen Untersuchungskontexten thematisiert, insbesondere auch von der interkulturellen Wirtschaftslinguistik. Allerdings beschränken sich die dortigen Darstellungen meist auf die wiederholende Darstellung fremder Theorieangebote und bieten selten tatsächlich neue Perspektiven auf die Unternehmensidentität.

An dieser Stelle kann es zudem nicht um eine ausführliche Evaluation der einzelnen Ansätze gehen, wie sie bei Veser (1995) oder Rometsch (2008) geleistet wird, sondern es sollen im Folgenden vielmehr einzelne, mit Unternehmensidentität verbundene Aspekte diskutiert werden. Dabei werden unterschiedliche Perspektiven integriert.

5.2 Abgrenzungen: Identität, Kultur, Image und Reputation

Wie bereits erwähnt, werden die Begriffe Corporate Culture und Corporate Identity oftmals synonym verwendet (vgl. Bungarten 2005), insbesondere in der anglophonen Literatur (vgl. Pätzmann 1993: 98). Image, Identität und Kultur können in Bezug auf Unternehmen als konkurrierende und aufeinander verweisende Kategorien angesehen werden (siehe z.B. Hatch/Schultz 2000; Pätzmann 1993), die teilweise sogar synonym gebraucht werden (z.B. bei Brudler 1993). Hinzu kommt außerdem die Kategorie ‚Reputation', die ebenfalls zu Image und Identität in Beziehung gesetzt (z.B. Dukerich/ Charter 2000) und teilweise gleichbedeutend mit ‚Image' gebraucht wird.[55] Andernorts wird Reputation jedoch als Teil des Images betrachtet, bei Herger (2006: 49) etwa werden darunter insbesondere „Informationen über die Vertrauenswürdigkeit" gefasst. Diese Sichtweise ist m.E. sinnvoll und eine weitere Betrachtung der Kategorie ‚Reputation' daher an dieser Stelle nicht nötig.

---

[55] Reputation kann auch als ein Teil von Image betrachtet werden. Für weitere Abgrenzungen der Begriffe Image und Reputation sei auf Herger (2006: 175-177) verwiesen. Herger (2006) inkorporiert alle vier Begriffe (Kultur, Image, Identität und Reputation) in einem Konzept zur Vertrauenskonstruktion.

In jüngerer Zeit werden einige Anstrengungen unternommen, die einzelnen Begriffe schärfer voneinander abzugrenzen, insbesondere seitens der Wirtschaftslinguistik (z.b. Bungarten 2005; Seidler 1997) und der Betriebswirtschaftslehre (z.b. Veser 1995; Rometsch 2008; Hatch/Schultz 2000). Veser (1995) bietet eine der ersten ausführlichen Darstellungen zu den Zusammenhängen und Unterschieden zwischen Unternehmenskultur, -identität und -image und weist darauf hin, dass die „isolierte Betrachtung und Beeinflussung im Rahmen der Unternehmensführung [...] wegen der bestehenden Interdependenzen nur zu Suboptima führen" könne (Veser 1995: 3).[56]

Tatsächlich sind Versuche, zu einer für alle Disziplinen gültigen Definition und Abgrenzung der Begriffe zu gelangen, jedoch zwecklos, da die Begriffe zum einen je nach Forschungsperspektive und Fragestellung interpretiert werden (müssen) und zum anderen offensichtliche Gemeinsamkeiten besitzen – wiederum je nach Forschungsperspektive. Eine weitere Schwierigkeit stellen die bei Hatch/Schultz (2000) beschriebenen „relationalen Differenzen" zwischen Begriffen dar, d.h. der Gebrauch und damit die Definition des einen Begriffs beeinflusst auch Gebrauch und Definition des anderen Begriffs. Als ein erstes Fazit ist hier zu ziehen, dass die Begriffe Kultur, Identität, Image und Reputation interdependent sind, teilweise Bedeutungsmerkmale teilen und somit einen gemeinsamen „Begriffsraum" aufspannen.

Sowohl der Unternehmenskultur als auch der Unternehmensidentität werden die „Symbolsysteme" Verhalten, Gegenstände und Kommunikation zugeordnet (vgl. Pätzmann 1993: 97). Das belegt auch die Definition der Unternehmenskultur von Veser:

> Den *Kern der Unternehmungskultur* bilden *unternehmungsgeschichtlich gewachsene und in der Unternehmung weitgehend geteilte Grundannahmen, Werte und Normen sowie Artefakte einschließlich Verhaltensmuster*. (Veser 1995: 11, Hervorhebungen im Original)

Nun stellt die Tatsache, dass zwei Phänomene mittels gleicher Symbole sichtbar werden, noch keinen Nachweis ihrer Deckungsgleichheit dar, da Zeichen immer mehrdeutig sein können. Allerdings sind auch die Ziele der damit verbundenen strategischen Konzepte (Corporate Identity und Corporate Culture) ähnlich, bestehen sie doch jeweils in der „Herausarbeitung des Wertsystems des Unternehmens" (Pätzmann 1993: 97). Pätzmann möchte deshalb die Konzepte der Unternehmensidentität und -kultur „zu einem ganzheitlichen Ansatz zusammenfassen und den neuen Begriff der ‚kulturellen Identität' einführen" (ebd.: 128). Das Konzept der „kulturellen Identität" inkludiert nach Pätzmann „sowohl die nach innen gerichteten Konzepte, die den kulturellen Kern als Werte, Normen

---

[56] Vesers Arbeit ist dabei von einer stark instrumentellen, handlungsorientierten Sichtweise auf die Phänomene Kultur, Identität und Image geprägt. Das zeigt auch das von Veser erklärte Ziel seiner Arbeit, „zu *generellen Orientierungshilfen und Gestaltungsempfehlungen für die Lösung praktischer Führungsprobleme beizutragen*" (Veser 1995: 4; Hervorhebungen im Original).

5.2 Abgrenzungen: Identität, Kultur, Image und Reputation

und Mythen identifizieren" als auch „die mehr ‚extravertierten' Ansätze, die nach wie vor die Kommunikation als zentralen Bestandteil der kulturellen Identität ansehen" (ebd.: 128f.). Dieser Ansatz trägt jedoch nicht zu einer Differenzierung der Begriffe bei, sondern vielmehr zu einer Verwischung der Unterschiede. In Bezug auf Unternehmen erscheint es daher sinnvoller, Unternehmensidentität und Unternehmenskultur als sich wechselseitig beeinflussende Phänomene zu begreifen, die sich teilweise auch überlappen.

Herger (2006: 78) argumentiert zwar auch synthetisch, plädiert aber dennoch für eine Trennung der Begriffe: „Die Kultur (Corporate Culture) bildet den Kontext zur Identität der Organisation und wirkt sich insgesamt stabilisierend auf die Konstruktion aus". Hier wird also die Unternehmensidentität als eingebettet in eine umgebende Unternehmenskultur betrachtet. Im Anschluss an diese Einschätzung lässt sich eine starke Interdependenz von Unternehmenskultur und -identität feststellen.

Bei der Abgrenzung der Begriffe ‚Image' und ‚Identität' werden verschiedene Perspektiven auf Identität relevant. Die Abgrenzung wird deshalb häufig unter Zuhilfenahme der Begriffe ‚Selbstbild' und ‚Fremdbild' vorgenommen. Das Selbstbild wird dabei als „Sichtweise von sich selbst" und damit gebrochen durch die subjektive Wahrnehmung beschrieben (Bungarten 1993b: 118). Das ‚Fremdbild'wird hingegen mit ‚Image' gleichgesetzt. Fremdbild und Selbstbild unterscheiden sich somit nur in der Perspektive auf das gleiche Phänomen – die Unternehmensidentität (vgl. Bungarten 1993b: 118). Pätzmann differenziert das Selbstbild weiter in ein idealisiertes Selbstbild und ein ehrliches bzw. realistisches Selbstbild (vgl. Pätzmann 1993: 103). Als Instrument zur Herausbildung eines realistischen Selbstbildes schlägt Pätzmann Imageanalysen bei allen Anspruchsgruppen und damit einen Selbstbild-Fremdbild-Abgleich vor (vgl. ebd.: 104). Dabei wird unterstellt, dass das so herausgearbeitete „realistische Selbstbild" eher der Realität entspricht als das idealistische. Tatsächlich kann das zuvor idealisierte Selbstbild auf diese Art verändert werden – ob das so entstandene neue „realistische" Selbstbild dann allerdings tatsächlich „realistischer" als das alte, idealisierte Selbstbild sein wird, bleibt fraglich: Schließlich bilden auch Fremdbilder nicht die Realität ab, sondern stellen unterschiedliche (und mitunter stark divergierende) Fremdwahrnehmungen des Unternehmens dar. Zudem entsprechen sie nicht unbedingt den aktuellen Realitäten des Unternehmens. Selbstbild und Fremdbild können somit zwar jeweils Teile der tatsächlichen Unternehmensidentität abbilden, doch werden diese drei identitätsbezogenen Größen kaum jemals völlig deckungsgleich sein.

Bei der Ausrichtung der Kommunikation auf das Image steht stets die Wirkung im Vordergrund, die jedoch tatsächlich kaum steuerbar ist. Entsprechend wird Image als die „psychologische Realität des Objektes" (Selkälä 2005: 220f.)

definiert und umfasst „die Gesamtheit der Einstellungen, Werthaltungen, Kenntnisse, Erwartungen, Vorstellungen, Vorurteile und Anmutungen, die mit Meinungsgegenständen des sozialen Feldes verbunden werden" (Arnold 1978: 962). Deshalb greift die im Rahmen des bereits erwähnten Corporate-Identity-Konzeptes bei Birkigt/Stadler verwendete Metaphorik eindeutig zu kurz: Diese bezeichnen ‚Image' als die „Projektion der Identity im sozialen Feld" oder gar als „Spiegelbild der Corporate Identity" (Birkigt/Stadler 2002: 23). Die Begriffe ‚Projektion' und ‚Spiegelbild' suggerieren jedoch eine Steuerbarkeit des Images durch das Unternehmen bzw. die Möglichkeit einer Eins-zu-eins-Entsprechung, die in diesem Maße weder Realität ist noch als ein realistisches Ziel gelten kann. Die illusorische Annahme, das Image eines Unternehmens ließe sich steuern, findet sich allerdings häufig in der praxisorientierten Literatur zur Unternehmenskommunikation. Bei Regenthal (2003: 151) etwa wird gefordert, das Image solle „bewusst strategisch ausgerichtet" werden.

Diese Ausführungen machen deutlich, dass das Phänomen der Unternehmensidentität im Grunde weder dem Fremdbild noch dem Selbstbild vollkommen entspricht, da diese jeweils nur Beobachtungsperspektiven auf einen abstrakten Orientierungspunkt darstellen. Gleichzeitig kann die Unternehmensidentität jedoch nur durch diese Spiegel- und Zerrbilder wahrgenommen und analysiert werden und wird gleichzeitig durch diese beeinflusst und konstruiert. In Abbildung 5 wird versucht, die diskutierten Beziehungen zwischen Selbstbild, Fremdbild und Unternehmensidentität zu visualisieren.

5.3 Identifikation und Ausgrenzung (Inklusion und Exklusion)

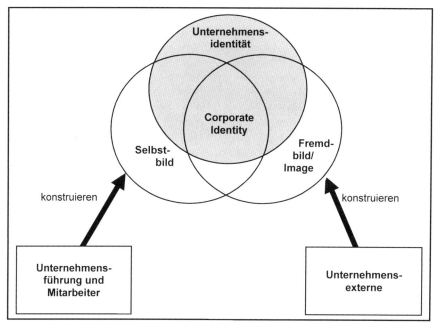

Abbildung 5: Unternehmensidentität und Image

Wie sehr sich Selbstbild, Fremdbild und Unternehmensidentität (im Sinne der tatsächlichen bzw. realistischen Identität des Unternehmens) in ihren Eigenschaften decken, ist variabel. Im Idealfall, der im Corporate-Identity-Konzept als Ziel angenommen wird, herrscht völlige Übereinstimmung. Deshalb wird Corporate Identity in der Graphik dort eingeordnet, wo Unternehmensidentität, Fremdbild und Selbstbild überlappen. Tatsächlich stellt die von der Unternehmensführung festgelegte Corporate Identity jedoch oftmals ein Wunschbild dar, das nur wenige Gemeinsamkeiten mit der tatsächlichen Unternehmensidentität oder dem Image des Unternehmens hat.

5.3 Identifikation und Ausgrenzung (Inklusion und Exklusion)

Viele Aspekte der Individual-Identität sind auf die Unternehmensidentität übertragbar, wenngleich die Metaphorik der ‚Unternehmenspersönlichkeit' auch im betriebswirtschaftlichen Kontext nicht unumstritten ist. Die in Kapitel 6 zu diskutierenden linguistischen Ansätze zum Zusammenhang zwischen Stil und Identität haben entweder das Individuum oder das Kollektiv als Bezugspunkt. Um die Übertragbarkeit dieser Ansätze auf die Unternehmenskommunikation diskutieren zu können, müssen die Modalitäten geklärt werden, unter denen Ansätze zur Individual-Identität auf die Unternehmensidentität übertragen werden können.

Innerhalb des CI-Diskurses wird die Übertragung von Eigenschaften individueller Identität auf Unternehmen häufig damit begründet, dem Unternehmen käme ‚Persönlichkeit' zu. Der Hinweis auf die ‚Persönlichkeit' des Unternehmens ist jedoch tautologisch, da Persönlichkeit mit Identität gleichgesetzt werden kann (siehe auch Unterabschnitt 3.3.1). Häufig wird ergänzend die prägende Persönlichkeit des Gründers ins Feld geführt (etwa bei Bensmann 1993: 27). Auch diese Begründung ist etwas zu kurz gegriffen. Die Gründerpersönlichkeit ist in Bezug auf einige Unternehmen sicherlich prägend, aber erstens gilt dies nur für einen Bruchteil aller Unternehmen und zweitens ist auch dann die Unternehmensidentität zwar in Abhängigkeit vom Gründer zu betrachten, allerdings nicht als deckungsgleich mit dessen Persönlichkeit. Letztlich ist das Ganze mehr als die Summe seiner Teile, was auch für Unternehmen gilt.

Allerdings bilden Unternehmen ebenso wie Organisationen, Institutionen oder Gruppen kollektive Einheiten, an die Individuen sich anschließen und mit denen diese sich ein Stück weit ‚identifizieren' können. Dieser Identifikationsprozess setzt die Identität eines anderen – in diesem Falle des Unternehmens – voraus. Identität ist somit auch für Unternehmen als gegeben anzunehmen und jedem Unternehmen zuzuschreiben (vgl. Veser 1995: 25). Die Existenz des Unternehmens bedeutet gleichzeitig das Vorhandensein einer Unternehmensidentität. Zudem kann die Identität als das Produkt abstrakter Identifikationsprozesse der Mitarbeiter angesehen werden. Anders als im Falle individueller Identität gibt es dann jedoch nicht nur ein Selbstbild, sondern tatsächlich ebenso viele Selbstbilder wie Mitarbeiter. In diesem Zusammenhang ist die Annahme einer einzigen Unternehmensidentität als problematisch zu bewerten (vgl. Bunkus 1994: 56). Bunkus sieht die „Unternehmensidentität als aus einem kollektiven Selbstentwurf und aus der Gesamterscheinung des Unternehmens abgeleitet" (Bunkus 1994: 56).

Bei der Evaluierung insbesondere soziologischer und philosophischer Ansätze wird augenfällig, dass sich die Identität des Individuums erst im Spannungsfeld mit Gesellschaft und Institutionen konstituiert und sich deshalb auch nur in diesem Kontext erklären lässt. Adorno leitet aus dem Vorhandensein von Institutionen einen „Identitätszwang" ab: „Daß ein Ich anderen überhaupt als ein konstantes, invariantes – identisches – erscheinen muß, sei bereits Repression" (Dubiel 1973: 16). Das Individuum kann sich demnach den „normativen Kategorisierungen und Differenzierungen" der Gesellschaft kaum entziehen, da es sich auch im Falle der Rebellion auf diese beziehen muss (vgl. Albert 2008: 164).

5.3 Identifikation und Ausgrenzung (Inklusion und Exklusion)

Luhmann sieht diesen Sachverhalt in etwas positiverem Licht und findet „Individuierungschancen [...] gerade nicht in dem Rückzug vom sozial Verbindlichen, sondern in der je einmaligen Konfiguration vorgegebener gesellschaftlicher Strukturelemente (Rollen)" (Dubiel 1973: 17). Als Vertreter der These, Identitätskonstitution vollziehe sich vor allem durch die Übernahme von Rollen innerhalb von Gesellschaften und Institutionen, können u.a. auch Dahrendorf (^{4}1964), Goffman (2003) und Mead (siehe Abels ^{4}2007: 37) gelten.

Deutlich wird, dass ein Spannungsverhältnis zwischen individueller und kollektiver sowie institutionaler Identität besteht. In Bezug auf Unternehmen und das Corporate-Identity-Konzept wird dies u.a. bei Mackeprang (1993) und Neuberger (2000), aber auch bei Lüde (2005) thematisiert. Dabei wird das Corporate-Identity-Konzept teilweise von einem sehr kritischen Standpunkt aus rezipiert. Mackeprang etwa befürchtet, dass die Mitarbeiter im Rahmen von Corporate-Identity-Programmen zur Aufgabe ihrer Ich-Identität gezwungen würden, da sie reduziert würden auf ihre Rollenidentität als Repräsentant des Unternehmens. Damit würden auch Rollenkonflikte unterdrückt, die jedoch die Voraussetzung für die Anpassungsfähigkeit des Unternehmens an den Markt bildeten (vgl. Mackeprang 1993: 200). Die Ich-Identität werde „gänzlich unterdrückt und ersetzt durch eine Identifizierung mit der Unternehmensidentität" (ebd.: 195). In diesem Zusammenhang ist es auch zu sehen, wenn Neuberger (2000: 495) feststellt, Individualisierung sei Organisierung „im Sinne der passenden Auswahl und Zurichtung von Menschen". Diese Befürchtungen stimmen mit der negativen Sichtweise Adornos auf die Repressivität von Institutionen überein. Neuberger zufolge sind dieser Repressivität jedoch Grenzen gesetzt, da sich Individuen zur Enttäuschung der CI-Strategen „nicht umstandslos nach Plan designen lassen" und somit „die Ideologie der Übereinstimmung und Einheit an einer Wirklichkeit scheitert, die in sich widersprüchlich ist und sich nur fassadär harmonisieren läßt" (Neuberger 2000: 519).

Die Spannung zwischen Gruppe und Individuum gipfelt in der „Forderung, zur Gruppe zu gehören, ohne in ihr unterzugehen" (Vries 1998: 323). Smith beschreibt diesen Zusammenhang als Paradoxon:

> The paradox of identity is expressed in the struggle of individuals and the group to establish a unique and meaningful identity by attempting to indicate how each is separate from the other, while all the time turning out to actually be affirming the ways each is an integral part of the other. (Smith 1987: 638f.)

Den Umgang mit dieser Forderung charakterisiert Abels (^{4}2007) treffend als die „doppelte Strategie des als-ob":

> Die Strategie, eine solche Spannung zwischen Normalität und Einzigartigkeit aufrechtzuerhalten, nenne ich ‚die doppelte Strategie des als-ob' und behaupte, dass ohne sie Leben in

der Gesellschaft nicht möglich ist. [...] Tatsache ist, dass nur mit diesem doppelten als-ob soziale Sicherheit (in der Erwartung des Handelns aller anderen) und individuelle Freiheit (als Annahme, relevant zu sein und Spuren zu hinterlassen) gegeben sind.
(Abels ⁴2007: 192)

Identität kann in diesem Sinne gleichermaßen als ein „Kuppelprodukt" von Inklusion und Exklusion betrachtet werden (vgl. Vries 1998: 320). ‚Identifikation' bedeutet nichts anderes als die bewusste Inklusion des Individuums in ein Kollektiv, das bewusste Annehmen einer Rolle innerhalb des Kollektivs oder das Übernehmen von Wertvorstellungen, die für das Kollektiv bestimmend sind. Es wird entsprechend auch unterschieden zwischen ‚sozialer Identität' und ‚personaler Identität'. Soziale Identität beschreibt Wesenszüge, die das Individuum mit der Gesellschaft verbinden, weil sich auf dieser Ebene Gemeinsamkeiten ergeben, während personale Identität Wesenszüge beschreibt, die nur einem Individuum zuzuschreiben sind (vgl. Bendel 2007: 358). Bei Veser (1995: 21) werden diese Phänomene umschrieben als „Wechselbezüglichkeit (Reziprozität)" und „Einzigartigkeit (Singularität)".

Dabei ist aus psychologischer Sicht anzumerken, dass eine vollständige Identifikation bzw. Inklusion zu einem Verlust der eigenen Identität führen muss. Identität entsteht ja wie oben beschrieben nicht nur aus der Inklusion, sondern gerade auch aus der Exklusion, und damit aus der Abgrenzung vom Anderen, d.h. aus der Alterität: „Identität sehen bedeutet im Bereich des Sozialen: das Gemeinsame betonen; Alterität: das Unterscheidende" (Raible 1998: 19). Das Bewusstsein von Identität und Alterität bildet eine wesentliche Voraussetzung für das Selbstbewusstsein des Menschen sowie für das Funktionieren menschlicher Sozialkontakte (vgl. Raible 1998: 7ff., 15).

Bei Raible wird die Interdependenz von Identität und Alterität in dem Sinne umschrieben, dass diese Phänomene nur in Koexistenz überhaupt existieren können: „Identität setzt also Alterität voraus, und Alterität Identität" (Raible 1998: 12).[57]

Soziale Identität bildet sich somit in einem Spannungsfeld zwischen Inklusion und Exklusion. Dieses Spannungsverhältnis tritt auch im sprachlich-stilistischen Bereich zutage. Tophinke (2000) untersucht regionenbezogene Gruppenbezeichnungen (z.B. Saupreuß, Norddeutscher) in Bezug auf ihre eingrenzende und ausgrenzende Funktion:

> Die Konstruktion von sozialer und regionaler Identität auf der Basis typischer sozialer und regionaler Sprach- und Kommunikationsformen entspricht zunächst einmal einer Eingrenzung. [...] Diese Eingrenzung erzeugt als Effekt stets ein unscharf abgegrenztes Außen, das - vereinfacht gesprochen - da beginnt, wo die identitätsstiftenden Sprach- und Kommunikationsformen sowie auch die begleitenden nichtsprachlichen Symbolisierungen nicht gelten oder untypisch sind. Die Ausgrenzung kommt als Bestimmungsmoment von Identität ins

---

[57] Der von Eßbach (2000) herausgegebene Sammelband beleuchtet das Verhältnis dieser beiden Pole aus verschiedenen Forschungsperspektiven.

> Spiel, wo die Sprach- und Kommunikationsformen gezielt gegen bestimmte andere Formen gesetzt werden. (Tophinke 2000: 349)

Hieran wird deutlich, dass tatsächlich Identitätsdarstellung und -konstruktion nicht unabhängig von der Ausrichtung auf die Adressaten gedacht werden kann. Zum einen gibt der Textproduzent im Text implizit oder explizit Hinweise auf seine Identität, zum anderen schließt er sich damit gleichzeitig sprachlich einer bestimmten Gruppe an oder grenzt sich gegenüber dieser ab. Das wiederum hat unmittelbare Auswirkungen auf die Beziehung zum Textrezipienten, der seinerseits als Mitglied verschiedener Gruppen verortet werden muss. Sprachliche Identitätskonstruktionen beinhalten daher „stets diese beiden Bestimmungsmomente" (Tophinke 2000: 346), nämlich Identität als Konzentration auf das Eigene und Alterität als Abgrenzung vom Anderen – allerdings mit unterschiedlicher Gewichtung (z.B. *Preußen* vs. *Norddeutsche*) (vgl. Tophinke 2000: 345).

Auch in Bezug auf die Unternehmenskommunikation und einen Corporate Style hat das Spannungsfeld Inklusion-Exklusion Auswirkungen: Die Durchsetzung von integrierter Kommunikation und Corporate Identity beispielsweise zwingt die Mitarbeiter zu einem gewissen Grad an Einheitlichkeit in der Ausdrucksweise. Falls doch stilistische Diskrepanzen auftreten, so können sie höchst unterschiedlich wahrgenommen werden: Sie können (beispielsweise) dazu führen, dass Mitarbeiter als inkompetent wahrgenommen werden, weil sie dem Außenauftritt des Unternehmens nicht entsprechen. Alternativ kann das Unternehmen als unglaubwürdig empfunden werden, etwa wenn es sich nach außen freundlicher darstellt, als es seine Mitarbeiter tatsächlich sind. Ebenso ist es jedoch auch möglich, dass Unterschiede im Sprachstil im positiven Sinne als Zeichen von Persönlichkeit und Charakter gesehen und bewertet werden. Diese Wirkungen sind nicht vorauszusehen.

5.4 Corporate Identity und organisationale Identität

Die Annäherung an das Phänomen ‚Unternehmensidentität' erfolgte forschungsgeschichtlich aus zwei unterschiedlichen Perspektiven, wobei zwei verschiedene Termini geprägt wurden: Während die Organisationstheorie mit Modellen der *Organizational Identity* organisationale Aspekte in den Blick nahm, konzentrierte sich die Betriebswirtschaftslehre mit dem Konzept der *Corporate Identity* auf strategische Aspekte von Identität, wobei Identität stark funktionalisiert und instrumentalisiert wurde. Beide Konzepte sind nur schwerlich zur Deckungsgleichheit zu bringen. Die in Abschnitt 5.2 bereits dargestellte Vielfalt weiterer verwandter und benachbarter Begriffe führt zu dem bei Hatch/Schultz (2000) als „Tower of Babel" beschriebenen Begriffswirrwarr. Hatch/Schultz (2000: 12) schlagen vor, Corporate Identity und organisationale Identität als zwei Sichtweisen auf das gleiche Phänomen, die Unternehmensidentität, zu begreifen. Rometsch (2008) folgt diesem Vorschlag, und auch für die vorliegende Arbeit ist dieses Verständnis der Unternehmensidentität als übergreifender (beide Sichtweisen inkorporierender) Größe wegweisend.

Organisationale Identität beschreibt demnach die Perspektive der Organisationsmitglieder darauf, wie sie die Organisation sehen und wofür die Organisation ihrer Ansicht nach steht (vgl. Hatch/Schultz 2000: 15). Hiermit ist also die Sichtweise der Mitarbeiter auf die Unternehmensidentität gemeint. Forschungsperspektivisch werden damit zum einen Fragen angesprochen, wie sie im vorhergehenden Abschnitt zum Verhältnis des Individuums zum Unternehmen erörtert wurden. Sie betreffen Identifikations- und Abgrenzungsprozesse der Mitarbeiter mit/gegenüber dem Unternehmen. Zum anderen werden Fragen der Organisierung und zum Wesen der Organisation relevant (vgl. Hatch/Schultz 2000: 15). Pätzmann beispielsweise beschreibt Unternehmensidentität eher im Sinne organisationaler Identität:

> Die Identität bzw. das Selbst des Einzelnen wird von der speziellen Identität des Unternehmens geprägt. [...] Die Zugehörigkeit zum System der Unternehmung hat für den Einzelnen identitätsbildende Wirkung. In der Wechselwirkung aller Unternehmensmitglieder bildet sich die mehr oder weniger stark ausgeprägte Unternehmensidentität. (Pätzmann 1993: 203)

Diese Definition beinhaltet zwar eine Überbetonung des Einflusses der Unternehmensidentität auf die Identität des Individuums, da die Unternehmensidentität dabei als einzige Einflussgröße erscheint. Positiv zu vermerken ist jedoch, dass die Wechselwirkungen zwischen Individual-Identität und Unternehmensidentität sehr gut erfasst werden.

Corporate Identity wirkt im Gegensatz zu Organisationaler Identität stark normativ (siehe Veser 1995; Hatch/Schultz 2000). Hatch/Schultz (2000: 17) zufolge beschreibt Corporate Identity die Sicht der Vorstandsebene auf die Unternehmensidentität, die medienvermittelt an externe Bezugsgruppen herangetragen werden soll. Bei organisationaler Identität hingegen handele es sich um die Sicht aller Mitarbeiter auf die Organisation, die interpersonal und direkt zwischen allen Mitarbeitern vermittelt werde (vgl. ebd.). Es zeigen sich also Unterschiede zwischen Corporate Identity und Organizational Identity in Bezug auf die Perspektive, die Rezipienten und die Kommunikationskanäle (vgl. ebd.). Bei dieser Betrachtung bleiben Hatch/Schultz allerdings nicht stehen, sondern sie versuchen die Unterschiede im Weiteren zu dekonstruieren, indem sie weitgehende Interdependenzen zwischen beiden Perspektiven aufzeigen. Die scheinbaren Gegensätze werden so zu komplementären, sich ergänzenden Perspektiven.

5.4 Corporate Identity und organisationale Identität

Abbildung 6 verdeutlicht die Zusammenhänge zwischen organisationaler Identität und Corporate Identity. Dabei wird angenommen, dass die Mitarbeiter stärker konstruierend auf die organisationale Identität einwirken, während die Unternehmensführung die Corporate Identity maßgeblich steuert und bestimmt.

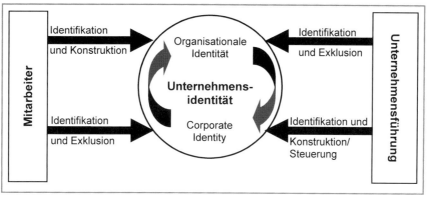

Abbildung 6: Organisationale Identität und Corporate Identity

Entsprechend können sich die Mitarbeiter mit der durch die Unternehmensführung etablierten Corporate Identity identifizieren oder sich von ihr abgrenzen, da die Corporate Identity ihr Verständnis der Unternehmensidentität womöglich nur in Teilen widerspiegelt. Umgekehrt wird sich die Unternehmensführung ebenfalls ein Stück weit von der Sicht der Mitarbeiter auf die Unternehmensidentität abgrenzen. Organisationale Identität und Corporate Identity werden in der Graphik als zwei Teile eines Ganzen dargestellt, deren Grenzen fließend sind und die sich wechselseitig beeinflussen: Wenn die Mitarbeiter sich mit der Corporate Identity identifizieren, wird diese zu einem Teil der organisationalen Identität. Übernimmt die Unternehmensführung Sichtweisen der Mitarbeiter auf die Unternehmensidentität in die Festschreibung der Corporate Identity, so zeigt sich darin der Einfluss organisationaler Identität auf die Corporate Identity.

Neuere CI-strategische Ansätze nehmen solche synthetischen Sichtweisen auf. So werden die Einbindung der Mitarbeiter in die CI-Prozesse und die „Stärkung der Mitarbeiter-Identifikation" (Regenthal 2003: 29) inzwischen als zentral für den Erfolg von CI-Maßnahmen angesehen.

5.5 Anforderungen an die Identität von Unternehmen

Im Folgenden sollen die Grundlagen der Identitätsdiskussion unter verschiedenen zentralen Aspekten erörtert werden. Teilweise stehen die zu diskutierenden Aspekte auch im Fokus der Unternehmenskommunikation, was als Folge der Beschäftigung mit Corporate Identity zu sehen ist. Einzigartigkeit, Kontinuität, Einheitlichkeit und Authentizität etwa sind Forderungen bzw. Zielstellungen, die mit dem Corporate-Identity-Konzept in enger Verbindung stehen und im Kontext der Unternehmenskommunikation daher ausführlich diskutiert worden sind. Diese Anforderungen werden in den folgenden Unterabschnitten erörtert.

5.5.1 Einzigartigkeit und Anpassung

In Abschnitt 5.3 wurde bereits auf das Spannungsfeld zwischen sozialer Inklusion (und damit Anpassung) und Einzigartigkeit hingedeutet, in dem sich das Individuum befindet. Dabei wurde einerseits der Wille zur Einzigartigkeit (und damit zur Exklusion) konstatiert, andererseits der Wille zur Normalität, um dazuzugehören (und damit zur Inklusion). Auch Vries konstatiert in der heutigen Gesellschaft nicht nur eine „Tendenz zur Individualität", sondern sogar einen „Zwang zur Einzigartigkeit" (Vries 1998: 322) als Produkt dieser Gesellschaftsform. Dieser Sachverhalt führt gleichzeitig zum Paradoxon der Einzigartigkeit:

> Personen versuchen, genauso wie Unternehmen, Gruppen und andere Sozialsysteme, Einzigartigkeit zu produzieren. Diese Einzigartigkeit entsteht durch Verweisung auf die Gesellschaft. (Vries 1998: 322)

Das Individuum versucht sich also durch die Verweisung auf gesellschaftliche Symbole und Manifestationen als einzigartig zu inszenieren, die selbst jedoch gar nicht einzigartig sind (vgl. Martin et al. 1983: 439).

Diese Ausführungen machen deutlich, dass Einzigartigkeit – auch für Unternehmen – tatsächlich gar nicht erreichbar ist, bzw. nicht in allen Dimensionen. Erst die Kombination bestimmter Merkmale kann zu einem gewissen Grad „Einzigartigkeit" entstehen lassen. Erfolgreiche Merkmalskombinationen setzen sich jedoch stets der Gefahr der Nachahmung aus, die gleichzeitig das Ende der Einzigartigkeit bedeutet. Durch diese Abhängigkeit von der Konkurrenz wird das Ziel der Einzigartigkeit zu einem nicht-fixierbaren, relationalen Ziel. Gleichzeitig kann Einzigartigkeit jedoch auch als Voraussetzung für Identität betrachtet werden – scheitern kann daher nur die Darstellung dieser Einzigartigkeit nach außen.

Der Zwang zur Einzigartigkeit ist in der Unternehmenskommunikation auch deshalb vorhanden, weil Unternehmen nicht mit anderen verwechselt werden möchten. Andererseits lassen sich Stilzüge nicht schützen, und was gut funktio-

5.5 Anforderungen an die Identität von Unternehmen

niert, wird Nachahmer finden – man denke hier nur an das bereits erwähnte Duzen der Möbelkette Ikea, das aufgrund der kulturellen Markiertheit nicht nur positiv aufgenommen wurde (wie z.b. bei Sick 2006). Innerhalb der Möbelbranche lässt sich damit eine relativ gute Differenzierung erreichen. Ikea ist für das Duzen derart bekannt, dass der Konkurrent Mömax mit der Headline *Wegen einer Couch per Du?* werben kann und sofort klar ist, mit wem hier der Wettbewerb gesucht wird.

Bei einer Überbetonung einzelner Bestimmungsgrößen von Identität könnten allerdings auch negative Konsequenzen drohen. Das Streben nach Einzigartigkeit könnte beispielsweise zu einem so ungewöhnlichen Stil führen, dass sich die einzelnen Bezugsgruppen nicht mehr mit dem Unternehmen identifizieren können, sondern sich ausgegrenzt fühlen.

5.5.2 Kontinuität und Dynamik

Kontinuität ist Grundvoraussetzung für Identität: Identität „legt sich wie eine Hülle über die ständig vergehenden Kommunikationsereignisse und bildet eine zeitfeste Struktur" (Vries 1998: 318). Zur Beobachtung der eigenen Identität sowie zur Wahrung der Kontinuität empfiehlt sich insbesondere die Beschäftigung mit der eigenen Geschichte in Form von Traditionen, Sagen, Geschichten und Riten (vgl. Vries 1998: 324-332).

Mit der Forderung nach Kontinuität wird jedoch auch ihr Gegenteil relevant: Dynamik bzw. Wandel. Eine gewisse Wandelbarkeit ist oftmals Voraussetzung für das erfolgreiche Existieren in sich verändernden Umgebungen. Identität und Wandel gehören zusammen: „Strukturen und somit Identitäten können nur durch die laufende Aktualisierung über Ereignisse reproduziert werden" (Vries 1998: 317).

Das Konstituieren von Identität besteht also nicht nur in einem Operieren zwischen den Polen Inklusion und Exklusion, sondern auch zwischen den Polen Dynamik und Kontinuität. Auch Birkigt/Stadler postulieren in ihrer Konzeption von „Corporate Identity" die Notwendigkeit eines „kontinuierlichen Wandels", den sie sowohl auf das Erscheinungsbild als auch auf die Unternehmensidentität beziehen. Entsprechend weisen sie auf die Gefahr hin, dass „ein traditional aufrechterhaltenes Erscheinungsbild zum Klotz am Bein" werden könne (vgl. Birkigt/Stadler 2002: 21). Emmerling sieht ebenfalls die mangelnde Beachtung von Wandelprozessen innerhalb der Unternehmensidentität als Ursache für Diskrepanzen in der Identitätsdarstellung und stellt für das von ihr untersuchte Unternehmen fest:

> Die strategisch aktuell verordnete Kultur entspricht nicht der aktuellen Unternehmensrealität und Selbstdarstellung. Sie wird als statischer Zustand und nicht als ein sich wandelnder Prozess beschrieben. (Emmerling 2006a: 246)

Erscheinungsbild und Identität müssen also gekoppelt werden und das richtige Maß zwischen Kontinuität und Wandel muss gefunden werden. Im visuellen Bereich gibt es hierfür zahlreiche Positiv-Beispiele, etwa die allmähliche Veränderung des „Nike-Swoosh", der zunächst mit dem Nike-Schriftzug verbunden war und kontinuierlich angepasst wurde, dabei jedoch immer wiedererkennbar blieb und inzwischen auch alleinstehend eingesetzt wird (vgl. Wahl 2009).

Um den gleichzeitigen Anforderungen von Dynamik und Kontinuität an das Unternehmen gerecht zu werden, schlägt Veser vor, sich bei der „Suche nach *Determinanten von Kontinuität*" auf solche Größen zu konzentrieren,

> die im Rahmen der erforderlichen Anpassung des Systems bei externen Veränderungen, aber auch bei systemintern verursachten Veränderungen [...] eine *Beibehaltung wesentlicher Eigenschaften bzw. Merkmale der Unternehmung im Zeitablauf ermöglichen oder fördern.* (Veser 1995: 76, Hervorhebungen im Original)

Es müssen also unveräußerliche Determinanten gefunden werden, die trotz anderer Veränderungen konstant bleiben, um die geforderte Kontinuität gewährleisten zu können. Die Kontinuitätsbemühungen des Unternehmens stehen dabei stets im Dienste der Vertrauensbildung: Kontinuität und Konsistenz bzw. Einheitlichkeit müssen in einem gewissen Maße gegeben sein, da sonst keine Orientierung im sozialen System möglich ist. Ohne ein gewisses Maß an Kontinuität kann nicht an vergangene Entscheidungen angeknüpft werden, da das zukünftige Handeln der Interaktionspartner unberechenbar wäre. Eine von Kontinuität geprägte Darstellung der Unternehmensidentität nach innen und außen signalisiert somit Berechenbarkeit und Verlässlichkeit.

5.5.3 Einheitlichkeit und Vielfalt

Die Einheitlichkeit in der Darstellung wird im Zusammenhang mit Corporate Identity immer wieder gefordert. Im Verlauf der Diskussion zu Identifikation, Einzigartigkeit und Kontinuität ist bereits deutlich geworden, dass vollkommene Einheitlichkeit erstens unerreichbar ist und zweitens übermäßige Harmonisierungsbestrebungen sogar kontraproduktiv für den Erfolg des Unternehmens sein können. In Bezug auf Individual-Identität wird statt Einheitlichkeit daher auch ‚Kohärenz' gefordert, was wiederum im Sinne einer „Einheit der Person" oder „inneren Stimmigkeit" (Lucius-Hoene/Deppermann 2004: 48) umschrieben wird. Dabei müssen Fragen wie die folgenden beantwortet werden:

> Wie kann ich die vielfältigen Lebensbezüge, Rollen und Handlungsaufgaben, die innerpsychischen Bedürfnislagen und Motive mit ihren oftmals divergierenden Anforderungen in meiner Person integrieren? (Lucius-Hoene/Deppermann 2004: 48)

5.5 Anforderungen an die Identität von Unternehmen 115

Aus psychologischer Perspektive werden die damit für das Individuum verbundenen Anstrengungen häufig als ‚Identitätsarbeit' bezeichnet (so etwa bei Keupp 2002). Die Frage nach dem nötigen Ausmaß an Einheitlichkeit, um Kontinuität herzustellen und gleichzeitig Wandel zu ermöglichen, um Identität als Orientierungspunkt zu nutzen und gleichzeitig Facettenreichtum zuzulassen, ist essentiell. Hier wird auch die Frage nach dem Geltungsbereich eines Corporate Style wieder relevant. Das tatsächliche Ausmaß der Reglementierung bezüglich sprachlich-stilistischer Gestaltung kann höchst unterschiedlich sein:

> In der Unternehmenspraxis selbst bewegt sich der Einsatz von Sprache [...] häufig zwischen zwei Extremen, die von Willkür bis hin zu einer starren Reglementierung reichen. Während die vollständig freie Gestaltung der Sprache der Wiedergabe einer eindeutig identifizierbaren Unternehmensidentität nicht gerecht wird, missachtet eine starre Reglementierung die jeweilige Kommunikationssituation und die Kommunikationsbedürfnisse der Adressaten. (Emmerling 2007: 1)

Im Rahmen der internationalen Unternehmenskommunikation wird die Frage nach dem nötigen Maß an zentraler Reglementierung unterschiedlich beantwortet. Grundsätzlich lassen sich dabei Standardisierungs- und Differenzierungsstrategien ausmachen. Standardisierung meint dabei das Streben nach einer global einheitlichen Kommunikation, Differenzierung hingegen die Anpassung an lokale, regionale und landeskulturelle Gegebenheiten (vgl. Huck 2008: 395f.). Auch bei Huck (2008: 397) die „Strategie der standardisierten Differenzierung" ein Mittelweg zwischen beiden favorisiert.

Die Standardisierung bedeutet gleichzeitig eine stärkere Ausrichtung auf eine gedachte zentrale Unternehmensidentität, die länder- und regionenübergreifend Identifikationsmöglichkeiten bietet. Der damit teilweise einhergehende Versuch, landesspezifische Idiome völlig zu vermeiden, kann jedoch zur Folge haben, dass die Texte weniger verständlich und weniger wirkungsvoll werden. Janich (2003: 215) verneint sogar die Möglichkeit standardisierter Werbung in diesem Sinne, weil es immer unterschiedliche kulturelle Bedeutungen geben werde. Eine andere Standardisierungsstrategie besteht in der bloßen Zentralisierung der Kommunikation unter Ausrichtung auf eine bestimmte Landeskultur und ohne Rücksicht auf kulturelle Barrieren. Bei der Übertragung auf fremdkulturelle Märkte kann es dabei jedoch zu Sinnverschiebungen oder sogar Missverständnissen kommen. Die kulturelle Gebundenheit von Texten setzt der Standardisierung und Vereinheitlichung von Texten insgesamt deutliche Grenzen, die gleichzeitig eine „einheitliche" Identität zumindest im Falle international agierender Unternehmen in den Bereich der Fiktion rücken. Ähnliches muss auch Emmerling (2007) in Bezug auf die Identitätsdarstellung auf den italienisch-, portugiesisch- und spanischsprachigen Websites der Unternehmensgruppe Aventis feststellen. Die einheitliche Darstellung war auch im Falle von Aventis nicht immer möglich, wenn die Websites für die Anspruchsgruppen funktional sein sollten, da „traditionelle Textkonventionen der romanischen Sprachen mit Vorgaben des Konzerns konkurrierten" (Emmerling 2007: 266).

Die in der Praxis teilweise mangelhafte Anpassung der versprachlichten Unternehmensidentität an mediale Umgebungen und Textsorten wird ebenso beklagt wie die gleichfalls anzutreffenden Inkonsistenzen in der Selbstdarstellung (siehe auch Emmerling 2006a: 245f., 256f.). Bereits in der Konzeption eines Corporate Style ist eine gewisse Flexibilität nötig, um den Mitarbeitern Spielraum für die Anpassung des Sprachstils an Medien, Textsorten, Rezipienten und sich verändernde Unternehmenswirklichkeiten zu geben. Zugleich muss zu einem gewissen Grad ein unternehmensspezifischer und textsortenübergreifender Sprachstil ermöglicht werden.

Hundt stellt fest, dass die Stabilität der Wirtschaftstextsorten durch Prozesse der ‚Schematisierung' und ‚Standardisierung' gestärkt werde:

> Als Schematisierung ist dabei die Tatsache zu verstehen, dass Textsorten wie *Lieferschein, Rechnung, Kontoauszug, Euroscheck* in der Praxis nur sehr geringe Variationen aufweisen. [...] Eine größere Variation der kommunikativen Routinen und damit letztlich der Textsorten ist für den institutionellen Bereich generell nachteilig. (Hundt 2000: 643)

Dabei vertritt Hundt jeweils eigene Auffassungen von Standardisierung und Schematisierung. Als ‚Standardisierung' begreift Hundt die unternehmensübergreifende Variationsarmut der Textsorten (vgl. Hundt 2000: 643). Hundt gibt gleichzeitig Hinweise auf die möglichen Grenzen eines Corporate Style, wenn er im Folgenden das Corporate-Identity-Konzept als Gegenpol der Standardisierungstendenzen thematisiert:

> Auch die mit dem Konzept der ‚Corporate Identity' verbundene Tendenz, ein spezifisches Unternehmensprofil auch auf der Textebene zu repräsentieren, entkräftet die Standardisierung nicht. Beziehen sich doch die mit der ‚Corporate Identity' verbundenen Textteile in der Regel auf diejenigen Textteile, die gerade nicht wesentlich für die Realisierung der Textfunktion sind (Briefkopf, Wasserzeichen, Papierart, -farbe etc.). (Hundt 2000: 644)

Damit begreift Hundt Corporate Identity als visuell-haptisches Phänomen, was nicht dem aktuellen Forschungsstand und nicht der Auffassung dieser Arbeit entspricht. Dennoch enthalten seine Ausführungen implizit einen wichtigen Hinweis für die Grenzen eines Corporate Style: Dieser darf die Funktionalität der Texte nicht gefährden. Die unternehmensübergreifende Standardisierung von Texten im Sinne von Hundt (textlinguistisch gesprochen: die Beibehaltung und Verfestigung von Textmustern) dient der Verständigung und dem reibungslosen Ablauf der Geschäftsprozesse. Tatsächlich können jedoch auch standardisierte Anteile, wie z.B. der Briefkopf, unternehmensspezifisch variiert werden (vgl. Hundt 2000: 643). Bei einigen Textsorten wie etwa Lieferscheinen oder Rech-

5.5 Anforderungen an die Identität von Unternehmen

nungen sind der Variation durch gesetzliche Vorgaben zwar enge Grenzen gesetzt, doch auch hier finden sich Möglichkeiten, den unternehmenstypischen Stil in Maßen einzusetzen (siehe auch Unterabschnitt 6.4.1).

Eine zu starke Abstimmung der Unternehmensidentität kann positiven Dynamiken (Innovationen, Wachstum) jedoch auch entgegenwirken und ist daher gar nicht wünschenswert. Entsprechend stellt Veser fest:

> Die Unternehmungsidentität stellt [...] keinen allumfassenden Abstimmungsanspruch aller Elemente und Beziehungen in der Unternehmung dar. Kern ist vielmehr die *Abstimmung prägender, für die Unternehmung als Ganzes besonders relevanter Elemente, Strukturen und Verhaltensweisen im Hinblick auf einige wenige, charakteristische Merkmale.* (Veser 1995: 78, Hervorhebungen im Original)

Dies kann auch auf den Sprachstil des Unternehmens übertragen werden. Es ist also nicht die völlige Übereinstimmung aller sprachlichen Merkmale anzustreben, sondern vielmehr die einheitliche Verwendung weniger charakteristischer Merkmale. Fraglich bleibt jedoch, wie viele und welche sprachlich-stilistischen Merkmale verwendet werden müssen, um Einheitlichkeit herzustellen und zu vermitteln.

5.5.4 Authentizität und Inszenierung

Authentizität wird bei Keupp höher bewertet als Einheitlichkeit in der Identitätsdarstellung und -konstruktion. Keupp plädiert in Bezug auf individuelle Identität sogar dafür, „sich von einem Begriff von Kohärenz zu verabschieden, der als innere Einheit, als Harmonie oder als geschlossene Erzählung verstanden wird" (Keupp 2002: 245). Entscheidend sei, „daß die individuell hergestellte Verknüpfung für das Subjekt selbst eine authentische Gestalt hat" (Keupp 2002: 245). Es solle daher nicht versucht werden, „Ambivalenzen und Widersprüche aufzulösen, sondern diese in ein für eine Person akzeptables Spannungsverhältnis zu bringen" (ebd.: 263). Authentizität und Kohärenz können in diesem Sinne also trotz Widersprüchlichkeiten und Uneinheitlichkeiten wahrgenommen werden. Eine Erklärung hierfür kann das von Markus (1977: 64) entwickelte und bei Vries (1998) wieder aufgenommene Konzept der „Selbstschemata" bieten. Selbstschemata können umschrieben werden als aus der Vergangenheit gestützte Annahmen über das Selbst, die den Umgang mit selbst-bezogenen Informationen steuern (vgl. Markus 1977: 64). Allerdings sorgen sie auch für das Ausblenden von nicht ins Schema passenden Fakten und fungieren somit „als Filter, der unerwünschte Irritationen abwehrt" (Vries 1998: 324) – und damit eine konsistente Wahrnehmung der Identität trotz aller Widrigkeiten ermöglicht.

Bei der Betrachtung von Authentizität wird auch ihr scheinbares Gegenteil relevant: Inszenierung. Folgt man der Rollentheorie Goffmans (2003), so lässt sich das Paradoxon auflösen: Das Individuum „spielt" eine Rolle und „inszeniert" damit eine bestimmte soziale Identität. Gleichzeitig will es jedoch vom Publikum ernstgenommen werden, was wiederum nur dann der Fall ist, wenn es auch glaubwürdig und damit authentisch auftritt. Die Zuschreibung von Authentizität beruht letztlich darauf, dass die Rolle und das sie spielende Individuum als zusammenpassend wahrgenommen werden. Deshalb ist das Individuum in der Folge an die Rolle gebunden und gehalten, die Rolle „durchzuhalten". Wenn das Individuum dies allerdings nicht schafft, wird dem Publikum deutlich, dass es sich lediglich um eine Rolle handelt – die Inszenierung wird sichtbar.

Bezogen auf Unternehmensidentität ist festzuhalten, dass Authentizität auch hier stets nur inszeniert wird. Diese Inszenierung kann der aufgeklärte Rezipient beispielsweise im Falle von Werbekommunikation schnell durchschauen – Janich argumentiert etwa, Werbung könne „aufgrund ihrer Form und gesellschaftlichen Funktion [...] nie wirklich authentisch sein" (Janich 2006: 284). Das stimmt insofern, als Werbekommunikation in hohem Maße inszeniert ist. Dennoch kann die Werbung als zum Unternehmen passend wahrgenommen werden und wäre in diesem Sinne authentisch. Ziel der Inszenierung von Unternehmensidentität muss es daher sein, glaubwürdig und authentisch zu wirken und damit Vertrauen bei den Rezipienten zu erzeugen. Es ist deshalb darauf zu achten, dass sich die inszenierte Realität nicht zu weit von den tatsächlichen Gegebenheiten entfernt.

Kommunikation und kommunikative Stile dienen zur Demonstration dieser geforderten Konsistenz. Günthner/Knoblauch (1994: 693) sehen Kommunikation in der modernen Gesellschaft daher auch weniger als Beitrag zum „rationalen Diskurs", sondern vielmehr als „Gestalt konventioneller kommunikativer Muster". Überschrieben ist ihr Aufsatz mit „Forms are the food of faith". Die kommunikativen Muster dienen also der Vertrauensbildung und sorgen dafür, dass Handlungen anschlussfähig bleiben. Damit sind auch generelle Funktionen von Identität nochmals angesprochen: Identität bildet nach außen gerichtet einen zeitkonstanten Orientierungspunkt als Grundlage für zukunftsorientierte Handlungen wie Zahlungsversprechen und Kooperationsziele sowie für die „Zuordnung von Verantwortung" (Vries 1998: 318; siehe auch Luhmann ^{2}2006). Nach innen gerichtet ermöglicht Identität das Wiedererkennen des Selbst und die Unterscheidung von der Umwelt.

5.6 Zusammenfassung und Definition zur Unternehmensidentität

Die vorhergehenden Ausführungen haben gezeigt, dass Unternehmensidentität zum einen im Sinne des Corporate-Identity-Konzeptes strategisch-normativ verstanden werden kann, zum anderen im Sinne organisationaler Identität als virtueller Orientierungspunkt der Identifikationsleistungen seiner Mitarbeiter. Die Identität des Unternehmens steht also immer auch in Beziehung zu den Identitäten seiner Mitarbeiter. Diese Beziehung differenziert sich folgendermaßen aus: Das Kommunizieren der Unternehmensidentität wird von den Mitarbeitern übernommen. Die Mitarbeiter sind Teil des Unternehmens (und damit seiner Identität) und gleichzeitig Repräsentanten dieses Unternehmens (und sei es nur im Privatleben, wenn sie von der Arbeit im Unternehmen berichten).

Zudem sind in den vorherigen Abschnitten 5.3 und 5.5 verschiedene Anforderungen und gegensätzliche Pole diskutiert worden, die im Zusammenhang mit Identitätskonstruktion und -darstellung relevant sind, nämlich Inklusion und Exklusion, Identifikation und Ausgrenzung, Identität und Alterität (Abschnitt 5.3) sowie Einzigartigkeit und Anpassung, Kontinuität und Dynamik, Einheitlichkeit und Vielfalt, Authentizität und Inszenierung (Abschnitt 5.5).

Zusammengefasst lässt sich vor diesem Hintergrund folgender Begriff der Unternehmensidentität festhalten:

Definition 2: Begriff der Unternehmensidentität
Unternehmensidentität bildet sich im Wechselspiel mit den Identifikationsleistungen der Mitarbeiter und den nach außen getragenen Manifestationen bzw. Ausdrucksformen der Identität. Die Unternehmensidentität ist gleichzeitig sowohl Ausfluss als auch Orientierungspunkt der Identifikationsleistungen. Ihre Funktion als Orientierungspunkt kann die Unternehmensidentität nur mittels eines hohen Ausmaßes an Kontinuität, Einheitlichkeit und Einzigartigkeit sowie Authentizität erfüllen. Gleichzeitig ist die Unternehmensidentität als Ausfluss kollektiver Orientierungsleistungen von wechselnden Umwelteinflüssen geprägt und muss sich dynamisch an diese anpassen, weshalb auch Wandel- und Anpassungsbewegungen die Unternehmensidentität prägen.

Ein Konzept, das die Darstellung und Konstruktion von Unternehmensidentität mithilfe sprachlich-stilistischer Mittel zum Ziel hat, darf diese Faktoren deshalb nicht vernachlässigen. Vielfach wurden die Überlegungen zur Identität bereits auf ihre sprachliche Darstellung und Konstruktion bezogen. Das folgende Kapitel nimmt diese Überlegungen aus linguistisch-stilistischer Perspektive wieder auf.

6 Linguistische Zugänge zu Sprachstil und Identität

Im Folgenden werden nun linguistische Zugänge zu Sprachstil, Identität und ihren Zusammenhängen vorgestellt. Damit wird ein linguistisch fundiertes, deskriptives Verständnis dieser Zusammenhänge erarbeitet, das als Vergleichsbasis für die Diskussion der normativen Konzepte zu Sprachstil und Unternehmensidentität in Kapitel 6 sowie als Grundlage für die Entwicklung eines linguistisch fundierten Corporate-Style-Modells in Kapitel 8 dienen soll. Viele der hier ausgebreiteten Ansätze und Perspektiven beziehen sich allerdings auf individuelle Identität und müssen deshalb daraufhin geprüft werden, ob sie sich auch auf Unternehmen beziehen lassen.

Im Anschluss an einen knappen Forschungsüberblick (Abschnitt 6.1) zu den verschiedenen Ansätzen werden zunächst grundlegende Funktionen von Stil für Identität diskutiert (Abschnitt 6.2) Ferner werden aktuelle Modelle zur Sprachidentität von Individuen vorgestellt (Abschnitt 6.3), nämlich das Modell der multiplen Sprachidentität von Kresic, der Persönlichkeits-Interaktionskreis von Bendel sowie das Modell der narrativen Identität im Sinne von Lucius-Hoene/Deppermann. Im Anschluss werden verschiedene identitätsstiftende sprachlich-stilistische Mittel und Strategien näher behandelt, die in der linguistischen Forschung vor allem im Zusammenhang mit Selbstdarstellung diskutiert worden sind (Abschnitt 6.4). In der Zusammenfassung zu diesem Kapitel (Abschnitt 6.5) wird schließlich die Übertragbarkeit der Ansätze auf die Unternehmensidentität diskutiert.

6.1 Begriffsklärungen und Forschungsüberblick

In der sprachwissenschaftlichen Forschung ist insgesamt ein Mangel an konkreten Ansätzen zur Sprachidentität bzw. zur sprachlichen Individualität zu verzeichnen (vgl. Bendel 2007: 18). Der Terminus ‚Sprachidentität' wurde von Thim-Mabrey (2003) geprägt und ist damit noch relativ jung. Thim-Mabrey verbindet mit den Begriffen ‚Sprachidentität' und ‚Identität durch Sprache' folgende Bedeutungshorizonte: ‚Sprachidentität' kann nach Thim-Mabrey zum einen die „Eigenschaft einer einzelnen Sprache bezeichnen, als solche identifizierbar und von anderen Sprachen abgrenzbar zu sein", zum anderen kann ‚Sprachidentität' aber auch „die Identität einer Person in Bezug auf ihre – oder auf eine – Sprache bezeichnen" (Thim-Mabrey 2003: 2). Letztere Ausprägung von Sprachidentität bezieht sich jedoch nicht nur auf die jeweilige(n) Einzelsprache(n), die von der Person gebraucht werden, sondern kann sich auch auf „eine dialektale, soziolektale oder sondersprachliche Gruppensprache oder auch eine idiolektale Form der Sprachverwendung" beziehen (ebd.). ‚Identität durch Sprache' betont eine konstruktivistische Sicht auf Sprache und Identität:

> Die Präposition *durch* impliziert, dass die Sprache instrumentell an der Identitätsbildung einer Person – in ihrem Selbstverständnis und in der Außenwahrnehmung – beteiligt sein könnte, lässt aber wiederum offen, ob die Identität selbst sich dann wesentlich im Sprachlichen zeigt. (Thim-Mabrey 2003: 2, Hervorhebung im Original)

Thim-Mabrey definiert hier nicht näher, wie sich Identität im Sprachlichen zeigen kann. Dies kann zum einen implizit-stilistisch geschehen (Kölner Dialekt sprechen), zum anderen explizit-propositional („Ich bin Kölner"). Es kann davon ausgegangen werden, dass Texte (gewollt oder nicht) immer auch etwas über die Identität des Textproduzenten aussagen – die Frage ist allerdings, wie markant dieser Ausdruck jeweils ist und ob sich die Identität tatsächlich „wesentlich" im Sprachstil zeigt.

Einleitend in Abschnitt 1.1 wurde bereits ein mangelnder Transfer linguistischen Wissens bezüglich Stil und Identität in die Unternehmenskommunikation hinein konstatiert. Gleichzeitig weist die Sprachwissenschaft selbst noch großen Forschungsbedarf bezüglich dieses Themenkomplexes auf. In verschiedenen angrenzenden Fachrichtungen existieren immerhin durchaus brauchbare Ansätze, die jedoch bisher noch nicht in Verbindung gebracht wurden. Im Folgenden wird ein knapper Überblick dazu gegeben.

Zu grundlegenden Zusammenhängen zwischen Sprache, Sprachstil und Identität liegen vor allem soziologische und soziolinguistische Betrachtungen vor. So geht Krappmann (1993) beispielsweise geht davon aus, dass Identität grundsätzlich über Sprache vermittelt werde und erst durch die kommunikative Interaktion mit anderen Individuen entstehe. Des Weiteren existieren im Bereich der Soziolinguistik einige Untersuchungen zu Sprache und Identität. Dabei wird vor allem auf Sprachidentität und Identitätsprobleme in migrantischen und mehrsprachigen Kontexten fokussiert, etwa in den Sammelbänden von Krohn (1999) und Auer (2007b). Sprachidentität wird somit stark an die Nationalsprache geknüpft. Aktuelle soziolinguistische Erkenntnisse zum Zusammenhang von Stil und Selbstdarstellung liegen u.a. von Bell (2001) und Coupland (2001f.) vor. Dabei wird auch die Sozialbezüglichkeit der Selbstdarstellung thematisiert. Damit werden auch Adressierungsstrategien und die Gestaltung der Beziehung zum Rezipienten als Teil der Selbstdarstellung betrachtet. Bezüglich Selbstdarstellungs- und

Adressierungsstrategien bietet auch die Werbesprachenforschung interessante Ansätze. Zu nennen sind hier insbesondere die Arbeiten von Hoffmann (2002) und Polajnar (2005). Grundlegend für die Modellierung der Zusammenhänge von Stil und Identität ist die Frage danach, ob Identität ohne Sprache existieren kann und Sprache daher lediglich als Ausdruck der Identität zu sehen ist, oder ob Identität erst in der Sprache gebildet wird und damit ohne diese nicht zu fixieren wäre. Damit sind zwei widerstreitende Positionen umrissen, nämlich die konstruktivistische Sichtweise und ihre Gegenposition. Das Modell der multiplen Sprachidentität von Kresic (2006) beispielsweise geht davon aus, dass Identität sprachlich konstruiert ist, und ist daher als konstruktivistisch einzustufen. Das Modell zur narrativen Identität von Lucius-Hoene/Deppermann (2004) hingegen vermittelt zwischen beiden Sichtweisen. Zusammen mit dem Modell des Persönlichkeits-Interaktions-Kreises von Bendel (2007), das interaktionale Aspekte betont, stellen diese Modelle die wenigen umfassenderen Ansätze zu den Zusammenhängen zwischen Identität und Sprache bzw. Sprachstil dar. Alle genannten Ansätze beziehen sich allerdings auf individuelle Identität.

Unternehmensidentität und ihre Darstellung werden zwar verschiedentlich – auch in Arbeiten der Wirtschaftslinguistik – thematisiert, allerdings kaum zufriedenstellend im Hinblick auf stilistische Fragen modelliert. Es werden vor allem Aspekte der Selbstdarstellung diskutiert, wobei stilistisch-implizite Strategien zur Identitätsdarstellung meist unberücksichtigt bleiben. Wichtige Hinweise bezüglich identitätsstiftender Lexik liefern beispielsweise die Arbeiten von Emmerling (2007) und Crijns et al. (2003).

6.2 Funktionen von Sprachstil für Identität

Im vorhergehenden Abschnitt wurde bereits die Frage angesprochen, welche Funktionen Sprache und Sprachstil für die Identität haben. Die konstruktivistische Antwort auf diese Frage und ihre Gegenposition werden im Folgenden etwas ausführlicher diskutiert und auf Unternehmensidentität bezogen.

In ihrer radikalen Ausformung besagt die konstruktivistische Position, dass Identität nur im Diskurs bzw. in der Sprache existiert und somit erst sprachlich konstruiert werden muss. Die Gegenposition hingegen betrachtet Sprache lediglich als Ausdruck einer außersprachlich existenten Identität.[58]

---

[58] Ein Beispiel für diese Haltung sind die Autoren von Stilratgebern, die Stil schon seit langem als Ausdruck des Charakters auffassen (vgl. Law 2006: 149ff.).

Konstruktivistische Perspektiven auf Identität werden u.a. evident in diskurslinguistischen, narrativen und soziolinguistischen Ansätzen zum Zusammenhang zwischen Sprache und Identität. Keupp (2002: 71) weist darauf hin, dass die „Idee der Konstruierbarkeit der eigenen Identität [...] kein Novum der letzten Jahrzehnte, sondern der grundlegende Gedanke der gesellschaftlichen Moderne" sei.

Konstruktivistische Sichtweisen stützen die umstrittene Annahme der CI-Konzepte, „dass Corporate Identity *hergestellt* werden könne" (Nickl 2005: 120). Nickl sieht in dieser Annahme die Ursache für die Unzulänglichkeit von CI-Konzeptionen, liefert jedoch keine Begründung für diese Ansicht. Als problematisch kann eine konstruktivistische Sichtweise im Hinblick auf die Unternehmensidentität m.E. vor allem dann betrachtet werden, wenn a) im Zuge von CI-Konzeptionen die bereits etablierte Unternehmensidentität unberücksichtigt bleibt (wobei die Existenz einer Identität jenseits von CI-Maßnahmen negiert wird) oder wenn b) davon ausgegangen wird, dass am Ende des CI-Prozesses eine „fertige", unveränderliche Identität steht. Besonders der erste Einwand steht radikalkonstruktivistischen Positionen entgegen, die Identität ausschließlich in der Interaktion verorten.

Vries kann als ein Vertreter der Gegenposition zur konstruktivistischen Perspektive gelten. Identität ist ihm zufolge die „Voraussetzung für das Funktionieren eines Systems" (Vries 1998: 321), denn ohne Identität könne „kein Anschluß von Entscheidungen an Entscheidungen stattfinden" (ebd.: 319). Deshalb könne man davon ausgehen, dass jedes Unternehmen über eine Identität verfüge. Maßnahmen zur Konstruktion bzw. „Bildung" der Identität seien unnötig, der „bewußte Umgang mit Identität" könne hingegen „wesentliches Potential für die Selbststeuerung des Unternehmens bereitstellen" (ebd.: 321).

Pätzmann (1993: 203) begreift die Unternehmensidentität in einer synthetischen Sichtweise gleichzeitig als „Bestandteil der Wirklichkeit" und als Produkt sozialer Interaktion. Tatsächlich kann davon ausgegangen werden, dass beide Funktionen (Ausdruck und Konstruktion) von Sprache übernommen werden. Entgegen radikalkonstruktivistischer Theorien wird angenommen, dass Unternehmensidentität auch außersprachlich existiert (als gedanklicher Orientierungspunkt). Sie manifestiert sich jedoch in den verschiedenen Zeichensystemen (Sprache, Bild, Ton etc.) und ist auch nur in diesen Manifestationen wahrnehmbar und analysierbar. Dieser Ausdruck der Unternehmensidentität wiederum verändert die Wahrnehmung der Unternehmensidentität. Die Manifestationen tragen so zur Konstruktion der Identität bei und lassen zudem (eingeschränkt) Rückschlüsse auf die Identität zu. Darstellung und Konstruktion laufen also gleichzeitig ab: Die Darstellung von Identität verändert die Wirklichkeit und somit auch die Identität des Unternehmens als ein Orientierungspunkt in ebendieser Wirklichkeit. Dabei kann mit Tophinke davon ausgegangen werden, dass Identität sprachlich-symbolisch „gebunden" ist:

6.2 Funktionen von Sprachstil für Identität

Sprache stützt die Prozesse der Identitätskonstruktion aber nicht nur, indem sie typische soziale oder regionale Formen der Kommunikation bereitstellt. Sie ermöglicht überdies eine Bezeichnung der eigenen Identität sowie relevanter Alteritäten. Diese binden die Identität symbolisch und lassen dabei auch eine jeweils spezifische Gewichtung von Eingrenzung und Ausgrenzung erkennen. (Tophinke 2000: 350)

Diese „Bindung" der Identität an bestimmte Symbole muss jedoch immer wieder aktualisiert werden, um noch Gültigkeit zu besitzen. Lüde (2005) charakterisiert Symbole entsprechend als „Orte der stetigen Neu-Definition und Wieder-Aneignung" von Identitätsentwürfen, die „durch die permanente, Wirklichkeit suggerierende Verwendung von Symbolen stabilisiert werden müssen" (Lüde 2005: 181). Diese Überlegung bietet auch eine Erklärung für den beinah unvermeidlichen Wandel von Identität, der aufgrund der Wechselwirkung ihrer Darstellungssysteme mit der Umwelt stattfindet.

Die kommunikativen Manifestationen als Ausdruck der Unternehmensidentität tragen also stets auch zur Konstruktion ebendieser Unternehmensidentität bei. Anders gesagt: Identitätsdarstellung ist gleichzeitig Identitätskonstruktion und umgekehrt.

Diese Sichtweise wird durch verschiedene Autoren gestützt, die ebenfalls Konstruktion und Ausdruck als wichtige Funktionen von Sprache für die Unternehmensidentität fassen. Bungarten etwa beschreibt die Unternehmensidentität auf der einen Seite als „sprachlich-kommunikativ manifest", auf der anderen Seite als „durch Kommunikation vermittelt und erlebt" (Bungarten 1993a: 8). Bungarten (1994a: 34) zufolge wird Unternehmensidentität „einerseits durch Sprache und Kommunikation beeinflußt, andererseits aber auch in der Sprache und im kommunikativen Verhalten repräsentiert und erkennbar". Dass Konstruktion und Darstellung als wichtige Funktionen der Unternehmenskommunikation betrachtet werden, wurde zudem bereits in Unterabschnitt 4.1.1 zu den Textfunktionen der Unternehmenskommunikation deutlich.

Auch die Stilauffassung, die von Buffon in seinem bekannten Diktum „Le style c'est l'homme même" vertreten wird, kann (aus dem ursprünglichen Zusammenhang gerissen) für beide Positionen fruchtbar gemacht werden: Stil kann damit lediglich Ausdruck der Identität sein (‚Stil ist der Mensch selbst') oder umgekehrt, d.h. das Subjekt existiert nur in seinen stilistischen Ausdrucksformen (‚Der Mensch ist Stil') – sei es nun auf sprachlicher oder anderer Ebene. Tatsächlich lässt Stil Rückschlüsse auf den Autor zu und trägt damit gleichzeitig zu dessen Identitätskonstruktion bei. Diese Rückschlüsse können jedoch sehr unterschiedlich ausfallen, wie Keller deutlich macht:

Die Wahl der sprachlichen Mittel lässt Rückschlüsse auf den Sprecher beziehungsweise Autor zu. Diese Rückschlüsse können sehr verschiedene Bereiche betreffen: die regionale Herkunft, den sozialen Status, die Intelligenz, die institutionelle Zugehörigkeit, die politische

Überzeugung, den Charakter, den Bildungsgrad, den religiösen Glauben, die Sorgfalt und vieles mehr. [...] Wichtig ist nicht, ob diese Schlüsse begründet oder unbegründet sind; wichtig ist vielmehr, ob sie üblich sind und ob sie gezogen werden. Und da die Richtungen, in die die Schlüsse beziehungsweise Assoziationen gehen (können) so vielfältig sind, ist die Kategorie ‚Stil' so schwer greifbar. Was wir im Einzelfall als ‚den Stil' eines Textes empfinden, ist eine wilde Gemengelage von Assoziationen und Schlüssen. (Keller 2006: 121f.)

6.3 Modelle zu Sprachstil und Identität von Individuen

6.3.1 Multiple Sprachidentität

Kresic (2006) formuliert im Anschluss an konstruktivistische Sichtweisen auf Sprache und Identität ein Modell multipler Sprachidentität(en). Die Idee multipler sprachgeäußerter Identitäten ist dabei keineswegs neu und wird bereits bei Fishman (1977) dargestellt, worauf auch Coupland (2001: 203) hinweist. In diesem Sinne muss stilistische Variation als Variation der Person (vgl. Coupland 2001: 197) und damit als Aufspaltung ihrer Sprachidentität gesehen werden.

Das Modell von Kresic referiert auf die verschiedenen Rollen, die Individuen innehaben können und in deren Funktion sie unterschiedliche sprachlich-stilistische Kompetenzen und Verhaltensweisen herausbilden. Damit stützt sie sich auf Rollentheorien, wie sie etwa von Goffman oder Dahrendorf in die soziologisch-philosophische Diskussion eingebracht wurden. Soziale Identitätskonstruktion vollzieht sich demnach durch die Übernahme von Rollen. Eine grundlegende Frage dabei ist es, wie die Person die übernommenen Rollen „zu einem zwar differenzierten, aber noch konsistenten Ich integriert" (Dubiel 1973: 13). Kresic löst dieses Problem, indem sie von interdependenten Teilidentitäten ausgeht. Die Idee der Teilidentitäten wird bereits bei Keupp (2002: 99) aufgebracht und von Fairclough (2003: 181f.) weiterentwickelt, wobei Fairclough von ‚mixed identities' spricht. Mit den Teilidentitäten sind dabei, wie in Abbildung 7 dargestellt, verschiedene sprachliche Kompetenzen (z.B. einzelsprachliche oder fachsprachliche Kompetenzen) verbunden, die das Individuum zudem zur Realisierung verschiedener Sprachstile befähigen und ihm die gelungene Teilhabe an unterschiedlichen gesellschaftlichen Aktivitäten ermöglichen (z.B. im Chat, im wissenschaftlichen Diskurs).

6.3 Modelle zu Sprachstil und Identität von Individuen 127

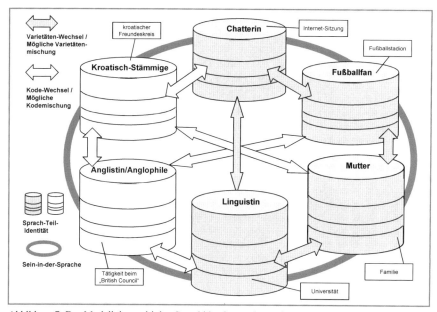

Abbildung 7: Das Modell der multiplen Sprachidentität nach Kresic (2006: 228)

Einzelsprachen werden bei Kresic als ‚Kodes' bezeichnet, andere Ausprägungen sprachlicher Zugehörigkeit als ‚Varietäten'. Stets ist auch die Mischung verschiedener Varietäten und Kodes möglich.[59] Dabei stiftet laut Kresic (2006: 230) letztlich das „grundsätzliche Sein-in-der-Sprache [...] dem Individuum die notwendige Integrität als Person". Die Einzigartigkeit der Sprachidentität des Individuums entsteht aufgrund der Kombination verschiedener Teilidentitäten sowie der „internen Gewichtung bzw. Hierarchie der Sprach-(Teil-)Identitäten" (Kresic 2006: 229). Dies erklärt auch, warum die Teil-Identitäten „Linguistin" und „Mutter" in der Darstellung einen größeren Raum in der Graphik einnehmen. Kresic fügt hinzu, die Gewichtung könne sich im Laufe des Lebens verändern. Damit wird in dem Modell der multiplen Sprachidentität auch das dynamische Moment von Identität berücksichtigt.

---

[59] In der Darstellung fehlen einige Pfeile und Verbindungen zum Anzeigen von möglichen Kode- oder Varietätenwechseln, etwa zwischen der Teil-Identität „Kroatisch-Stämmige" und „Fußball-Fan". Das Fehlen dieser Verbindungen wird von Kresic nicht thematisiert – es kann deshalb davon ausgegangen werden, dass die Verbindungen entweder unabsichtlich weggelassen wurden oder aber ihr Weglassen lediglich der Vereinfachung der visuellen Darstellung dienen soll.

Die Möglichkeit eines wiedererkennbaren, individuellen Sprachstils, der sich in allen sprachlichen Teilidentitäten zeigt, wird nicht in Betracht gezogen. Kresic (2006: 231) hält es zwar auch für möglich, dass „eine Person eine verhältnismäßig homogene Sprachidentität hat, wenn sie z.B. ihr Leben lang an einem Ort lebt und nur einen Dialekt spricht". Auch dies ist jedoch Kresic zufolge eher der Ausnahmefall. Sie reduziert damit Sprachidentität auf die spezifische Kombination und Nutzung unterschiedlicher sprachlicher Kompetenzen, die das Individuum als Zugehörigen bestimmter Gruppen oder als Repräsentant einer bestimmten sozialen Rolle auszeichnen. Das Modell der multiplen Sprachidentität kann also nur wenig dazu beitragen, das Individuelle am Sprachstil eines Sprechers zu erkennen bzw. zu untersuchen, ob und wie individuelle, spezifische Stilmerkmale registerübergreifend verwendet werden. Allerdings ist es auch nicht Ziel des Modells, dies zu untersuchen.

Das Modell von Kresic trägt vor allem dazu bei, die Voraussetzungen für individuelle Sprecher- bzw. Schreibereigenschaften besser zu verstehen, da es eine Veranschaulichung der individuellen Register ermöglicht. Gleichzeitig verdeutlicht es die Bezüge zwischen personaler und sozialer Identität, da die Teilidentitäten das Individuum als Teil verschiedener sozialer Gruppierungen darstellen und damit bestimmte sprachliche Ausprägungen verbunden werden.

6.3.2   Der Persönlichkeits-Interaktions-Kreis

Ein weiterer Ansatz zur Modellierung sprachlicher Identität stammt von Bendel (2007), die gesprächsanalytisch den Sprachstil von Call-Center-Mitarbeitern untersucht. Die Call-Center-Mitarbeiter pflegen Bendel zufolge trotz eng vorgegebener Gesprächsverläufe (mittels Fragebögen oder Leitfäden) einen persönlichen Sprachstil, anhand dessen sie eindeutig zu identifizieren sind:

> Sprachliche Individualität existiert, und sie ist so ausgeprägt, dass sich bekannte Personen selbst in anonymisierten und stimmlich verfremdeten Gesprächen mit Leichtigkeit erkennen lassen. (Bendel 2007: 18)

Die Autorin legt dar, dass sprachliche Individualität in der Linguistik weitgehend tabuisiert wird (vgl. Bendel 2007: 25). Bendel greift in ihrer Arbeit das Konzept der „Interaktionsprofile" von Spranz-Fogasy wieder auf:

> Interaktionsprofile sind Handlungsprofile einzelner Interaktionsteilnehmer, die auf der Basis des Interaktionshandelns aller Teilnehmer einer Interaktion zustandekommen, die sich interaktiv entwickeln und stabilisieren. (Spranz-Fogasy 1997: 109)

Ziel der Untersuchung ist ein „partner- und themenunabhängiges *Interaktionsprofil*" zur Erfassung von Individualität (Bendel 2007: 231, Hervorhebung im Original). Bei der Analyse von Interaktionsprofilen darf jedoch nicht nur der einzelne Sprecher in verschiedenen Situationen in den Blick genommen werden,

6.3 Modelle zu Sprachstil und Identität von Individuen

sondern sein sprachliches Verhalten muss auch mit dem anderer Individuen in möglichst übereinstimmenden Situationen verglichen werden (vgl. ebd.: 35). Ein weiteres methodisches Problem verortet Bendel in der prinzipiellen Unbegrenztheit der möglichen sprachlich-stilistischen Merkmale von Individualität, die sich auf allen sprachlichen Ebenen zeigen (vgl. ebd.: 42f.). Entsprechend beschränkt Bendel die relevanten sprachlichen Mittel auf „Verhaltensweisen, die [...] individuell variiert werden können und daher eine Ressource für sprachliche Individualität darstellen" (ebd.: 233). Das Interaktionsprofil definiert Bendel folgendermaßen:

> Als Interaktionsprofil bezeichne ich das Ensemble aller interaktiv relevanten, rekurrenten, konstellationsunabhängigen sprachlichen Verhaltensweisen eines Individuums innerhalb einer gesellschaftlichen Domäne, welche in ihrer Gesamtheit das Individuum innerhalb dieser Domäne charakterisieren und eindeutig identifizierbar machen. (Bendel 2007: 232)

Das hier aufgeführte Kriterium der interaktiven Relevanz versteht Bendel als „nachweisbaren Einfluss auf den Fortgang der Interaktionen des Individuums mit seinen Gesprächspartnern und auf die Wahrnehmung des Individuums durch die Gesprächspartner" (Bendel 2007: 232). Die Feststellung interaktiver Relevanz kann jedoch bei schriftlichen, monologischen Texten nur auf Vermutung basieren bzw. könnte nur mithilfe aufwendiger empirischer Befragungen erfolgen, während sie in Gesprächen oft direkt beobachtbar ist.[60]

Der auf dieser Grundlage entwickelte ganzheitliche Ansatz zur Erklärung sprachlicher Individualität berücksichtigt, wie in Abbildung 8 dargestellt, fünf Einflussgrößen. Dazu zählen 1) „Persönlichkeit und Identität", 2) „Situations- und Rollenauslegung", 3) „körperlich-seelische Befindlichkeit", 4) „allgemeine und berufliche Kompetenz" und schließlich 5) „sprachliche Kompetenz" (Bendel 2007: 355). Hier wird also die Identität selbst (1) von aktuellen (2 und 3) und historisch (4 und 5) herausgebildeten Wechselwirkungen der Identität mit der Umwelt getrennt. Identität wird hier auf unveräußerliche Merkmale reduziert. In ihrer Modellierung lässt Bendel die Art der Beziehungen zwischen den verschiedenen Einflussgrößen bewusst offen. Sie stellt die Einflussgrößen lediglich als interdependente Größen dar:

> Die Kreisform soll ausdrücken, dass der Mensch mit seiner Sprache, seiner Psyche, seinem Körper und seiner Umwelt ein Ganzes bildet. (Bendel 2007: 355)

---

[60] Auch Bendels Forderung, die „Leiblichkeit" bzw. den Körper des Sprechenden in der Modellierung zu berücksichtigen (vgl. Bendel 2007: 353ff.), ist auf die Analyse mündlicher Kommunikation zu beziehen.

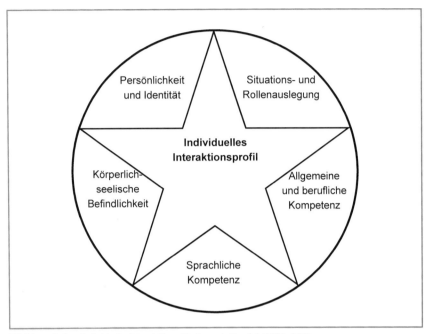

Abbildung 8: Persönlichkeits-Interaktions-Kreis nach Bendel (2007: 356)

Von Interesse für die vorliegende Fragestellung ist vor allem die Modellierung von Identität bei Bendel. Eine ausführliche Erläuterung der übrigen Einflussgrößen soll an dieser Stelle unterbleiben. Der Persönlichkeitsbegriff wird von Bendel der Psychologie zugeschlagen und soll beschreiben, „wie ein Individuum ‚ist'", der Identitätsbegriff hingegen stammt aus der Soziologie und beschreibt, „wie ein Individuum in der Gesellschaft ‚erscheint'" (Bendel 2007: 356). Wie bereits in den Ausführungen zu Ausdruck und Konstruktion (Abschnitt 6.2) gezeigt wurde, sind jedoch Wesen und Erscheinungsformen von Identität interdependent, und das Wesen der Identität kann nur mithilfe seiner Erscheinungsformen erschlossen werden.

Auf stilistischer Ebene untersucht Bendel drei Handlungsmuster (nämlich Gesprächseröffnung, Präsentation des Anliegens und Kundenidentifikation) auf individuelle stilistische Variation. Dabei unterscheidet sie konventionelle und unkonventionelle bzw. abweichende Varianten und kommt schließlich zu dem Ergebnis, dass die stilistische Gestaltung durchaus interaktionistische Relevanz besitzt (vgl. Bendel 2007: 368f.).

6.3 Modelle zu Sprachstil und Identität von Individuen

Bendel weist allerdings auch auf die Grenzen der Leistungsfähigkeit ihres Modells hin, das keine abschließenden Erklärungen für konkretes sprachliches Verhalten liefern könne:

> Wenn zum Beispiel jemand für die Begrüssung eine sehr knappe Formulierung wählt und dem Gegenüber keine Zeit für einen Gruss lässt, so kann ich das praktisch beliebig darauf zurückführen, dass diese Person immer kurz angebunden ist (Charaktereigenschaft), dass sie in Eile ist (situativer Faktor) oder dass sie die örtlichen Konventionen nicht kennt (Musterbeherrschung). (Bendel 2007: 366)

Bezüglich der Zweckhaftigkeit sprachlich-stilistischer Identitätsdarstellung vermutet Bendel (ebd.), dass Individuen sich individuell verhalten müssten und gar nicht anders könnten. Ihre Ergebnisse belegen die vermutete Individualität im sprachlichen Interaktionsverhalten ebenso wie die individuelle „stilistische Variation institutioneller Handlungsmuster". Deutlich wird die sprachliche Individualität vor allem anhand der individuellen Interaktionsprofile, die Bendel von vier Call-Center-Mitarbeitern erstellt und „mit welchen sie eindeutig identifiziert werden können" (Bendel 2007: 367).

Die Unvermeidbarkeit stilistischer Individualität verhindert somit eine völlige sprachlich-stilistische „Gleichschaltung" von Mitarbeitern im Sinne eines Corporate Style. Gleichzeitig schränken sprachliche Vorgaben und Richtlinien die „Persönlichkeit" der Mitarbeiter offenbar nicht in dem Maße ein, dass sie keinen eigenen kommunikativen Stil mehr ausprägen könnten. Damit sind gleichzeitig aber auch Grenzen eines Corporate Style benannt: Mitarbeiter können zwar stilistische Vorschriften übernehmen, aber nur mit Einschränkungen, d.h. sie werden die Vorgaben nur mit Anpassung an ihren eigenen Kommunikationsstil umsetzen.

6.3.3 Narrative Identität

Das Konzept der narrativen Identität ist noch relativ jung, hat jedoch so großen Anklang gefunden, dass bereits von einer ‚narrative identity school' die Rede ist (vgl. Lucius-Hoene/Deppermann 2004: 47). In der anglophonen Praxis der Unternehmenskommunikation ist ein verwandtes Konzept entwickelt worden, das „Storytelling" (vgl. Holten Larsen 2000; Riel 2000; Schlippe/Groth 2007). Der gezielte Einsatz narrativer Formen soll demnach zur Kenntnis der Unternehmensgeschichte und damit auch zur Identitätskonstruktion beitragen. Schon bei Brudler (1993) werden Anekdoten, Geschichten und Mythen als Instrumente genannt, um „gegenwärtige und künftige Verhaltensweisen und Handlungen zu bewahren, zu leiten und im Nachhinein samt ihren Konsequenzen zu legitimieren" (Brudler 1993: 100). Sie dienen der Komplexitätsreduktion sowie dem Abbau von Unsicherheiten und verringern damit den Koordinationsbedarf der Mitarbeiter (vgl. ebd.). Die Effekte der Instrumente werden allerdings teilweise überschätzt, da die Erzählungen nicht immer wie gewünscht von den Mitarbeitern übernommen, sondern im Gegenteil sogar umgedeutet (vgl. Christensen/Cheney 2000: 256-261) oder aber vergessen werden. In einer negativen Sichtweise könnte das Unternehmen bei übermäßigem Gebrauch narrativer Formen sogar als vergangenheitsorientierter „Märchenerzähler" gesehen werden und damit an Glaubwürdigkeit und Vertrauen verlieren. Allerdings können narrative Formen auch wichtige Funktion in der Identitätsdarstellung und -konstruktion übernehmen. Insbesondere dienen sie der Weitergabe von Wissen, stellen ein Identifikationsangebot dar, stabilisieren soziale Beziehungen und dienen damit der Herstellung von Kohärenz (vgl. Lucius-Hoene/Deppermann 2004: 30).

Narrative Identität wird als interaktiv im (erzählenden) Gespräch hergestelltes Phänomen begriffen, wobei Identität als „symbolische Struktur" verstanden wird (Lucius-Hoene/Deppermann 2004: 51). Das Konzept ist demzufolge einem konstruktivistischen Ansatz verpflichtet und negiert die Möglichkeit einer außersymbolischen Existenz von Identität. An anderer Stelle charakterisieren Lucius-Hoene/Deppermann jedoch den Erzähltext als „Protokoll einer Identitäts*darstellung* wie einer Identitäts*herstellung*" (Lucius-Hoene/Deppermann 2004: 56, Hervorhebungen im Original). Somit scheinen die Autoren zumindest implizit doch einer synthetischen Sichtweise auf die Konstruktions- und Darstellungsfunktionen von Sprache zu folgen.

Lucius-Hoene/Deppermann (2004: 75) unterscheiden drei Dimensionen narrativer Identität, nämlich die temporale, die soziale und die selbstbezügliche Dimension. Dabei beziehen sie sich zwar auf Individual-Identität und ihre Manifestation in Gesprächen bzw. autobiographischen Erzählungen. Die Systematisierung identitätsbezogener Dimensionen bei Lucius-Hoene/Deppermann lässt sich jedoch auch auf die Unternehmenskommunikation übertragen und kann zudem auch auf nicht dominant narrative Textformen angewendet werden. So zeigt sich narrative Identität laut Lucius-Hoene/Deppermann

- in ihrer *temporalen* Dimension als Strukturierung und Verknüpfung autobiografischer Erfahrungen und Sinnstiftungen im zeitlichen Wandel;
- in ihrer *sozialen* Dimension über Positionierungsaktivitäten, Weltkonstruktionen und die Nutzung kulturell vorgeprägter Muster;
- in ihrer *selbstbezüglichen* Dimension über explizite, implizite und eigentheoretisch ausgebaute Selbstcharakterisierungen und autoepistemische Prozesse.

(Lucius-Hoene/Deppermann 2004: 75)

Stilistische Aspekte spielen im Konzept der narrativen Identität zunächst eine untergeordnete Rolle. Allerdings ist es nicht nur bedeutsam, *welche* temporalen, sozialen und selbstbezüglichen Verknüpfungen narrativ hergestellt werden, sondern auch, *wie* diese Verknüpfungen hergestellt werden. Die drei Dimensionen werden daher im Folgenden als Grundlage für eine Systematik sprachlich-

6.3 Modelle zu Sprachstil und Identität von Individuen

stilistischer Identitätsdarstellung und -konstruktion genutzt und auf Unternehmen bezogen. Dabei werden Erkenntnisse und Untersuchungen insbesondere der Soziostilistik und der Werbestilistik berücksichtigt, zumal die Kategorisierung dreier Dimensionen nach Lucius-Hoene/Deppermann deutliche Parallelen zu den in Abschnitt 3.4 vorgestellten soziostilistischen Ansätzen aufzeigt.

a) Die temporale Dimension
Die temporale Dimension der Identitätsdarstellung kann als Bestandteil der bereits in Abschnitt 3.4 diskutierten instrumentellen bzw. diskursbezogenen Stilwirkungen aufgefasst werden. Diskursbezogene Stilwirkungen relationieren Text und Diskurs, d.h. sie kennzeichnen den Text als einer bestimmten Textsorte in einem bestimmten thematischen Kontext zugehörig. Die temporale Dimension kann z.B. dazu beitragen, Texte im Sinne der Vertextungsstrategien von Eroms als Vertreter einer dominanten Strategie des Erzählens, Argumentierens, Beschreibens oder Anweisens zu kennzeichnen. Sie betrifft „die Art und Weise, wie [...] Ereignisse [...] als bedeutsam herausgegriffen und gestaltet werden" (Lucius-Hoene/Deppermann 2004: 61).

Insbesondere für narrative Texte ist die temporale Dimension von hoher Relevanz, weil damit die zeitliche Reihenfolge von Ereignissen angezeigt wird. Die temporale Dimension von Identität wird jedoch nicht nur innerhalb narrativer Formen mit Vergangenheitsbezug relevant, sondern kann sich auch auf die Begründung zukünftiger Handlungen, auf die Bekräftigung zukunftsgerichteter Pläne und damit auf für die Zukunft gewünschte oder befürchtete Existenz und Identität beziehen. Mit den Attributen *gewünscht* bzw. *befürchtet* soll hier das Bild einer planbaren Identität vermieden werden, wie es im Zusammenhang mit CI-Konzepten teilweise gezeichnet wird.

b) Die soziale Dimension
Bereits in Abschnitt 3.4 wurde auf die Verschränkung sozialer und selbstbezüglicher Identitätskonstruktion und -darstellung hingewiesen. Tophinke beschreibt den Zusammenhang zwischen sprachlicher Identitätsdarstellung und der Identitätskonstruktion über soziale und territoriale Kontexte:

> Das Signalisieren des Selbstverständnisses der Kommunikanten [...] bewirkt eine soziale oder auch territoriale Verortung der sprachlichen Äußerungen und erzeugt einen sozialen oder territorialen Kontext, der als Deutungshorizont die Verstehensprozesse orientiert. (Tophinke 2000: 347)

Bei Lucius-Hoene/Deppermann (2004: 61) wird die sozialbezogene Identitätskonstruktion umfassender gesehen und als „soziale Positionierung" bezeichnet:

,Positionierung' beschreibt, wie sich ein Sprecher in der Interaktion mit sprachlichen Handlungen zu einer sozial bestimmbaren Person macht, eben eine ,Position' für sich herstellt und beansprucht und dem Interaktionspartner damit zu verstehen gibt, wie er gesehen werden möchte (Selbstpositionierung). Ebenso weist er mit seinen sprachlichen Handlungen dem Interaktionspartner eine soziale Position zu und gibt ihm damit zu verstehen, wie er ihn sieht (Fremdpositionierung). (Lucius-Hoene/Deppermann 2004: 62)

Die ,Positionierung' beinhaltet somit die explizite Darstellung der Beziehungen zwischen Textproduzent und -rezipient. Diese Positionierung ist eingebettet in eine Wirklichkeitsdarstellung, die einen spezifischen Ausschnitt von ,Welt' selegiert und damit bestimmte Bedingungsfaktoren des eigenen Handelns hervorhebt (vgl. ebd.: 63f.). Von stilistischer Relevanz ist nun vor allem, wie Textproduzenten ihre Identität in „kulturell vorgeprägte Plots und Deutungsmuster" (ebd.: 61) integrieren und „durch die Wahl eines bestimmten Sprachstils [...] vermitteln, auf welcher sozialen und moralischen Folie" (ebd.: 66) die Identität jeweils verankert wird. Dabei wird in Bezug auf Individuen unterstellt, die Auswahl kulturell vorgeprägter Muster geschehe nicht bewusst (vgl. ebd.: 66). Damit ließe die Untersuchung stilistischer Muster Rückschlüsse auf die ,tatsächliche' Identität zu. Es kann jedoch angenommen werden, dass sie auch im Alltagswissen der Rezipienten eine Rolle spielt und zumindest von Teilen der Rezipienten auch auf Unternehmen und ihre Texte übertragen wird. Deshalb ist die stilistische Ausgestaltung von Texten besonders relevant für die Wahrnehmung der Identität durch die Rezipienten und damit für das Fremdbild.

c) Die selbstbezügliche Dimension
Identitätszuschreibungen und -konstruktionen offenbaren immer auch ein gewisses Maß an Selbstreflektion. Indem vom Textproduzenten soziale und temporale Positionierungen eingenommen werden, „nimmt er auch zu sich Stellung [...]. Damit vergewissert er sich seiner selbst und treibt gleichzeitig seine Selbsterkenntnis voran" (Lucius-Hoene/Deppermann 2004: 67). Als Manifestationen dieser „Selbstreflexivität" lassen sich „selbstbezügliche Aussagen" (d.h. Selbstpositionierungen), „autoepistemische Suchbewegungen" sowie Darstellungen der „Beziehung zwischen dargestellter und hergestellter Identität" differenzieren (vgl. ebd.). Lucius-Hoene/Deppermann (2004: 67-70) nehmen insbesondere auch das Tabu positiver Selbstpositionierungen in den Blick und identifizieren zwei zentrale Strategien im Umgang mit diesem Tabu, nämlich einerseits die Ersetzung der Selbstdarstellung durch eine Fremddarstellung und andererseits die implizite Selbstdarstellung. Die Identität wird im Falle der impliziten Selbstdarstellung nicht explizit, sondern nur mittelbar durch die Darstellung charakteristischer (sozial positiv bewerteter) Handlungen konstruiert. Auch die explizit negative Bewertung des Verhaltens anderer im Vergleich zum eigenen Verhalten kann in diesem Kontext gesehen werden.

Selbstreflexive Strategien stehen prinzipiell auch Unternehmen zur Verfügung. Autoepistemische Prozesse (d.h. Suchprozesse, wie das eigene Selbst tatsächlich gesehen und bewertet werden soll) erscheinen im Kontext der Unternehmenskommunikation zwar zunächst irrelevant, da Unsicherheiten bezüglich der eigenen Identität von Unternehmen nicht thematisiert werden. Auch Abgleiche von dargestellter und hergestellter Identität kommen in der externen schriftlichen Unternehmenskommunikation kaum vor. Was jedoch die Identifikationsprozesse der Mitarbeiter betrifft, so kann davon ausgegangen werden, dass die Mitarbeiter etwa im Gespräch untereinander sehr wohl ihre Unsicherheit über das Wesen des Unternehmens äußern und versuchen, Widersprüchlichkeiten zu integrieren. Das gilt insbesondere im Falle häufiger Strategiewechsel. Im Zusammenhang mit interner und mündlicher Kommunikation stellen autoepistemische Suchprozesse und Selbstbild-Fremdbild-Abgleiche also einen relevanten Untersuchungsgegenstand dar. Die vorliegende Arbeit fokussiert allerdings auf die schriftliche Kommunikation und verzichtet daher auf eine ausführliche Darstellung zu dieser Thematik.

6.4 Identitätsstiftende Strategien

Emmerling (2008: 290) unterscheidet zwei Ebenen unternehmerischer Selbstdarstellung, nämlich die thematisch-inhaltliche Gestaltung sowie sprachlich manifestierte Selbstreferenzen. Zu den Formen sprachlich manifestierter Selbstreferenzen zählen ihr zufolge Perspektivierung und Adressierung („neutral-journalistische Perspektive der 3. Person Singular oder eine persönliche Ansprache mittels der 1. Person Plural") sowie die „Präferenz zur aktivischen oder passivischen Darstellung, zu Nominal- oder Verbalstil" (Emmerling 2008: 290). Stil wird als weitere Einzelkategorie in dem eher unsystematischen Überblick genannt, allerdings lassen sich auch die übrigen Manifestationsformen als stilistische Gestaltungsformen einordnen.

In der Darstellung zur narrativen Identität (Unterabschnitt 6.3.3) wurde bereits eine Systematisierung identitätsstiftender Strategien vorgestellt. Dabei wurde auf die temporale, soziale und selbstbezügliche Dimension von Identitätskonstruktionen referiert. Allerdings werden in konkreten sprachlichen Ausdrucksweisen oftmals mehrere der genannten Dimensionen relevant, wie in ähnlichem Zusammenhang auch bereits in Abschnitt 3.4 dargelegt worden ist. Daher bietet die Darstellung von Lucius-Hoene/Deppermann zwar einen Zugriff auf verschiedene Dimensionen, nicht aber auf konkrete Mittel und Strategien der Selbstdarstellung und Identitätskonstruktion.

In Bezug auf die Selbst- bzw. Identitätsdarstellung werden von verschiedenen Autoren verschiedene Strategien aufgeführt, die teilweise mit bestimmten sprachlichen Mitteln verknüpft werden. In den nun folgenden Unterabschnitten soll ein Überblick über die Darstellungen zu Identitätsstrategien gegeben werden. Bestimmte sprachliche Elemente haben dabei besonders identitätsstiftende Wirkung. Sie wirken teils stärker diskurs-, sozial- oder selbstbezogen auf die Darstellung der Identität und werden im Hinblick auf dominante Stilwirkungen diskutiert:

- Stilmuster: ORIGINALISIEREN versus DURCHFÜHREN (6.4.1)
- Perspektivierung und Adressierung (6.4.2)
- Kulturelle Stile/Kulturelle Markierung (6.4.3)
- Selbstdarstellungsstrategien (6.4.4)
- Stilregister der Selbstdarstellung (6.4.5)
- Namen (6.4.6)
- Identitätsstiftende Lexik (6.4.7)

Dominant diskursbezogen wirken hierbei vor allem die grundlegenden Stilmuster ORIGINALISIEREN und DURCHFÜHREN, die das Einhalten oder Durchbrechen der diskursrelevanten Stil- und Textmuster zur Folge haben. Als dominant sozialbezogen lassen sich die Strategien der Perspektivierung und Adressierung sowie die Anlehnung an kulturelle Stile kategorisieren. Die hier nicht aufgeführte, bereits in Abschnitt 3.2 angedeutete Möglichkeit der Anlehnung an Varietäten wie etwa die Jugendsprache oder regionale Dialekte, stellt eine ebenfalls dominant sozialbezogene Strategie dar. Auf diese Strategie wird auch im Unterabschnitt zur identitätsstiftenden Lexik referiert – im Allgemeinen werden mit diesem Terminus aber vom Unternehmen geprägte oder eng mit ihm verbundene, von ihm „besetzte" Lexeme belegt. Deshalb ist der Gebrauch identitätsstiftender Lexik, ebenso wie die übrigen Strategien, als dominant selbstbezogen einzustufen. Zu beachten ist, dass die einzelnen stilistischen Verfahren je nach Kontext unterschiedliche Stilwirkungen haben können und die hier getroffenen Aussagen über die Stilwirkung (diskurs-, sozial- oder selbstbezogen) lediglich eine Tendenz darstellen.

6.4.1   Originalisieren als identitätsstiftendes Stilmuster

Auch bei Sandig (^{2}2006) und Fix (1991) werden Zusammenhänge zwischen Stil und ‚Individualität' modelliert. Dabei spielt das bereits in Abschnitt 3.7 angesprochene Spannungsfeld zwischen Normenbefolgung und Normendurchbre-

6.4 Identitätsstiftende Strategien 137

chung eine wichtige Rolle. Nur die Durchbrechung konventionalisierter Stilmuster und damit von Stilnormen ermöglicht ‚Unikalität' (Fix 1991).[61] Gleichzeitig soll nun diese ‚Unikalität' Ausdruck einer Identität sein, die sich ebenfalls im Spannungsfeld zwischen gesellschaftlichen Normen und dem Zwang zur Einzigartigkeit (siehe Abschnitt 5.3 und Unterabschnitt 5.5.1) befindet.

Fix (1991) fragt danach, wie Unikalität entsteht, allerdings fokussiert sie dabei stark auf die Textproduktion und verbindet damit die Frage nach den nötigen stilistischen Kompetenzen des Individuums. Grundlegend stellt Fix fest:

> Die Bildung eigener Konventionen aus Nichtkonventionellem […] betrifft im Rahmen der Stilbildung die Schaffung innertextueller Normen […], das Setzen, Entwickeln, Befolgen und möglicherweise auch Verletzen *selbstgebildeter Textnormen*. Das hat die Herausbildung einer spezifischen Intertextualität zur Folge. Die Realisierung innertextueller Normen erfolgt im Rahmen intertextueller Normen oder auch im Widerspruch zu ihnen. (Fix 1991: 54f., Hervorhebung im Original)

Fix begreift das Einhalten und Durchbrechen von Stilnormen als „Formulierungsverfahren" bzw. in Anlehnung an Sandig (1986) als „stilistische Teilhandlungstypen". Fix bezeichnet diese Formulierungsverfahren als „ORIGINALISIEREN" und „DURCHFÜHREN". Mit DURCHFÜHREN ist dabei die Anpassung an bestehende Normen bzw. die Umsetzung eines vorgegebenen Stilmusters gemeint, mit ORIGINALISIEREN hingegen die Abweichung von diesen Stilmustern. Dabei weist Fix darauf hin, dass ORIGINALISIEREN als Verfahren immer relativ zu sehen ist:

> ORIGINALISIEREN dient, je mehr es sich in einem bestimmten Rahmen […] durchgesetzt hat, weniger dem Abheben als vielmehr dem Anpassen, es wechselt seine Funktion. (Fix 1991: 57)

Dieser Prozess lässt sich anhand der Werbesprache illustrieren, in der die Abweichung vom Üblichen als Verfahren derart etabliert ist, dass sie erwartet wird und somit Teil des Stilmusters geworden ist. Insofern lassen sich Abweichungen auch als regelhaft beschreiben (vgl. Dittgen 1989; Fix 2005: 17).

Im Zusammenhang mit der Identitätsdarstellung wird es also relevant, stark normierte und weniger normierte Textsorten zu unterscheiden (oder anders ausgedrückt, Textsorten mit stark und weniger fixierten Textmustern). Stark normierte Textsorten in der Unternehmenskommunikation stammen häufig aus anderen Gesellschaftsbereichen oder Institutionen (etwa bei Verträgen oder Banküberweisungen): Diese Texte besitzen kaum stilistisches Potential für die Identitätskonstruktion, wenngleich sie durchaus inhaltlich die Unternehmens-

---

[61] Zum Durchbrechen von Stilmustern und den diesbezüglichen Ausführungen von Fix (1997) siehe auch Abschnitt 2.6.

wirklichkeit und damit auch seine Identität determinieren können, etwa wenn es um Zusammenschlüsse oder Ausgliederungen von Unternehmensbereichen geht. Doch auch Textsorten, die zunächst stark normiert erscheinen, bieten oftmals überraschende Freiräume, die von einigen Unternehmen auch genutzt werden, etwa wenn die Geldabbuchung infolge Kartenzahlung von Aldi Süd mit dem Grußwort *Aldi Süd sagt Danke!* im Verwendungszweck quittiert wird. Weniger stark normierte Textsorten besitzen flexibler gestaltbare Textmuster und bieten daher mehr Raum zur Selbstdarstellung und Identitätskonstruktion: Solche Texte bieten großes Potential sowohl für die stilistische als auch die inhaltliche Identitätskonstruktion.

6.4.2 Perspektivierung und Adressierung

Sprachliche Formen der Perspektivierung bewirken eine stärkere Identifikation des Rezipienten mit dem Autor oder aber eine stärkere Distanzierung. Fairclough (2003: 181f.) sieht das inkludierende *Wir* bzw. „corporate we" als wichtiges Mittel der Positionierung und Identitätskonstruktion an. Mit *Wir*-Formulierungen zeigt der Autor sich als „Repräsentant eines kollektiven Akteurs bzw. einer Diskursgemeinschaft" (Meier 2008a: 75). Sie ermöglichen die explizite Identifikation des Textproduzenten mit dem Unternehmen. Zudem kann so eine Innen- oder Außensicht auf das Unternehmen vermittelt werden, der Rezipient kann sich ein- oder ausgeschlossen fühlen (vgl. Huber 2007: 13f.) – und schließlich kann sogar die gesamte Gesellschaft in diesem *wir* inkludiert werden.

Die verstärkte Nutzung von Personaldeixis stellt somit auch die Beziehung zwischen Rezipient und Autor in den Vordergrund des Textes. Im Hinblick auf Stilwirkungen kann dies beispielsweise als Präsenz zeigend, aufmerksamkeitsheischend oder aufdringlich interpretiert werden.

Statt dem inkludierenden *Wir* wird daher in Unternehmenstexten häufig eine neutrale, externe Perspektive auf das Unternehmen eingenommen, d.h. es wird z.B. der Unternehmensname eingesetzt und in der 3. Person Singular berichtet. Es ist der Versuch, eine sachliche Beziehung zum Unternehmen zu suggerieren.

Eine weitere, in Texten der externen, schriftlichen Unternehmenskommunikation jedoch weitaus seltener genutzte Form ist der Bericht aus der Ich-Perspektive. Damit setzt sich das Individuum gegenüber dem Unternehmen, als dessen Teil es eigentlich auftritt, in den Vordergrund.

Die Perspektivierung wurde in der Einführung zu Abschnitt 6.4 bereits als sozialbezogene Strategie kategorisiert. Wenngleich sie sich ebenfalls als stark selbstbezogen einstufen ließe, erscheinen doch im Falle von Unternehmen die Identifikationsangebote, die sich mit dieser Perspektivierung verbinden lassen, von größerem Interesse. Insbesondere die Perspektivierung mittels des inkludierenden *Wir* lädt den Rezipienten schließlich zur Identifikation ein – während der sachliche Bericht in der 3. Person zur Nicht-Identifikation führt. Außerdem be-

6.4 Identitätsstiftende Strategien

steht eine enge Beziehung zu den stark sozialbezogenen Adressierungsstrategien – die direkte Ansprache der Zielgruppen per Du beispielsweise ist ohne ein (zumindest implizit) gegenübergestelltes *Ich* oder *Wir* nicht denkbar.

Auch Adressierungsstrategien können als Teil der Selbstdarstellung betrachtet werden, wie die Ausführungen in Abschnitt 3.4 deutlich gemacht haben. Crijns et al. (2003) stellen die Adressierungsstrategien in einen Zusammenhang mit der Selbstdarstellung. Weitere Untersuchungen zu Adressierungsstrategien stammen von Kühn (1995) und Polajnar (2005) aus der Werbesprachenforschung.

Grundsätzlich unterschieden werden soll nach Kühn, ob Einfach- oder Mehrfachadressierung vorliegt (vgl. Kühn 1995; siehe Unterabschnitt 4.1.2). Des Weiteren muss untersucht werden, ob direkte oder indirekte Adressierungsstrategien verwendet werden. Der Gebrauch adressatenbezogener Stilmuster (wie etwa ,Jugendsprache') kann beispielsweise als indirekte Adressierungsstrategie kategorisiert werden, während die direkte Ansprache bestimmter Zielgruppen mittels persönlicher Anrede (Duzen/Siezen) oder mittels expliziter Thematisierung der Adressaten (wie z.B. in *Eine Nachricht an unsere Aktionäre*) erfolgen kann. Adressierungsstrategien können – sofern sie kulturell markiert sind – sogar zu einem so dominanten Stilzug werden, dass sie den Corporate Style maßgeblich prägen. Das ist beispielsweise bei Ikea der Fall. Es muss also danach gefragt werden, ob und wie selbstreferentielle oder adressierende Personaldeixis eingesetzt wird, beispielsweise ob das Unternehmen als handelnder Akteur im Vordergrund des Textes steht oder ob dies durch Passivkonstruktionen oder andere Strategien vermieden wird.

6.4.3 ,Kulturelle Stile' und Identität

In Abschnitt 5.2 wurde dargelegt, dass Kultur und Identität in enger Beziehung zueinander stehen und sich teilweise in ihren Begriffsinhalten überschneiden. Ein kommunikativer Stil kann somit Teil der Unternehmenskultur und gleichzeitig prägend für die Unternehmensidentität sein – das Duzen bei Ikea beispielsweise ist ein solcher Teil der Unternehmenskultur, der schließlich in der Übertragung auf die Außendarstellung zum entscheidenden sprachlichen Detail der Unternehmensidentität wurde.

Die linguistische Beschäftigung mit kulturellen Stilen zielt meist nicht auf die Unternehmenskultur, sondern auf Landeskulturen ab. Kontrastive Untersuchungen solcher kulturell bedingten Stile in der Unternehmenskommunikation liegen beispielsweise von Bolten et al. (1996), Bolten (2000a), Schlierer (2004) oder Emmerling (2007) vor. Kultur wird dabei als die gemeinsamen Merkmale einer Gemeinschaft verstanden, und einer Sprachgemeinschaft wird eine „kulturelle

Identität" zugeschrieben (Bolten 2003: 103). Kulturelle Stile betonen also die gemeinsamen Züge einer Sprachgemeinschaft und haben damit ein deutlich eingrenzendes Moment. Gleichzeitig haben sie jedoch auch ein abgrenzendes Moment, nämlich gegenüber anderen Sprachgemeinschaften.

Als generelle Kritik an der Konzeption kultureller Stile muss angemerkt werden, dass hier eigentlich kommunikative Stile untersucht werden, die in einer bestimmten Kultur Dominanz erlangen. Ihre Verwendung ist jedoch nicht auf diese Kultur beschränkt oder an diese Kultur gebunden. Auch deshalb weicht Bolten vermutlich auf den Terminus „kommunikative Stile" aus (vgl. Bolten 2003: 112). Ein weiterer Kritikpunkt betrifft die Verfestigung von Stereotypen durch analytische Ergebnisse. Kulturen sind – ebenso wie Identitäten – dynamische Phänomene. Ihre Analyse kann also nur eine Momentaufnahme darstellen. Häufig jedoch werden die Ergebnisse als allgemeingültig hingestellt und lediglich Durchschnittswerte beschrieben (d.h. es erfolgt keine qualitative Analyse der stilistischen Bandbreite innerhalb von Kulturen), und so verfestigt sich die Momentaufnahme zum festen Urteil. Dieser Kritikpunkt gilt jedoch für fast alle Untersuchungen zu Kommunikation, Kultur und Sprache.

Festzuhalten ist, dass sprachlich ausgedrückte Identität immer auch an eine regionale/nationale Sprachgemeinschaft gebunden ist, die die benutzte Sprache spricht oder auf deren Sprache angespielt wird. Beides muss jedoch klar voneinander abgegrenzt werden. Im Unterschied zu den eigentlichen kulturellen Stilen, die im Folgenden als kommunikative Stile bezeichnet werden, sind die inszenierten kulturellen Stile zu sehen: Sie ahmen die sprachlichen Gepflogenheiten einer Kultur nicht nur nach, sondern verstärken gewisse Stilzüge so, dass tatsächlich ein dominanter, wiedererkennbarer und stereotyper Stil entsteht.

Kulturspezifika können also ein sehr wirksames Mittel sein, um Wiedererkennbarkeit herzustellen und eine deutliche Identitätsverortung vorzunehmen. Diese Strategie, die lokale, regionale oder Landes-Kultur in die Unternehmenssprache einfließen zu lassen, betont die soziale Dimension von Identität im Sinne von Lucius-Hoene/Deppermann (siehe Unterabschnitt 6.3.3). In diesem Sinne werden landesgebundene sprachlich-stilistische Gestaltungsmöglichkeiten auch bei Nielsen (2005) diskutiert. Nielsen bezieht sich dabei auf das Country-of-Origin-Prinzip (COO-Prinzip). Dabei werden Waren und Dienstleistungen mit einem bestimmten Herkunftsort verbunden, um dem Verbraucher Orientierung zu bieten (vgl. Nielsen 2005: 155). Zeitliche, räumliche und positionelle Bindungen sind wichtige Identitätsmerkmale. Ikea beispielsweise nutzt die Produktnamengebung zur Inszenierung einer „schwedischen" Unternehmensidentität, indem skandinavische Orts- und Personennamen mit den Möbeln verbunden werden (vgl. Meier 2009: 229-232).

Allerdings handelt es sich in einer stark globalisierten Wirtschaft dabei oftmals nicht mehr um einen tatsächlichen Herkunftsort, sondern bestenfalls um den Verpackungsort oder den Firmensitz. Teilweise ist die Landesidentität, an

6.4 Identitätsstiftende Strategien

die das Unternehmen sich anlehnt, lediglich ein Bezugspunkt für das Image des Unternehmens und somit ein „Image-Ort". Ikea ist formal längst nicht mehr so schwedisch, wie es die Inszenierung vermuten lässt, sondern hat seinen Sitz in den Niederlanden (zur Wahl des Unternehmenssitzes siehe Jungbluth 2008: 109f.). Die Konstruktion einer schwedischen Identität wird mit Bezug auf die Unternehmensgeschichte und die Unternehmenskultur aufrechterhalten. Um eine prestigeträchtige(re) landeskulturelle Prägung zu suggerieren oder die Aufmerksamkeit auf prestigeträchtige Unternehmenssitze zu lenken, werden neben der teilweise vorgeschriebenen Angabe *Made in,* die aufgrund globalisierter Produktionsprozesse häufig auf Billiglohnländer verweist, weitere Angaben hinzugefügt. In diesem Zusammenhang ist auch die Strategie von Apple zu sehen, Apple-Produkte mit den Worten *Designed by Apple in California* zu versehen, während die Produkte tatsächlich in Billiglohnländern gefertigt werden (siehe auch Scheuss 2007: 154-168).

Nielsen (2005) diskutiert das COO-Prinzip mit Bezug auf den Touristikbereich und am Beispiel Dänemark. Die Frage nach dieser landeskulturellen Verortung wird nach Nielsen mit verschiedenen kommunikativen Mitteln beantwortet. Als Bilder und Symbole nennt er entsprechend die dänische Nationalflagge, die Wikinger, die kleine Meerjungfrau und den Märchendichter Hans Christian Andersen. Des Weiteren diskutiert Nielsen graphemische COO-Markierungen wie *æ, å* und *ø,* onomastische COO-Markierungen mittels typischer Vor- und Nachsilben (z.B. *dan*) und Länderkürzel (Domainname im Internet). Daneben nennt er Strategien, die explizit die dänische Herkunft beispielsweise im Slogan verbalisieren (vgl. Nielsen 2005: 161-166). Nielsen versucht außerdem, diese „Ausprägungen der Markierung des COO" auf einer Skala anzuordnen, die den jeweiligen Mitteln jeweils geringe oder starke Ausprägung der Markierung zuweist. Nielsen gibt jedoch auch zu:

> Darüber hinaus ließe sich diskutieren, ob die ‚simpleren' Formen der COO-Markierung wie die graphemischen oder onomastischen tatsächlich einen geringeren Grad der COO-Markierung darstellen, oder ob nicht vielleicht doch deren Bezug zu den am Ende prominenten Platzierungen, nämlich im Namen, eine relativ starke Ausprägung der COO-Markierung ausmacht. (Nielsen 2005: 166f.)

Tatsächlich wäre es vermutlich sinnvoller, die einzelnen Mittel nach ihrer Explizitheit oder Implizitheit zu klassifizieren, wenngleich auch dies Probleme birgt. Nielsen zeigt hier jedoch umfassend verschiedene Strategien auf, um landeskulturelle Zugehörigkeit zu markieren und für die Darstellung der Unternehmensidentität zu nutzen.

Diese ‚kulturelle Markierung' und die bei Nielsen aufgestellten Ebenen der Manifestation lassen sich auch auf andere stilistisch relevante Bezugsgrößen (neben der Kultur) übertragen. Bezogen auf den Corporate Style ist anzumerken, dass die Anlehnung an die landeskulturelle Identität vermutlich nur in Verbindung mit weiteren Teilidentitäten zu einer ausreichenden Differenzierung vom Wettbewerb führt. Bei Ikea kommt zur Inszenierung der „schwedischen" Teilidentität beispielsweise die Darstellung als Anbieter preiswerter Möbel hinzu.

6.4.4 Selbstdarstellungsstrategien

Selbstdarstellung ist als eine grundlegende Funktion von Unternehmenstexten anzusehen (siehe Unterabschnitt 4.1.1). Verschiedentlich wurden in den vorhergehenden Ausführungen bereits Hinweise auf Selbstdarstellungsstrategien gegeben. In den wirtschaftslinguistischen Arbeiten zu Selbstdarstellungstexten der Unternehmenskommunikation werden vor allem die Funktionen von Selbstdarstellung thematisiert, es werden jedoch selten konkrete sprachlich-stilistische Strategien benannt. Ein Beispiel hierfür ist die Darstellung von Hassinen/Wenner, die zwar Funktionen von Selbstdarstellungsstrategien benennt, jedoch keinerlei konkrete Anhaltspunkte bietet, welche konkreten kommunikativen Selbstdarstellungsstrategien gewählt werden können.[62]

Als Funktionen von Selbstdarstellungsstrategien werden insbesondere „Beeindruckung und Manipulation des Publikums", „Beanspruchung einer bestimmten öffentlichen Identität und eines Rufs" sowie unternehmensintern die „Information und Motivation der Mitarbeiter" genannt (Hassinen/Wenner 1994: 34f.). Die Gestaltung der Beziehung zwischen Rezipient und Kommunikant kann auch als Kombination von Selbstdarstellung und Adressierung aufgefasst werden (vgl. Haase et al. 2006: 210, siehe Abschnitt 3.4).

Biere (1994) diskutiert das Selbstlob als gesellschaftliches Tabu und der Umgang mit diesem Tabu in Selbstdarstellungen. Dieses Tabu gilt auch in Bezug auf Unternehmen. So befürchten beispielsweise Ebert/Piwinger (2003: 29), dass insbesondere „das übertriebene Selbstlob [...] zu Sympathieverlusten führen" könne. Biere identifiziert fünf Strategien von Unternehmen und Institutionen, das Tabu zu umgehen. Dazu zählen die explizite Thematisierung des Tabus und/oder Umdeutung, Zitatstrategien (d.h. geeignete Fremddarstellungen werden in die Selbstdarstellung eingebunden), dialogische Veranlassung zur Selbstdarstellung (z.B. im Interview) und schließlich die Selbstdarstellung als Fremddarstellung (von Unternehmen induzierte Presseberichterstattung) (vgl. Biere 1994: 14-25). Es sollte also unterschieden werden, ob die Identitätsdarstellung des Identitätsträgers (und damit das Selbstbild) offensichtlich und für Außenstehende ersicht-

---

[62] Hassinen/Wenner (1994) verweisen zwar beispielsweise auf die in der *Enzyklopädie der Psychologie* aufgestellten Kategorien der Selbstdarstellung, die sich auf individuelle Identität beziehen, und kritisieren die Aufstellung wegen ihrer mangelhaften Systematik und scheinbaren Beliebigkeit in der Auswahl der Kategorien. Sie nehmen jedoch nicht die Möglichkeit wahr, die Auflistung zu verbessern oder auf die Selbstdarstellung von Unternehmen anzupassen.

6.4 Identitätsstiftende Strategien

lich übernommen wird (etwa als Interviewäußerungen), ob sie verdeckt übernommen wird (etwa durch die wörtliche Wiedergabe von Pressemitteilungen als Zeitungsartikel), ob sie verändert übernommen werden oder aber ob es sich um genuine Fremdbilder handelt und damit im Grunde um Imagedarstellungen.

Bei Biere deutet sich bereits an, dass Selbstdarstellung und damit jede Äußerung, die identitätsbezogen interpretiert werden kann, nicht nur positiv aufgenommen wird, sondern dass auch die Gefahr einer negativen Wirkung besteht. Solche Gefahren werden bereits in der grundlegenden Darstellung von Jones/Pittman (1982) zu Selbstdarstellungsstrategien aufgezeigt. Jones/Pittman unterscheiden fünf zentrale Selbstdarstellungsstrategien von Individuen und ihre möglichen positiven und negativen Attribuierungen (vgl. Jones/Pittman 1982: 249): „Ingratiation" („Liebenswürdigkeit'), „Intimidation" („Einschüchterung'), „Self-promotion" („Selbstvermarktung') sowie „Exemplification" („Beispielhaftigkeit') und „Supplication" („Hilfsbedürftigkeit'). Die hier gegebenen Worterklärungen stellen teilweise bereits mögliche Attributionen dar. Liebenswürdigkeit ließe sich auch negativ als Anbiederungsversuch interpretieren, die Demonstration moralischer Integrität (Exemplification) kann sich als Heuchlertum herausstellen. Mit diesen Selbstdarstellungsstrategien können unterschiedliche Stile verbunden werden, beispielsweise stilistische Inszenierungen von Machtbewusstsein (Intimidation) durch den häufigeren Gebrauch von Befehlssätzen. Insbesondere die Strategie der Ingratiation kann jedoch durch die Anlehnung an verschiedenste soziale Stile erfüllt werden, abhängig vom Rezipienten, der den Stil als sympathisch empfinden soll.

Aufgrund der Ausführungen in den Abschnitten 5.1 und 5.2 lässt sich schlussfolgern, dass Unternehmenskommunikation in allen ihren möglichen Formen immer auch Selbstdarstellung beinhaltet und somit zumindest implizit zur Identitätskonstruktion beiträgt. Bezüglich der in Texten dominanten Formen der Selbstdarstellung und der damit verbundenen dominanten Textfunktionen lassen sich die Unternehmenstexte jedoch in zwei Klassen gliedern:

- Selbstdarstellungstexte: Das Unternehmen und seine Identität bzw. sein Image sind Hauptthema dieser Texte. Hier dominieren explizite Formen der Selbstdarstellung. Solche Texte, z.B. Texte zur Unternehmensgeschichte, das Mission Statement, Leitsätze etc. erfahren als „Selbstdarstellungstexte" in der wirtschaftslinguistischen Forschung große Beachtung (z.B. Emmerling 2006ff.; Schütte 2004; Ebert 1997).
- Informierende Texte: Das Unternehmen ist nur Nebenthema, die Unternehmensidentität wird nicht explizit thematisiert. Der Rezipient kann aber aus den Texten (d.h. sowohl aus seinen Inhalten als auch aus der stilistischen Gestaltung) Schlussfolgerungen zu Eigenschaften des Unternehmens ziehen. Es

überwiegen implizite Formen der Selbstdarstellung. Hierzu zählen z.B. Stellenanzeigen, bei denen die für die Stelle relevanten Kompetenzen im Vordergrund stehen. Solche Texte sind jedoch bisher kaum in Bezug auf Selbstdarstellungsstrategien hin untersucht worden.

Informierende Texte enthalten zwar auch explizite Selbstdarstellung, diese spielt jedoch eine untergeordnete Rolle. Informierende Texte sind tendenziell im Unternehmensalltag von größerer Relevanz als reine Selbstdarstellungstexte, da letztere kaum direkte Handlungsrelevanz haben. Entsprechend ist die Bedeutung informierender Texte für die sprachliche Identitätskonstruktion nicht zu unterschätzen.

6.4.5 Stilregister der Selbstdarstellung

An die Ausführungen des vorhergehenden Abschnitts schließt sich unmittelbar die Frage an, ob es auch bestimmte Stile gibt, die typisch für Texte mit Selbstdarstellungsfunktion sind. Hier können die Ausführungen von Hoffmann (2002) zu den Stilregistern der Werbesprache wichtige Hinweise geben. Hoffmann unterscheidet drei Registergruppierungen, nämlich im Hinblick auf die Beziehungsgestaltung, die Selbstpräsentation und die Einstellungsbekundung (zum Werbeobjekt). Dabei ordnet er diesen Kategorien seiner Ansicht nach relevante Stile zu:

- Als Register der Beziehungsgestaltung nennt Hoffmann u.a. „Register des Anredens und Grüßens" sowie „des Fragens und Aufforderns" und ordnet hier beispielsweise förmlichen, familiären, freundlichen oder scherzhaften Stil zu (vgl. Hoffmann 2002: 420-423).
- Als Register der Einstellungsbekundung unterscheidet Hoffmann (2002: 426-431) einerseits „Register der Artikulation des Sprechersubjekts bei der Präsentation von Werbeprodukten" (sachbetonter Stil, meinungsbetonter Stil, gefühlsbetonter Stil) und andererseits „Register der Bekundung von unernsten Sprechereinstellungen gegenüber dem Werbeprodukt" (ironischer Stil, übertreibender Stil, scherzhafter Stil).
- Als Register der Selbstpräsentation werden insbesondere triumphierender, sachkundiger, geistreicher und kultivierter Stil genannt (vgl. ebd.: 423-426).

Diese Kategorisierung sollte jedoch nicht darüber hinwegtäuschen, dass auch die übrigen Register zumindest indirekt der Selbstdarstellung dienen und ebenfalls Rückschlüsse auf Identitätsmerkmale des Autors zulassen (siehe auch Abschnitt 3.4). Auch bietet Hoffmann lediglich einen kleinen Ausschnitt möglicher Stilre-

6.4.6 Namen

gister, die der Beziehungsgestaltung, der Einstellungsbekundung oder der Selbstpräsentation zugeordnet werden können.

6.4.6 Namen

Grundsätzlich sind Selbstbezeichnungen und Namen ein wichtiger „Teilaspekt der Selbstdarstellung" (Piitulainen 2001: 159)[63]. Dies trifft sowohl auf Personennamen (siehe hierzu auch Debus 2003) als auch auf Unternehmensnamen zu. In Bezug auf letztere ist auch von *Corporate Naming* die Rede (vgl. Emmerling 2007: 10). Platen (1997: 14) schlägt für den Einsatz von Unternehmens-, Produkt- und Markennamen den Oberbegriff „Ökonyme" vor. Diese dienen vor allem der Orientierung der Rezipienten: „Wie alle Eigennamen hat auch der Markenname in erster Linie unterscheidende Funktion" (ebd.: 17). Namen untermauern so den „profilierten Anspruch auf Unverwechselbarkeit" (ebd.: 14). Entsprechend gestaltete Namen können neben der Orientierungsfunktion weitere Funktionen übernehmen, u.a. auch Imagefunktionen (vgl. Janich [2]2001: 53). Namen können damit ebenso wie Selbstcharakterisierungen der expliziten Selbstdarstellung zugerechnet werden.

Mit der Namensfindung für Unternehmen, Marken und Produkte befassen sich ganze Berufszweige. Inzwischen hat sich auch die linguistische Forschung dieses Untersuchungsgegenstands angenommen. Platen (1997: 2-7) gibt einen breiten Forschungsüberblick im Bereich der Marken- und Produktnamen und stellt zum einen eine starke Konzentration auf formale Analysen in den Bereichen Phonologie, Morphologie und Graphemik fest (vgl. ebd.: 4), zum anderen ein starkes populärwissenschaftliches Interesse an der „Biographie bekannter Produktnamen" (ebd.: 5), dem auch das Lexikon der Produktenamen von Lötscher/Wirz (1992) Rechnung trägt. Neuere Arbeiten nehmen teilweise auch andere Perspektiven ein (z.B. Zilg 2006f.; Debus 2003; Nielsen 2005; Hoffmann 2005). Dabei widmen sich die Forscher jedoch vor allem der Aufschlüsselung von Bedeutungen oder metaphorischen Spenderbereichen (Zilg 2006, 2009) sowie der Rolle nationaler Identität in Unternehmensnamen (Nielsen 2005). Keine der Untersuchungen beschäftigt sich mit dem konkreten Einsatz der Namen in Texten.

Platen (1997) stellt linguistische Kriterien zur Namensgebung auf. Die Namensfindung ist selbst ein entscheidender Akt sprachlich-stilistischer Identitäts-

---

[63] Piitulainen (2001) untersucht kontrastiv Selbstbezeichnungen in verschiedenen finnischen und deutschen Textsorten, nämlich Todesanzeigen, Telefongesprächen, Alltagsgesprächen und Rezensionen. Es geht hier also um die Selbstbezeichnungen von Einzelpersonen.

konstruktion. Entsprechend stehen bei Platen auch formale Kriterien der Namensfindung im Vordergrund:

> Eine entscheidende Rolle spielt dabei das formale Erscheinungsbild des Namens; gefordert werden insbesondere eine einfache, einprägsame Graphie sowie eine regelmäßige, leicht reproduzierbare und, wenn möglich, musikalische Phonie. (Platen 1997: 168)

Bei den hier erläuterten Kriterien Platens zur Namensfindung handelt es sich wiederum um stilistische Anforderungen. Die Anforderungen an Unternehmens- und Produktnamen sind durchaus kontrovers: Zum einen werden Unverwechselbarkeit, Auffälligkeit und Identität gefordert, zum anderen soll Assoziationsoffenheit gewährleistet und sichergestellt werden, dass „der jeweilige Produktname mögliche zukünftige Entwicklungen nicht durch allzu starke zeitliche, räumliche oder positionelle Bindungen verhindert" (Platen 1997: 168). Auch hier wird wiederum die Thematik Kontinuität vs. Wandel im Hinblick auf Identität aufgebracht. Der hier gemachte Lösungsvorschlag kann jedoch nicht uneingeschränkt übernommen werden, da durchaus auch die gegenteilige Strategie – d.h. die räumlich-zeitliche Bindung von Ökonymen und auch unternehmensspezifischen Stilen – erfolgreich sein kann, und das trotz sich wandelnder Unternehmenswirklichkeiten.

Markennamen als Minimaltexte unterliegen wie andere Texte einer verstärkten Tendenz zur Multikodalidität und bilden daher „vieldimensionale Symbole, für deren Interpretation sich die Sprache mit anderen Zeichensystemen zu einem jeweils charakteristischen Paket verbindet" (Platen 1997: 24):

> Hierzu gehören insbesondere charakteristische typographische Elemente (die Signets von *Coca-Cola* oder *Ricard*, die stets gleichen Fonts von *Nivea*), Logos (der pfiffig-bunte angebissene Apfel von *Apple* oder sympathische Krokodil von *Lacoste*), Wort-Bild-Korrespondenzen (die Visualisierung der lexikalischen Bedeutung *whiskers* 'Schnurrhaare der Katze' in *Whiskas*), rhythmische Strukturen (*So pikant – Saupiqué*, *Eleska – c'est exquis*), Jingles (*Ladoré* mit der Tonfolge la – do – re [= a – c – d] als Indikativ, die *Meister Proper*-Fanfare) und längere Musikzitate aus Klassik, Rock und Pop oder Produktdesign (die *Odol*-Flasche, die Tubenform von *Theramed*, der Flacon von *Poison*) bzw. Fotostil der Annoncen – alle jeweils beteiligten semiotischen Elemente sind unmittelbar mit dem Produktnamen verknüpft und tragen wesentlich zu dessen Wahrnehmung bei. (Platen 1997: 25f., Hervorhebungen im Original)

Namen können aufgrund solcher konventionalisierter Typographie nicht nur symbolische, sondern auch ikonische Zeichenfunktion haben (vgl. Janich 1998: 104). In ihrer multikodalen Erscheinungsweise tragen sie maßgeblich zum stilistischen Sinn von Unternehmenstexten bei. Auch können sie stilistisch markiert, etwa in häufiger und damit auffälliger Frequenz oder an ungewöhnlichen Stellen im Text eingesetzt werden.

6.4.7 Identitätsstiftende Lexik

Gruppenzugehörigkeiten können als Ankerpunkte für die Identität dienen. Dies gilt auch für Unternehmen. Selbst wenn sie internationalisiert sind, so können sie sich bestimmten Kulturen oder Subkulturen, Sozialgemeinschaften, Statusgruppen, Religionen, sozialen Bewegungen und deren Werten besonders verbunden fühlen und sich der identitätsstiftenden Attribute dieser Gruppierungen zur Darstellung ihrer eigenen Identität bedienen.

Neben Namen existieren weitere lexikalische Elemente, die identitätsstiftende Wirkung haben können, da sie identitätsstiftende Attribute verbalisieren. Emmerling nennt als relevante linguistische Analysekategorien u.a. Schlüsselwörter sowie phonetische und semantische Isotopie (vgl. Emmerling 2007: 6f.). Damit sind hier alle sprachlichen Strategien relevant, die das Besetzen von Begriffs- und Wortfeldern oder die Verknüpfung bestimmter Bild- und Bedeutungsbereiche mit der Unternehmensidentität ermöglichen. Identitätsstiftende lexikalische Elemente können in Kombination mit bestimmten Stilzügen einen Sprachstil ergeben, der sich von anderen Unternehmen und der Alltagssprache in einer identitätsstiftenden Weise abhebt.

Bezüglich der konkreten Ausgestaltung von Texten in ihrem Untersuchungskorpus bemängelt Emmerling jedoch, dass das Potenzial identitätsstiftender Lexik nicht genutzt werde und Abstrakta ohne konkreten Bezug zur Unternehmensidentität verwendet würden (vgl. Emmerling 2006b: 236). Dabei bezieht Emmerling sich auf die Texte aus der Rubrik *Über uns* auf der Unternehmenshomepage. Tatsächlich ist die explizite Darstellung der Unternehmenswerte und der Unternehmensidentität nicht immer gelungen und wird auch erst glaubwürdig, wenn sich dies auch in der stilistischen Gestaltung anderer Texte niederschlägt. Bei Ikea beispielsweise werden die Unternehmenswerte implizit in vielen Texten durch den häufigen Gebrauch der Schlüsselwörter *leicht, einfach* und *gut* widergespiegelt.

6.5 Zusammenfassung und Schlussfolgerungen

Im Verlauf des Kapitels hat sich die Relevanz einer grundlegenden Trennung zwischen instrumentell-diskursbezogenen, sozialbezogenen sowie selbstbezogenen Stilwirkungen herauskristallisiert. All diese Stilwirkungen können jedoch gleichzeitig auch als Ausdruck von Identität interpretiert werden:

- *Diskursbezogene Stilwirkungen*: Diese sind auf die Textsorte und die Textumgebung bezogen. Stil in diesem Sinne zeigt die Zugehörigkeit eines Textes zu einer Textsorte und zu einem thematischen Kontext an. Mit den stilistischen Strategien des Originalisierens und Durchführens zeigt der Sender gleichzeitig seine Stil- und Textkompetenz. Deshalb können auch die diskursbezogenen Stilwirkungen als Teil der Selbstdarstellung gesehen werden.
- *Sozialbezogene Stilwirkungen*: Stil zeigt die Zugehörigkeit eines Textes zu einer bestimmten Domäne und damit zu einem bestimmten sozialen Bereich an. Des Weiteren kann er sich an bestimmte soziale Gruppen wenden oder anlehnen, indem der Sprachstil dieser Gruppen imitiert wird. Damit wirkt Stil sehr stark auf die Akzeptanz des Textes durch den Rezipienten. Gleichzeitig demonstriert der Sender damit seine soziale Kompetenz und stilisiert sich als Teil der sozialen Umwelt. Auch die sozialbezogenen Stilwirkungen bilden somit einen Teil der Selbstdarstellung.
- *Selbstbezogene Stilwirkungen*: Stil spiegelt bestimmte Persönlichkeitseigenschaften des Senders wider und wirkt somit auf das Bild der Senderidentität zurück.

In Abschnitt 6.4 wurden verschiedene sprachlich-stilistische Mittel und Strategien vorgestellt, die ‚identitätsstiftende' Wirkung haben können. Verschiedentlich wurden auch bereits Systematisierungsversuche dazu angesprochen (z.B. sozial- vs. selbstbezüglich, explizit/implizit). Eine zufriedenstellende Darstellung und Systematisierung aller identitätsstiftenden Strategien steht jedoch bislang noch aus.

Wie gezeigt werden konnte, existieren bisher nur wenige konkrete Ansätze zur Modellierung der Zusammenhänge zwischen Sprachstil und Identität in der Linguistik, was auch mit der Vernachlässigung des Individualstils in der Linguistik allgemein zusammenhängt. Daher wurden zunächst die grundsätzlichen Zusammenhänge zwischen Sprachstil und Identität ausführlicher beleuchtet (Abschnitt 6.2). Positiv zu vermerken ist, dass die Modelle von Kresic, Bendel und Lucius-Hoene/Deppermann (Abschnitt 6.3) neben Identität auch weitere Einflussfaktoren auf Sprache und Sprachstil berücksichtigen und somit bereits recht umfassend darstellen, wie komplex die Beziehung zwischen Identität und Sprachstil ist. Als zentrale Erkenntnis dieses Kapitels kann festgehalten werden, dass Sprachstil erstens sowohl identitätskonstruierende als auch identitätsdarstellende Funktion hat und zweitens dabei stets diskurs-, sozial- und selbstbezogene Dimensionen ineinander spielen. Es ist somit von einer Mehrdimensionalität identitätsstiftender Strategien auszugehen. Stets scheinen dabei Momente sowohl von Identität als auch von Alterität, von Inklusion und Exklusion auf (siehe auch Abschnitt 5.3). Sprachlich-stilistische Identität von Individuen erscheint dabei einerseits als homogene Gestalt (folgt man dem Konzept von Bendel, siehe Unterabschnitt 6.3.2), andererseits als heterogener Verbund von Teil-Identitäten

6.5 Zusammenfassung und Schlussfolgerungen

(folgt man dem Konzept von Kresic, siehe Unterabschnitt 6.3.1). Tatsächlich sind beide Sichtweisen möglich, je nachdem, ob personenspezifische, über mehrere Kommunikationsrollen hinweg gleichbleibende Stilmerkmale im Fokus stehen, oder ob die Variationsmöglichkeiten des Individuums und damit die Unterschiede seines Kommunikationsverhaltens in den verschiedenen Rollen untersucht werden sollen.

Die Modelle von Kresic, Bendel und Lucius-Hoene/Deppermann können daher als erste Grundlage für die Systematisierung und modellhafte Darstellung der Zusammenhänge zwischen Unternehmensidentität und Sprachstil dienen. Eine zusammenfassende Modellierung erfolgt später in Kapitel 8. Dabei werden einige der hier dargestellten Modelle und Ansätze berücksichtigt. Zunächst dienen die linguistisch-deskriptiven Ansätze als Hintergrund für die Analyse der normativen Konzepte in Kapitel 7.

Zu beachten ist, dass die Erkenntnisse aus diesem Kapitel sich vor allem auf Individual-Identität beziehen. Zur Übertragbarkeit der Erkenntnisse auf die Unternehmenskommunikation ist grundsätzlich festzuhalten, dass die dargestellten Strategien und Mittel aus Abschnitt 6.4 auch von Unternehmen genutzt werden können und dass die Zusammenhänge zwischen Unternehmensidentität und Sprachstil ähnlich gelagert sind wie zwischen Individual-Identität und Sprachstil. Daher können die hier dargestellten Strategien auch für die Darstellung und Konstruktion der Unternehmensidentität genutzt werden.

7 Normative Konzepte zu Sprachstil und Unternehmensidentität

In diesem Kapitel erfolgt nun die Diskussion und Kritik der wenigen bisher vorhandenen Konzepte, die sich explizit der Modellierung der Zusammenhänge zwischen Sprachstil und Unternehmensidentität widmen und sich mithin als sprachbezogene Corporate-Identity-Modelle verstehen lassen. Zu diesen Konzepten zählen das Corporate-Wording-Konzept von Förster et al. (2010), das Corporate-Language-Konzept von Reins (2006) sowie das Konzept zu CI in Texten von Sauer (2002).

Im Anschluss an einen Überblick über die Konzepte und nach einigen Anmerkungen zu ihrer Auswahl (Abschnitt 7.1) erfolgen zunächst einige theoretische Vorüberlegungen: Da die Konzepte von Förster et al. und Reins in Sprachratgeber eingebettet sind, werden auch ‚laienlinguistische' Aspekte für die Diskussion relevant. Im Sinne einer theoretischen Grundlegung wird deshalb die in den Abschnitten 3.7 und 3.8 begonnene Diskussion zu Sprach- und Stilnormen wieder aufgegriffen und im Hinblick auf Sprachratgeber und ‚Laienlinguistik' fortgeführt (Abschnitt 7.2).

Die Konzepte sollen außerdem im Hinblick auf ihre linguistische Fundierung, die mit ihnen verbundenen Stil- und Identitätsauffassungen sowie auf ihr Potenzial zur Herausbildung eines Corporate Style diskutiert werden. Nachdem die mit diesen Diskussionsschwerpunkten verbundenen Fragen und Analyseaspekte erläutert und systematisiert worden sind (Abschnitt 7.3), erfolgt die Einzeldiskussion der Konzepte (Abschnitt 7.4 bis 7.6). Dabei wird auf die in Kapitel 6 dargestellten Zusammenhänge zwischen Sprachstil und Identität zurückgegriffen. Abschließend wird eine vergleichende Gesamtbeurteilung der verschiedenen Konzepte vorgenommen (Abschnitt 7.7).

7.1 Die ausgewählten Konzepte im Überblick

Im Wesentlichen konnten drei Konzepte identifiziert werden, die sich explizit um eine Modellierung der Zusammenhänge zwischen Unternehmensidentität und Sprachstil bemühen. Dabei handelt es sich um die in Ratgebern veröffentlichten Konzepte von Förster („Corporate Wording", 1994ff.) und Reins („Corporate Language", 2006) sowie die sprachwissenschaftliche Arbeit von Sauer („CI in Texten", 2002).

Zwei weitere Werke sind an dieser Stelle noch zu erwähnen: Die linguistische Arbeit „Playing the Corporate Language Game" von Nickerson (2000) und die betriebswirtschaftliche Publikation „Corporate communication and corporate language" von Beer (1996) scheinen zwar dem Titel nach thematisch relevant zu sein, doch sie beschäftigen sich nicht mit der sprachlichen Darstellung und Konstruktion von Unternehmensidentität, sondern unter anderen Gesichtspunkten mit Sprache in und von Unternehmen. Nickerson (2000) untersucht Stile und sprachliche Strategien, die niederländische Schreiber in britischen Unternehmen bei der Produktion englischer Texte anwenden. Es handelt sich also nicht um eine Untersuchung unternehmensspezifischer sprachlicher Strategien, sondern um die Strategien einzelner Personen. Beer (1996) behandelt den Gebrauch einzelner sprachlicher Mittel, insbesondere Jargon, Fachsprache, Abkürzungen und rhetorische Figuren wie Metaphern. Es handelt sich dabei weder um ein Konzept zur Analyse noch zur Modellierung eines Corporate Style, sondern vielmehr um eine wenig systematische Sammlung einzelner Analyseaspekte zur Untersuchung von Unternehmenssprache. Weder Nickerson noch Beer bieten Ansätze zur Verknüpfung von Unternehmensidentität und Sprachstil oder zur Entwicklung eines unternehmensspezifischen, identitätsbezogenen Sprachstils. Da in diesem Kapitel jedoch Ansätze diskutiert werden sollen, die ebendies zum Ziel haben, sind die Arbeiten von Nickerson und Beer hier nicht weiter relevant.

Für die Auswahl der zu untersuchenden Konzepte war ausschlaggebend, ob sie einen unternehmensspezifischen, identitätsbezogenen Sprachstil anstreben. Es hat sich ergeben, dass die wenigen vorhandenen Konzepte, die so ausgerichtet sind, allesamt normativ-präskriptiv vorgehen. Damit lassen sie sich gleichzeitig im Gegensatz zu den sprachwissenschaftlich-analytischen Ansätzen sehen, die in Kapitel 6 dargestellt wurden.

Försters Konzept des „Corporate Wording" (1994ff.) stellt einen der ersten Versuche dar, das Corporate-Identity-Konzept auf die sprachliche Gestaltung anzuwenden. Das Konzept Försters wurde bereits in Vogel (2009) diskutiert. Teilweise werden daher im Folgenden die dort gemachten Ausführungen wieder aufgegriffen, insbesondere was die Stilauffassungen Försters betrifft. Auch soll der Überblick von Sauer berücksichtigt werden, der eine erste sprachwissenschaftliche Annäherung an das Corporate-Wording-Konzept darstellt (vgl. Sauer 2002: 40-45).

Ebenso wie Försters Konzept stammt das Corporate-Language-Konzept von Reins von einem Praktiker, ist also auch für die Praxis entwickelt worden. Reins bemüht sich zwar, das Konzept der „Corporate Language" von Försters „Corporate Wording" abzugrenzen, operiert aber mit ähnlichen Stilkategorisierungen. Der Ansatz von Reins ist bisher in der Linguistik noch nicht rezipiert worden.

Das Konzept von Sauer zu „CI in Texten" (2002) fällt hier in gewisser Weise aus dem Rahmen, da es sich um ein linguistisches Werk handelt, das zumindest primär für die Sprachwissenschaft verfasst wurde. Sekundär richtet es sich jedoch auch an Praktiker. Zudem handelt es sich ebenfalls um ein normatives Konzept. Daher soll der Ansatz ergänzend zu den übrigen, ‚laienlinguistischen' Konzepten analysiert werden.

7.2 Normative Ansätze und Sprach- und Stilratgeber

Auch wenn bei der Diskussion der einzelnen Konzepte ihre grundlegenden Züge und die damit verbundenen Stil- und Identitätsauffassungen im Vordergrund stehen, wird zunächst eine Einführung in die Thematik der Sprach- und Stilratgeber als sinnvoll erachtet. Aufgrund der häufig stark normativ-präskriptiven Ausrichtung von Sprachratgebern ist es nötig, dabei auf die in Abschnitt 3.7 diskutierte Aufstellung von Stilnormen zurückzukommen. Vor allem aber werden grundlegende Eigenschaften von Sprachratgebern dargelegt und ein Überblick zu sprachwissenschaftlichen Untersuchungen dieser Textsorte gegeben.

Die Ratgeberthematik ist deshalb so relevant, weil im Falle von Förster (1994ff.) und Reins (2006) die zu beschreibenden Konzepte in Ratgeber eingebunden sind. Die Konzepte können daher nicht gänzlich losgelöst von dieser Trägertextsorte beschrieben werden. Der Ansatz von Sauer (2002) ist zwar nicht Teil eines Ratgebers, richtet sich aber (auch) an Praktiker und möchte direkte Hilfestellung geben. Es ist daher anzunehmen, dass viele der Einlassungen, die Sprachratgeber betreffen, auch für Sauer gelten.

Greule definiert Sprachratgeber als „ein[en] Text (meist ein Buch), in dem Ratschläge zum Gebrauch der Muttersprache gegeben werden oder in dem zum Gebrauch der Muttersprache angeleitet wird" (Greule 2002: 589). Ein Sprachratgeber muss demnach Anleitungen oder Ratschläge enthalten. In Bezug auf die Zielsprache erscheint die Definition von Greule allerdings sehr eng. Zwar sind Ratgeber zur Muttersprache der weitaus häufigere und üblichere Fall, doch ist es ebenso denkbar, beispielsweise einen Ratgeber zum Gebrauch der französischen Sprache in deutscher Sprache zu lesen, ohne dass es sich dabei um ein Fremdsprachenlehrbuch handeln muss.

Kessel (2009: 29-33) stellt eine Klassifikation der Subsorten von Sprachratgebern auf und nennt neben vielen weiteren, teils historischen Subsorten auch die Schreib- und Stillehren. Schreiblehren sind nach Kessel „Bücher, die sich mit dem Verfassen schriftlicher Texte (und zwar meist bestimmter Textsorten) befassen" (ebd.: 32), Stillehren hingegen „dienen der Vermittlung und dem Einüben stilistischer Formen" (ebd.: 33). Die Ratgeber von Reins und Förster sind demnach als eine Mischung aus Schreib- und Stillehren zu kategorisieren. Beide Ratgeber enthalten zwar auch Textteile, die dem Prototypen der Textsorte Ratgeber weniger entsprechen (lexikonartige Wortlisten, Interviews etc.). Da sie jedoch eindeutig dem Zweck von Sprachratgebern dienen, zum Gebrauch der Muttersprache anzuleiten, ist die Zuordnung insgesamt dennoch eindeutig. Eine ausführlichere Kategorisierung findet sich in den Unterabschnitten zu den jeweiligen Konzepten.

Sprachratgeber gelten erst seit kurzem als genuiner Untersuchungsgegenstand der Linguistik und werden teilweise noch immer als Tabu betrachtet (vgl. Kessel 2009: 25). Sprachratgeber stellen jedoch ein ergiebiges Untersuchungsmaterial dar, wenn es um die Sprach- und Stilauffassungen von Laien geht. Diese Sprachauffassungen erfahren zunehmend Beachtung durch die Sprachwissenschaft, etwa in den Arbeiten zu sprachreflexiven Äußerungen und Sprachwissen im Alltag von Lehr (2001f.) und Paul (1999f.).

Die Untersuchung von Sprachratgebern lässt sich der Sprachkulturforschung zuschlagen. Diese linguistische Teildisziplin setzt sich mit Sprachpflege, Sprachkritik und Sprachkultur auseinander. Als wegweisend für diesen Forschungsbereich kann die Habilitationsschrift von Antos (1996) gelten. Antos prägt für die häufig von Laien für Laien geschriebenen sprachkritischen und sprachnormierenden Schriften den Terminus *Laienlinguistik*. Dieser Terminus birgt einige Schwierigkeiten, da der Laienbegriff auch in negativer Konnotation verwendet wird. Zudem ist nur schwierig abzugrenzen, wer als sprachwissenschaftlicher Laie gelten soll (vgl. Kessel 2009: 43). Als Vergleichsmoment wird hierbei das Gegenteil des Laien, der Experte, relevant. Der Gegensatz zwischen Experte und Laie stellt für Kessel ein zentrales Strukturmerkmal der Sprachratgeber dar. Tatsächlich geben sich die Autoren von Sprachratgebern gegenüber ihren ratsuchenden Lesern als Experten aus – ob sie es auch sind, bleibt dahingestellt. Kessel (2009: 44) schlägt bezüglich des Expertenbegriffs vor, „auf der einen Seite zwischen Sonder-, Experten- und Allgemeinwissen, auf der anderen Seite zwischen der beruflich organisierten Expertise zu unterscheiden". Um dennoch den problematischen Laien-Begriff zu vermeiden, weicht Kessel auf den Begriff des Praktikers aus und definiert:

7.2 Normative Ansätze und Sprach- und Stilratgeber

> Unter dem Begriff Sprachratgeber wird Literatur zusammengefasst, die für die Praxis geschrieben und meist auch von Praktikern verfasst ist. Der jeweilige berufliche Hintergrund kann sich auf die Konzeption ihrer praxisorientierten Kommunikations- und Sprachvermittlung in den Ratgebern auswirken. (Kessel 2009: 45)

Da teilweise nicht feststellbar ist, welche Ausbildung die Ratgeberautoren genossen haben, kann es sinnvoll sein, laienlinguistische von (sprach-)wissenschaftlichen Theorien abzugrenzen, indem das Kriterium der „Transfer-Invarianz" (Antos 1996: 15) hinzugezogen wird. Transfer-Invarianz meint dabei, dass eine für Laien verständliche Vermittlung und damit eine Didaktisierung linguistischen Wissens angestrebt wird, „ohne jedoch wissenschaftliche Kernaussagen zu verändern" (Kessel 2009: 46). Laut Antos (1996: 15) sind diese Voraussetzungen in der Laienlinguistik nur teilweise gegeben, d.h. die Nicht-Erfüllung des Kriteriums erlaubt eine Zuordnung des Werks zur Laienlinguistik. Gleichzeitig wären damit die von Wissenschaftlern verfassten populärwissenschaftlichen Texte nicht mehr Teil der Laienlinguistik. Law (2007: 11) unterscheidet daher einfache und doppelte Laien-Linguistik, d.h. „bei der ‚einfachen' handelt es sich um ein Werk eines Germanisten/Sprachwissenschaftlers für Laien, bei der ‚doppelten' um ein Werk eines Sprachliebhabers/eines Laien für Laien" (Law 2007: 11).

Obwohl Sprachratgeber erst spät als Gegenstand der linguistischen Forschung anerkannt wurden, hat die Sprachkulturforschung bereits einiges zu dieser Textsorte zusammengetragen. Frühe Arbeiten in diesem Bereich behandeln und kritisieren einzelne Ratgeber und deren Ratschläge recht ausführlich (z.B. Rupp 1986). Wichtige grundlegende Arbeiten zur Textsorte stammen von Antos (1996), Greule (1997ff.) und Bremerich-Vos (1991, 2000). Untersuchungen zu spezifischen Ratgeberliteraturen und Kommunikationsbereichen sind bisher noch rar. Als breit untersucht können vor allem die Subsorten der Briefsteller (z.B. Nickisch 1969; Ettl 1984; Lütten-Gödecke 1994) und der Stilratgeber (z.B. Antos 1995; Förster 1980; Law 2006; Nickisch 1975; Püschel 1991; Sanders 1998f. und Schmidt-Wächter 2003) gelten. Eine der jüngsten Arbeiten im Forschungsfeld stammt von Kessel (2009) und diskutiert Smalltalk-Ratgeber.

Die reichhaltige Ratgeberliteratur im Bereich der Unternehmenskommunikation ist von der Forschung bisher ausgespart worden. Lediglich in der schreibdidaktisch orientierten Diskussion von Sauer (2002) werden Sprachratgeber zur schriftlichen Unternehmenskommunikation behandelt. Sauer stellt eine Auswahl amerikanischer und deutscher Ratgeber vor, inkludiert dabei allerdings auch nicht spezifisch auf die Unternehmenskommunikation bezogene Ratgeber. Für den Bereich der Mündlichkeit existiert bisher nur ein Überblick über „Rhetorikratgeberliteratur und Rhetoriktrainings für Manager" (Knape et al. 2001), der zum einen sehr knapp gehalten ist und zum anderen auf eine bestimmte Zielgruppe (Manager) fokussiert. Eine ausführliche Untersuchung der Sprachratgeber in der Unternehmenskommunikation steht somit noch aus.

Die Relevanz von Stilratgebern ergibt sich vor allem aus ihrer Funktion für den sprachwissenschaftlichen Laien, der dort nach Orientierung in sprachlichen Zweifelssituationen und Hilfestellung in Stilfragen sucht (vgl. Handler 2005: 128). Als weitere Funktionen von Sprachratgebern werden außerdem Sprachnormierung und Sprachlenkung genannt (vgl. Greule 2002: 594). Angesichts dieser hohen Relevanz für den Sprachalltag wird oftmals die Zurückhaltung von Sprachwissenschaftlern auf diesem Gebiet kritisiert. Die in Sprachratgebern aufgestellten Normen ignorieren jedoch oftmals die Tatsache, dass es ein „Falsch" oder „Richtig" in vielen stilistischen Fragen nicht geben kann. Es handelt sich letztlich immer auch um eine Frage des Geschmacks, ob etwas in einem bestimmten Kontext als angemessen empfunden wird. Stilnormen lassen sich auch deshalb in ihrer Absolutheit nicht in jedem Kontext anwenden. Dennoch werden Geschmacksurteile als allgemeingültige Regeln ausgegeben.[64] Durch die Reduktion auf solche Regeln kann die Komplexität stilistischen Handelns zwar nicht angemessen dargestellt werden, doch stellen sie einen klaren, gleichwohl stark vereinfachenden Orientierungspunkt für das stilistische Handeln dar.

Charakteristisch für die wissenschaftliche Auseinandersetzung mit Sprachratgebern war deshalb lange Zeit, dass sie vor allem auf einer eher kritischen Ebene erfolgte und kaum konstruktive Ansätze bot. Hier deutet sich ein Richtungswechsel an. Zunehmend wird gefordert, auch die Verdienste der Ratgeber angesichts der Komplexität der Thematik zu würdigen. Insbesondere im Anschluss an Antos (1996, 2000) ist eine konstruktivere Haltung der Linguistik gegenüber der Ratgeberliteratur zu verzeichnen. So zeigt Antos (2000) am Beispiel von Gesprächsanalyse und Ratgebern zur mündlichen Kommunikation Wege zu einer fruchtbaren Zusammenarbeit von Ratgeberliteratur und Linguistik auf.

Daneben existieren vereinzelt konkrete Versuche seitens der Linguistik, die Domäne der Schreib- und Stilratgeber zurückzuerobern und dem Laien verständlich zu machen, warum (zu) stark normative Orientierungen problematisch sind. Zu diesen Versuchen können die Werke von Ebert (2005f.) im Bereich der Verwaltungssprache und Keller (2006) im Bereich der Finanzkommunikation gezählt werden. Doch auch hier wird vermieden, „was die Linguistik bei Strafe ihres wissenschaftlichen Anspruchs nicht bieten kann - nämlich verbindliche Vorschriften" (Antos 1995: 355).

---

[64] Fix (1989: 138) sieht das Problem der Stilratgeber weniger in der Subjektivität der dort vertretenen Maximen, sondern vielmehr in der „Umsetzung des richtig Erfaßten und durchaus akzeptabel, wenn auch verknappt und zugespitzt, in Maximen Formulierten in eine Anleitung zum konkreten sprachlichen Handeln und in sprachliches Handeln selbst. [...] Eine Vermittlung zwischen Wertsetzungen und sprachlicher Realisierung im Detail, die auf theoretischen Aussagen basieren müßte, findet nicht statt".

Inzwischen wird dem Untersuchungsgegenstand der Sprachratgeber auch durchaus Relevanz für die linguistische Forschung zugeschrieben. Sprach- und Stilratgeber gelten als „Reservoir an Alltagssprachwissen und an sprachlich-kommunikativer Erfahrung [...] trotz mancher Fehldarstellungen" (Fix 1989: 131). Fix strebt daher eine „partielle Ehrenrettung der Stillehren als Gattung" (Fix 1989: 132) an und schlägt vor, Stilratgeber linguistisch als „Einblick in einen Ausschnitt aus der Sprachkulturerfassung, aus Kommunikations-, Sprach- und Stilkompetenz einer bestimmten Zeit und einer bestimmten sozialen Schicht" (Fix 1989: 139) zu betrachten. Greule (2002: 595) argumentiert ähnlich, wenn er Sprachratgeber als „Quellen der Sprachgeschichte bzw. der Sprachnormierungsgeschichte" beschreibt. Auch Antos macht auf die Bedeutung der Laienlinguistik als metasprachliches Korpus aufmerksam (vgl. Antos 1995: 361).

Kessel thematisiert die möglichen Textfunktionen der Ratgeber und argumentiert, dass zunächst eine Kategorisierung als Texte mit dominanter Appellfunktion naheliegt (vgl. Kessel 2009: 41). Diese Zuordnung ist jedoch problematisch, weil eine direkte Handlung nicht intendiert wird, wie auch Brinker mit Bezug auf die Textsorten Gebrauchsanweisung, Bedienungsanleitung und Kochrezept verdeutlicht:

> Der Emittent will in Texten dieser Art, den Rezipienten nicht zu einer unmittelbaren Handlung veranlassen, sondern ihn über bestimmte Handlungsschritte und -möglichkeiten informieren [...]. (Brinker [7]2010: 103)

Kessel (2009: 41) plädiert in Anlehnung an diese Ausführungen von Brinker für die Einordnung der Ratgeber als „Instruktionstexte" mit „Sonderstellung zwischen Texten mit Informationsfunktion und solchen mit Appellfunktion".

Damit ist die Textsorte der Sprachratgeber für das vorliegende Vorhaben ausreichend charakterisiert. Im Folgenden werden die Kategorien systematisiert, die leitend für die Diskussion der Konzepte von Förster et al., Reins und Sauer sein sollen. Dabei werden immer wieder auch Fragestellungen zur ‚laienlinguistischen' Thematik relevant, z.B. zur sprachwissenschaftlichen Vorbildung der Autoren, zur Theoriebildung oder zu den Stilauffassungen der Autoren im Vergleich mit linguistischen Stilauffassungen.

7.3 Analyse- und Diskussionsaspekte

Im Folgenden sollen nun ausführlich die Aspekte erörtert werden, die leitend für die Diskussion der Einzelkonzepte sein sollen. Ziel der Diskussion ist es, die

Leistungsfähigkeit der Konzepte in Bezug auf die Modellierung der Zusammenhänge zwischen Stil und Unternehmensidentität zu beurteilen.

In der Diskussion müssen zunächst sowohl die Konzepte selbst grundlegend beschrieben werden als auch die Publikationen, in die sie eingebettet sind. Nur vor diesem Hintergrund sind eine adäquate Beurteilung der jeweils dargestellten Stil- und Identitätsauffassungen und schließlich eine Gesamtbeurteilung der Konzepte möglich.

Da die vorliegende Arbeit weder schreibdidaktisch noch betriebswirtschaftlich orientiert ist, wird keine empirische Studie zur Implementierung angestrebt. Aspekte der konkreten Umsetzung und Durchsetzung der Konzepte im Unternehmen werden deshalb im Rahmen dieser Arbeit nur am Rande thematisiert. Umsetzungsinstrumente oder Implementierungsverfahren werden nur dann in die Diskussion einbezogen, wenn hieran Stil- oder Identitätsauffassungen der Autoren deutlich gemacht werden können.

Der Aufbau der Einzeldiskussionen vollzieht sich daher in fünf Schritten, die in den folgenden Unterabschnitten näher erläutert werden:

1) Darstellung der Rahmenbedingungen zur Publikation (siehe 7.3.1),
2) Beschreibung des jeweiligen Konzepts in seinen Grundzügen (siehe 7.3.2),
3) Darstellung der Stilauffassungen (siehe 7.3.3),
4) Darstellung der Identitätsauffassungen (siehe 7.3.4)
5) Beurteilung des Gesamtpotenzials der Konzepte (siehe 7.3.5).

In den einzelnen Unterabschnitten werden mit den Diskussionsaspekten jeweils einige zentrale Analysefragen verbunden, die schließlich in Unterabschnitt 7.3.6 zu einem Fragenkatalog zusammengefasst werden.

7.3.1   Rahmenbedingungen zur Publikation

Als Rahmenbedingungen der Publikationen, in die das jeweilige Einzelkonzept eingebettet ist, werden insbesondere der Autor, die adressierten Rezipienten und deren mutmaßliche linguistische Vorbildung thematisiert. Hinzu kommen außerdem noch die grundlegenden Publikationsdaten und die Textsortenkategorisierung. Dabei wird nicht nur eine globale Textsortenklassifikation der Publikation vorgenommen, sondern auch die Teiltexte werden im Hinblick auf die Textsorte eingeordnet. Dies ist auch deshalb relevant, weil Sprachratgeber häufig Teiltexte enthalten, die über den eigentlichen Zweck eines Sprachratgebers hinausgehen und damit als textsortenfremd betrachtet werden können. Greule bezeichnet dieses Phänomen als „Vernetzung" und thematisiert es als Problem der Textsortenklassifizierung (vgl. Greule 1997: 246).[65]

---

[65] Zum verwandten Problem der „Textsorten-in-Vernetzung" siehe auch Abschnitt 3.6.

7.3 Analyse- und Diskussionsaspekte

Die jeweilige Vorbildung der Autoren und Adressaten ist vor allem aus laienlinguistischer Perspektive interessant. Kessel beispielsweise stellt in Bezug auf ihr Korpus zu Smalltalk-Ratgebern fest, dass die Autoren nur selten sprachwissenschaftlich vorgebildet sind und die verschiedensten beruflichen Hintergründe haben. Teilweise werden die jeweiligen Bildungshintergründe völlig im Dunkeln gelassen und vage Bezeichnungen wie „Trainer" oder „freier Autor" gewählt (vgl. Kessel 2009: 37). Die von den Autoren avisierten Rezipienten sind meist leicht ermittelbar, da diese innerhalb der Publikationen explizit genannt werden.[66] Auch eine Charakterisierung bezüglich des Experten- oder Laienstatus der Rezipienten findet sich oftmals innerhalb der Werke und kann somit berücksichtigt werden. Bei der Beschreibung der jeweiligen Expertise der Autoren und Rezipienten geht es allerdings nicht darum, diese zu diskreditieren. Dieses Hintergrundwissen soll vielmehr eine bessere Beurteilung der Konzepte ermöglichen, etwa im Hinblick auf ihre Handlungsorientierung. Zusammengefasst berücksichtigt die grundlegende Beschreibung der Konzepte folgende Faktoren:

- Bibliographische Angaben zu den zugrunde gelegten Werken,
- Expertise des Autors/Vorbildung,
- Zielsetzung/Autorintention,
- Charakterisierung der Adressaten (Vorbildung, Funktion im Unternehmen),
- Struktur bzw. Vernetzung der Werke (textintern und textextern, z.B. ratgeberfremde Teiltexte oder Hinweise auf weitere Instrumente zur sprachlich-stilistischen Gestaltung).

7.3.2 Beschreibung des jeweiligen Konzepts in seinen Grundzügen

Ebert (2005: 116) stellt verschiedene Kriterien für die Qualitätsbewertung von Sprachratgebern auf,[67] die sich teilweise auf die Bewertung der hier zu untersu-

---

[66] Bei der Ermittlung der tatsächlichen Rezipienten treten vermutlich größere Schwierigkeiten auf (vgl. Kessel 2009: 39), da zum einen beim Kauf eines Buches die Käufer nicht registriert werden und zudem Käufer und Leser nicht die gleichen Personen sein müssen. Die Frage nach den tatsächlichen Rezipienten ist jedoch für die hier angestrebte grundlegende Beurteilung der Konzepte unerheblich und kann im Rahmen dieser Arbeit vernachlässigt werden.

[67] Die bei Ebert (2005: 16) genannten didaktischen Aspekte („didaktische Vielfalt", „Balance zwischen Fordern und Fördern") sollen hier nicht erörtert werden, da diese für die vorliegende Fragestellung keine Rolle spielen. Auch soll nicht danach gefragt werden, wie der „Umgang mit Verschiedenheit" (im Sinne ethnischer und geschlechtlicher Verschiedenheit) in den Konzepten behandelt wird. Im Vordergrund sollen der Umgang mit Stil(en) und Unternehmensidentität und die Funktionalität der Konzeptualisierungen in Bezug auf diese beiden Begriffe stehen. Ebert fragt diesbezüglich auch danach, ob mehr geleistet wird als „pauschale Hinweise auf Image- und Identitätsaspekte des Schreibens" (Ebert 2005: 116). Auf diesen Aspekt wird in den Unterabschnitten 6.3.3 und 6.3.4 näher eingegangen.

chenden Konzepte übertragen lassen. Zwei grundlegende Fragen sind dabei, ob überhaupt linguistische Begründungen gegeben werden und wie die „Qualität und Aktualität der linguistischen Begründungen" (Ebert 2005: 116) zu beurteilen ist. Bei der Begründung der normativen Aussagen werden in Sprachratgebern häufig nicht nur wissenschaftliche Theorien herangezogen. Historisch belegt ist insbesondere die Argumentation mittels Vorbildern und Autoritäten sowie mittels sprachreflexiver Herleitungen, die sich wiederum häufig auf nicht belegbare oder veraltete oder fachfremde Erkenntnisse stützen (vgl. Josten 1976: 11).

Für die Beschreibung der hier ausgewählten Konzepte gilt, dass nicht jeweils das gesamte Werk analysiert werden soll (z.B. alle dort gemachten Aussagen zu Sprache und Stil), sondern lediglich die eng mit den Grundkonzepten verknüpften Aussagen. Bei der Beschreibung der Konzepte soll vor allem deutlich werden, welche theoretischen Hintergründe die Autoren mit den Konzepten verbinden, welche Begrifflichkeiten sie wählen und welches Ziel sie mit den Konzepten verfolgen. Es sollen also zusammengefasst hinsichtlich der Grundzüge der Konzepte folgende Aspekte ausführlicher beschrieben werden:

- Darstellung der Konzepte in ihren Grundzügen,
- Darstellung der von den Autoren gewählten Begrifflichkeiten,
- Darstellung der theoretischen Begründungen.

Die Frage nach theoretischen Begründungen sowie den gewählten Begrifflichkeiten hängt eng mit der Frage nach den Stil- und Identitätsauffassungen der Autoren zusammen. Das Vorgehen zur Analyse der Stil- und Identitätsauffassungen wird daher im nachfolgenden Abschnitt näher beschrieben.

7.3.3 Stilauffassungen

Die in den Kapiteln 3, 4 und 5 diskutierten Aspekte von Identität und Stil finden sich verdichtet in den im Hinblick auf die Unternehmenskommunikation formulierten Definitionen zum Identitäts- und Stilbegriff wieder (siehe Abschnitte 4.2 und 5.6). Sie dienen als Basis für die Diskussion der nun zu untersuchenden Konzepte und ihrer Stil- und Identitätsauffassungen. Daher sollen diese zentralen Definitionen hier mit analytischen Fragen verbunden und dadurch operationalisiert werden. Die in Abschnitt 4.2 aufgestellte Stildefinition lautet:

7.3 Analyse- und Diskussionsaspekte

> **Definition 1: Stilbegriff für die Unternehmenskommunikation**
> Das stilistische Handeln von Unternehmen stellt relationale Bezüge her, aktiviert relationale Kontexte und wird gleichzeitig von diesen Kontexten determiniert. Es manifestiert sich auf verschiedenen sprachlichen und nichtsprachlichen Zeichenebenen.
> Ein unternehmensspezifischer kommunikativer Stil verleiht Unternehmenstexten mittels einer einheitlichen Gestalt zusätzliche Bedeutung, da es sie als Texte eines bestimmten Unternehmens auszeichnet, und verknüpft die Unternehmenstexte mittels unternehmensspezifischer (sprachlich-stilistischer, bildlicher und anderer) Bezüge.

Angesichts dieser leitenden Stildefinition sind die Konzepte im Hinblick auf die ihnen implizit oder explizit zugrunde liegenden Stilauffassungen unter folgenden Aspekten zu diskutieren:

- Welche Begriffe werden im Zusammenhang mit ‚Stil' genutzt und welche Perspektiven auf Stil können damit verbunden werden?
- Welche außersprachlichen Relationen bzw. Kontexte (wie Unternehmensidentität, Bezugsgruppen, Textsorten, Textfunktionen) werden als stilistisch relevant angesehen und in der Konzeption berücksichtigt?
- Auf welche Textsorten soll das Konzept angewendet werden? Welche Textsorten werden als Beispiele verwendet, welche nur erwähnt?
- Welche Ebenen von Sprachstil werden berücksichtigt (Wort, Satz, Text, Diskurs)?
- Welche Kodes werden neben Sprache in der Konzeption berücksichtigt?
- Inwiefern werden soziale Bedeutungen und Stilwirkungen berücksichtigt? Welche Stilkategorisierungen werden gemacht?
- Inwiefern werden Fragen Integrierter Kommunikation bzw. Intertextualität und Vernetzung thematisiert und mit Stil in Beziehung gesetzt?

Die vergleichende Diskussion der Stilauffassungen erlaubt zum einen eine objektivere Beurteilung der Fundiertheit der Konzepte und ist zum anderen zentral für die abschließende Beurteilung der Konzepte im Hinblick auf ihr Potenzial für die stilistische Darstellung und Konstruktion der Unternehmensidentität.

7.3.4 *Identitätsauffassungen*

Analog zur Vorgehensweise im vorhergehenden Unterabschnitt 7.3.3 wird für die Evaluierung der Identitätsauffassungen in den Konzepten die bereits erarbeitete Definition zur Unternehmensidentität aus Abschnitt 5.6 herangezogen und in Analyseaspekte zerlegt. Sie lautet:

Definition 2: Begriff der Unternehmensidentität
Unternehmensidentität bildet sich im Wechselspiel mit den Identifikationsleistungen der Mitarbeiter und den nach außen getragenen Manifestationen bzw. Ausdrucksformen der Identität. Die Unternehmensidentität ist gleichzeitig sowohl Ausfluss als auch Orientierungspunkt der Identifikationsleistungen. Ihre Funktion als Orientierungspunkt kann die Unternehmensidentität nur mittels eines hohen Ausmaßes an Kontinuität, Einheitlichkeit und Einzigartigkeit sowie Authentizität erfüllen. Gleichzeitig ist die Unternehmensidentität als Ausfluss kollektiver Orientierungsleistungen von wechselnden Umwelteinflüssen geprägt und muss sich dynamisch an diese anpassen, weshalb auch Wandel- und Anpassungsbewegungen die Unternehmensidentität prägen.

Die Identitätsauffassungen der einzelnen Konzepte sollten daher auf folgende Analysefragen hin überprüft werden:

- Welche Determinanten von Identität werden thematisiert – Kontinuität und Wandel, Einheitlichkeit und Authentizität, Inklusion und Exklusion, Anpassung und Einzigartigkeit?
- Welche Ausdrucksformen von Identität werden berücksichtigt?
- Welche Funktionen werden Unternehmensidentität zugeschrieben (z.B. Bezugspunkt der externen Kommunikation, Identifikations- und Orientierungspunkt der Mitarbeiter)?
- Wird das jeweilige Konzept an das Corporate-Identity-Konzept angebunden?

Hier sind bereits einige Aspekte enthalten, die auf die Frage nach dem Gesamtpotenzial der Ansätze zur sprachlich-stilistischen Darstellung und Konstruktion der Unternehmensidentität verweisen.

7.3.5 Gesamtpotenzial des Konzepts

Die in den Unterabschnitten 7.3.3 und 7.3.4 aufgeführten Analysefragen evaluieren zunächst, welche Perspektiven auf Stil und Identität durch die Konzepte eröffnet werden. In einem weiteren Schritt ist danach zu fragen, wie die Konzepte insgesamt zu beurteilen sind. Dabei spielt es erstens eine Rolle, wie die Zusammenhänge zwischen Stil und Identität in den Konzepten modelliert werden, und zweitens, wie das Gesamtpotenzial der Konzepte zu beurteilen ist. Im Rahmen dieser Gesamtpotenzialanalyse werden deshalb unter Berücksichtigung der

7.3 Analyse- und Diskussionsaspekte

vorhergehenden Diskussion Schlussfolgerungen bezüglich der generellen Funktionalität der Konzepte gezogen.

Die Unterschiede zur wissenschaftlichen Diskussion sollen dabei nicht nur aus linguistisch-stilistischer Perspektive, sondern auch aus alltagspraktisch-handlungsorientierter Perspektive bewertet werden. So ist zu fragen, welche Vorteile die vorgefundenen Stilauffassungen für die Unternehmenskommunikation haben. Hier geht es also darum, inwiefern die Konzepte (trotz der vermuteten theoretischen Schwächen und der unzureichenden Stil- und Identitätsauffassungen) für die Praxis funktional sind und zur Entwicklung eines unternehmensspezifischen Sprachstils beitragen können. Leitende Fragen für die Gesamtbewertung der Konzepte sind daher:

- Welche Zusammenhänge von Stil und Unternehmensidentität werden thematisiert?
- Inwiefern ermöglichen die Konzeptionen die Ausprägung eines einzigartigen, unternehmensspezifischen und identitätsbezogenen kommunikativen Stils?
- Sind die entworfenen Stil-Konzepte tatsächlich umsetzbar (grundsätzliche Funktionalität)?

7.3.6 Überblick über die Analyse- und Diskussionsaspekte

Abschließend werden die aufgeworfenen Fragen zu den Konzepten in Tabelle 4 nochmals in einem Fragenkatalog zusammengefasst:

7 Normative Konzepte zu Sprachstil und Unternehmensidentität

Rahmenbedingungen zum Konzept

- Bibliographische Angaben zu den zugrunde gelegten Werken
- Expertise des Autors/Vorbildung
- Zielsetzung/Autorintention
- Charakterisierung der Adressaten (Vorbildung, Funktion im Unternehmen)
- Struktur bzw. Vernetzung der Werke (textintern und textextern, z.B. ratgeberfremde Teiltexte oder Hinweise auf weitere Instrumente zur sprachlich-stilistischen Gestaltung)

Beschreibung des Konzepts

- Darstellung der Konzepte in ihren Grundzügen
- Darstellung der von den Autoren gewählten Begrifflichkeiten
- Darstellung der theoretischen Begründungen

Fragen zu den Stilauffassungen in den Konzepten

- Welche Begriffe werden im Zusammenhang mit ‚Stil' genutzt und welche Perspektiven auf Stil können damit verbunden werden?
- Welche außersprachlichen Relationen werden als stilistisch relevant angesehen und in der Konzeption berücksichtigt?
- Auf welche Textsorten soll das Konzept angewendet werden? Welche Textsorten werden als Beispiele verwendet, welche nur erwähnt?
- Welche Ebenen von Sprachstil werden berücksichtigt (Wort, Satz, Text, Diskurs)?
- Welche Kodes werden neben Sprache in der Konzeption berücksichtigt?
- Inwiefern werden soziale Bedeutungen und Stilwirkungen berücksichtigt? Welche Stilkategorisierungen werden gemacht?
- Inwiefern werden Fragen Integrierter Kommunikation bzw. Intertextualität und Vernetzung thematisiert und mit Stil in Beziehung gesetzt?

Fragen zu den Identitätsauffassungen in den Konzepten

- Welche Determinanten von Identität werden thematisiert – Kontinuität und Wandel, Einheitlichkeit und Authentizität, Inklusion und Exklusion, Anpassung und Einzigartigkeit?
- Welche Ausdrucksformen von Identität werden berücksichtigt?
- Welche Funktionen werden Unternehmensidentität zugeschrieben (z.B. Bezugspunkt der externen Kommunikation, Identifikations- und Orientierungspunkt der Mitarbeiter)?
- Wird das jeweilige Konzept an das Corporate-Identity-Konzept angebunden?

Gesamtpotenzial des Konzepts

- Welche Zusammenhänge von Stil und Unternehmensidentität werden thematisiert?
- Inwiefern ermöglichen die Konzeptionen die Ausprägung eines einzigartigen, unternehmensspezifischen und identitätsbezogenen kommunikativen Stils?
- Sind die entworfenen Stil-Konzepte tatsächlich umsetzbar (grundsätzliche Funktionalität)?

Tabelle 4: Fragenkatalog zu den normativen Konzepten

7.4 Diskussion A: Corporate Wording (Förster et al. 2010)

7.4.1 Rahmenbedingungen zur Publikation

Die erste Veröffentlichung zu Corporate Wording (CW) erfolgte bereits 1994 unter dem Titel „Corporate Wording. Konzepte für eine unternehmerische Schreibkultur". Förster hat das Corporate-Wording-Konzept inzwischen in mehrere Ratgeber integriert, um verschiedene Software-Applikationen ergänzt und zuletzt gemeinsam mit zwei weiteren Autoren eine Aktualisierung des Konzepts vorgelegt (Förster/Rost/Thiermeyer 2010). Diese letzte Version beinhaltet bezüglich des Sprachstils die grundlegenden Züge des Konzepts, bietet aber ein in Bezug auf Unternehmensidentität erweitertes Konzept. Mitautor Rost gehört der Agentur Keysselitz an, die für ihre Interpretation des Corporate-Identity-Konzepts die Bezeichnung „Keysselitz-Prinzip" geprägt hat. Diese Variation des CI-Konzepts wird mit dem Corporate-Wording-Konzept verzahnt.

Aufgrund der Fülle der Konzeptdarstellungen ist daher zunächst die Wahl zu treffen, welche Publikation zu Corporate Wording im Rahmen dieser Arbeit untersucht werden soll. Die Diskussion in Vogel (2009) bezieht sich auf die Werke von 2001 („Corporate Wording. Das Strategiebuch. Für Entscheider und Verantwortliche in der Unternehmenskommunikation") sowie von 2006 (d.h. der achten Auflage von „Texten wie ein Profi. Ein Buch für Einsteiger und Könner"). Die nun folgende Diskussion bezieht sich aus Gründen der Aktualität vor allem auf die letztveröffentlichte Publikation:

> Förster, Hans-Peter; Rost, Gerhard; Thiermeyer, Michael (2010): Corporate Wording. Die Erfolgsfaktoren für professionelle Kommunikation. Kommunikation perfektionieren, Unternehmen profilieren. Frankfurt am Main.

Insbesondere bezüglich der Stilauffassungen wird jedoch auch auf Förster ([8]2006) zurückgegriffen, da dort die sprachlichen Strategien und Stilkategorien ausführlicher dargestellt sind.

Zu den Autoren und ihrer Expertise sind dem Klappentext die Information zu entnehmen, dass Förster „Bestsellerautor" und „Begründer von Corporate Wording" sei, Rost „Geschäftsführer der Kommunikationsagentur Keysselitz" und Thiermeyer „Berater und Experte für integrierte Kommunikation" sowie „Professor an der Hochschule Amberg-Weiden" (HAW). Informationen über eine eventuelle sprachwissenschaftliche Vorbildung der Autoren finden sich innerhalb der Publikation nicht. Eine Internetrecherche ergibt, dass Förster Publizist, Journalist und „Lehrstuhlinhaber für Corporate Wording" an der ZfU International Business School in der Schweiz ist[68] Thiermeyer eine Professur zu „Medienlehre und -gestaltung, Kommunikationsdesign, Content-Entwicklung" an der Fakultät Elektro- und Informationstechnik der Hochschule Amberg-Weiden innehat[69].

Der Untertitel der Publikation gibt einige erste Hinweise auf die Zielsetzung der Autoren. Sie möchten „Erfolgsfaktoren für professionelle Kommunikation" bieten und so „Kommunikation perfektionieren, Unternehmen profilieren". Das Konzept ist also explizit auf die Kommunikation von Unternehmen bezogen. In Bezug auf die Adressaten wird im Klappentext formuliert:

> Wer mit Disziplin, Arbeitslust und Wertschätzung für Mitarbeiter Kommunikation konzipiert, wird ein nachhaltiges Unternehmens(leit)bild formen und die Rendite sichern.

Förster et al. (2010) richten sich demnach an diejenigen, die Kommunikation konzipieren – d.h. vor allem an die Führungsebene bzw. das Kommunikationsmanagement des Unternehmens. Dabei sind die Mitglieder der Führungsebene sehr wahrscheinlich als sprachwissenschaftliche Laien einzustufen, während im Kommunikationsbereich ein linguistischer Hintergrund etwas häufiger anzutreffen sein dürfte. Das Kommunikationsmanagement ist zudem mit praktisch orientiertem Expertenwissen zur Kommunikation ausgestattet.

Insgesamt hat das Werk von Förster et al. (2010) elf Kapitel auf 197 Seiten. Kapitel 1 und 2 widmen sich der Einführung in das Thema Kommunikation und Sprache in und von Unternehmen. Kapitel 3 und 4 erörtern Ansatz und Methode des Corporate Wording und bieten einen Schnellkurs zur CW-Strategie. Damit bilden diese Kapitel den Hauptgegenstand der folgenden Diskussion. Große Teile der Publikation sind der Einbindung in ein übergreifendes Corporate-Identity-Konzept (das „Keysselitz-Prinzip") sowie der Implementierung im Unternehmen gewidmet, nämlich die Kapitel 5-8. Kapitel 9 schließlich enthält „Das 4-Farben-Kompendium" und richtet sich an „den Professional". Das Kompendium enthält vor allem Wortlisten mit einigen Erläuterungen. Mit „Professional" ist daher vermutlich der konkrete Texter gemeint. Auch Texter haben eher selten einen sprachwissenschaftlichen Hintergrund, besitzen aber Expertenwissen bezüglich Sprache und Kommunikation.

Insgesamt ist bezüglich des Ratgebers von Förster et al. häufig von einer ‚doppelten Laienlinguistik' auszugehen und daher eine eher handlungsorientierte, nicht-reflexive Sprach- und Stilauffassung zu erwarten.

Was die Text-Vernetzung des Ratgebers betrifft, so finden sich neben Kapiteln, die tatsächlich einem Sprachratgeber zuzuordnen sind (und sich somit der

---

[68] Siehe Website von Förster. URL: http://www.hans-peter-foerster.de/Vita01.htm, zuletzt geprüft am 13.10.2010.
[69] Siehe Website der HAW. URL: http://www.haw-aw.de/hochschule/personen/professoren/detailansicht_professor/person/thiermeyer_michael.html, zuletzt geprüft am 13.10.2010.

7.4 Diskussion A: Corporate Wording (Förster et al. 2010)

Pflege und Perfektionierung der Muttersprache widmen), auch kommunikationsstrategisch ausgerichtete Kapitel sowie wörterbuchähnliche Textteile. Das Werk ist allerdings stark auf Ratschläge zur Sprachgestaltung fokussiert und kann daher insgesamt als Sprachratgeber eingeordnet werden.

Neben der Funktion als Ratgeber erfüllt die Publikation von Förster et al. jedoch auch einen weiteren Zweck. Die Vernetzung der Ratgeber mit weiteren Publikationen und Dienstleistungen der Autoren bzw. ihrer Unternehmen deutet darauf hin, dass die Publikation ebenso als Werbetext gelesen werden kann. So wird wiederholt auf die Software zum Corporate-Wording-Konzept hingewiesen, ebenso wie auf die Dienstleistungen der Agentur Keysselitz und Förster als Kursleiter. Damit tritt zur Steuerungsfunktion des Ratgebers die Werbungsfunktion hinzu.

7.4.2 Das Konzept in seinen Grundzügen

Förster vertritt die These, dass das Prinzip der Einheitlichkeit auch auf die sprachliche Gestaltung (vor allem: Wortwahl und Wahl der rhetorischen Mittel) übertragen werden müsse und könne. Um dem Texter die Wortwahl zu erleichtern, führt er u.a. vier verschiedene „Sprachklimata" ein, die er mit Farben verbindet, d.h. er unterscheidet ein blaues, grünes, gelbes und rotes Sprachklima.

Mit den Sprachklimata werden vier verschiedene Stile verbunden, nämlich *sachlich* bzw. *nüchtern* (blau), *konservativ* (grün), *erlebnisreich* bzw. *lebendig* (gelb) und *emotional* (rot) (vgl. Förster ^{8}2006: 76-117). Diese vier Sprachstile werden zudem mit Textfunktionen verknüpft. Neben den auch in der Linguistik diskutierten Textfunktionen Kontakt und Information fügt Förster eine „Garantiefunktion" und eine „Erlebnisfunktion" hinzu.

Tabelle 5 bietet einen Überblick über die Sprachklimata nach Förster, mit denen er u.a. Zielgruppen[70], Inhalte, Textfunktionen und charakteristische Sprachhandlungen verbindet.

---

[70] Die Benennung der „gelben", erlebnisorientierten Zielgruppe unterscheidet sich dabei gegenüber den vorhergehenden Publikationen von Förster zum Corporate Wording: Die Gruppe der „Impulsiven" (Förster ^{8}2006: 188) wird nun als Gruppe der „Intuitiven" bezeichnet. Im Rahmen des 9. Kapitels sprechen Förster et al. (2010: 178) allerdings wieder von den „Impulsiven". Eine Erklärung zu dieser uneinheitlichen Begriffswahl wird nicht geliefert.

7 Normative Konzepte zu Sprachstil und Unternehmensidentität

	Blaues Sprachklima	Grünes Sprachklima	Gelbes Sprachklima	Rotes Sprachklima
Sprachstil	• sachlich/ nüchtern	• konservativ	• erlebnisreich/ lebendig	• emotional
Textfunktion	• Information	• Garantie	• Erlebnis	• Kontakt
Inhalte/ Themen	• Zahlen, • Daten, • Fakten	• Sicherheit, • Tradition, • Ordnung	• Vision, • Idee, • Begeisterung	• Emotion, • Herz, • Sympathie
Typen (Zielgruppe)	• Perfektionisten	• Konservative	• Intuitive	• Emotionale
Ziele	• Stärke	• Stetigkeit	• Veränderung	• Stimulans
Werte	• Technik- und Faktenorientierung	• Zuverlässigkeit, • Qualität	• Vielseitigkeit, • Innovation, • Kreativität	• Partnerschaft, • Verantwortung
Typische Sprachhandlungen	• Rational begründen, • faktisch argumentieren, • logisch erklären	• Empfehlend argumentieren, • historisch erläutern, • qualitativ überzeugen	• Plausibel erklären, • visuell texten, • erlebnisreich umschreiben	• Persönlich ansprechen, • gefühlsbetont argumentieren, • moralisch begründen
Beispiel-Adjektive	*gezielt, überragend, extra, zweifellos*	*anerkannt, beständig, erfahren, geordnet*	*aktiv, bunt, frech, impulsiv*	*abgerundet, nah, angenehm, hilfsbereit,*

Tabelle 5: Sprachklimata nach Förster et al. (2010: 53-57), Förster ([8]2006: 23)

Die in der Tabelle genannten Beispieladjektive geben einen ersten Eindruck von der grundlegenden Vorgehensweise Försters: Förster ordnet den Sprachklimata bestimmte Wörter des Lexikons und sogar ausgewählte rhetorische Stilmittel zu. Er deutet zwar an, dass die von ihm kategorisierten Sprachstile nicht distinkt sind, sondern nur vermischt auftreten, geht jedoch gleichzeitig davon aus, dass ein Stil dominant sei:

> Zu welchem Farbstift Sie beim Texten greifen, hängt davon ab, in welchem Sprachstil ein Unternehmen betont auftreten will. (Förster [8]2006: 16)

Durch den vermehrten Gebrauch von Wörtern eines bestimmten ‚Klimas' können nach Förster die entsprechenden Zielgruppen (*Perfektionisten, Konservative, Impulsive* und *Emotionale*) besser angesprochen werden. Zudem soll das Kon-

7.4 Diskussion A: Corporate Wording (Förster et al. 2010)

zept die Entwicklung einer unternehmensspezifischen Sprache ermöglichen – wie dies genau funktionieren soll, bleibt allerdings im Dunkeln. Förster weist hierzu lediglich auf die „Wahl der bevorzugten Farben" (Förster ²2003: 94) hin. Die Ausrichtung der Texte auf den Leser steht im Mittelpunkt.

Als Grundlage für die Kategorisierung der Wörter nennt Förster (²2003: 71-82) u.a. das psychologische Konzept der Wortnormen (Hager/Hasselhorn 1994). Wörter hätten demnach bestimmte (psychologische) Wirkungen auf den Leser und ließen sich entsprechend kategorisieren.[71] Auch an anderer Stelle thematisiert Förster diese „psychologische" bzw. „sinnliche Wirkung":

> Wörter haben, genau wie Farben, sinnliche Wirkung. Sie werden als angenehm oder unangenehm empfunden, sie lösen Lust- oder Unlustgefühle aus, sie werden als sympathisch bewertet oder als unsympathisch abgelehnt. (Förster ⁸2006: 15)

Das Konzept der Wortnormen wird bei Förster et al. (2010: 54) jedoch nur noch am Rande erwähnt. Sprachwissenschaftliche Theorien, etwa zur Semantik, werden jedoch in keiner der Buchversionen zum Corporate-Wording-Konzept berücksichtigt.

Des Weiteren bleibt unklar, inwiefern die Wortnormen nun konkret in die Kategorisierung einfließen und wer die Bewertungen der Einzelwörter vornimmt. Förster (⁸2006) gibt lediglich eine Anleitung zur Textanalyse nach dem Vier-Farb-Schema, die stark auf subjektiven Einschätzungen basiert:

> Übung: Nehmen Sie bitte einen x-beliebigen Anzeigentext. Lesen Sie Wort für Wort und unterstreichen Sie die Wörter, die eine der folgenden Bedingungen erfüllen:
> 1. blau unterstreichen, wenn ...

---

[71] Im Prinzip basieren die „Wortnormen" auf den psychologischen Eigenschaften von Wörtern, d.h. Attributen, die von Probanden diesen Wörtern zugeordnet werden. Beispiele für kognitiv-semantische Wortattribute sind Bildhaftigkeit, Konkretheit-Abstraktheit, Bedeutungshaltigkeit, Ambiguität und Bekanntheit, aber auch die Typizität eines Wortes für eine bestimmte Kategorie. Es stehen also semantische Eigenschaften von Wörtern im Vordergrund, die ihnen von Individuen zugeschrieben werden. Aus entsprechenden repräsentativen Erhebungen zu typischen Assoziationen werden Durchschnittswerte errechnet. Diese bilden die „Wortnormen". Das Verfahren ist also stark von statistischen Methoden geprägt, die auf den Urteilen Einzelner beruhen, teilweise auf der Basis von Ja/Nein-Antworten: Wenn ein Wort durch viele der befragten Individuen als in irgendeiner Weise typisch beurteilt wird, erhält es einen sehr hohen Typizitätswert, während ein Wort, das als untypisch beurteilt wird, einen sehr niedrigen Wert erhält. Eine vergleichende Beurteilung hingegen findet nicht statt. Auf einer individuellen Typizitätsskala angeordnet, könnten beide Worte dennoch sehr nah beieinander liegen.
Ein Zusammenhang zwischen Sprache und Emotion ist nicht zu bestreiten, wurde aber bisher in der Sprachwissenschaft nur wenig thematisiert (vgl. Schwarz-Friesel 2007: 7-15). So finden sich nur wenige Darstellungen zu diesem Thema, in jüngerer Zeit Schwarz-Friesel (2007) aus linguistischer Perspektive und Zimmerer (2006) vornehmlich aus psychologischer Perspektive. Insbesondere die stilistische Relevanz „emotionaler" Sprachwirkungen ist noch nicht ausreichend untersucht worden.

… ein Wort nüchterne Informationen, Zahlen, Daten und Fakten vermittelt. Achten Sie darauf, ob das Wort hart klingt oder in irgendeiner Form sehr technisch auf Sie wirkt.
2. grün unterstreichen, wenn …
… das Wort irgendwelche Sachverhalte belegt, traditionelle Werte oder Ordnungsprinzipien vermittelt, dem Leser Sicherheiten garantiert oder ob es konservativ klingt.
3. gelb unterstreichen, wenn …
das Wort Ideen und Visionen beschreibt, Spaß, Unterhaltung und Witz liefert oder es sehr bildhaft ist und Sie es förmlich ‚sehen' können.
4. rot unterstreichen, wenn …
das Wort sympathisch klingt, die Emotionen anspricht, die Seele des Lesers streichelt oder Gemüter erhitzt. (Förster ^{8}2006: 17)

Basierend auf diesen Prinzipien entwickelt Förster u.a. „Wörterbücher für Texter" (Förster ^{8}2006: 204-274) sowie den „WordingAnalyzer" (2004), eine Add-on-Software für MS Word, die Wörter in konkreten Texten automatisch nach den vier Farben kategorisiert. Der WordingAnalyzer ermöglicht es, Statistiken zu den Farbanteilen in Texten und Textabschnitten zu erstellen.

Die Verknüpfung von Sprachstilen mit bestimmten Farben wird damit begründet, dass Farben und Wörter „miteinander verwandt" seien (Förster et al. 2010: 52). Diese „Verwandtschaft" begründet Förster (^{8}2006: 15) an anderer Stelle genauer: „Hinter Wörtern verbergen sich Farben und Farben sind die Symbolträger vieler Wörter." Dass bereits hier eine unzulässige Vereinfachung vorliegt, lässt sich leicht nachweisen: Erstens können nicht alle Wörter des Lexikons mit bestimmten Farben verbunden werden, zweitens haben alle Farben bestimmte Symbolwirkungen (d.h. nicht nur Gelb, Rot, Grün und Blau) und drittens sind die Symbolwirkungen (auch) durch Konvention festgelegt, d.h. sie sind kulturgebunden. Zudem lassen sich zu bestimmten Farben auch durchaus konträre Inhalte assoziieren (Gelb=Neid vs. Gelb=Sonne, Wärme).[72] Förster beruft sich bei seinen Zuordnungen auf diverse Farbenlehren und psychologische Persönlichkeitstests bzw. Charakterlehren und versucht zudem, die Einteilung in genau vier Kategorien mit dem Verweis auf andere Lebensbereiche zu begründen, z.B. die vier Elemente, vier Jahreszeiten oder vier Tageszeiten (vgl. Förster et al. 2010: 52). Insbesondere letzteres illustriert das laientheoretische Vorgehen Försters, in (scheinbaren) Parallelitäten „Begründungen" zu finden.

---

[72] Auch Heller (1989) zeigt, dass Farbassoziationen zwar weitgehend konventionalisiert sind, dass aber stark differenziert werden muss: Zu einer Farbe können z.B. sehr konträre Gefühle assoziiert werden (Rot: Liebe, aber auch Hass). Außerdem sind die Assoziationen abhängig von Kultur und Kontext (vgl. Heller 1998: 13-17). Heller macht allerdings kaum hinreichende Aussagen zur Methodik der Befragung, zur Auswahl der Befragten oder zur Struktur ihrer Befragungsgruppe. Sie gibt nur eine äußerst knappe Beschreibung: „1888 Personen nannten jeweils Farben zu vierzig Begriffen. Die jüngste Befragte war 14, der älteste 83 Jahre alt." (Heller 1989: 17). In den weiteren Ausführungen bezieht sie sich vor allem auf historische Farb-Eigenschafts-Zuschreibungen, ohne jedoch Quellen offenzulegen. Die Untersuchung Hellers kann somit als nur mangelhaft fundiert gelten.

7.4 Diskussion A: Corporate Wording (Förster et al. 2010)

Förster argumentiert des Weiteren mittels sozialer Autorität und verweist auf bekannte Unternehmen, die das Konzept anwenden oder angewendet haben. Förster behauptet, die Unternehmen hätten „nach der hier im Buch beschriebenen Methode in Seminaren und Projekten eine neue Schreibkultur eingeläutet" (Förster [8]2006: *Klappentext*). Diese Aussage ist relativ vage und könnte beispielsweise auch so verstanden werden, dass die Unternehmen die Methode lediglich einmal ausprobiert haben und inzwischen anders vorgehen. Auch dann wäre eine „neue Schreibkultur" gegeben.

Außerdem macht Förster damit keine Aussage darüber, welcher Geltungsbereich dem Corporate Wording von den Unternehmen zu geschrieben wird. Es kann auch bedeuten, dass die Unternehmen das Konzept lediglich in „Seminaren und Projekten" verwenden und nicht in der externen Kommunikation. Durch die Verweise auf soziale Autoritäten versucht er, implizit die Qualität des Konzepts nachzuweisen. Belege dafür – etwa in Form konkreter Textbeispiele aus den Unternehmen – werden nicht gegeben.

Die Darstellung bei Förster entspricht damit der typischen Argumentation in Laientheorien. Wo doch wissenschaftliche Erkenntnisse zur Begründung hinzugezogen werden, handelt es sich um umstrittene oder veraltete Theorien. Ein weiteres Beispiel hierfür ist der „Lüscher-Test" (siehe z.B. Lüscher 2005), der bei Förster et al. (2010: 53) genannt wird. Der Test beurteilt die Persönlichkeit von Menschen aufgrund ihrer Lieblingsfarben. Er ist zwar sehr bekannt, kann jedoch Reliabilitäts- und Validitätskriterien kaum standhalten.

7.4.3 Stil bzw. „Sprachklima" bei Förster

Zunächst muss die etwas eigenwillige Begriffswahl Försters hier in den Blick genommen werden. Das Corporate-Wording-Konzept befasst sich laut Förster et al. (2010: 50) mit Sprachklima, Wortlaut und Sprachstil. Der Neologismus „Sprachklima" erweckt den Eindruck, als gäbe es neben den beiden sprachwissenschaftlichen Kategorien ‚Stil' und ‚Register' noch eine weitere Kategorie, nämlich ‚Sprachklima'. Mit den einzelnen Begriffen werden allerdings keine Definitionen verbunden, sondern lediglich Aufgaben:

Sprachklima	Werte und Leitbild mit Hilfe der 4-Farben-Sprache positionieren und in allen Bereichen der Organisation ‚übersetzen' [...]
Wortlaut	Terminologie und Schreibweisen regeln; Botschaften konsequent und durchgängig kommunizieren [...]
Sprachstil	Botschaften markenkonform in Szene setzen und auf typische Ziele oder ‚Zielarten' kundenrelevant ausrichten [...]. (Förster et al. 2010: 50)

Tatsächlich sorgt diese Darstellung nicht für eine Differenzierung der Begrifflichkeiten, da die Beschreibungen der Kategorien „Sprachstil" und „Sprachklima" bei näherem Hinsehen ähnliche Inhalte haben. Die „4-Farben-Sprache" und damit das „Sprachklima" richten sich auf verschiedene Zielgruppen aus, was gleichzeitig auch Zweck des Sprachstils sein soll („Botschaften [...] kundenrelevant ausrichten", Förster et al. 2010: 50). Beide Kategorien werden stark instrumental und handlungsorientiert beschrieben. Tatsächlich kann ‚Sprachklima' mehr oder weniger mit ‚Sprachstil' gleichgesetzt werden, wie auch die folgenden Ausführungen von Förster nahelegen:

> *Wording* steht für
> Sprachstil   Gestaltung des Sprachklimas
> Textfassung   authentische, glaubhafte Inhalte
> Wortlaut   durchgängige Definitionen
> (Förster 22003: 12, Hervorhebung im Original)

Das Wort *Klima* wird in Bezug auf die Kommunikation zwar auch von Sprachwissenschaftlern verwendet, etwa im Folgenden:

> Zur Beziehungsgestaltung gehört nicht nur, dass die an der Kommunikation Beteiligten einander deutlich machen, wie sie zueinander stehen, sondern sie haben auch ein Klima zu schaffen, das einen möglichst ungestörten Fortgang der Kommunikation erlaubt. Dazu sollten sie unter anderem ein Mindestmaß an Höflichkeit an den Tag legen, Interesse an ihrem Kommunikationspartner bekunden und auch Sympathie entgegenbringen, wenn es einigermaßen geht. (Püschel 2000: 42)

Bei Püschel wird mit „Klima" jedoch alltagssprachlich die allgemeine Atmosphäre in einer Kommunikationssituation umschrieben. Stil kann zwar zum Erzeugen und Erhalten dieser Atmosphäre beitragen, stellt selbst jedoch nicht die Atmosphäre dar.

Die außersprachliche Relationierung von Stil wird bei Förster vor allem auf die Bezugsgruppen von Unternehmen ausgerichtet. Die Ausrichtung auf die Unternehmensidentität steht nur nominell im Vordergrund – zentral für das Konzept von Förster ist das Schreiben für einen bestimmten Lesertyp. Dieses unbestimmte Pendeln zwischen der Ausrichtung auf die Zielgruppe einerseits und der auf die Unternehmensidentität andererseits kritisiert bereits Sauer (2002: 44f.). Das Kriterium der Angemessenheit von Stil wird lediglich in Bezug auf Zielgruppen thematisiert, aber im Hinblick auf Textsorten oder Kommunikationsbereiche vernachlässigt.

Die Anwendung der bereits im vorherigen Unterabschnitt erwähnten WordingAnalyzer-Software von Förster (siehe auch Vogel 2009) hat gezeigt, dass in den meisten Texten grün und blau kategorisierte Lexeme stark dominieren und gelb und rot kategorisierte Lexeme nur selten vorkommen. Das gilt sowohl für wissenschaftliche Texte als auch für poetische Texte, wie Tabelle 8

7.4 Diskussion A: Corporate Wording (Förster et al. 2010)

(Anhang 1) zeigt. Der dort analysierte Auszug aus einem literarischen Text weist zwar eine signifikant höhere Anzahl „gelber" Wörter auf, doch zeigt ein Blick auf die Texte und die konkrete Kategorisierung der Wörter zum einen, dass die Kategorisierung selbst fragwürdig erscheinen muss (z.B. im Falle von *bilden* als erlebnisbetontes Wort), und zum anderen, dass ein großer Teil der im Text enthaltenen Wörter gar nicht analysiert wurde (in schwarzer Schrift dargestellt). Dazu gehören sowohl Wörter, die zuvor per Mausklick ausgeschlossen wurden,[73] als auch Wörter, die offenbar den von Förster berücksichtigten Wortschatz übersteigen. Es wird dennoch deutlich, dass Lexeme mit hohem Erlebnis- oder Emotionswert vergleichsweise selten vorkommen. Dieses Ergebnis lässt sich auf das gesamte Lexikon übertragen. Erst die Profiversion der Software bietet auch die Option, eine entsprechend gewichtete Statistik anzeigen zu lassen. Damit lässt sich beispielsweise zeigen, ob ein Text im Vergleich zu dem Farben-Verhältnis im Grundwortschatz übermäßig viele rote, emotionale Wörter enthält oder weniger als üblich.

Die Darstellung verdeutlicht auch, dass das Spezifische eines Sprachstils mittels der Sprachklimata kaum herausgefiltert werden kann. Zu vermuten ist außerdem, dass der grüne und blaue Sprachstil als vergleichsweise neutrale Sprachstile (da sie überall vorkommen) nicht markant genug sind, um damit einen unternehmensspezifischen, wiedererkennbaren Sprachstil zu entwickeln.

Förster demonstriert die Anwendung seines Konzepts vor allem im Zusammenhang mit Geschäftsbriefen und externer Werbekommunikation, stellt aber daneben weitere Kommunikationsbereiche und ein sehr viel weiteres Textsortenspektrum als prinzipiellen Geltungsbereich des Corporate Wording vor (vgl. Förster [2]2003: 41-47), der auch die Personalkommunikation (z.B. Zeugnisse, Stellenbeschreibungen), die „Hauspost", die „Buchhaltung" (z.B. Mahnungen, Rechnungen) oder „Druckunterlagen" (z.B. Visitenkarten) umfassen soll. Die Auflistung ist jedoch unsystematisch und enthält Doppelungen (Mailings bzw. E-Mails werden sowohl der „Korrespondenz" als auch den „Online-Medien" zugeschlagen). In Bezug auf die Kundenkommunikation schlägt Förster zur Identifizierung der relevanten Textsorten vor, die Wege des Kunden und die ihm begegnenden Texte „von der ersten Kontaktaufnahme bis über den Kaufabschluss hinaus" nachzuzeichnen.

Insgesamt wird die Komplexität von Stil mittels Corporate Wording nicht angemessen dargestellt. Das Zusammenwirken mit weiteren Zeichendimensionen wie dem „Erscheinungsbild" wird erst im Rahmen der Kapitel zum „Key-Position-Prozess" nach Keysselitz thematisiert, allerdings werden mögliche

---

[73] Funktionswörter (wie z.B. Präpositionen und Artikel) können wahlweise entweder berücksichtigt werden oder nicht. In den folgenden Beispielen werden sie nicht berücksichtigt.

Verknüpfungen nicht weiter konkretisiert. Zudem wird vor allem auf das einzelne Wort fokussiert, wovon auch die Wortlisten in Kapitel 9 zeugen. Sind den einzelnen Stilen noch in Förster (^{8}2006) ausführlich rhetorische Mittel zugeordnet worden, so finden sich solche Kategorisierungen in Förster et al. (2010) nicht mehr. Kontexte (wie Satz, Text/Textsorte, Diskurs/Kommunikationsbereich) und damit sprachliche und nichtsprachliche Relationen werden nicht thematisiert.

Bereits in Vogel (2009) wurde ein „eindimensionaler und daher problematischer Stilbegriff" bei Förster bemängelt, und zwar vor allem aufgrund einer starken „Orientierung des Konzepts am einzelnen Wort" sowie an der „,psychologischen' Wirkung eines Wortes". Zudem bleiben Kontexte und weitere Stilwirkungen unberücksichtigt. Diese Einschätzung kann auch vor dem Hintergrund der Aktualisierung des Konzepts in Förster et al. (2010) bestätigt werden.

Hinzu kommt, dass die Anforderungen an Stil sowie die Auffassungen von Stil nicht konsistent sind. Zwar gibt es auch in der Stiltheorie viele sich scheinbar widersprechende Stilauffassungen, problematisch ist jedoch, dass solche Inkonsistenzen bei Förster nicht thematisiert und daher auch keine Lösungen angeboten werden, wie sich diese Widersprüche vereinbaren lassen.

7.4.4 Identität bei Förster et al.

Die Sichtweise auf Identität ist bei Förster et al. (2010) ebenfalls instrumental geprägt. So wird eingangs festgestellt, es mangele „an Identität in Unternehmen" sowie an „Integration in mehrfachem Sinn" (ebd.: 18). Identität wird im Weiteren auch als „Grad der Koordination" von Erscheinungsbild, Kommunikation und Verhalten beschrieben (vgl. Förster et al. 2010: 98). Hier sind starke Anlehnungen an das Corporate-Identity-Konzept erkennbar. Bei Förster et al. (2010: 73) werden die drei klassischen Kategorien des Identitätsmix' jedoch mit bestimmten Zielvorstellungen verbunden, nämlich mit „Konzeption" in Bezug auf die Kommunikation, mit „Konsistenz" in Bezug auf das Erscheinungsbild sowie mit „Kompetenz" in Bezug auf das Verhalten. Zudem wird der Eindruck erweckt, Identität ließe sich „entwerfen" und gesteuert „entfalten" (Förster et al. 2010: 98f.). Es wird demnach ein Identitätsbegriff vertreten, der Dynamiken zwar zu berücksichtigen scheint, diese aber gleichzeitig für planbar hält:

> Zu unterscheiden ist zwischen koordinierter und unkoordinierter Identität. Harmonische Identität ist Ausdruck einer engagiert verfolgten Strategie. (Förster et al. 2010: 99)

Auch ist die Unterscheidung von lediglich vier Sprachklimata, wie bereits angedeutet, nicht ausreichend für eine sprachliche Konstruktion von Unternehmensidentität, die unter Umständen mithilfe anderer Stile sehr viel besser repräsentiert werden könnte. Zwar können die bei Förster dargestellten Sprachstile durchaus eine Manifestation der Unternehmensidentität darstellen, allerdings können sie

7.4 Diskussion A: Corporate Wording (Förster et al. 2010) 175

erstens nur einen Teil der Unternehmensidentität repräsentieren und zweitens lässt sich nur mittels dieser Sprachstile die Einzigartigkeit der Unternehmensidentität nicht darstellen.
Tatsächlich stehen dem Unternehmen sehr viel mehr Möglichkeiten zur stilistischen Darstellung zur Verfügung. Einen Eindruck hiervon schafft der Aufsatz von Hoffmann (2002) zu den Stilregistern (siehe Unterabschnitt 6.4.5).

7.4.5 Gesamtpotenzial des Konzepts

Grundlegend für die abschließende Beurteilung des Ansatzes von Förster kann nicht die Frage sein, nach welchen Kriterien die Wörter als blau, rot, gelb oder grün kategorisiert werden. Es ist vielmehr relevant zu fragen, inwiefern die Kategorisierung von Wörtern in vier „Typen" tatsächlich einen stilistischen Mehrwert bietet und ob dies der Darstellung und Konstruktion der Unternehmensidentität durch Sprache dienlich ist.

Die Frage nach der grundlegenden Funktionalität des Ansatzes kann nur teilweise positiv beantwortet werden. So ist es zwar grundsätzlich möglich, einen nüchternen, emotionalen, traditionsverhafteten/wertebewussten oder erlebnisorientierten Stil herauszubilden. Wenn Förster jedoch einen emotionalen Sprachstil als das in Zukunft vorherrschende „Sprachklima" prophezeit (vgl. Förster ^{2}2003: 150-152), so sabotiert er damit gleichzeitig das Ziel von Corporate Wording, sich mittels des „Sprachklimas" von anderen Unternehmen abzuheben, und führt sein eigenes Konzept ad absurdum. Analog zur in Unterabschnitt 2.2.4 angesprochenen „Homogenisierung der Aussagen" aufgrund von Integrierter Kommunikation würde ein vorherrschender Sprachstil eine „Homogenisierung der Stile" bedeuten. Schon die Reduktion auf nur vier mögliche Sprachstile bedeutet eine starke Einschränkung der Möglichkeiten. So können weder stilistische Authentizität noch Wiedererkennbarkeit oder Differenzierung von der Konkurrenz gewährleistet werden. Zudem kann ein wiedererkennbarer Stil auch unabhängig von solcherart festgelegten Sprachklimata entwickelt werden, wie in Vogel (2009) bereits dargelegt wurde.

Das „Corporate Wording"-Konzept beinhaltet folglich eine zu große Komplexitätsreduktion, um der (sprachlichen) Realität gerecht zu werden oder um hinreichend zur Entwicklung eines Corporate Style beitragen zu können. Dennoch scheint es die Bedürfnisse oder zumindest die Sehnsüchte der Praxis zu erfüllen, denn Försters „Texten wie ein Profi" ist 2008 bereits in der 10. Auflage erschienen.

Die nähere Beschäftigung mit Försters Ansatz hat gezeigt, dass die Überlegungen, die er anstellt, auch in der Linguistik nicht neu sind (man denke an den Versuch, bestimmten Funktionalstilen bestimmte Wörter zuzuordnen), jedoch inzwischen als überholt gelten. Der Autor erweckt zudem die Illusion, als sei es dasselbe, eine eigene sprachliche Identität zu schaffen und sich sprachlich an den Rezipienten anzupassen. Dies sind jedoch zwei verschiedene stilistische Handlungen.

Auch die bei Förster tatsächlich angewandten Methoden zur Kategorisierung der Wörter und Stilmittel bleiben im Dunkeln. Selbst wenn angenommen wird, dass die Kategorisierung nicht nur aufgrund der Einschätzung von Einzelpersonen erfolgt, haben die ermittelten Werte wenig Aussagekraft, weil die Kriterien, nach denen die Individuen urteilen, nicht offengelegt werden. Solange Försters Ergebnisse nicht rekonstruierbar und nachvollziehbar sind, mögen sie zwar aus psychologischer Sicht interessant sein, haben jedoch aus sprachwissenschaftlicher Sicht keinen Erkenntniswert.

7.5 Diskussion B: Corporate Language (Reins 2006)

7.5.1 Rahmenbedingungen zur Publikation

Der Untersuchung des Corporate-Language-Konzeptes von Reins liegt folgende Publikation zugrunde:

> Reins, Armin (2006): Corporate Language. CL. Wie Sprache über Erfolg oder Misserfolg von Marken und Unternehmen entscheidet. Mainz.

Der Autor ist, wie der Klappentext verrät, Mitinhaber einer „Agentur für Sprache" (Reinsclassen) und hat zuvor eine Karriere als Texter und Art Director bestritten. Eine sprachwissenschaftliche Vorbildung ist nicht vorhanden. Reins besitzt allerdings den akademischen Grad eines Diplom-Kommunikationsdesigners. Zudem kann der Autor berufsbedingt als Experte in Bezug auf die Verwendung von Sprache gelten. Tatsächlich hat Reins eine „Gastprofessur im Studiengang Kommunikationsdesign an der Hochschule für bildende Künste in Braunschweig" inne und „bietet regelmäßig Seminare zum Thema Texttraining und Corporate Language an", wie es im Klappentext weiter heißt. Zur Zielsetzung der Publikation finden sich lediglich folgende Aussagen:

> Corporate Language verrät das Erfolgsgeheimnis des unverwechselbaren Umgangs mit Sprache. Die Technik des Language-Branding wird systematisch erklärt. Sprachprofis teilen ihr Know-how. Unternehmen bekennen sich zu ihrer sprachlichen Identität.
> (Reins 2006: *Umschlagrückseite*)

Ziel ist es also, die Entwicklung einer einzigartigen sprachlichen Identität für Unternehmen zu ermöglichen. Der Begriff „Language-Branding" lässt ebenso wie die Vorbildung des Autors einen starken Bezug auf Marken- und Werbe-

7.5 Diskussion B: Corporate Language (Reins 2006)

kommunikation erahnen. Dies wird bei einem Blick ins Buch bestätigt: Alle Textbeispiele entstammen der Werbekommunikation. Der Ratgeber von Reins besteht zur Hälfte aus Interviews und ist somit mit einer journalistischen Textsorte ‚vernetzt'. Aus den Interviews werden jeweils weitere Ratschläge extrahiert. Ein Großteil des Ratgebers besteht zudem aus Ausführungen zur Neurolinguistischen Programmierung sowie zum Themenbereich Werbung und Marken (Reins 2006: 8-133). Dieser Teil enthält vor allem Ratschläge zum Texten von Werbeanzeigen (ohne direkten Bezug auf die Unternehmensidentität), sodass Werbetexter als Hauptzielgruppe des Ratgebers angenommen werden können. Die Adressaten, an die sich das Konzept richtet, werden allerdings nicht explizit erwähnt. Texter und Entscheider werden nur indirekt als Adressaten angesprochen:

> Lernen Sie dabei die Arbeitsschritte kennen, den Aufwand, die Kosten, die Chancen und Risiken. Und natürlich die Einsparungspotenziale [...]. Enden wird die Reise auf Ihrem Arbeitstisch. [...] ‚Wie gut sind meine Texte?' (Reins 2006: 13)

Dies liegt auch in der zweifachen Ausrichtung des Konzeptes begründet, das einerseits auf die Verbesserung konkreter Texte abzielt und andererseits auf eine übergreifende Strategie zur Entwicklung eines Sprachstils, der die Unternehmensidentität widerspiegelt. Damit ist das Konzept von Reins (2006) sehr ähnlich ausgerichtet wie das von Förster et al. (2010), wenngleich sich Unterschiede in der Umsetzung sowie in Details ergeben. Reins versucht entsprechend, sich vom Corporate-Wording-Konzept abzugrenzen, ohne Förster allerdings beim Namen zu nennen:

> Bei Corporate Language geht es nicht um das Gestalten eines ‚Sprachklimas' oder um das Aufstellen von ‚Wortnormen'. Es geht auch nicht darum, für eine Marke oder ein Unternehmen ein Sprachkorsett zu schnüren. (Reins 2006: 185)

Die folgenden Unterabschnitten befassen sich in erster Linie mit den Besonderheiten des Reins'schen Konzepts. Ein abschließender Vergleich mit dem Corporate-Wording-Konzept erfolgt erst in der Zusammenfassung dieses Kapitels in Abschnitt 7.7.

7.5.2 Das Konzept in seinen Grundzügen

Reins gibt im Gegensatz zu Förster bereits zu Beginn eine klare Definition seines Leitbegriffs Corporate Language:

> So wie eine Brand durch Corporate Design ein einheitliches grafisches Gesicht bekommt, so verleiht ihr Corporate Language eine charakteristische, unverwechselbare Sprache. Münd-

lich wie schriftlich konsequent um- und eingesetzt, wird eine Marke durch Corporate Language zu einer wiedererkennbaren Persönlichkeit. (Reins 2006: 9)

Mit Corporate Language werden demzufolge Einzigartigkeit (Unverwechselbarkeit), Einheitlichkeit (konsequente Umsetzung) sowie Wiedererkennbarkeit verbunden. Gleichzeitig ist Sprache Reins zufolge „der am stärksten vernachlässigte Teil der Corporate Identity" (Reins 2006: 9).

Ein Kernelement des Corporate-Language-Konzepts bilden fünf mit Zielgruppen verknüpfte „Sprachstil-Gruppen": „Verweigerer", „Wertorientierte", „Trendorientierte", „Gefühlsorientierte" und „Erlebnisorientierte" (vgl. Reins 2006: 189). Dabei ordnet Reins den einzelnen Sprach-Stilgruppen ebenfalls Farben zu, allerdings lediglich zur leichteren Orientierung und nicht als Teil einer übergreifenden Philosophie. Die Sprach-Stilgruppen belegt Reins mit einer Analyse von Zeitschriften, die er im Hinblick auf sprachliche Unterschiede kategorisiert:

1. In ‚wertorientierte' Zeitschriften mit anspruchsvoller Textgestaltung [...].
2. In die ‚gefühlsorientierte' breite Massen- und Regenbogen-Presse mit emotionaler Textgestaltung [...].
3. In ‚trendorientierte' Zeitschriften mit reizstarker Textgestaltung [...].
4. In ‚ergebnisorientierte' Fachzeitschriften mit faktenreicher Textgestaltung [...].

(Reins 2006: 136)

Reins ordnet hier beispielhaft einige Zeitschriften zu. Um seine Analyse abzusichern, hat er eine Befragung von Abonnenten dieser Zeitschriften durchgeführt, bei denen er zum einen „Vorlieben in den Bereichen Literatur, TV und Werbung" untersucht und die Befragten zudem einen Text in vier unterschiedlichen Sprachfassungen (aber mit gleichem Inhalt) nach „Verständlichkeit, Kaufbereitschaft, Überzeugungskraft und Gefallen" bewerten sollten. Tatsächlich bewerteten die Befragten den für ihre Sprach-Stilgruppe geschriebenen Text jeweils am besten (vgl. Reins 2006: 138). Die Zielgruppe der Verweigerer zeigt sich darin, dass sie an keinem der Texte Gefallen fand.

Zusätzlich unterscheidet Reins drei wahrnehmungsorientierte Stile: visuell, auditiv und kinästhetisch. Damit bezieht er sich explizit auf andere Wahrnehmungsmodalitäten, die er in Verknüpfung mit Sprache darstellt. Auch Reins geht – wie Förster – davon aus, dass Sprache auch unsere emotionale Gehirnhälfte anspricht. Zu jedem Wort, das in der linken Gehirnhälfte in einer Art „Wörterbuch" abgespeichert ist, speichere der Mensch in der rechten Hälfte ein Bild ab. Beide Gehirnhälften seien stark vernetzt, so dass beim Wort „Tisch" vor dem inneren Auge ein prototypisches Bild von einem Tisch erscheine (vgl. Reins 2006: 30f.). Zur Begründung seines Konzepts beruft Reins sich außerdem auf das Konzept der Neurolinguistischen Programmierung (vgl. Reins 2006: 116-133). Auch das Konzept von Reins ist somit stark psychologisch motiviert.

7.5 Diskussion B: Corporate Language (Reins 2006)

Zur Implementierung des Konzepts im Unternehmen stellt Reins (2006: 186-189) die „CL-12-Schritte-Methode" sowie die „CL-Sprachzwiebel" vor. Die zwölf Schritte beinhalten u.a. auch eine Analyse der aktuellen Sprache im Unternehmen sowie der Sprache der Konkurrenz. Des Weiteren sollen die für das Unternehmen relevanten „Sprach-Stilgruppen" analysiert, die „Tonality" bzw. sprachvermittelte „Grundstimmung" sowie „Sprachkorridore" festgelegt und ein Corporate-Language-Manual erstellt werden. Tabelle 6 stellt die einzelnen Schritte im Überblick dar.

Schritt 1	Marken-Sprach-Analyse	Wie kommen wir von Marken- und Unternehmenspositionierung zur Sprachpositionierung?
Schritt 2	Marken-Sprachcodierung	Wie geben wir der Marke oder dem Unternehmen eine eigenständige Sprache im Markt?
Schritt 3	CL-Sprach-Stilgruppen-Definition	Mit welchen Sprach-Stilgruppen wollen wir in Zukunft sprechen?
Schritt 4	CL-Sprach-Stilwelten-Analyse	Wie sieht die Sprachwelt unserer Sprach-Stilgruppen aus?
Schritt 5	Generelle Tonality-Definition	Welche Grundstimmung soll die Sprache vermitteln?
Schritt 6	Insights-Findung	Welche Kundenwünsche muss die Sprache zukünftig ansprechen?
Schritt 7	CL-Textinventur, Teil 2	Wie gut sind die bisherigen Texte?
Schritt 8	Aufbau Sprachkorridore und CL-Sprachbank	Wie soll die Marke in Zukunft sprechen?
Schritt 9	Erarbeiten von Mustertexten	Wie sehen bessere Texte aus?
Schritt 10	CL-Manual	Wie lautet die Empfehlung zur sprachlichen Markenführung?
Schritt 11	Mitarbeiter-Workshops	Wie lernen die Textverantwortlichen, mit der Corporate Language zu arbeiten?
Schritt 12	Aktualitäts-Check	Welche aktuellen Entwicklungen müssen in die Corporate Language einfließen?

Tabelle 6: Die Corporate-Language-12-Schritte-Methode nach Reins (2006:186-188)

Der Implementierungsansatz von Reins erscheint im Gegensatz zu Försters Konzept sehr viel elaborierter. Reins bezieht unterschiedliche stildeterminierende Faktoren ein: Sowohl die Zielgruppen (=Sprach-Stilgruppen), Teile der Unternehmensidentität (=Unternehmenspositionierung) als auch weitere sozialbezogene Faktoren (=aktuelle Entwicklungen) werden berücksichtigt. Auch das Konkurrenzfeld wird sprachlich analysiert, nämlich im Rahmen der „Marken-Sprachcodierung" in Schritt 2. Dabei wird die sprachliche Positionierung des Unternehmens im Vergleich zur Konkurrenz mithilfe eines „Sprachpositionierungskreuzes" untersucht. Leider werden solche und andere Verfahren nicht mit Beispielen illustriert.

Ergänzend entwirft Reins das Modell der „CL-Sprachzwiebel", die einen „Markenkern" mit „Keywords aus der CL-Markenpositionierung" und in weiteren Schichten die Tonality, eine „Sprachbank" sowie die Sprach-Stilgruppen enthält. Falls diese Reihenfolge eine Hierarchie widerspiegeln soll, fokussiert die „Sprachzwiebel" in erster Linie auf die Marke bzw. das Unternehmen und erst in zweiter Linie auf die Zielgruppen. Damit stellt Reins zumindest implizit die Unternehmensidentität als Bezugspunkt der Corporate Language in den Vordergrund. Auch hier fehlt jedoch ein Beispiel, wie eine solche „Sprachzwiebel" eines konkreten Unternehmens und im Zusammenhang damit die „Tonality" und die „Sprachbank" aussehen könnten.

7.5.3 Stilauffassungen bei Reins

Reins verwendet zum einen den auch in der Linguistik etablierten Begriff des Stils, zum anderen bildet er das Kompositum der „Sprach-Stilgruppen". Den einzelnen Stilen werden dabei zwar nicht einzelne Worte, wohl aber bestimmte stilistische Mittel zugeordnet, beispielsweise werden die Vorlieben des Typus der „Wertorientierten" folgendermaßen charakterisiert:

> In den *nicht zu schlagwortartigen Headlines und nicht zu kurzen Copys* mag er *kräftige Verben, schmückende Adjektive, visuelle Sprachbilder*. Er mag es, wenn Copys *Geschichten erzählen*. [...] Er hat ein Faible für *Wortspiele, Zitate, Redensarten und die Verwendung von Metaphern*. [...] *Modische englische Ausdrücke* schätzt er nicht. *Intelligenter Humor* wird von ihm gepflegt und erwartet. (Reins 2006: 139, Hervorhebungen im Original)

Hier werden also auch solche Stilmittel benannt, die bei der Ansprache der jeweiligen Zielgruppe besser vermieden werden sollten. Bezogen auf die Wahrnehmungsstile beschreibt Reins die verschiedenen Sprach-Stilgruppen folgendermaßen:

> Mit den Wert- und Ergebnisorientierten sprechen wir hauptsächlich visuell.
> Mit den Trendorientierten sprechen wir hauptsächlich visuell-auditiv-kinästhetisch.
> Mit den Gefühlsorientierten sprechen wir hauptsächlich visuell-kinästhetisch-auditiv.
> Mit den Verweigerern sprechen wir im besten Fall visuell. (Reins 2006: 157)

Die Unterscheidung zwischen der gefühlsorientierten und der trendorientierten Stilrichtung bleibt hier uneindeutig.

Reins berücksichtigt in seiner Konzeption neben den Adressaten und dem Sender kaum weitere stilistische Determinanten, wenngleich er zur Etablierung der Corporate Language den „Aufbau von Sprachkorridoren" vorschlägt (Reins 2006: 188). Diese Wortwahl suggeriert zwar eine gewisse Anpassungsfähigkeit, was sie konkret bedeuten soll, bleibt allerdings im Dunkeln.

Mithilfe der Interviews mit Werbetextern und Unternehmensvertretern werden unterschiedliche Perspektiven auf Sprachstil sowie unterschiedliche Durchsetzungsstrategien für Unternehmen aufgezeigt. Dabei wird allerdings versucht, allgemeingültige Ratschläge zu extrahieren, die in ihrer Absolutheit („Werfen Sie nicht mit Fremdwörtern um sich", Reins 2006: 308) nur durch die Heterogenität der Herangehensweisen der Interviewten relativiert werden. Wenngleich die „CL-Sprachzwiebel" eine klare Hierarchie zugunsten der Ausrichtung auf die Unternehmensidentität vermuten lässt (vgl. Reins 2006: 189), findet sich auch hier wie bei Förster der unreflektierte Widerstreit zwischen der Anpassung des Sprachstils an die Zielgruppen gegenüber der Ausrichtung auf die Unternehmensidentität, beispielsweise in „Regine Sixts Fahrplan zum Erfolg":

> 2. Die Sprache muss von jeder Zielgruppe verstanden werden. Spielen Sie auf der gesamten Klaviatur der Kommunikation.
> [...]
> 3. Verdeutlichen Sie durch Sprache die typischen Charakterzüge Ihres Unternehmens.
>
> (Reins 2006: 285)

Im Gegensatz zu Förster betont Reins, dass auch die Situationen, in denen wir mit bestimmten Wörtern konfrontiert werden, großen Einfluss auf unsere Assoziationen mit ihnen haben. Außerdem bezieht er – ebenfalls anders als Förster – den Sprachklang in seine Überlegungen mit ein (vgl. Reins 2006: 31). Reins berücksichtigt mit den synästhetischen Wirkungen von Sprache zumindest implizit auch weitere Zeichendimensionen in ihrer Verknüpfung mit Sprache. Allerdings werden Bild, Typographie und Layout nicht als eigenständige Größen in das Konzept einbezogen.

Der Geltungsbereich von Corporate Language wird nicht explizit festgelegt. Alle Ausführungen von Reins beziehen sich jedoch auf die externe schriftliche Kommunikation. Die konkreten Beispiele stammen durchgehend aus der Werbekommunikation, verschiedene Textsorten und Kommunikationsbereiche als Determinanten stilistischer Gestaltung werden daher bei Reins nicht diskutiert.

7.5.4 Identität bei Reins

Wie bereits ausführlich erläutert worden ist, pendelt auch Reins unentschieden zwischen der Anpassung an Zielgruppen und der Ausrichtung auf die Unternehmensidentität. Der Stilbegriff wird lediglich im Zusammenhang mit der Zielgruppenansprache gebraucht. Damit werden nur sozialbezügliche Dimensionen von Stil aktiviert. Zwar scheint es zunächst, als würde Reins mit dem Begriff „Tonality" weitere Aspekte von Stil fassen, allerdings bezieht sich „Tonality" tatsächlich auf die durch Sprache vermittelte „Grundstimmung" (Reins 2006: 187). Die Zusammenhänge zwischen Stilgruppen und Tonality bleiben im Vagen.

Die von Reins (2006: 186-188) vorgestellte 12-Schritte-Methode zur Entwicklung einer Corporate Language berücksichtigt allerdings verstärkt auch die Unternehmensidentität. Zu Beginn steht die „Definition des Markenkerns" und seine „Übertragung [...] in verbale Marken- oder Unternehmenswerte" (Reins 2006: 187). Anschließend soll erarbeitet werden, welche „Tonality" das Unternehmen bisher verwendet und inwiefern „Marken oder Unternehmenswerte [...] von der Sprache bisher widergespiegelt" werden. Ziel ist es sich „sprachlich unique" gegenüber der Konkurrenz zu positionieren. Zu diesem Zweck wird eine sprachliche Konkurrenzanalyse vorgeschlagen. Zwar rückt Reins die Unternehmensidentität sprachlich stärker in den Vordergrund als Förster, doch auch hier wird der scheinbare Gegensatz zwischen der Ausrichtung auf Unternehmensidentität einerseits und Zielgruppen andererseits nicht thematisiert.

Eine Anbindung an das Corporate-Identity-Konzept liegt auch bei Reins explizit vor, da Corporte Language als Bestandteil der CI dargestellt wird (vgl. Reins 2006: 9).

7.5.5 Gesamtpotenzial des Konzepts

Das Modell von Reins ist sehr viel komplexer aufgebaut als das von Förster. Es berücksichtigt im Vergleich ein breiteres Feld stildeterminierender Faktoren (z.B. auch die sprachliche Positionierung der Konkurrenz) und trägt damit der Kontextgebundenheit von Stil stärker Rechnung. Allerdings sollen diese Faktoren lediglich bei der Implementierung und Kontrolle der Corporate Language eine Rolle spielen, beim Erstellen der Texte soll mit der erarbeiteten Sprachbank operiert werden. Es wird also nicht berücksichtigt, dass nicht alle Texte des Unternehmens die gleichen „Sprach-Stilgruppen" ansprechen – eine Einschränkung des Geltungsbereichs der Corporate Language wird nicht in Erwägung gezogen.

Zudem mangelt es auch hier an den theoretischen (sprachwissenschaftlichen) Grundlagen sowie an der Verknüpfung der einzelnen, teils komplementären Ziele (Zielgruppensprache, Imagegewinn). Zu kritisieren ist insbesondere, dass die Anbindung des Konzepts an die Unternehmensidentität im Vergleich zur Ausrichtung auf die Zielgruppen sehr knapp und unzureichend beschrieben wird. Die Reflexion der Zusammenhänge zwischen der Ausrichtung auf Unternehmensidentität einerseits und der Adressierung bestimmter Zielgruppen andererseits fehlt. Entsprechend muss ebenso wie bei Förster danach gefragt werden, ob aufgrund der fünf Sprach-Stilgruppen nur fünf unterschiedliche Unternehmensidentitäten dargestellt werden können. In diesem Falle wäre keine ausreichende

Differenzierung von der Konkurrenz möglich. Dies wird bei Reins jedoch durch die Rückbindung an die Unternehmenswerte und die „Tonality" zumindest in Ansätzen verhindert. Doch gleichzeitig stehen die Formulierung der Tonality und die Ausrichtung auf die Sprach-Stilgruppen unverbunden nebeneinander. Auch können die „Sprach-Stilgruppen" hier als Gruppen von Stilen und nicht als einzelne Stile aufgefasst werden. So verstanden, lassen die Reins'schen Sprach-Stilgruppen Wahlmöglichkeiten und damit die Herausbildung eines einzigartigen Sprachstils zu. Insbesondere der 12-Schritte-Ansatz inkorporiert diesbezüglich sinnvolle Herangehensweisen an Stil und Unternehmensidentität. Dennoch ist eine stärkere Berücksichtigung sprachwissenschaftlicher Erkenntnisse zu stilistischer Komplexität und zu den Zusammenhängen zwischen Stil und Identität wünschenswert.

7.6 Diskussion C: CI in Texten (Sauer 2002)

7.6.1 Rahmenbedingungen zur Publikation

Die Thematik „Corporate Identity in Texten" wird aus linguistischer Perspektive erstmals konkreter in der schreibdidaktisch orientierten Arbeit von Sauer (2002) aufgegriffen. Der Untersuchung des Konzeptes zur CI in Texten liegt die folgende Publikation zugrunde:

> Sauer, Nicole (2002): Corporate Identity in Texten. Normen für schriftliche Unternehmenskommunikation. Berlin.

Die Autorin ist Sprachwissenschaftlerin und hat zuvor bereits Arbeiten im Bereich der Werbesprachenforschung (Sauer 1998) und zur Thematik der Stilnormen (Sauer 1994) veröffentlicht. Daher kann eine breite wissenschaftliche Expertise im Bereich der Stil- und Werbesprachenforschung angenommen werden. Insbesondere kann Sauer als Expertin in Bezug auf die Problematik der Stilwirkungen gelten. Sauer (2002: 12) selbst ordnet sich als „Geisteswissenschaftler" ein.

Es handelt sich bei dem oben aufgeführten Werk um eine wissenschaftliche Publikation, deren Erarbeitung für Sauer allerdings die Grundlage zum „Aufbau einer linguistisch geprägten Kommunikationsberatung" bilden soll (Sauer 2002: 12) und daher eine starke Praxisorientierung aufweist. Als Ziel der Arbeit kann die Herausarbeitung eines Normenkatalogs zur Unternehmenskommunikation identifiziert werden, der „als Orientierung für die Etablierung einer spezifischen

Unternehmensidentität in allen schriftlichen Texten eines Unternehmens dienen" soll (Sauer 2002: 15). Die Sammlung der Stilnormen selbst, die bei Sauer (2002: 183-204) im Anhang beigegeben wird, erfüllt zudem Funktionen eines Sprachratgebers. Die Arbeit von Sauer kann daher als primär für den wissenschaftlichen Diskurs geschrieben kategorisiert werden, sekundär zielt sie aber auch auf den Texter im Unternehmen ab. Sauer selbst charakterisiert die Adressaten ihrer Arbeit nicht.

7.6.2 Das Konzept in seinen Grundzügen

Sauer nähert sich dem Problem der sprachlichen Identitätsdarstellung von Seiten der Sprachnormen-Diskussion und stellt einen Katalog von Sprachnormen auf, deren Befolgung sich unterschiedlich auf das Unternehmensimage auswirken könne. Das Befolgen oder Nicht-Befolgen der entsprechenden Normen könne demnach Stilwirkung entfalten und zur vermehrten oder verminderten Verwendung bestimmter stilistischer Merkmale in den Texten beitragen. In Kombination soll so ein spezifisches stilistisches Unternehmensimage erzeugt werden. Sauers Anliegen ist es dabei, „Kriterien zur sprachlichen Gestaltung zu bieten, die über Allgemeinheiten hinaus dem Ratsuchenden tatsächlich Hilfestellung anbieten können" (Sauer 2002: 28).

Die von ihr angeführten Normen sollen „ausreichende Auswahlmöglichkeiten [bieten], um einen spezifischen Unternehmensstil zu formen" (Sauer 2002: 135). Sauer betont, dass ihre Normenliste nur als Ausgangspunkt ohne Vollständigkeitsanspruch zu verstehen sei (vgl. Sauer 2002: 135), und zwar vor allem wegen der „unendlichen Vielzahl sprachlicher Strukturen" (Sauer 2002: 135), mit denen Charakterzüge jeweils verknüpft werden können.

Sauer (2002: 81) begründet ihre Auswahl von Normen damit, diese sollten „für die Unternehmenskommunikation unter dem Gesichtspunkt des ‚Images' von Bedeutung" sein. Zudem beschränkt sie sich auf sprachbezogene Normen für die schriftliche Unternehmenskommunikation (vgl. Sauer 2002: 81). Ferner strebt Sauer an, die Normen zur Orientierung in Klassen zu unterteilen. Dabei favorisiert sie „eine Systematik, die auf bestimmten Klassen individueller Merkmale von Schreibern aufbaut" (Sauer 2002: 84). Schließlich kommt Sauer zu der Schlussfolgerung, die Normen könnten „im wesentlichen vier Aspekten zugeordnet werden" (Sauer 2002: 85). Der Normenkatalog unterscheidet „Normen zur Darstellung der professionellen Haltung" (Sauer 2002: 92-98), „Normen zur Darstellung der Orientierung auf den Leser" (ebd.: 98-112) sowie „Normen zur Darstellung von Charaktermerkmalen" (ebd.: 112-130) und „Normen zur Darstellung des Werthorizontes" (ebd.: 130-134). Die Normen folgen immer dem Grundmuster *Tue X, wenn du dich als y darstellen willst*. Für die einzelnen Normenkategorien seien hier zunächst einige wenige Beispiele aufgeführt:

7.6 Diskussion C: CI in Texten (Sauer 2002)

N(5) Verwende den bürokratischen Stil (Nominalverbgefüge, Passiv und Jargon), wenn du dich als Experte ausweisen willst. (Sauer 2002: 93).

N(31) Verwende einfache Sprache in der Erklärung deiner Entscheidungen, wenn du dich als vertrauenswürdig darstellen willst. (ebd.: 100).

N(82) Benutze allgemeinere, unspezifische Worte, um den Eindruck eines Stils der Mündlichkeit zu erwecken, wenn du dich als extrovertierter Typ zeigen willst. (‚Wir müssen *etwas* unternehmen' anstatt ‚Wir müssen *den Trend zur rapiden Preissteigerung stoppen.*') (ebd.: 118)

N(133) Verwende Nominalverbgefüge (‚zur Vorlage bringen', ‚zur Entscheidung gelangen'), Passiv (‚Es wurde entschieden...') und Jargon (‚insonderheit'), wenn du dich als Bürokrat ausweisen willst. (ebd.: 128)

Dieser Überblick zeigt sich bereits, dass bestimmte Sprachstile (bürokratischer Stil) mit unterschiedlichen Wirkungen verknüpft werden können, die entweder positiv („Experte") oder negativ („Bürokrat") sein können. Die Wirkung erschließt sich erst im Kontext bzw. in Kombination mit anderen Stilmitteln und kann deshalb nicht pauschal ermittelt werden.

Das gleiche Stilmittel kann zudem unterschiedlichen Kategorien zugeordnet werden und einerseits der Darstellung der professionellen Haltung (N(5)) oder des Werthorizonts (N(133)) dienen. Die einzelnen Kategorien Sauers sind also nicht als distinkt aufzufassen. Auch erscheint die Zuordnung der Normen teilweise fragwürdig – N(31) beispielsweise soll laut Sauer der Darstellung der Leserorientierung dienen, kann jedoch aus bestimmter Perspektive ebenso gut in den anderen Kategorien untergebracht werden.

Besonders interessant erscheint die Normenketagorie zur „Darstellung von Charaktermerkmalen". Sie muss sich zwangsläufig stark mit den übrigen Kategorien überschneiden, da letztlich auch die professionelle Haltung, die Leserorientierung und der Werthorizont auf Charaktermerkmale schließen lassen. Die Normen zur Darstellung von Charaktermerkmalen unterteilt Sauer weiter nach den grundlegenden Dimensionen des Myers-Briggs-Type-Indicator (MBTI), einem psychologischen Test zur Klassifizierung von Persönlichkeiten. Der MBTI unterscheidet die Dimensionen Extraversion vs. Introversion, Sinneswahrnehmung vs. Intuition, Denken vs. Gefühl und Beurteilung vs. Wahrnehmung. Zur Illustration der Kategorisierung folgt nun jeweils ein Beispiel für jede der zwei möglichen Ausprägungen der vier Verhaltensdimensionen:

N(82) Halte deine Sätze kurz und weniger komplex (wie in einem mündlichen Gespräch), wenn du den Eindruck eines extrovertierten [sic] Charakters vermitteln willst. (Sauer 2002: 118)

N(93) Benutze gelegentlich längere komplexere Sätze, um die Distanz zwischen den Kommunikationspartnern in einer schriftlichen Situation zu betonen, wenn du dich als introvertierte Persönlichkeit darstellen willst. (Sauer 2002: 120)

N(100) Benutze Ausdrücke der sinnlichen Wahrnehmung, um deine entsprechende Vorliebe darzustellen. (‚Ich habe gehört/gesehen', ‚Es ist ersichtlich...', ‚Sie sehen...' etc.) (ebd.: 121)

N(107) Zeige deine Kreativität im Finden neuer Wege, wenn du deine intuitive Ausrichtung darstellen willst. (‚Ich habe einen besonderen Vorschlag zu machen,...', ‚Wir haben eine neue Möglichkeit gefunden, Ihren Bedarf zu decken...', ‚Ich möchte Ihnen einen neuen Weg vorschlagen, diese Dinge zu behandeln...') (ebd.: 122)

N(110) Beschränke dich nahezu völlig aufden Austausch von sachlich relevanten Informationen und klammere – mit Ausnahme der aus Höflichkeitsgründen notwendigen Floskeln – alles aus, was nicht zum Kernthema des Textes gehört, wenn du dich als von objektiven Fakten geleitete, denkende Person zeigen willst. (ebd.: 123)

N(112) Lasse in deine Korrespondenz auch ein paar persönliche Anmerkungen einfließen, wenn du deine Vorliebe für ein individualisiertes, persönliches Vorgehen zeigen willst. [...] (ebd.: 124)

N(114) Achte besonders darauf, daß dein Text einer klaren Systematik folgt, wenn du als beurteilender Typ auftreten willst. Hilfreich sind dazu klare logische Konzepte wie Chronologie oder Kausalität, aber auch formale Gliederungsmittel wie Listen oder Tabellen) (ebd.: 125).

N(121) Zeige die verschiedenen Möglichkeiten in einer Situation auf, ohne dich auf eine festzulegen, wenn du als wahrnehmende Persönlichkeit deine Flexibilität demonstrieren willst. (‚Wir können entweder... oder... Außerdem bleibt die Möglichkeit,...') (ebd.: 126)

Vorteile dieser Einteilung sind laut Sauer die „überschaubare Anzahl von Klassen" sowie die Inklusion der „wohl deutlichsten Unterschiede in der Ausprägung von Persönlichkeiten" (Sauer 2002: 115). Gleichzeitig schränkt sie ein, dass Eigenschaften wie Freundlichkeit oder Humor von diesen Dimensionen nicht abgedeckt würden (vgl. Sauer 2002: 116). Normen zu solchen Eigenschaften werden daher von ihr ohne Klassifizierung ergänzt.

7.6.3 Stilauffassungen bei Sauer

Die Subjektivität stilistischer Urteile ist Sauer durchaus bewusst. Sauer betont, dass Stilbewertung (und die ihr zugrundeliegenden Normen) „eine zumindest in Teilen individuelle Angelegenheit" sei, worüber jedoch bei einer transparenten Begründung der Urteile hinweggesehen werden könne (Sauer 2002: 58). Sie unterscheidet erstens solche Normen, deren Einhaltung mittels statistischer Kriterien beurteilt werden kann, und zweitens solche Normen, deren Beurteilung „in den Bereich des Sprachgefühls bzw. anderer subjektiver Einschätzungen" (vgl. Sauer 1994: 241) fällt und die somit nur hermeneutisch beurteilt werden können. Dabei begründet Sauer den „Versuch, auch hermeneutische Normsätze zu ermitteln und in der Bewertung anzuwenden" (Sauer 1994: 242) mit einer bei Sprachverwendern vermuteten hohen ‚passiven Normkenntnis' und damit verbundenen geringen Unsicherheiten bei der Bewertung von Sprache.

7.6 Diskussion C: CI in Texten (Sauer 2002)

Eine klare Trennung dieser unterschiedlichen Normen scheint jedoch nicht möglich. Vielmehr behauptet Sauer an anderer Stelle, dass alle erhobenen Normen ein „allgemeines Sprachgefühl" widerspiegelten und gleichzeitig auch empirisch validiert werden könnten:

> Obwohl alle Normen den Anspruch erheben, ein allgemeines Sprachgefühl widerzuspiegeln, werden in verschiedenen Fällen Studien angeführt, die die Normen bestätigen, um zu zeigen, daß die Normen auch empirischer Überprüfung standhalten. (Sauer 2002: 91)

Größter Kritikpunkt am Konzept von Sauer ist es, dass die empirische Grundlage bzw. die Herkunft der Stilnormen unklar bleibt und die konkrete Herleitung der Einzelnormen im Dunkeln bleibt. Es wird lediglich auf ein „allgemeines Sprachgefühl" als Grundlage der Formulierung verwiesen (vgl. Sauer 2002: 91).
In den Abschnitten 3.8 und 7.2 sind bereits ausführlich die Vorbehalte der Linguistik gegenüber dem Aufstellen von präskriptiven Normen behandelt worden. Diese Vorbehalte lassen sich auch auf die Arbeit von Sauer übertragen. Wenngleich Sauer selbst ihre Normen als Ergebnis eines „allgemeingültigen Sprachgefühls" hinstellen möchte, kann angesichts fehlender Begründungen und Quellenangaben nur vermutet werden, dass hier lediglich Sauers eigenes Sprachgefühl die Basis der Normenformulierung darstellt. In diesem Fall wäre der Normenkatalog vielmehr Ergebnis subjektiver Wertvorstellungen.
Neben der problematischen Normenerhebung ergeben sich weitere Kritikpunkte in Bezug auf den stiltheoretischen Überbau des Sauer'schen Konzepts. Der Stilbegriff Sauers beispielsweise bleibt zunächst eindimensional auf Sprachstil bezogen. Sauer formuliert explizit eine entsprechende Definition von Stil:

> Die spezifische, für einen Autoren oder eine bestimmte Textsorte typische Auswahl aus der Vielzahl der Möglichkeiten, die das System einer Sprache zur Verfügung stellt, wird als *Stil* beschrieben. (Sauer 2002: 56f., Hervorhebung im Original)

Weitere Modalitäten, die als Teil eines semiotisch komplexen Stils relevant werden könnten, werden hier also nicht berücksichtigt – im Normenkatalog selbst sollen sie aber wiederum auch nicht ausgeschlossen werden. Dort berücksichtigt Sauer trotz eines auf sprachliche Zeichen beschränkten Stilbegriffs auch Aspekte wie „die Auswahl der Information, Präsentation von Informationen in Tabellen oder Schaubildern oder auch formale Kriterien wie das Layout" (Sauer 2002: 91). Damit beziehen sich die Normen nicht nur auf stilistische Kategorien bzw. den stilistischen Zweitsinn von Texten, sondern auch auf propositionale Inhalte. Eine systematische Erhebung weiterer Modalitäten im Normenkatalog selbst ist jedoch nicht zu erkennen, sie werden lediglich hier und da eingestreut:

N(14): Achte auf kostengünstigen Versand deiner Korrespondenz, wenn du dein ökonomisches Bewußtsein demonstrieren willst. Hier abzuwägen sind etwa die Verwendung von Sonderformaten, die höheres Porto erfordern, zeitgleiche Versendung mehrerer Sendungen an den gleichen Adressaten, aber auch die Wahl des Mediums – Telefonat, eMail, Fax oder Brief – und des Versandweges (Post, Kurier, Taxi…). (Sauer 2002: 95)

Die visuelle Modalität von Texten wird also explizit berücksichtigt. Die auditive Modalität hingegen, die einen Zugriff auf klangliche Aspekte von Stil (auch von Sprachstil) ermöglichen könnte, wird nicht einbezogen.

Inkonsistenzen im theoretischen Rahmen zeigen sich auch an anderer Stelle. Bei der Formulierung von Normen verzichtet Sauer explizit auf die Berücksichtigung der Kontext- und Textsortengebundenheit von Stilnormen. Zwar zieht sie Textsorten auch als Kategorisierungskriterium für die Stilnormen in Betracht, kommt jedoch zu dem Schluss, dass „viele Normen vermutlich für alle oder zumindest mehrere Textsorten gelten" (Sauer 2002: 83). Ferner wird die zeitliche und kulturelle Gebundenheit von Stilnormen von Sauer weder reflexiv im theoretischen Teil noch in der Kategorisierung oder Formulierung der Normen berücksichtigt.

Insgesamt fehlt die Anbindung an stiltheoretisch-linguistische Kategorien und eine entsprechende Systematisierung sprachlich-stilistischer Mittel und Voraussetzungen. Para- und nonverbale Ebenen von Kommunikation werden zwar nicht ausgeschlossen, aber auch nicht in das theoretische Gerüst mit einbezogen (vgl. Sauer 2002: 91).

Problematisch ist vor allem aber die grundlegende Vorgehensweise von Sauer, die mit der Aufstellung eines Normenkatalogs einen wirkungsästhetisch orientierten, normativen Ansatz verfolgt. Sauer titelt zwar „Corporate Identity in Texten", stellt jedoch innerhalb ihres Werkes lediglich auf die Größe „Image" ab und verknüpft bestimmte stilistische Handlungen mit bestimmten Imagewirkungen verknüpft („Stilnormen"). Tatsächlich werden Menschen in hohem Maße auch aufgrund ihres sprachlichen Verhaltens beurteilt. Somit hat sprachliches Verhalten eine hohe soziale Relevanz (vgl. Sauer 2002: 16). Allerdings können diese Beurteilungen höchst unterschiedlich ausfallen. Deshalb „führen pauschale Merkmal-Eigenschaft-Zuschreibungen häufig in die Irre" (Sauer 2002: 15), wie auch Sauer feststellt. Leider gelingt es Sauer selbst bei der Aufstellung ihrer Normen nicht, solche Pauschalisierungen zu vermeiden. Zwar formuliert sie ihre Normen vergleichsweise vorsichtig, allerdings liegt es ein Stück weit im Wesen von Normen begründet, dass sie pauschale Zuschreibungen machen. Mit ihrem Normenkatalog trägt Sauer daher (vielleicht ungewollt) zur weiteren Etablierung von „Vorurteilen" gegenüber bestimmten sprachlich-stilistischen Verhaltensweisen bei und fördert damit beispielsweise stereotypes Denken im Sinne „besserer" und „schlechterer" Varietäten. Sauers Vorhaben ist daher ebenso ehrgeizig wie fragwürdig:

7.6 Diskussion C: CI in Texten (Sauer 2002)

> Diese auf sprachlichen Merkmalen basierenden Urteile sollen so systematisiert werden, daß sie als Orientierung für die Etablierung einer spezifischen Unternehmensidentität in allen schriftlichen Texten eines Unternehmens dienen können. (Sauer 2002: 15)

Bei Sauer wird die Anpassung an den Leser allerdings im Gegensatz zu Förster und Reins in einen Zusammenhang mit der Selbstdarstellung gebracht, da die Normen insgesamt zur Herausbildung einer sprachlichen Unternehmensidentität genutzt werden sollen. Auch die „Normen zur Darstellung der Orientierung auf den Leser" werden in den Dienst dieses Vorhabens gestellt. Das wird damit begründet, dass sich für den Rezipienten aus der Leserorientierung der Texte Hinweise ergeben, „welche Intentionen der Schreiber verfolgt und welche Konsequenzen diese für ihn, den Leser haben können" (Sauer 2002: 98).

7.6.4 Identität bei Sauer

Sauer gibt ebensowenig wie Reins eine explizite Definition von Unternehmensidentität. Tatsächlich bezieht sie sich in ihrer Arbeit vor allem auf die Kategorie „Image". Die Senderidentität ist dem Rezipienten demnach lediglich über ihre Manifestation zugänglich:

> Je weniger der Rezipient über den Verfasser weiß, desto mehr ist er für diese Annahmen auf das zurückgeworfen was ihm vorliegt: Der Text selbst. (Sauer 2002: 60)

Dieses Zitat verdeutlicht gleichzeitig, dass Sauer Stil vor allem als Darstellung bzw. Manifestation der Unternehmensidentität betrachtet. Die Rückwirkungen der stilistischen Manifestationen auf die Unternehmensidentität, die in Abschnitt 6.2 als Konstruktion erfasst werden, werden bei Sauer nicht beachtet. Damit blendet Sauer gleichzeitig auch Dynamiken zwischen Unternehmensidentität und Stil aus, die in ihren Wechselwirkungen zu Anpassungs- und Wandelbewegungen der Unternehmensidentität führen können. Auch wird Unternehmensidentität bei Sauer vor allem im Sinne des Corporate-Identity-Konzepts als Bezugspunkt der externen Kommunikation erfasst. Vor diesem Hintergrund ist auch die Fokussierung auf die Kategorie Image bei Sauer zu sehen. Erläuterungen oder Definitionen zu Identität bzw. Unternehmensidentität oder Corporate Identity sind bei Sauer nicht zu finden. Eine explizite Anbindung an das Corporate-Identity-Konzept erfolgt lediglich über den Titel der Arbeit („Corporate Identity in Texten).

7.6.5 Gesamtpotenzial des Konzepts

Der Ansatz von Sauer (2002) zu den „Stilnormen für die Unternehmenskommunikation" kann neben den bereits in Abschnitt 7.2 erwähnten Arbeiten von Ebert (2005) und Keller (2006) ebenfalls als konkrete Bemühung gesehen werden, linguistisches Wissen in die Praxis zu transferieren.

Was die Frage nach der Umsetzbarkeit des Ansatzes betrifft, so erscheint ein Normenkatalog aus schreibdidaktischer Perspektive zunächst sinnvoll. So kann der Normenkatalog von Sauer zwar als Grundlage zur Textproduktion in der Unternehmenskommunikation dienen, allerdings nur mit Einschränkungen. Das Verdienst des Ansatzes liegt darin, dass im Vergleich zur Aufstellung von Regeln in Sprachratgebern die Normen Sauers unter Berücksichtigung der mit den einzelnen sprachlichen Mitteln verbundenen (Stil-)Wirkung dargestellt werden. Somit werden die Normen nicht als absolut hingestellt, sondern es werden funktional-wirkungsästhetische Beziehungen hergestellt, im Sinne von *Wenn Sie x* [passendes Stilattribut einsetzen] *wirken wollen, nutzen sie Stilmittel y*. In dieser festen Zuschreibung bestimmter Wirkungen zu sprachlichen Mitteln liegt jedoch auch die Problematik des Konzepts. Es werden dabei keine weiteren Relativierungen gemacht und die Kontextualisierung der sprachlichen Mittel wird zu wenig berücksichtigt. So weist Sauer zwar auf die prinzipiell unendlichen Kombinationsmöglichkeiten zwischen den sprachlichen Mitteln hin und sieht in der Kombination einzelner Normen die Möglichkeit zur Herausbildung einer sprachlichen Unternehmensidentität, allerdings beachtet sie dabei nicht, dass die einzelnen sprachlichen Mittel in der Kombination anders wirken könnten als für sich genommen. Zudem wird die Wirkung sprachlicher Mittel von unterschiedlichen Zielgruppen unterschiedlich bewertet. All diese relationalen Aspekte von Stil werden somit von Sauer zu wenig berücksichtigt.

Des Weiteren fehlt eine empirische Validierung des Normenkatalogs. Diese erfolgt lediglich sehr vereinzelt, stattdessen wird offenbar ein „allgemeines Sprachgefühl" als ausreichende Grundlage für die Aufstellung von Sprachnormen betrachtet. Insgesamt ist der Ansatz von Sauer somit nicht ausreichend validiert.

Gewichtiger erscheint angesichts der expliziten Anwendungsorientierung des Konzepts jedoch die schwierige Umsetzung in die Praxis. So scheint es zwar prinzipiell möglich, dass aufgrund der normativen Anweisungen im Katalog bestimmte Identitätsmerkmale des Unternehmens stilistisch dargestellt werden können. Die von Sauer vorgeschlagene Vorgehensweise führt jedoch nicht ohne Probleme zu diesem Ziel:

- Es ist aufgrund der Vielfalt der Stilmittel und Stilzüge unmöglich, mit einem Normenkatalog alle Möglichkeiten abzudecken. Ein Normenkatalog könnte deshalb den Blick für weitere Möglichkeiten verstellen.

- Die vorgeschlagene Vorgehensweise, aus dem Normensammelsurium das zum Unternehmen Passende herauszusuchen, bleibt ohne Bezug zur Unternehmensidentität. Zielführender könnte es sein, zunächst die Identitätsmerkmale des Unternehmens herauszufiltern und – von diesen Merkmalen ausgehend – nach passenden Stilmitteln und Stilzügen zu suchen. Auch eine Analyse des bisherigen Stils könnte eine sinnvolle Ergänzung bilden.
- Sauer setzt Unverwechselbarkeit und Einzigartigkeit des Stils offenbar als logische Folge aus der stilistischen Darstellung der Identitätsmerkmale voraus, da die Normen als „Orientierung für die Etablierung einer spezifischen Unternehmensidentität" dienen sollen (Sauer 2002: 15). Die Wiedererkennbarkeit ist jedoch mit der Einhaltung von Stilnormen noch nicht gewährleistet, hinzukommen müssen stark markierte Stilmittel, die mit dem Unternehmen verknüpft werden und mit der Unternehmensidentität in eine feste Verbindung treten.

Es bleibt im Unklaren, wie Unternehmen diesen Normenkatalog handhaben sollen und wie der Katalog zur Entwicklung einer einzigartigen sprachlichen Identität beitragen soll. Damit kann auch das Konzept von Sauer insgesamt als unzureichend zur Herausbildung eines unternehmensspezifischen, die Unternehmensidentität widerspiegelnden Sprachstils charakterisiert werden.

7.7 Zwischenergebnis

Die Diskussion zu den einzelnen Konzepten macht deutlich, dass diese zwar wichtige Impulse für die Konzeption eines unternehmensspezifischen Sprachstils geben, allerdings aus linguistischer Perspektive entweder fragwürdig sind oder die Zusammenhänge zwischen Sprachstil und Unternehmensidentität unzureichend modellieren.
  Deutlich wird auch, dass die Modellierung der Zusammenhänge von Stil und Unternehmensidentität nicht als leichtes Unterfangen gelten kann, sondern im Gegenteil die sprachlich-stilistische Konstruktion und Darstellung von Unternehmensidentität ein sehr komplexes Phänomen darstellt.
  Ein Vergleich der drei Konzepte in ihren Grundzügen ergibt, dass Förster und Reins ähnliche Wege beschreiten, indem sie vier bzw. fünf dominierende Stile identifizieren, die ihrer Ansicht nach bestimmend für die Unternehmenskommunikation seien. Dabei richten sich die Konzepte vor allem an bestimmten Zielgruppen aus und stellen nur vereinzelt in den Erläuterungen die Unternehmens-

identität als stildeterminierenden Faktor heraus. Die Konzepte konzentrieren sich damit vor allem auf sozialbezügliche sprachliche Manifestationen von Identität. Ein Unternehmen macht seinen Zielgruppen Identifikationsangebote, indem es sich als zur Zielgruppe passend darstellt. Unternehmen mit mehreren unterschiedlich definierten Zielgruppen gelangen auf diese Art jedoch nicht zu einem einheitlichen Stil, sondern müssen mehrere zielgruppenspezifische Stile ausbilden. Dieses Problem des Oszillierens von Stil und Identität zwischen sozialer Anpassung und Einzigartigkeit wird allerdings in den Ansätzen von Reins und Förster gar nicht angesprochen.

Sauer wählt einen anderen Ansatz, der sozial gebundene Stilnormen zur Unternehmenskommunikation aufstellt und damit bestimmte Stilzüge und Stilmittel mit bestimmten Stilwirkungen verbindet. Die Problematik solcher Verknüpfungen wurde bereits ausführlich dargestellt.

Alle drei Ansätze begreifen Stil und Identität vor allem funktional und tragen zudem der semiotischen und stilistisch-sprachlichen Komplexität von Unternehmenstexten nicht ausreichend Rechnung. Zusammenhänge zwischen Stil und Identität werden kaum dargestellt. Die Unternehmensidentität steht nicht ausreichend im Mittelpunkt der Konzepte.

Bei aller Kritik sind jedoch graduelle Abstufungen zwischen den Konzepten zu machen. So ist das Konzept von Sauer sprachwissenschaftlich gesehen in höherem Grade fundiert als die Konzepte von Reins und Förster. Dies ist vor allem an der Explizierung sprachwissenschaftlicher Hintergründe und der Aktualität der theoretischen Begründungen festzumachen. Für die Ratgeberautoren steht hingegen vor allem die praktische Umsetzbarkeit im Vordergrund. Die Konzepte von Reins und Förster sind kaum bzw. gar nicht sprachwissenschaftlich und stiltheoretisch fundiert. Entsprechend weisen sie diesbezüglich große Defizite auf. Zwar lässt sich aus dieser Feststellung kein direktes Qualitätsurteil zu den Konzepten ableiten, denn auch Einschätzungen von Laien ohne Vorwissen können durchaus sinnvoll sein. Insbesondere im Falle des Konzepts von Förster führt dies allerdings zu einer zu sehr verkürzten Perspektive auf Stil.

Für die Entwicklung eines Corporate-Style-Modells zu den Zusammenhängen von Stil und Identität liefert keines der Konzepte weitere Impulse, da diese Grundlagen in keinem der Konzepte ausreichend evaluiert werden. Für die Entwicklung des Analyserahmens bietet jedoch insbesondere die 12-Schritte-Methode von Reins wichtige Anregungen. Zudem enthält das linguistisch orientierte Normen-Konzept von Sauer u.U. brauchbare Hinweise im Hinblick auf die Beurteilung einzelner Stilzüge sowie zur Kategorisierung von „Charakterzügen" von Unternehmen.

Als Verdienst der Konzepte insgesamt kann es angesehen werden, die Thematik Sprachstile/Unternehmensidentität überhaupt aufgebracht zu haben und bei aller Komplexität der Begrifflichkeiten und ihrer Zusammenhänge den Versuch einer Operationalisierung gewagt zu haben. Auch können die Konzepte

7.7 Zwischenergebnis

wertvolle Hinweise zu Implementierungsinstrumenten und -möglichkeiten geben, die in der vorliegenden Arbeit jedoch nicht weiter untersucht werden sollen. Die Evaluation möglicher Implementierungsschritte erfordert weitreichende empirische Untersuchungen und bleibt daher zunächst ein Desiderat für die schreibdidaktisch orientierte empirische Linguistik.

8 Corporate Style: Ein integratives Beschreibungs- und Analysemodell

In Kapitel 6 wurden linguistisch-deskriptive Ansätze zum Zusammenhang von Stil und Identität diskutiert, und in Kapitel 7 wurden drei normative Ansätze dazu einer näheren Untersuchung unterzogen. Dabei boten die Ansätze zwar teils hilfreiche Anhaltspunkte, erwiesen sich jedoch insgesamt entweder als unzureichend fundiert, als nicht ausreichend auf die Unternehmensidentität ausgerichtet oder als nicht umfassend genug. Weder die Entwicklung eines genuinen Corporate Style noch die linguistisch fundierte, integrative und umfassende Analyse eines Corporate Style ist mithilfe der bisher vorhandenen Ansätze möglich. Ziel dieses Kapitels ist es, zunächst letzteren Mangel zu beheben.

Es wird – unter Berücksichtigung der erarbeiteten Stil- und Identitätsbegriffe – der Versuch eines linguistisch fundierten Beschreibungs- und Analysemodells zum Corporate Style gemacht. Dabei werden vor allem die in Kapitel 6 besprochenen deskriptiv-linguistischen Ansätze sowie die in den Kapiteln 3-5 dargestellten grundlegenden Überlegungen zu Stil und Identität berücksichtigt.

Zunächst wird die Corporate-Style-Definition aus Abschnitt 2.1 erweitert und spezifiziert (Abschnitt 8.1). Darauf aufbauend, wird ein semiotisch-linguistisches Modell zum Corporate Style entwickelt, das die Zusammenhänge zwischen Unternehmensidentität und Corporate Style verdeutlicht (Abschnitt 8.2). Das Modell bildet gleichzeitig die Basis für die Entwicklung des Beschreibungs- und Analyserahmens zum Corporate Style (Abschnitt 8.3). Dabei werden verschiedene analytische Ansätze und Methoden berücksichtigt. Der Analyserahmen wird in Kapitel 9 exemplarisch anhand eines breiten Ausschnitts der schriftlichen externen Kommunikation des Getränkeherstellers Innocent Drinks erprobt.

8.1 Definitionserweiterung zum Corporate Style

Der Begriff Corporate Style wurde bereits zu Beginn der Arbeit in Abschnitt 1.3 einführend erläutert und ins Verhältnis zu verwandten Begriffen wie Corporate

Language und Corporate Wording gesetzt. Dabei wurde Corporate Style als unternehmensspezifischer, die Unternehmensidentität widerspiegelnder Sprachstil beschrieben. Zudem wurde unterschieden zwischen *Corporate Style im engeren Sinne* (auf Sprachstil bezogen) und *Corporate Style im weiteren Sinne* (auf den gesamten kommunikativen Stil des Unternehmens bezogen). An dieser Stelle ist nun noch eine Spezifizierung des Begriffsinhaltes nötig, um ihn operabel für die Entwicklung des Modells zu machen. Dabei werden gleichzeitig die in den Abschnitten 4.2 und 5.6 aufgestellten Definitionen von Stil und Unternehmensidentität zusammengeführt:

Definition 3: Definition Corporate Style (im weiteren Sinne)
Ein unternehmensspezifischer kommunikativer Stil (Corporate Style im weiteren Sinne) ist Ausdruck der Unternehmensidentität und trägt gleichzeitig mit seinen diskurs-, sozial- und selbstbezogenen Stilwirkungen zur Konstruktion der Unternehmensidentität bei. Er manifestiert sich auf verschiedenen sprachlichen und nichtsprachlichen Zeichenebenen, verleiht Unternehmenstexten mittels einer einheitlichen Gestalt eine zusätzliche Bedeutung und verknüpft die Unternehmenstexte mittels unternehmensspezifischer (sprachlich-stilistischer, bildlicher und anderer) Bezüge. Der Corporate Style erscheint den Mitarbeitern ebenso wie externen Rezipienten als Ausdruck der Unternehmensidentität und wird gleichzeitig von diesen beeinflusst. Als Manifestation der Unternehmensidentität ist er wie diese in ein Spannungsfeld von Kontinuität und Wandel, Einheitlichkeit und Authentizität, Inklusion und Exklusion, Anpassung und Einzigartigkeit eingebunden.

Die Definition von Corporate Style im engeren Sinne ergibt sich analog unter Ersetzung des Begriffs ‚kommunikativer Stil' durch ‚Sprachstil' sowie unter Weglassung der eingeklammerten Zeichendimensionen. Das hier vorgestellte Corporate-Style-Modell fokussiert zwar auf sprachlich-stilistische Aspekte, berücksichtigt jedoch auch das Zusammenspiel der Zeichendimensionen. Ein semiotischer Text- und Stilbegriff ist Grundlage des Modells.

Mit dieser Definition sind verschiedene Anforderungen an einen Corporate Style verknüpft. Er soll einzigartig, authentisch, einheitlich, konstant und gleichzeitig wandelbar sein, um ebendiese Aspekte von Identität widerspiegeln zu können. Diese Aspekte von Identität wurden bereits in Kapitel 5 ausführlich thematisiert.

8.2 Semiotisches Modell zum Corporate Style

Ziel dieses Abschnitts ist es, ein linguistisch fundiertes, semiotisches Modell zum Corporate Style zu erarbeiten, das einen deskriptiven Gegenentwurf zu den bisherigen stark normativen Konzepten zu Corporate Language, Corporate Wording oder CI in Texten darstellt und die Komplexität eines Corporate Style erfasst. Zu diesem Zweck werden zunächst grundlegend Anforderungen und Dimensionen eines Corporate-Style-Modells genauer bestimmt (Unterabschnitt 8.2.1). Ferner werden der Geltungsbereich und die Determinanten eines Corporate Style ausführlich dargestellt (Unterabschnitt 8.2.2). Schließlich werden diese Dimensionen und Ebenen in ein übergreifendes semiotisches Modell zu Unternehmensidentität und Corporate Style eingeordnet (Unterabschnitt 8.2.3).

8.2.1 Anforderungen an ein Corporate-Style-Modell

Im Anschluss an die in Abschnitt 8.1 aufgestellten Anforderungen an einen Corporate Style muss das Modell eine ausreichende Grundlage bilden, um die Herausbildung eines unternehmensspezifischen (einzigartigen, wiedererkennbaren), die Unternehmensidentität widerspiegelnden (authentischen) Stils zu ermöglichen. Bereits bei Vogel (2009) wurden Anforderungen an ein Corporate-Style-Modell genannt. Das Modell sollte demnach sprachwissenschaftlich fundiert, umfassend und integrativ sein:

> ‚Integrativ' meint hier die Integration der verschiedenen Text- und Sprachebenen, der para- und nonverbalen Ebenen sowie unterschiedlicher Stilschichten und -register. ‚Umfassend' sei mit einem Fragezeichen versehen: Auf welchen ‚Geltungsbereich', d.h. auf welche Textsorten, sollte sich ein solches Modell anwenden lassen? Welche weiteren Faktoren müssen bei der Entwicklung des Modells berücksichtigt werden? (Vogel 2009: 195f.)

Aspekte von Identität wurden bei der Formulierung dieser Anforderungen noch weitgehend ausgeklammert. Es werden jedoch verschiedene Ebenen von Stil angesprochen:

- Die textuellen Ebenen: Stil zeigt sich als ganzheitliche Gestalt, muss jedoch in der Analyse sowohl mikro- als auch makroanalytisch erfasst werden. Neben den einzelnen Lexemen werden daher auch die satz-, text- und diskursbezogenen Ebenen relevant. Es werden also intra-, inter- und transtextuelle Ebenen einbezogen.
- Die sprachlichen Ebenen: Hiermit sind verschiedene Aspekte von Sprache angesprochen, die in den zugehörigen linguistischen Disziplinen thematisiert werden. Dazu gehören zunächst phonetisch-phonologische, grammatische, semantische und pragmatische Aspekte.
- Die Ebene der Modalitäten: Neben der sprachlichen Modalität sind weitere Modalitäten in den Texten der Unternehmenskommunikation zu berücksichtigen, insbesondere bildliche, typographische und auditive Modalitäten. Damit ist gleichzeitig die Berücksichtigung verschiedener Kodes verbunden.

- Die Ebene des stilistischen Sinns: Das Modell soll Zugriff nicht nur auf Stil als Zeichenmittel erlauben, sondern auch auf die Bedeutungsseite von Stil, bezogen vor allem auf die Identitätskonstruktion und -darstellung.

Mit diesen Punkten ist nun auch genauer bestimmt worden, welche Ebenen und Dimensionen bei der Beschreibung und Analyse eines Corporate Style relevant werden. Diese Ebenen und Dimensionen müssen somit in einem Corporate-Style-Modell berücksichtigt werden.

8.2.2 Geltungsbereich und Determinanten

Die Frage nach dem Geltungsbereich eines Corporate Style betrifft die Festlegung, welche Stilzüge des Corporate Style in welchen Kommunikationsbereichen und Textsorten unter welchen Umständen und bei der Adressierung welcher Adressaten eingesetzt werden sollen. Sollen immer alle Stilzüge des Corporate Style in jedem Text realisiert werden oder soll es Einschränkungen für bestimmte Textsorten geben? Sollen einige zentrale Stilzüge festgelegt werden, die in allen Texten eingesetzt werden, oder sollen bestimmte Stilzüge nur in festgelegten Textsorten eingesetzt werden?

Dies alles sind letztlich auch kommunikationsstrategische Fragen, die bereits bei der Entwicklung eines Corporate Style eine Rolle spielen. Gleichwohl ist es durchaus relevant zu fragen, wie Unternehmen mit dieser Problematik üblicherweise umgehen und auf welche Textsorten sie den Geltungsbereich ihres unternehmensspezifischen Stils ausdehnen. Als Begründung für eine bestimmte Vorgehensweise in dieser Frage können die stildeterminierenden Faktoren herangezogen werden. Stildeterminierend wirken, wie bereits in Abschnitt 4.1 dargestellt wurde, vor allem folgende Faktoren:

- Dominant diskursbezogen: Kommunikationsbereiche, Medien, Textsorten und -muster, Textfunktionen
- Dominant sozialbezogen: Adressaten, Kultur
- Dominant selbstbezogen: Merkmale der Kommunikanten (z.B. Stilkompetenzen der konkreten Vertexter, Identitätsmerkmale des Unternehmens)

Das Unternehmen und seine Identität rücken dabei in den Fokus des Interesses, da sich vor allem die Unternehmensidentität im Corporate Style manifestieren soll. Eine stärkere Berücksichtigung von Identitätsaspekten ist daher grundlegend für ein Corporate-Style-Modell. Als zentrale Merkmale der Unternehmensidentität können etwa die Branchenzugehörigkeit, die Zielsetzungen und die Produktpalette, der/die Betriebsstandort(e), die Größe des Unternehmens, seine hierarchischen Strukturen oder seine Mitarbeiterstruktur (heterogen/homogen in

8.2 Semiotisches Modell zum Corporate Style

Bezug auf Geschlecht, Alter, Nationalität etc.) gelten. Des Weiteren spielen auch die Geschichte des Unternehmens sowie der Umgang mit verschiedenen (Teil-)Identitäten des Unternehmens eine Rolle, d.h. der Umgang mit Konzern-, Betriebs-, Marken- und Produktidentitäten.

Es kann somit nicht pauschal gesagt werden, für welche Textsorten ein Corporate Style sinnvoll ist und für welche nicht – dies ist nur im Falle einiger weniger Textsorten eindeutig möglich (z.B. bei der Pressemitteilung). Ob ein Corporate Style in einer bestimmten Textsorte einsetzbar ist, hängt einerseits von der Auffälligkeit des Corporate Style ab, andererseits aber auch von den Spielräumen, die die Textsorte bietet, und von der mit ihr verbundenen Intention. Bei der Frage nach dem Geltungsbereich eines Corporate Style spielen nicht nur Textsortenkonventionen und Textfunktionen, sondern auch die angestrebte Ausgestaltung des Corporate Styles und die Frage nach den Lesererwartungen eine Rolle. Um bei einem sehr markanten Corporate Style dennoch eine situations- und textsorten-angemessene Umsetzung zu ermöglichen, wäre es beispielsweise denkbar, einen Corporate Style in mehrstufiger Ausprägung zugrunde zu legen.

Betrachtet man beispielsweise die Textsorte Pressemitteilung unter diesem Aspekt, so wird deutlich, dass ein markanter Corporate Style hier fehl am Platze wäre. Pressemitteilungen sollen möglichst direkt in journalistische Publikationsmedien übernommen und dort vom Leser als journalistischer Text und als objektive Information wahrgenommen werden. Die Doppelgesichtigkeit der Pressemitteilung zeigt sich auch darin, dass sie in der Absicht geschrieben wird, ein positives Bild vom Unternehmen zu vermitteln. Die Pressemitteilung besitzt somit dominant imageorientierte bzw. werbende Funktion. Gleichzeitig muss sie so neutral geschrieben werden, als ginge es lediglich um Informationsvermittlung, damit der Text als ‚objektive' Information Eingang in journalistische Publikationsmedien findet und vom Rezipienten als solche akzeptiert wird. Sollte der Corporate Style also hier zu dominant sein, wird der jeweilige Journalist die Pressemitteilung entweder stark verändern (müssen), sie nicht weiterveröffentlichen oder – im schlimmsten Fall – sogar als ‚Werbung' einstufen und nicht einmal zur Informationsgewinnung nutzen. Damit hätte die Pressemitteilung ihr Ziel verfehlt. Um die Funktionalität der Pressemitteilungen zu gewährleisten, verzichtet Ikea beispielsweise deshalb bei dieser Textsorte auf den markanten Stilzug des Duzens. Damit wird der Anschein neutraler Information gewahrt.

8.2.3 Ein semiotisches Modell zum Corporate Style

Die in Unterabschnitt 8.2.1 spezifizierten Anforderungen an ein Corporate-Style-Modell beinhalten die Forderung nach der Berücksichtigung sämtlicher Kodes als mögliche Ausprägungen und Bestandteile eines semiotisch komplexen kommunikativen Stils. Das in Abbildung 9 dargestellte semiotische Modell zum Corporate Style begreift Stil daher im Sinne der Corporate-Style-Definition aus Abschnitt 8.1 als „kommunikativen Stil" und damit als komplexes semiotisches Phänomen, die Graphik lässt sich aber auch allein auf Sprachstil beziehen. Das Modell berücksichtigt sowohl die grundlegenden Funktionen von Stil für die Unternehmensidentität (Darstellung und Konstruktion) als auch diskurs-, sozial- und selbstbezogene Dimensionen von Stil, die zunächst einmal beeinflussen und determinieren, welche Teile der Unternehmensidentität mittels des Corporate Style dargestellt werden und wie dies geschieht (Pragmatische Faktoren). Umgekehrt regelt der Corporate Style den Bezug auf den Diskurs, auf soziale Entitäten sowie auf das Unternehmen selbst, und es lassen sich somit mit den verschiedenen Dimensionen analytisch trennbare Stilwirkungen[74] verbinden (Bedeutung/Zweitsinn). Diese wiederum legen Rückschlüsse auf die Unternehmensidentität nahe.

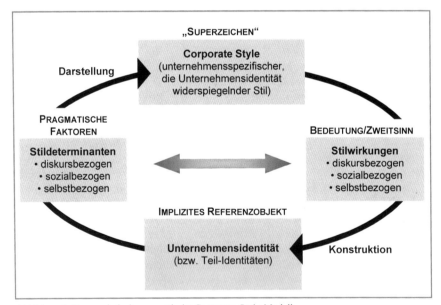

Abbildung 9: Das semiotisch-pragmatische Corporate-Style-Modell

---

[74] Die Trennung der Stilwirkungen beruht auf der Trennung der Stilfunktionen nach Coupland (2001), die bereits in Abschnitt 3.4 diskutiert wurde. Nach Coupland (2001: 188) regelt Stil a) die Zugehörigkeit eines Textes zum Diskurs, b) die Beziehung zum Rezipienten und c) den Bezug auf den Sender. Anders gesagt, wird Sprachstil in der Absicht eingesetzt, diese Dinge zu „regeln". Entsprechend wird Stil von dominant diskurs-, sozial- oder selbstbezogenen Determinanten beeinflusst, wie in Abschnitt 4.1 für die Unternehmenskommunikation diskutiert. Umgekehrt lassen sich diskurs-, sozial- und selbstbezogene Stilwirkungen analytisch trennen.

Die Visualisierung zeigt den „Corporate Style" als eine Art „Superzeichen"[75], das die Unternehmensidentität darstellt bzw. ausdrückt (Pfeil „Darstellung"). Allerdings können selten alle Identitätsmerkmale gleichzeitig stilistisch dargestellt werden. Realistischer ist es daher, davon auszugehen, dass lediglich Teil-Identitäten durch den Corporate Style ausgedrückt werden. Die Unternehmensidentität ist in diesem Sinne zwar kein direktes Referenzobjekt, da der Corporate Style auch in anderer Weise gelesen werden kann. Wird er jedoch als Ausdruck der Unternehmensidentität gelesen, wie es hier der Fall sein soll, dann stellte im Sinne des semiotischen Dreiecks von Peirce der Corporate Style die Ausdrucksseite (Zeichen bzw. Zeichenmittel), die Stilwirkungen die Bedeutungsseite (Interpretant) und die Unternehmensidentität die Gegenstandsseite (Objekt) des Dreiecks dar.[76] Das semiotische Dreieck von Peirce erklärt allerdings nicht, welcher Art die Beziehung zwischen Gegenstandsseite und Ausdrucksseite ist oder wie sie zustande kommt. Diese Beziehung wird im obigen Modell in Bezug auf Stil expliziert und macht es notwendig, diskurs-, sozial- und selbstbezogene Dimensionen von Stil sowohl in Bezug auf die Darstellung als auch auf die Konstruktion der Unternehmensidentität zu berücksichtigen. Daher wird das semiotische Dreieck hier um eine vierte Dimension ergänzt.

Die Stildeterminanten sind als eine Art „Filter" zu verstehen, die die Darstellung der Unternehmensidentität im Corporate Style beeinflussen. Sie können beispielsweise dafür sorgen, dass die Selbstdarstellung des Unternehmens stilistisch zurück- oder hervortreten kann. Damit wird die von Sandig hervorgehobene Relationalität von Stil berücksichtigt.

Das Modell erfasst die mit einem Corporate Style möglicherweise verbundenen Stilwirkungen getrennt als diskurs-, sozial- und selbstbezogene Stilwirkungen. Wie bereits in Abschnitt 6.5 dargestellt, lassen sich all diese Stilwirkungen jedoch im Hinblick auf die Senderidentität interpretieren und bieten so vielfältige Zugänge zur Unternehmensidentität: Diskursbezogen wirkt der Corporate Style als Demonstration von Stilkompetenz, sozialbezogen als Identifikationsangebot und selbstbezogen als Referenz auf die Unternehmensidentität. Der Corporate Style trägt jedoch nur mittelbar über die Stilwirkungen zur Konstruktion der

---

[75] Der Terminus *Superzeichen* bezeichnen Bense/Walther (1973: 106) zufolge das Ergebnis einer „zusammenfassenden Ganzheitsbildung einer Menge von einzelnen →Zeichen zu einer ‚Gestalt', einer ‚Struktur' oder einer ‚Konfiguration' oder auch die zusammenfassende, ganzheitliche Wahrnehmung eines Ensembles von Elementen als invariante Gesamtheit". Nun lässt sich darüber streiten, ob ein bestimmter Stil als invariante Gesamtheit betrachtet werden kann, da nicht alle typischen Stilzüge realisiert werden müssen, um den Stil als diesen bestimmten Stil erkennen zu können. Insofern sind Stile als variabel zu betrachten. Der Stil eines konkreten Textes oder eines konkreten Unternehmens über mehrere Texte hinweg kann jedoch als invariantes Superzeichen gelesen werden, da er in seiner Manifestation unveränderlich geworden ist.

[76] Janich (2006) wählt eine ähnliche Herangehensweise an Stil (siehe Unterabschnitt 8.3.2).

Unternehmensidentität bei (Pfeil „Konstruktion"). Der Corporate Style als Zeichenmittel erlaubt keine direkten Rückschlüsse auf die Unternehmensidentität, sondern es sind stets nur Konstruktionen möglich.

Zwischen den Stildeterminanten und den Stilwirkungen besteht eine Wechselwirkung, da die Stilwirkungen regeln, inwieweit der Corporate Style als Ergebnis der Stildeterminanten wahrgenommen wird und umgekehrt die Stildeterminanten den Corporate Style so beeinflussen, dass damit bestimmte Stilwirkungen erreicht werden.

Durch die kreisförmige Pfeildarstellung ist auch das dynamische Moment der Unternehmensidentität in die Darstellung integriert und angedeutet, dass die Darstellung (d.h. der Corporate Style als Zeichenmittel) die Unternehmensidentität und deren Wahrnehmung über die Stilwirkungen verändert.

8.3 Analyserahmen zum Corporate Style

Der Analyserahmen soll vor allem der linguistischen Analyse dienen, kann aber auch als Kontrollinstrument in der Praxis genutzt werden. Zunächst werden analog zum Vorgehen in Abschnitt 8.2 Anforderungen an den Analyseansatz spezifiziert werden (Unterabschnitt 8.3.1). Anschließend wird als grundlegende Vorgehensweise eine Stilanalyse in mehreren Schritten und die Übertragbarkeit des Ansatzes von Janich (2006) auf die Corporate-Style-Analyse diskutiert (Unterabschnitt 8.3.2). Unter Berücksichtigung verschiedener theoretischer Grundlagen wird anschließend ein umfassender Analyseansatz zum Corporate Style entwickelt (Unterabschnitt 8.3.3).

8.3.1 *Anforderungen*

Der Analyserahmen hat das grundlegende Ziel, die umfassende Beschreibung eines Corporate Style zu ermöglichen. Er soll die Frage beantworten können, ob ein unternehmensspezifischer, einzigartiger, einheitlich und kontinuierlich eingesetzter Corporate Style vorliegt und in welchen Bereichen Verbesserungsbedarf besteht. Insbesondere muss er in der Lage sein, Diskrepanzen zwischen diskurs-, sozial- und selbstbezogenen Stilwirkungen zu identifizieren. In der Analyse stehen daher folgende Aspekte im Vordergrund:

- Das Herausfiltern des „unternehmensspezifischen" Stils und die Markiertheit der stilistischen Strukturen vor der Folie der jeweils gültigen textsortenbezogenen Stilnormen (Stilanalyse),

8.3 Analyserahmen zum Corporate Style

- das Erfassen der stilistischen Verknüpfung/Vernetzung der Unternehmenstexte (stilbezogene Intertextualitätsanalyse),
- das Erfassen des Geltungsbereichs eines Corporate Style im jeweiligen Unternehmensdiskurs (Textsortenanalyse),
- das Aufdecken möglicher Inkonsistenzen insbesondere zwischen diskurs-, sozial- und selbstbezogenen Stilwirkungen (Stilwirkungsanalyse).

Es müssen somit stilanalytische, intertextualitätsbezogene und textlinguistische Untersuchungsmethoden in den Analyserahmen einbezogen werden. Die unterschiedliche disziplinäre Ausrichtung der genannten Analysemethoden legt ein Analyseverfahren in mehreren Schritten nahe. Zudem müssen die in Unterabschnitt 8.2.1 erläuterten Ebenen von Stil in den Analyserahmen integriert werden, um den Corporate Style in seiner Komplexität und Multikodiertheit ebenso wie die die identitätsbezogenen Stilwirkungen erfassen zu können. Für die Analyse müssen sowohl mikro- als auch makrostilistische Aspekte sowie die Einbettung von Sprachstil in ein komplexes semiotisches Gefüge berücksichtigt werden.

8.3.2 Mehrstufige Analyseverfahren

Um den in Unterabschnitt 8.3.1 beschriebenen Anforderungen an den Analyserahmen gerecht zu werden und mehrere Perspektiven auf Stil zu integrieren, erscheint ein Analyseverfahren in mehreren Schritten zweckdienlich. Ähnlich verfahren beispielsweise Janich (2006), Abraham (2009: 1353) oder Nöth (2009), die ebenfalls verschiedene Perspektiven auf Stil in ihren Ansätzen zur Stilanalyse berücksichtigen.[77] Stil wird bei Janich u.a. als Verweis auf Lebensstile[78] diskutiert, die in der Werbung als „Ware" angeboten und beim Kauf des Produkts oder bei Inanspruchnahme der Dienstleistung ebenfalls (symbolisch) miterworben würden. Das von Janich vorgeschlagene Analyseverfahren erscheint besonders fruchtbar als Grundlage für die Entwicklung eines Analyse-

---

[77] Der Ansatz von Nöth wurde bereits in Abschnitt 2.6 vorgestellt. Er integriert zwar eine semiotische Perspektive, betrachtet Stil jedoch vor allem im Hinblick auf das Einhalten und Befolgen von Normen. Auch Abraham (2009) wirft verschiedene Perspektiven auf Stil auf und integriert diese in einen gemeinsamen Analyserahmen mit mehreren Schritten. Dabei bezieht er sich jedoch ausschließlich auf Sprachstil und vernachlässigt zudem die Sozialbezogenheit von Stil. Deshalb ist der Ansatz von Abraham für die vorliegende Arbeit nicht weiter relevant.

[78] Lebensstile sind in der Werbeforschung seit langem eine zentrale Kategorie (vgl. Hölscher 1998). Die Zuordnung und Kategorisierung von Lebensstilen und entsprechenden Symbolen ist dabei einem starken Wandel unterworfen, der Veränderungen in der gesamten Gesellschaft nachzeichnet.

rahmens zum Corporate Style und soll deshalb hier ausführlich dargestellt werden. Janich trennt zunächst sprachstrukturelle, funktionale und pragmatische bzw. kommunikative Stilauffassungen voneinander, berücksichtigt in ihrem Analyserahmen jedoch alle diese Perspektiven, um so „die sprachliche, semantische und semiotische Vielschichtigkeit der Werbetexte" (Janich 2006: 275) abbilden zu können. Dabei unterscheidet sie drei Perspektiven auf Stil, die jeweils aufeinander aufbauen bzw. ineinander spielen. Im ersten Schritt wird „*Stil als sprachliches Register (Stil als – funktional begründete – Wahl)*" (Janich 2006: 275) berücksichtigt, im zweiten Schritt wird „*Stil als Botschaft (Stil als sozial bedeutsame Gestalt)* [...] im Sinne eines (sozialen) Identifikationsangebotes" (ebd.: 276) betrachtet und im dritten Schritt schließlich wird Stil als „symbolische Manifestation eines Lebensstils" aufgefasst, der „gleichsam miterworben werden kann" (Janich 2006: 277).

Die dreigliedrige Vorgehensweise integriert nicht nur verschiedene Perspektiven auf Stil im Sinne der in Kapitel 3 vorgestellten stiltheoretischen Positionen, sondern ermöglicht auch einen Zugang zu den verschiedenen Zeichendimensionen von Stil im Sinne des semiotischen Dreiecks von Peirce, die mit verschiedenen Stilauffassungen verknüpft werden:

> Je nach Stilbegriff lässt sich stärker auf die Form (Ausdrucksseite), die Botschaft (Inhaltsseite) oder den außersprachlichen Bezugspunkt (Referenz) von Werbetexten fokussieren, womit alle Aspekte des semiotischen Dreiecks abgedeckt sind. (Janich 2006: 275)

Im ersten Schritt werden Aspekte von Stil als Zeichenmittel fokussiert, im zweiten Schritt Aspekte der Zeichenbedeutung und im dritten Schritt Aspekte des Zeichenobjekts. Während jedoch im ersten und zweiten Schritt auf den Sprachstil und den damit transportierten ‚Zweitsinn' abgehoben wird, werden im dritten Schritt „zusätzliche Ausdrücke, die eine bestimmte Bedeutung und Referenz aufweisen" (Janich 2006: 277), in die Analyse einbezogen. Der „dargebotene Lebensstil" ergibt sich Janich zufolge aus diesen Textreferenzen und den beiden vorigen Analyseebenen.

Das Analyseverfahren von Janich (2006) ermöglicht eine umfassende Analyse stilistischer Phänomene unter Berücksichtigung verschiedener stiltheoretischer Perspektiven. Es basiert zudem auf einem semiotischen Stilbegriff, wenngleich die Beispielsanalyse stark auf sprachliche Elemente fokussiert und stilistische Multikodiertheit lediglich als Unterstützung der sprachlichen Wirkung erfasst wird. Ferner bietet es einen Zugang zum semiotisch gebundenen „Zweitsinn" und ermöglicht so die Erfassung der sozialen Bedeutsamkeit des Phänomens Stil. Auch kann der Ansatz mit dem in Abschnitt 8.2 entwickelten semiotischen Modell zum Corporate Style gekoppelt werden. Die Betrachtung von „Stil als Ware" bzw. als Manifestation von Lebensstilen im dritten Schritt liegt im

8.3 Analyserahmen zum Corporate Style

Untersuchungsgegenstand Janichs begründet, die Stilwirkungen in der Werbung in den Blick nimmt. Im Fokus der nun vorliegenden Arbeit steht jedoch die Unternehmensidentität und wie sie sich in Texten manifestiert. Es wird vorgeschlagen, die mehrstufige Vorgehensweise Janichs auf den Untersuchungsgegenstand Unternehmensidentität anzupassen, indem Stil zunächst als Zeichenmittel und dann vor allem im Hinblick auf die identitätsbezogenen Stilwirkungen betrachtet wird. Dabei sollen die Stilwirkungen analytisch getrennt betrachtet und erst in einem zusammenführenden Schritt ganzheitlich betrachtet werden. Im Folgenden wird der Analyserahmen zum Corporate Style ausführlich dargestellt.

8.3.3 Erläuterung des Analyserahmens

Der zum Corporate Style entwickelte mehrstufige Analyserahmen in acht bzw. neun Schritten gliedert sich in vier Analysephasen, wie Tabelle 7 zeigt.

Analysephasen	Analyseschritte
Vorphase	0) **Erstlektüre** Erste Sichtung möglichen Analysematerials
A. Beschreibung der Rahmenbedingungen	1) **Beschreibung des Unternehmens und seiner Identität** Orientierung zu Selbst- und Fremdbild des Unternehmens
	2) **Beschreibung der Determinanten des Corporate Style** Orientierung zum kommunikativen Kontext des Unternehmens
	3) **Korpuseingrenzung und -überblick** Orientierung zur Kommunikation des Unternehmens
B. Stilanalyse	4) **Beschreibung des Corporate Style als Zeichenmittel** Beschreibung spezifisch erscheinender stilistischer Mittel und Strukturen unter Berücksichtigung verschiedener Ebenen und Dimensionen von Stil
	5) **Untersuchung des Corporate Style als Demonstration von Stilkompetenz** Untersuchung der diskursbezogenen Stilwirkungen
	6) **Untersuchung des Corporate Style als Identifikationsangebot** Untersuchung der sozialbezogenen Stilwirkungen
	7) **Untersuchung des Corporate Style als Referenz auf die Unternehmensidentität** Untersuchung der selbstbezogenen Stilwirkungen
C. Schlussfolgerungen	8) **Abschließende Betrachtung des Corporate Style** Fazit zur Gesamtwirkung des Corporate Style, Aufdecken von Verbesserungspotenzial

Tabelle 7: Corporate-Style-Analyserahmen in acht bzw. neun Schritten

Die Vorphase, d.h. die Erstlektüre des potenziellen Analysematerials, ist hier als Schritt 0 aufgeführt, da dieser Schritt zwar notwendig ist, um überhaupt eine Analyse durchführen zu können. Allerdings erbringt dieser Schritt noch keine konkreten Ergebnisse für die Analyse des Corporate Style und ist daher nicht Teil der Ergebnisdarstellung. Die übrigen Analyseschritte hingegen dienen konkret der Untersuchung des Corporate Style. Ihre Ergebnisse bauen aufeinander auf und sollten deshalb in der hier vorgestellten Reihenfolge erläutert werden. Erkenntnisse aus den vorhergehenden Schritten können für die nachfolgenden Schritte wichtig sein und deshalb abermals aufgegriffen werden.

Die Beschreibung der Rahmenbedingungen dient der Orientierung über den Kontext sowie der Eingrenzung des Korpus. Vor dem Hintergrund dieser Rahmenbedingungen erfolgt die Untersuchung der verschiedenen Stilwirkungen der Unternehmenskommunikate und schließlich die zusammenfassende Interpretation der Ergebnisse im Hinblick auf die Gesamtwirkung des Corporate Style.

Im Folgenden werden zunächst die einzelnen Analysephasen und -schritte sowie die damit verbundenen Analyseziele detailliert beschrieben. Außerdem werden Vorschläge gemacht, welche Methoden für die Ausführung der Analyseschritte genutzt werden können. Der so aufgestellte Katalog möglicher Verfahrensweisen und Methoden bietet damit einen ersten Vorschlag, wie ein Corporate Style untersucht werden kann. Der Analyserahmen ist jedoch nicht als geschlossenes System zu verstehen, sondern er ist ganz im Gegenteil ebenso offen für das Weglassen einzelner Schritte wie für das Hinzufügen anderer, weiterer Schritte oder auch das Erproben anderer Vorgehensweisen, je nach Analysefokus.

Vorphase = 0) Erstlektüre
In der Vorphase der Analyse sind einzelne Fragestellungen und das Korpus offene, erst noch zu bestimmende Größen. Um sie näher einzukreisen, empfiehlt es sich, das evtl. in Frage kommende Material zunächst einer groben Sichtung zu unterziehen. Dabei ist es wichtig, dass der Analyst möglichst unvoreingenommen an das Textmaterial herantritt.

Die Erstlektüre des Materials sollte nach dem Konzept des „naiven Lesers" (Fix et al. [3]2003: 50) erfolgen. Warnke/Spitzmüller (2008) stellen ihrem diskurslinguistischen Analysemodell ebenfalls einen solchen Analyseschritt voran. Dabei gehen sie von mehreren Stufen der empirischen Analyse aus. Vorgeschaltet ist die Auswahl des Korpus. Am Anfang steht die Erstlektüre der gesammelten Materialien mit dem Blick des „naiven Lesers" (Fix et al. [3]2003: 50). Bei dieser ersten Annäherung an das Material sollen markierte sprachliche Formen herausgefiltert werden, die „als Abweichung oder Bestätigung von bekannten Ausdrucksformen eingestuft" werden und von mindestens zwei Lesern vor der Folie ihrer muttersprachlichen Kompetenz als bedeutungsrelevant erkannt werden (Warnke/Spitzmüller 2008: 24f.). Die Auswahl des Korpus erfolgt in der Realität parallel zur Erstlektüre des Analysematerials. Für die Ergebnisdarstel-

8.3 Analyserahmen zum Corporate Style

lung erscheint es jedoch sinnvoller, die Eingrenzung des Korpus erst später zu beschreiben.
Die Erstlektüre dient im hermeneutischen Sinne dem Textverständnis und verschafft einen ersten Überblick über das Textmaterial und seine stilistische Auffälligkeiten. Der Analyst kann nun das Analyseziel näher bestimmen. So kann es für ein bestimmtes Korpus durchaus lohnend sein, sich beispielsweise auf soziale Stilwirkungen zu fokussieren und entsprechend bei der Beschreibung der Rahmenbedingungen die soziale Einbettung des Unternehmens detaillierter zu beschreiben. Sobald das Analyseziel näher bestimmt worden ist, kann auch die Relevanz der einzelnen Texte für das Analyseziel eingeschätzt werden. Aus diesen Gründen ist die Erstlektüre ein essentieller Teil des Analyseverfahrens.

A. Beschreibung der Rahmenbedingungen
Die Beschreibung der Rahmenbedingungen in den ersten beiden Schritten gliedert sich in die Beschreibung des Unternehmens und seiner Identität sowie in die Beschreibung unternehmensexterner Determinanten. Diese beiden Schritte sind nicht Teil der Stilanalyse, bilden aber eine wichtige Grundlage für die Beurteilung der Stilwirkungen sowie der Gesamtwirkung des Corporate Style und sind daher ein wichtiger Teil des Analyserahmens.
Da solche Erhebungen allerdings eine Voreingenommenheit des Stilanalysten gegenüber seinem Gegenstand bewirken können, kann es sinnvoll sein, diese Schritte im Analyseverfahren nach hinten zu verlagern und die Schritte 3 und 4 vorzuziehen. Umgekehrt kann jedoch eine Orientierung über die stildeterminierenden Faktoren im Vorfeld der eigentlichen Stilanalyse durchaus sinnvoll sein, um bei der Stilanalyse gezielter vorgehen zu können. Für die Ergebnisdarstellung ist die hier vorgestellte Reihenfolge allerdings vorzuziehen, da sie dem interessierten Leser bessere Orientierung über den Untersuchungsgegenstand verschafft.

1) Beschreibung des Unternehmens und seiner Identität
Im ersten Schritt geht es darum, wie sich die Unternehmensidentität einerseits für das Unternehmen selbst und andererseits für seine Außenwelt darstellt. Diese Orientierung zum Selbst- und Fremdbild des Unternehmens ist deshalb wichtig, um später bestimmen zu können, ob der Corporate Style die Unternehmensidentität (zumindest in Teilen) widerspiegelt oder nicht. Faktensammlungen, Selbstaussagen aus Selbstbeschreibungstexten wie z.B. dem Mission Statement und Aussagen der Mitarbeiter können dabei ebenso hilfreich sein wie Fremd-Aussagen über das Unternehmen, z.B. aus Zeitungsartikeln. Das entstehende Bild sollte möglichst umfassend sein – dieser Schritt kann somit bei sehr sorgfältiger Behandlung bereits eine eigene Analyse darstellen. Explizit gefordert wird

an dieser Stelle jedoch lediglich eine „Orientierung" zu Selbst- und Fremdbild des Unternehmens, denn der Schwerpunkt des CS-Analyserahmens soll auf der Analyse des Corporate Style liegen. Diese Orientierung können grundlegende Fakten wie Branche, Größe, Rechtsform, Hauptsitz, Mitarbeiterzahl und eine Auflistung der Hauptprodukte vermitteln. Das Selbstbild des Unternehmens drückt sich außerdem in Leitwerten und in Regelungen zur Zusammenarbeit und zum Verhalten aus, wie sie im „Unternehmensleitbild" und ähnlichen Texten festgehalten werden. Für eine tiefergehende Analyse der Unternehmensidentität kann außerdem eine Befragung verschiedener Mitarbeitergruppen von Interesse sein. So kann z.B. auch das im „Unternehmensleitbild" publizierte Selbstbild mit den „gelebten" Unternehmenswerten abgeglichen werden. Zur Ermittlung des Fremdbildes und des Images können neben der Auswertung journalistischer Artikeln auch Befragungen in den verschiedenen Zielgruppen wichtige Erkenntnisse liefern.

2) Beschreibung der Determinanten des Corporate Style
Im zweiten Schritt steht nicht das Unternehmen selbst, sondern der Kontext seines Handelns im Vordergrund. Neben der Unternehmensidentität determinieren viele weitere, kontextgebundene Faktoren den Corporate Style (siehe Unterabschnitte 4.1.1 und 4.1.2). Es ist daher für die Analyse des Corporate Style wichtig zu erheben, welche Zielgruppen das Unternehmen ansprechen will, mit welchen Anspruchsgruppen es in den Dialog treten muss oder sollte und welche weiteren Wettbewerbs- und Umweltfaktoren die Kommunikation des Unternehmens beeinflussen könnten. Gesellschaftliche Entwicklungen können ebenso eine Rolle spielen wie die kommunikativen Strategien der Konkurrenz – denn von ihnen gilt es sich gegebenenfalls abzuheben.

Bei der Beschreibung der kontextuellen Faktoren sind Auswahl und Gewichtung allerdings unvermeidlich. Die Orientierung über Faktoren, bei denen ein starker Einfluss auf den Corporate Style zu vermuten ist, sollte im Vordergrund stehen. Zur Erhebung dieser Faktoren kann gleichermaßen auf Selbst- wie auf Fremddarstellungen zurückgegriffen werden. Von besonderem Interesse ist es in diesem Zusammenhang, welche kontextuellen Faktoren das Unternehmen selbst für relevant hält bzw. auf welche Faktoren es inhaltlich eingeht.

3) Korpuseingrenzung und -überblick
Die Korpuseingrenzung wird hier ebenfalls als Teil der Orientierung über die Rahmenbedingungen des Corporate Style aufgeführt, da hierbei gleichzeitig ein Überblick über die Kommunikationsinstrumente und -formen des Unternehmens gegeben wird. Dieser Überblick ist Grundlage für die weitere Eingrenzung des Korpus, beispielsweise auf wenige Exemplare aller schriftlich verfassten Textsorten oder auf Kommunikate aus einem bestimmten thematischen Bereich – je nach Analysefokus. Der Überblick über die Gesamtkommunikation ist auch bei

8.3 Analyserahmen zum Corporate Style 209

der Beschränkung auf einen Kommunikationsbereich wie etwa die Finanzkommunikation nötig, da die Gesamtkommunikation des Unternehmens einen wichtigen Kontext für die Teilbereiche bildet. Zudem ist bei einer Corporate-Style-Analyse stets von Interesse, wie und ob ein einheitlicher kommunikativer Stil über alle Bereiche hinweg eingesetzt wird, ob Abstufungen gemacht werden oder ob völlig unterschiedliche, bereichsspezifische Stile gepflegt werden. Bei einem kleineren Teilkorpus sollten daher stets Überlegungen angestellt werden, ob ergänzend Exemplare aus anderen Kommunikationsbereichen hinzugezogen werden müssen. Daher entsteht bereits in diesem Schritt ein grober Überblick über das Textnetz innerhalb des Unternehmens bzw. über die intertextuellen Beziehungen zwischen den Kommunikaten im Unternehmen.

Aufgrund der großen Textmengen, die in Unternehmen produziert werden, ist es sinnvoll, aus der Menge der Kommunikate eine Auswahl je nach Untersuchungsziel zu treffen. Nur in seltenen Fällen, etwa wenn alle Texte des Unternehmens überarbeitet werden sollen, kann es sinnvoll sein, zumindest alle Textsorten und Subsorten abzudecken. Es gilt, gegebenenfalls Texte der externen gegenüber Texten der internen Kommunikation abzugrenzen sowie verschiedene mediale Umsetzungen zu trennen (z.B. Hypertext versus Print). Der Überblick über das Korpus gibt letztlich auch bereits Hinweise darauf, inwiefern sich das Unternehmen an Diskursgepflogenheiten anpasst, indem es etwa branchenübliche Kommunikationsformen wählt oder eben nicht. Eine Bewertung dieser Anpassungsleistungen sollte aber unbedingt auf die eigentliche Stilanalyse verschoben werden.

B. Stilanalyse
Die Schritte 4 bis 7 bilden nun die eigentliche Stilanalyse. Vorab muss jedoch darauf hingewiesen werden, dass bei der Untersuchung der Stilwirkungen jeweils alle Ebenen und Dimensionen von Stil von Relevanz sein können und insbesondere auch das Zusammenwirken der Modalitäten im Hinblick auf diskurs-, sozial- und selbstbezogene Stilwirkungen eine Rolle spielen kann.

Zunächst soll in Analyseschritt 4 – analog zu Janich – Stil möglichst neutral als Zeichenmittel beschrieben werden. Dabei können auffällige Stilzüge und Stilmuster herausgefiltert werden. Die Schritte 5 bis 7 beinhalten die getrennte Untersuchung der diskurs-, sozial- und selbstbezogenen Stilwirkungen. Alle diese Stilwirkungen bilden gemeinsam die Bedeutungsseite des Corporate Style. Sie werden im Hinblick darauf betrachtet, welche Rückschlüsse auf die Unternehmensidentität sie nahelegen. In diesem Sinne werden die diskursbezogenen Stilwirkungen als Demonstration von Stilkompetenz (Analyseschritt 5), die sozialbezogenen Stilwirkungen als Identifikationsangebot (Analyseschritt 6) und die selbstbezogenen Stilwirkungen als Referenz auf die Unternehmensidentität

(Analyseschritt 7) betrachtet. Insbesondere im letzten Schritt geraten zwangsläufig auch direkte Referenzen auf das Unternehmen (und damit Unternehmens- und Produktnamen) in den Fokus der Analyse. Wenngleich alle Stilwirkungen im Hinblick auf Unternehmensidentität betrachtet werden, ist die Trennung der diskurs-, sozial- und selbstbezogenen Stilwirkungen analytisch durchaus sinnvoll. Dies haben bereits die Ausführungen in den Abschnitten 3.4 und 4.1 sowie in Kapitel 6 deutlich gemacht.

Die „Bewertung" der verschiedenen Stilwirkungen im Hinblick auf das Vorhandensein und die Funktionalität eines „Corporate Style" sollte soweit wie möglich auf Schritt 8 verschoben werden. Erst in der Gesamtschau der Stilwirkungen und im Zusammenhang ist es möglich, eine umfassende und nachvollziehbare Bewertung der stilistischen Bemühungen eines Unternehmens abzugeben. Es sei jedoch nochmals darauf hingewiesen, dass selbst dann der Stilanalyse stets ein großes subjektives Moment innewohnt.

4) Beschreibung des Corporate Style als Zeichenmittel
Sowohl in diesem als auch in den folgenden Schritten (5 bis 7) sollen sowohl auf der Makroebene zu verortende Stilmuster als auch die konstituierenden Stilzüge auf der Mesoebene und Stilmittel auf der Mikroebene (siehe Abschnitt 3.2) erfasst werden. In Schritt 4 geht es zunächst um die möglichst neutrale Beschreibung der einzelnen Stilmittel, Stilzüge und Stilmuster. Es sollte in diesem Analyseschritt vermieden werden, Schlussfolgerungen im Hinblick auf mögliche Stilwirkungen zu machen oder bereits Hinweise zu geben, auf welche Diskurse Bezug genommen wird, welche Zielgruppen möglicherweise angesprochen werden sollen oder wie das Unternehmen sich selbst darstellen will.

Wichtig ist für diesen Analyseschritt die möglichst genaue Beschreibung des kommunikativen Stils – unter Berücksichtigung von Text, Bild und Layout sowie Eigenschaften des Mediums und Kanals. Grundlegend sollte festgestellt werden, welche Zeichenmodalitäten in den Kommunikaten verwendet werden und ob sie analysiert werden. Insbesondere die Verknüpfung der Zeichenmodalitäten und ihr stilistisches Zusammenwirken stehen im Fokus der Analyse. Die verschiedenen Ebenen und Dimensionen von Stil müssen, wie in Unterabschnitt 8.2.1 bereits gefordert, bei der Analyse umfassend berücksichtigt werden.

Zentrales Ziel dieses Analyseschritts ist die Herausarbeitung spezifisch erscheinender Mittel und Strukturen. Dabei muss der Analyst auf sein Text- und Textsortenwissen sowie auf sein Stilmusterwissen zurückgreifen und so Stilmerkmale herausarbeiten, die aufgrund ihrer Markanz und Frequenz stilbildend erscheinen und in ihrem Zusammenwirken ein Muster erzeugen. Um festzustellen, welche Mittel absichtsvoll und strategisch eingesetzt werden, sollte methodisch auf den kontrastiven Vergleich verschiedener Kommunikate zurückgegriffen werden. Die Analyse der intertextuellen Beziehungen kann außerdem wichtige Hinweise liefern, wie die Stilmuster, Stilzüge und Stilmittel innerhalb der

8.3 Analyserahmen zum Corporate Style 211

Gesamtkommunikation des Unternehmens eingesetzt werden. Ergänzend sind je nach Untersuchungsziel auch quantitative Erhebungen denkbar, der Erkenntnisgewinn wird jedoch in Relation zum Aufwand vermutlich gering ausfallen.

5) Untersuchung des Corporate Style als Demonstration von Stilkompetenz
Im fünften Analyseschritt steht die Untersuchung der diskursbezogenen Stilwirkungen im Vordergrund. Als diskursbezogene, stilbildende Faktoren sind vor allem solche Faktoren einzuordnen, die sich eng auf Kommunikationsthema und -form beziehen. Die hierauf bezogenen Stilmittel zeigen an, inwiefern ein Kommunikat die im themenbezogenen Diskurs vorherrschenden Text- und Stilnormen einhält oder durchbricht. Die Stilkompetenz des Unternehmens kann sich hierbei sowohl im Einhalten als auch im Durchbrechen der Normen zeigen – entscheidend ist die Wirkung im Kontext.

Die Analyse diskursbezogener Stilwirken zielt zunächst auf die einzelnen Kommunikate. In der Gesamtschau der Kommunikate entsteht dann ein Bild, inwiefern das Unternehmen sich mit seinem kommunikativen Stil vom kommunikativen Umfeld abhebt, in welchen Kommunikationsbereichen des Unternehmens bereits ein Corporate Style eingesetzt wird und welcher Geltungsbereich einem Corporate Style in der Kommunikation des Unternehmens zugewiesen wird. Um stilistische Gemeinsamkeiten und Unterschiede zwischen den Kommunikaten verschiedener Bereiche herauszufiltern, kann die Analyse intertextueller Verknüpfungen ebenso hilfreich sein wie die kontrastive, vergleichende Analyse konkreter Texte.

Der stilistische Diskursbezug eines Unternehmens lässt, bezogen auf die Darstellung der Unternehmensidentität, bereits einige Schlussfolgerungen zu. Wie sich das Unternehmen an Diskursgepflogenheiten anpasst oder nicht, ist sowohl Ausweis seiner Stilkompetenz als auch Ausdruck seines Stilwillens. Ob von einem Corporate Style die Rede sein kann, darüber entscheiden jeweils Markanz und Frequenz der eingesetzten Mittel. Der gezielte Einsatz unüblicher Stilformen kann ebenso wie der massive Einsatz üblicher Stilformen zur Entstehung eines einzigartigen Stils beitragen.

6) Untersuchung des Corporate Style als Identifikationsangebot
Im sechsten Analyseschritt steht die Untersuchung der sozialbezogenen Stilwirkungen im Mittelpunkt. Dabei geht es darum, inwiefern sich das Unternehmen stilistisch an die Sprache seiner Zielgruppen anpasst, sich als Teil sozialer Gruppen inszeniert und so ein „Identifikationsangebot" an diese Gruppen richtet. Der Begriff „Identifikationsangebot" wird in diesem Kontext bereits bei Janich (2006: 276) genannt. Der Begriff erfasst sehr gut den Zweck der eingesetzten sozialbezogenen Stilmittel.

Die Rezipienten können aufgrund ihres stilistischen Wissens nun erkennen, ob sich das Kommunikat an sie richtet oder nicht, d.h. ob sie als Adressaten intendiert sind oder nicht. Hierbei spielt jedoch auch eine Rolle, wie und welche Stilmittel eingesetzt werden. Jugendsprachliche Elemente etwa können exkludierend wirken und andere aufgrund unbekannter Wörter von der Kommunikation ausschließen, sie können jedoch auch inkludierend wirken, wenn die Bedeutung bekannt ist.

Weiterhin können die Adressaten entscheiden, ob sie das Identifikationsangebot annehmen. Für den Stilanalysten ergibt sich an dieser Stelle die Schwierigkeit, dass die Sichtweise der Zielgruppen auf das Identifikationsangebot nur mit großem Aufwand zu ermitteln ist. Daher beschränkt sich die Untersuchung in diesem Schritt darauf, Stilmittel und Stilzüge mit den bereits in Analyseschritt 2 ermittelten Zielgruppen zu verbinden. Es geht also um die Frage, mit welchen Stilmitteln das Unternehmen welches Identifikationsangebot an welche Zielgruppen richtet. Dabei können auch stilistische Referenzen auf andere soziale Gruppen gemacht werden und für die Ansprache der Zielgruppen genutzt werden – Elemente aus der Jugendsprache beispielsweise sprechen möglicherweise auch solche Personen an, die sich gern betont jugendlich geben.

Auch die sozialbezogenen Stilwirkungen lassen Rückschlüsse auf die Darstellung der Unternehmensidentität zu, allerdings bleibt stets ein großer Interpretationsspielraum. Nutzt ein Unternehmen etwa Elemente aus der Jugendsprache, so kann das darauf hindeuten, dass das Unternehmen sehr jung ist und das betonen möchte, dass das Unternehmen sich einfach gern betont jugendlich und locker gibt oder aber darauf, dass das Unternehmen sich besonders an jugendliche Zielgruppen wendet (und, negativ interpretiert, sich an diese anbiedert).

7) Untersuchung des Corporate Style als Referenz auf die Unternehmensidentität
Ein kommunikativer Stil hat neben den sozialbezogenen und den diskursbezogenen immer auch selbstbezogene Wirkungen. Dabei spielen, wie bereits mehrfach betont, immer alle Dimensionen ineinander. Im siebten Analyseschritt sollten jedoch zunächst solche Stilmittel und Stilzüge fokussiert werden, die stark selbstbezogen wirken und direkt mit der Selbstdarstellung verbunden werden. Die Art der Perspektivierung und der expliziten Referenzen auf das Unternehmen selbst kann beispielsweise ein wichtiges Mittel sein, um selbstbezogene Stilwirkungen hervorzurufen. Doch auch subtilere Referenzen auf die Unternehmensidentität können mittels kommunikativer Stile ausgedrückt werden. So können auch Unternehmenswerte wie Offenheit oder Verantwortungsbewusstsein ihren stilistischen Ausdruck finden, sowohl visuell als auch sprachlich oder über weitere Zeichenmodalitäten. Hier wie auch bei der Untersuchung der übrigen Stilwirkungen ist es wichtig, das Zusammenwirken der Zeichenmodalitäten im Sinne der Identitätskonstruktion zu beschreiben.

8.3 Analyserahmen zum Corporate Style

C. Schlussfolgerungen = 8. Abschließende Betrachtung des Corporate Style
Ziel des achten Analyseschrittes ist es, eine Gesamtbewertung des Corporate Style im Hinblick auf Geltungsbereich, Funktionalität und Verbesserungspotenziale vorzunehmen. Zur Gesamtbewertung des Corporate Style werden die untersuchten Stilwirkungen nochmals in einer Gesamtschau zusammengefasst.
Methodisch hilfreich können hierfür beispielsweise Überblickstabellen mit Stilmitteln, Stilzügen und zugeordneten möglichen Stilwirkungen sein. Dabei sollten nach Möglichkeit die verschiedenen Zeichenmodalitäten ebenso einbezogen werden wie die verschiedenen Hierarchieebenen innerhalb dieser Modalitäten – d.h. mikrostilistische Mittel ebenso wie makrostilistische und intertextuelle Mittel. Der unternehmensspezifische Stil sollte so umfassend wie möglich beschrieben werden. Die Gesamtschau wird bereits eine recht genaue Vorstellung davon vermitteln, in welcher Weise die Modalitäten zusammenwirken und wie die unterschiedlichen Stilwirkungen sich ergänzen oder nicht, ob sie ein stimmiges Bild der Unternehmensidentität erzeugen oder nicht.
Im Weiteren gilt es, das so entstandene Bild der Unternehmensidentität mit dem explizit formulierten Selbstbild und dem Fremdbild des Unternehmens abzugleichen. Außerdem sollte (unter Rückgriff auf die Analyseschritte 1 und 2) untersucht werden, inwiefern die Kriterien Einzigartigkeit, Kontinuität, Einheitlichkeit und Authentizität als erfüllt gelten können.

Als grundlegende Vorgehensweise für die semiotische Corporate-Style-Analyse wird also ein Analyseverfahren in insgesamt neun Schritten vorgeschlagen. Die einzelnen Analyseschritte bauen dabei aufeinander auf bzw. greifen ineinander. Ergebnisse aus früheren Analyseschritten müssen in den weiteren Schritten jeweils berücksichtigt werden.
Das im Rahmen des Analyseverfahrens entstehende Bild der Unternehmensidentität muss dabei stets als ebensolches gesehen werden. Die Manifestationen der Unternehmensidentität lassen keine direkten Rückschlüsse auf die Unternehmensidentität zu. Gleichwohl können sie als Ausdruck der Unternehmensidentität gesehen werden und tragen zur Konstruktion dieser Identität bei. Daher ist das hier vorgeschlagene beschreibende und interpretierende Verfahren geeignet, sich dem Phänomen der Unternehmensidentität und ihrer sprachlich-stilistischen Darstellung und -konstruktion zumindest soweit wie möglich zu nähern. Es wurde somit ein erster Rahmen geschaffen, der eine linguistisch fundierte, umfassende Analyse der sprachlich-stilistischen Identitätsdarstellung und -konstruktion unter Berücksichtigung semiotischer und diskursiver Aspekte ermöglicht. Dieser Analyserahmen wird im folgenden Kapitel am Beispiel des Getränkeherstellers Innocent Drinks erprobt.

9 Exemplarische Analyse: Innocent Drinks

Es gibt bisher nur wenige Unternehmen, die annähernd vollumfänglich einen spezifischen Sprachstil einsetzen. Zu diesen Unternehmen gehört der Möbelhersteller Ikea als mit Abstand prominentestes Beispiel (siehe z.B. Meier 2009). Daher ist die Kommunikation von Ikea im Verlauf dieser Arbeit mehrfach als Beispiel für verschiedene stilbezogene Phänomene herangezogen worden. Im Folgenden soll nun die Kommunikation eines anderen Unternehmens aus einer anderen Branche, nämlich des Getränkeherstellers Innocent Drinks, exemplarisch einer systematischen Analyse unterzogen werden. Ziel dieser Untersuchung ist es, die Leistungsfähigkeit des Analyserahmens aus Unterabschnitt 8.3.3 zu demonstrieren. Entsprechend ist das Kapitel nach den einzelnen Analyseschritten gegliedert. Es handelt sich allerdings um eine Ergebnisdarstellung, d.h. es geht hier nicht um das Nachvollziehen der einzelnen Schritte. Daher wird Schritt 0 des Analyserahmens, d.h. die Erstlektüre des potenziellen Analysematerials, in diesem Kapitel nicht beschrieben.

Zunächst wird Innocent Drinks als Unternehmen vorgestellt und die Wahl des Unternehmens als Untersuchungsgegenstand begründet. Dabei wird auch bereits der Sprachstil des Unternehmens thematisiert (Abschnitt 9.1). Außerdem werden mögliche weitere Determinanten des Corporate Style benannt und diskutiert, wie etwa Nachahmer und Zielgruppen (Abschnitt 9.2). Anschließend wird die Materialauswahl begründet und bezüglich der relevanten Kommunikationsbereiche bzw. Textsorten werden nähere Erläuterungen gegeben (Abschnitt 9.3). Die eigentliche Analyse behandelt den Corporate Style als Zeichenmittel (Abschnitt 9.4) sowie in seinen diskurs-, sozial- und selbstbezogenen Stilwirkungen im Hinblick auf die Identität. Der Corporate Style von Innocent Drinks wird als Demonstration von Stilkompetenz (Abschnitt 9.5), als Identifikationsangebot (Abschnitt 9.6) und als Referenz auf die Unternehmensidentität (Abschnitt 9.7) betrachtet. Schließlich wird eine abschließende integrative Betrachtung angestrebt (Abschnitt 9.8). Im Zwischenergebnis erfolgt schließlich eine erste Beurteilung der Leistungsfähigkeit des zugrunde liegenden Analyserahmens (Abschnitt 9.9).

9.1 Innocent Drinks – Ein Unternehmen und seine Identität

Innocent Drinks[79] ist ein Hersteller von Smoothies, d.h. von Getränken aus pürierten Früchten. Mit diesem Hauptprodukt wurde das Unternehmen 1999 von drei Freunden in Großbritannien gegründet. Die Gründungsgeschichte liest sich ein wenig wie ein modernes Märchen:

[A22] *Unsere Geschichte*
Über drei Freunde und viel Obst

Nach den ersten Schritten in unterschiedlichen Berufen wollten die drei College-Freunde Richard, Jon und Adam etwas Eigenes machen. Sie hatten viele Ideen, von denen sie sich wieder verabschieden mussten: die selbstfüllende Badewanne war zum Beispiel viel zu gefährlich.

Im Sommer 1998 hatten die drei Freunde die entscheidende Idee: Ein Drink aus ganzen Früchten, der nicht nur gut schmeckt, sondern auch gesund ist. Er würde jungen Berufstätigen wie ihnen selbst die Möglichkeit geben, sich unkompliziert Gutes zu tun. Immerhin lag ihre letzte gesunde Mahlzeit schon wieder Wochen zurück – da waren sie sonntags zum Mittagessen bei ihren Eltern.

Gesagt, getan. Richard, Jon und Adam kauften für 750 Euro Obst, machten daraus Smoothies und gingen damit auf ein kleines Jazz-Festival. Vor ihrem Stand hing ein Schild mit der Frage: „Sollen wir unsere Jobs aufgeben, um weiter Smoothies zu machen?" Darunter hatten sie zwei Mülleimer aufgestellt, auf einem stand „Ja", auf dem anderen „Nein". Sonntagabend war der Ja-Eimer voll mit leeren Flaschen. Montag gingen sie zur Arbeit und kündigten. Ganz einfach.

Wir mögen es noch immer gerne einfach. Weil es heutzutage schwierig ist, sich gesund zu ernähren, machen wir weiter Smoothies aus 100% Obst. Und wenn wir mal nicht weiterwissen, gibt es jemanden, den wir immer fragen können: Dich. Solltest Du also bei uns in den Fruit Towers vorbeischauen, wundere Dich nicht, wenn wir Dich mit ein paar Fragen löchern. Das liegt in unseren Wurzeln.

Wenn Du noch mehr über unsere Geschichte wissen willst, helfen wir Dir unter hallo@innocentdrinks.de. [Hervorhebungen im Original]

Unternehmensgründer sind also „drei Freunde" – Richard, Jon und Adam. Sie werden lediglich mit Vornamen eingeführt, wie bei guten Freunden üblich. Getragen wird das Unternehmen vorgeblich von einer großen Portion Idealismus bzw. dem Bemühen, *das Richtige zu tun* [A23]:

[A23] *Unsere Werte*
Wir sind nicht perfekt, aber wir bemühen uns, das Richtige zu tun.

---

[79] Die in Deutschland zum Zeitpunkt der Analyse 2010 ansässige „Innocent GmbH" ist eine Tochter der britischen „Innocent Drinks Ltd.". Hier wird übergreifend der Name Innocent Drinks verwendet.

9.1 Innocent Drinks – Ein Unternehmen und seine Identität

Es klingt ein wenig wie Miss Germany, aber wir wollen die Dinge etwas besser hinterlassen, als wir sie vorgefunden haben. Wir übernehmen Verantwortung für die Auswirkungen unserer kleinen Firma auf die Gesellschaft und die Umwelt. Und wir strengen uns an, unser Handeln bewusst dahingehend zu verändern, dass diese Auswirkungen sich von negativ zu neutral wandeln. Oder besser: zum Positiven. Unser Ziel, ein nachhaltiges Unternehmen zu werden, heißt vor allem, keinen, bzw. einen positiven Effekt auf unsere Umgebung zu haben. Unten findest Du unsere Strategie dahinter, und dort steht auch, wie wir uns bisher dabei schlagen.

Hier fallen Schlagworte wie Nachhaltigkeit und Verantwortung. Diese zunächst abstrakten Werte werden in weiteren Texten mit Fakten belegt und ausführlich erläutert.

Seinen Erfolg als Hersteller von Smoothies in Europa hat Innocent Drinks vermutlich nicht nur einer nachhaltig orientierten Unternehmenspolitik zu verdanken, sondern auch seinem einzigartigen Sprachstil (siehe Simmons 2008: 62). In Deutschland werden Innocent Smoothies erst seit 2007 vertrieben. Seitdem publiziert das Unternehmen auch Texte in deutscher Sprache.[80] Die große Medienresonanz, die Innocent Drinks im Anschluss erfahren hat (z.B. bei Scharnigg 2007, Seidel 2009 und Lehky 2011), stellt vor allem eine Reaktion auf den spezifischen und auffälligen Sprachstil dar. Insbesondere Werbefachleute (z.B. Knüwer 2010; Kühl-von Puttkamer 2010) interessierten sich dafür, sogar als sprachwissenschaftlicher Untersuchungsgegenstand wurde der Sprachstil von Innocent Drinks bereits behandelt, z.B. von Janik/Böttger (2007 und 2008) sowie Janoschka (2008).

Es geht hier daher nicht mehr vordergründig um den Nachweis, dass Innocent Drinks einen spezifischen Sprachstil besitzt – denn davon zeugt das breite Medienecho –, sondern es geht hier zum einen darum, die Funktionalität des Analyserahmens zu demonstrieren, und zum anderen darum, wie genau die behauptete Unternehmensidentität stilistisch umgesetzt wird – d.h. inwiefern der spezifische Sprachstil von Innocent Drinks tatsächlich die Unternehmensidentität widerspiegelt. Im Folgenden soll deshalb anhand des Beispiels Innocent Drinks die Leistungsfähigkeit des Analyserahmens in Bezug auf die sprachlich-stilistische Darstellung und Konstruktion der Unternehmensidentität überprüft werden.

Bei Simmons wird deutlich, dass Innocent Drinks der Analyse der eigenen Sprache skeptisch gegenübersteht. Der Hersteller befürchtet, dass der Sprache damit etwas von ihrem Zauber genommen werden könne:

---

[80] Janik/Böttger (2007) führen ihre Untersuchung noch vor der deutschen Markteinführung von Innocent Smoothies durch, veröffentlichen ihren Aufsatz jedoch erst danach. Daher äußern sie bereits als Desiderat, die Übertragung des Stils von Innocent Drinks ins Deutsche zu untersuchen und zu beobachten, inwiefern sich auch in Deutschland Nachahmer dieses Stils finden (vgl. Janik/Böttger 2007: 154).

> ‚It's always been other people who have pointed out the words. We just chat with people on the labels. It's the hardest thing in the world to analyse it. It's like analysing what I said to my dad on the phone last night. All it is, is the way Innocent speaks. We've always written that way. I don't want to cut open the Golden Goose only to find out we've just killed it.'
> (Germain in Simmons 2008: 63)

Diese Vorbehalte können aus sprachwissenschaftlicher Perspektive nicht geteilt werden. Sie zeugen jedoch von einer allgemeinen Skepsis gegenüber dem Sinn und Zweck linguistischer Untersuchungen.

9.2 Weitere Determinanten des Corporate Style von Innocent Drinks

Neben der Unternehmensidentität sind vor allem die Zielgruppen der Kommunikation und die thematisch relevanten gesellschaftlichen Diskurse von Bedeutung für die konkrete Ausgestaltung und die Funktionalität eines Corporate Style. Ob der Corporate Style zumindest eingeschränkt als „einzigartig" eingestuft werden kann, ist abhängig von der Konkurrenzsituation und den sprachlichen Strategien der Konkurrenz.

Das Unternehmen selbst spricht von *jungen Berufstätigen*, die *sich unkompliziert Gutes [...] tun* möchten [A22], als seiner Zielgruppe. Aufgrund der Produktpalette, die zumindest in Deutschland auch explizit „Kinder-Smoothies" beinhaltet, ist außerdem davon auszugehen, dass sich das Angebot auch stark an Familien richtet, die mit geringem Zeitaufwand gesund leben möchten.

Das positive Image von Innocent Drinks wird vermutlich sehr durch seinen Sprachstil beeinflusst. Simmons (2008) hat sich aus der Marketingperspektive ausführlich mit dem „Phänomen" Innocent Drinks beschäftigt und erwähnt dabei auch immer wieder den Sprachstil des Unternehmens. Dabei zieht er Schlussfolgerungen, die die Relevanz eines Corporate Style untermauern (Simmons 2008: 25):

> Perhaps a brand's 'tone of voice' – or even its 'verbal identity' – could not only help differentiate it from competitors but also create bonds of affection and loyalty with different audiences. [...] Words could be the most important element in creating a brand.

Die Anziehungskraft eines einzigen – nicht auf verschiedene Zielgruppen angepassten Sprachstils – soll also ausreichen, um dennoch eben diese verschiedenen Zielgruppen zu erreichen.
Eine Besonderheit sind die Verpackungstexte von Innocent Drinks, die den Kunden direkt ansprechen und ihm kleine Geschichten erzählen. Janik/Böttger (2007) haben die englischsprachigen Verpackungstexte auf Innocent Smoothies ausführlich mit den deutschsprachigen Verpackungstexten des Wettbewerbsprodukts „2aday" der Schwartau-Werke verglichen und den Sprachstil der Innocent-

9.2 Weitere Determinanten des Corporate Style von Innocent Drinks

Verpackungstexte dabei als „persönlich" charakterisiert (Janik/Böttger 2007: 139):

> Someone is speaking to you personally. You find yourself being told to 'look after your smoothie', like after a precious little living being [...] The discovery that the packaging texts of Innocent Smoothies are somewhat different from what one might be used to [...].

Die Untersuchung von Janik/Böttger ist kulturkontrastiv. Der Stil von Innocent wird dabei als typisch für die britische Kultur angesehen. Im Ergebnis tendierten die Briten dabei zur persönlicheren Kundenansprache, die Deutschen hingegen zu Faktenlastigkeit – so Janik/Böttger (2007: 142). Falls dem so wäre, würde der Sprachstil von Innocent Drinks in Großbritannien kein Aufsehen erregen. Die Darstellung bei Simmons (2008) lässt jedoch darauf schließen, dass der „persönliche" Stil von Innocent Drinks auch in Großbritannien als auffällig wahrgenommen wird und somit kaum als spezifisch für die britische Kultur eingestuft werden kann. Nun hat der Stil von Innocent Drinks offenbar bereits Nachahmer gefunden (vgl. Simmons 2008: 64f.), worauf auch Janik/Böttger (2007: 155) hinweisen. Vor diesem Hintergrund erscheint es zwar gerechtfertigt, von einer „Tendenz" auszugehen, es ist jedoch fraglich, ob sich diese tatsächlich als „kulturgebunden" oder „kulturbedingt" einstufen lässt.[81]

In einer weiteren Untersuchung, die nach der Einführung von Innocent Drinks in Deutschland stattfindet, beziehen Janik/Böttger (2008) neben den englischen auch die deutschen Verpackungstexte von Innocent Drinks mit in ihren Vergleich ein. Als deutschen Konkurrenten betrachten sie in der zweiten Untersuchung die Ehrlich trinken GmbH – dies liegt nahe, da sich dieser Hersteller sehr viel weiter als Fruit2day (Schwartau GmbH) an die Positionierung von Innocent Drinks annähert. Janik/Böttger stellen fest, dass zwar einige, aber nicht alle direkten Konkurrenten den Innocent-Sprachstil imitieren (vgl. Janik/Böttger 2008: 68f.).

---

[81] Zur Untersuchung von Janik/Böttger ist noch anzufügen, dass sie insgesamt auf die Beschreibung „metadiskursiver" Elemente beschränkt bleibt. Darunter werden vor allem solche sprachlich-stilistischen Elemente gefasst, die Einstellungen markieren oder die Beziehung zwischen Leser und Autor in irgendeiner Form beeinflussen. Der Analyserahmen von Janik/Böttger ist also nicht auf die Analyse sprachlicher Identität ausgerichtet, sondern auf die Leserorientierung der Texte. Zudem beschränken sich Janik/Böttger auf die Analyse von Verpackungstexten. Eine Untersuchung, die verschiedene Textsorten und deren Vernetzung und intertextuelle Verknüpfung mittels des Corporate Style sowie umfassend identitätsstiftende Strategien oder sozialbezügliche Stilmuster berücksichtigt, ist bisher noch nicht erfolgt. Die Analyse des Corporate Style von Innocent Drinks kann somit noch neue Erkenntnisse im Hinblick auf die identitätsstiftende Integrationswirkung des für Innocent Drinks spezifischen Stils und dessen Geltungsbereich liefern.

Die im bayrischen Mindelheim ansässige Ehrlich Trinken GmbH positioniert ihre Smoothies als *ehrlich* und belegt sie zudem mit Tiernamen (z.b. *Ehrliches Bambi, Ehrlicher Mops*). Die Verpackungstexte wechseln jedoch nicht, wie es bei Innocent Drinks der Fall ist, sondern beschreiben das jeweils präsentierte Tier und verknüpfen es mit dem Smoothie. Die Verpackungstexte finden sich als Produktbeschreibungen auf der Website von Ehrlich Trinken wieder:

[G01] Ehrliches Bambi
Können diese Augen lügen?
Wohl kaum. Vielmehr lässt uns dieses ehrliche Geschöpf in Kindheitsträumen schwelgen. Ob jung oder alt - kaum jemand kann sich diesem Zauber entziehen. So ist es eben, wenn man von Natur aus süß ist und ein reines Wesen hat. Genau wie unser Trinkobst. PURE FRUCHT. Das ist unser ehrliches Versprechen.

Bei Innocent Drinks werden ebenfalls weit von den Themen ‚Obst' und ‚Getränke' entfernte Objekte oder Geschichten mit den Smoothies verknüpft. Auch ein Produkt-*Versprechen* findet sich bei beiden Herstellern, und beide verarbeiten in ihren Smoothies nur pure Frucht ohne Konservierungsstoffe. Die Positionierung des Produktes auf dem Markt und die Zielgruppenansprache weisen auf den ersten Blick große Ähnlichkeiten auf.

Bereits Janik/Böttger (2008) finden jedoch bei genauerem Hinsehen größere Unterschiede zwischen den Verpackungstexten, die sich zunächst in einer unterschiedlichen Art von Humor äußern:

While the humour in ‚innocent''s drinks is based on assumed shared knowledge with the consumer that is kept implicit, the texts by Ehrlich Trinken make an attempt at being entertaining by explicitly associating animals, their alleged characteristics and their fruit drink in a way that has to be called at least slightly contra-intuitive. (Janik/Böttger 2008: 81)

Janik/Böttger (2008: 82) schließen, dass der Versuch der Ehrlich Trinken GmbH, mittels seiner Verpackungstexte einen ähnlichen Effekt zu erzielen wie Innocent Drinks, gescheitert sei.

Ein weiterer im deutschen Markt wichtiger Wettbewerber ist die auch bei Janik/Böttger (2008: 68) erwähnte True Fruits GmbH[82]. Die Unternehmensgeschichte weist einige Parallelen zu Innocent Drinks auf. Im Falle der True Fruits GmbH handelt es sich bei den Gründern um drei Studenten, die die Produktidee „Smoothies aus 100% Frucht" von einem Auslandsaufenthalt in Großbritannien mitbringen und diese 2006 – als unabhängiges Unternehmen, ohne Schützenhilfe eines größeren Lebensmittelkonzerns – auf dem deutschen Markt einführen. Der Sprachstil auf der Unternehmenswebsite ist wie bei Innocent Drinks betont locker.

---

[82] An dieser Stelle sei die Untersuchung von Janoschka (2008) erwähnt, die die Corporate Weblogs der Unternehmen True Fruits und Innocent Drinks vergleicht und u.a. untersucht, wie die Nutzer dort mit sprachlichen Mitteln zu einem kontinuierlichen Austausch bewegt werden (vgl. Janoschka 2008: 85).

9.3 Korpuseingrenzung und -überblick

Die Beschreibung eines Corporate Style erfordert eine umfassende Stilanalyse verschiedener Texte aus dem bereits in Abschnitt 2.4 festgelegten minimalen Geltungsbereich eines Corporate Style. Dabei sollte ein möglichst breites Korpus angelegt werden, um ein umfassendes Bild vom kommunikativen Stil des jeweiligen Unternehmens zu erhalten.

Die Auswahl des Unternehmens Innocent Drinks wurde bereits in Abschnitt 9.1 begründet. Das Korpus beschränkt sich auf die deutschsprachige Websitekommunikation von Innocent Drinks und berücksichtigt außerdem einige deutschsprachige Verpackungstexte des Unternehmens. Die Materialauswahl erfolgt aus verschiedenen Gründen in dieser Form:

Die Websitekommunikation beinhaltet ein ausreichend großes Textsortenspektrum, um Aussagen über die Integriertheit der Kommunikation von Innocent Drinks zu treffen und damit auch über den bei Innocent Drinks angenommen Geltungsbereich des Corporate Style. Der Vergleich der verschiedenen Verpackungstexte mit den Produktbeschreibungen auf der Website soll dazu dienen, die Variabilität in der Darstellung und damit die Wandlungsfähigkeit des Corporate Style zu untersuchen. Verpackungstexte sind allerdings bisher nur wenig untersucht worden; der im vorhergehenden Abschnitt dargestellte Aufsatz von Janik/Böttger (2007) stellt eine der wenigen Ausnahmen dar.[83]

Die Beschränkung auf deutschsprachige Texte erfolgt vor allem deshalb, weil die Analyse verschiedensprachiger Texte eine zusätzliche analytische Ebene und die Berücksichtigung weiterer sprachlicher und außersprachlicher Parameter bedeutet. Dies brächte zum einen zusätzliche Komplexität mit sich und könnte zum anderen Übersetzungsfragen und sprachvergleichenden Fragestellungen ein zu großes Gewicht innerhalb der Untersuchung geben. Auch um nicht zu sehr von der eigentlichen Frage nach dem generellen Ob und Wie eines Corporate Style abzulenken, soll das Analysemodell im Folgenden erprobt werden, ohne diese zusätzliche Ebene zu berücksichtigen.

Es kann bei der Analyse ebenfalls nicht darum gehen, ein Textsortenprofil von Unternehmenswebsites zu erstellen. Die besondere Form des Mediums wird lediglich als ein weiterer Einflussfaktor bzw. als weitere Determinante des Corporate Style berücksichtigt. Im Vordergrund stehen die unternehmensspezifischen stilistischen Elemente, Stilzüge und Stilmuster. Wie bereits deutlich geworden ist, lassen sich markante, einzigartige Stilelemente nur vor dem Hintergrund neutraler Stile herausfiltern. Daher ist eine kurze Erläuterung zur Web-

---

[83] Weitere Aufsätze stammen beispielsweise von Hardt-Mautner (1994) und Pakkala (1994).

kommunikation im Allgemeinen nötig. Nur so kann beurteilt werden, warum der unternehmensspezifische Stil von Innocent Drinks eine ausreichende Differenzierung von der Umwelt (d.h. hier zunächst von anderen Webseiten) ermöglicht und warum der Stil als etwas Besonderes wahrgenommen wird. Dass der Stil von Innocent Drinks auffällt, ist bereits eingangs in Abschnitt 9.1 belegt worden. Der für Ikea ebenso wie für Innocent Drinks als dominant anzusehende Stilzug der persönlichen Anrede der Rezipienten per Du ist vermutlich auch in der Online-Kommunikation als markiert anzusehen. So ist eines der Untersuchungsergebnisse von Juhl Bang (2004: 158) zur Webkommunikation, dass „die direkte Anrede bzw. der Empfängereinbezug in bestimmten Teiltexten sehr selten ist". Insbesondere gilt diese für Teiltexte mit dominanter Selbstdarstellungsfunktion.

Auf Webseiten[84] werden auch Texte verlinkt, die als PDF-Dokumente linear gelesen werden können und somit aus der Struktur der Webseiten „herausfallen". Diese Textdateien sind nicht allein über den Browser darstellbar, sondern der Nutzer muss weitere Software installieren. Als PDF werden üblicherweise solche Texte ins Internet gestellt, die auch offline in Papier- bzw. Druckform vorliegen. Diese Texte folgen aufgrund der linearen Darstellung nicht den Stilmustern der Webkommunikation (auch wenn hier inzwischen vermehrt mit Hyperlinks gearbeitet wird, so lassen sich die Texte dennoch linear rezipieren). Daher bilden sie geeignetes Material, um den spezifischen Stil von Innocent Drinks vor dem Hintergrund anderer Textmuster zu analysieren.

Insgesamt wurden die Texte von 5 Smoothie-Verpackungen, von 49 Webseiten unter der Hauptdomain www.innocentdrinks.de sowie von 11 PDF-Dokumenten, die auf diesen Webseiten verlinkt waren, analysiert. Es wurden alle Webtexte der deutschen Innocent-Website, die am 10.05.2010 zugänglich waren, in das Korpus aufgenommen. Von den über die Website zugänglichen PDF-Dokumenten wurde allerdings nur ein Teil erfasst.
Ein Gesamtverzeichnis der Webseiten und PDF-Dokumente wird unter Primärliteratur im Literaturverzeichnis aufgeführt. Die Verpackungstexte werden in Anhang 2 in einer Korpustabelle aufgeführt, allerdings lediglich in ihrer verbalen Kodierung. Ein visueller Eindruck der Smoothie-Verpackungen lässt sich über die Darstellung auf den entsprechenden Webseiten gewinnen, beispielsweise

---

[84] Zu trennen ist im Folgenden die *Homepage*[84] als Eingangstor von der *Website* insgesamt sowie den einzelnen, damit verknüpften *Webseiten*, wobei die Bezeichnungen im Alltagsgespräch und auch teilweise in der Forschung synonym verwendet werden. *Homepages* dienen als „Einstieg, Wegweiser und zentraler Orientierungspunkt zu einer Website" (Juhl Bang 2004: 141). Die *Website* wiederum ist als solche nicht abgrenzbar, da immer wieder neue Untersedien entstehen und weitere Verlinkungen zwischen den einzelnen Seiten hinzukommen können. Als Minimaleinheit der Gesamtwebsite sind einzelne Seiten zu identifizieren, also *Internetseiten* oder *Webseiten*. Homepage und Webseiten werden durch den thematisch-senderbezogenen Zusammenhang und die gemeinsame Hauptadresse als Einheit wahrgenommen. Eine Internetseite umfasst damit alle Inhalte, die unter einer gemeinsamen URL durch Scrollen auffindbar sind (d.h. hier ist nicht die Hauptadresse, sondern die spezifischere Adresse der Einzelseite gemeint).

9.4 Corporate Style als Zeichenmittel

bietet [A08] eine Vorderansicht der Verpackung des Smoothies Mango & Maracuja.

9.4 Corporate Style als Zeichenmittel

Der semiotisch komplexe Corporate Style von Innocent Drinks wird hier zunächst als Zeichenmittel beschrieben, d.h. so, wie er sich an der Textoberfläche manifestiert. Zunächst werden einzelne Stilmittel und Stilzüge charakterisiert.
  Auf lexikalischer Ebene fällt der verstärkte Gebrauch von Personaldeixis auf. Es werden sehr häufig Possessivpronomen gebraucht (*Dein Smoothie, Unser Unternehmen*). Damit werden sowohl Leser als auch Autoren in eine fixierte Beziehung zur außersprachlichen Welt gesetzt und im Text thematisiert. Dieser Stilzug wird jedoch nicht in allen Textsorten angewendet. In den Pressemitteilungen beispielsweise findet sich keine Personaldeixis in der 2. Person. Hier wird lediglich neutral in der 3. Person formuliert. Das entspricht dem Textmuster der Pressemitteilung und sie kann ihrer Funktion als quasi-journalistischer Text gerecht werden. Der dominante Stilzug des Duzens findet sich also zwar nicht in den Pressemitteilungen selbst, aber es wird in einer der Überschriften zu den Pressemitteilungen geduzt (*Hallo, ich bin Dein guter Neujahrsvorsatz*, [A50]). Die Links zu den einzelnen PDF-Dokumenten der Mitteilungen verwenden zudem andere Überschriften als die Pressemitteilungen selbst. Beispielsweise lautet die Überschrift einer Pressemitteilung *innocent mit LifeCare Food Award für verantwortungsvolle Unternehmensführung ausgezeichnet* [A51] und benutzt die neutrale Perspektive der 3. Person, während die zugehörige Linküberschrift *Wir sind Unternehmen des Jahres beim LifeCare Food Award* [A42] in der 1. Person gehalten ist und so eine Innensicht vermittelt. Diese Inkonsistenz könnte als mangelnde Integration gesehen werden, wahrscheinlicher ist jedoch, dass so eine stilistische Verknüpfung zwischen den Pressemitteilungen und den übrigen Texten der Website geschaffen werden soll.
  Auch sind die Produktbeschreibungen in den Pressemitteilungen nicht in der narrativen Form verfasst wie auf der Website oder auf den Verpackungen. Das zeigt die Gegenüberstellung der Beschreibung zu den Kindersmoothies:

Homepage:
[A10] *Als wir gesehen haben, dass beinahe jedes Kindergetränk Zusatzstoffe enthält, wollten wir das ändern. Also haben wir Kinder gefragt, was sie gerne trinken. Sie haben sich diese Rezepte ausgedacht, vollgepackt mit ihrem Lieblingsobst. Außerdem haben uns die Kinder er-*

zählt, dass sie keine Stückchen in Getränken mögen, aber total auf Strohhalme stehen. Also haben wir unsere Kinder-Smoothies feiner püriert als unsere Smoothies in Flaschen. Und es gibt sie in Trinktüten mit Strohhalm.

[A47]   Pressemitteilung:
Die Kinder-Smoothies von innocent bestehen zu 100% aus ganzen, kleingemixten Früchten und puren Säften – und sonst nichts. Die bunt gestalteten 180ml-Trinktüten sind einzeln oder im 4er Multipack im Handel erhältlich. Jeder Smoothie enthält eine ganze Portion Obst und reichlich Vitamin C. Die speziell für Kinder entwickelten Rezepte schmecken etwas süßer, sind feiner püriert und lassen sich so bequem durch den angefügten Strohhalm trinken.

In [A10] wird das Unternehmen aus der Innenperspektive (*wir*) in Interaktion mit den Kindern dargestellt, die die Smoothies trinken sollen bzw. wollen. Der Pressemitteilungstext [A47] berichtet hingegen aus neutraler Perspektive in der dritten Person und berichtet im Vergleich zu der Produktbeschreibung auf der Website [A10] sachlicher, indem der Text sich auf Fakten beschränkt. Die in [A10] erzählte Geschichte zur Entwicklung der Smoothies wird hier lediglich attributiv und stark zusammengefasst erwähnt (*speziell für Kinder entwickelte Rezepte*).

Auf lexikalischer Ebene werden verschiedene Wortfelder verstärkt als Referenz- und Bildspender benutzt. Neben dem Wortfeld ‚Familie' (Referenzen auf *Kinder, Mütter, Familie*) wird in den Texten beispielsweise das Wortfeld ‚Früchte' aktiviert. Dabei wird an die Produktpalette des Unternehmens angeknüpft. Das *Bananafon*[85], auf das in fast jedem der Texte verwiesen wird (nämlich am Ende der Texte in den Kontaktinformationen), kann nicht nur zu ‚Familie' assoziiert werden, sondern auch zu ‚Früchte'. Das Wortfeld ‚Früchte' wird dabei nicht nur im Zusammenhang mit der Smoothie-Rezeptur aktiviert, sondern dient auch als Bildspender in metaphorischer Verwendung. So werden die Mitarbeiter beispielsweise auf der Webseite zum Thema ‚Jobs' mit Früchten verglichen:

[A57]   *Mit unseren Mitarbeitern halten wir es wie mit frischen Früchten: Wir wollen nur die Besten. Denn wir sind der Meinung, dass die besten Smoothies der Welt nur von einem begeisterten und brillanten Team hergestellt werden können. Deshalb sorgen wir dafür, dass jeder Mitarbeiter das Beste aus sich herausholen kann.*

Auffällig ist außerdem, dass bestimmte sprachliche Handlungen wie ETWAS VERSPRECHEN, ERKLÄREN, BEGRÜNDEN im Vergleich zu Texten anderer Unternehmen sehr häufig sind. Insbesondere die Versprechungen werden auch explizit als solche benannt und fixieren die Beziehung zwischen Leser und Autor in besonderer Weise, wie die folgenden Beispiele aus den Produktbeschreibungen auf der Website illustrieren:

[A07]   *Es ist ohne Banane (Lieben Gruß an die Affen, es tut uns leid.) und erfrischt Deine Zunge wie kein zweites. Versprochen.*

---

[85] Dieser Neologismus stellt eine Kontamination aus *Banane* und *Telefon* dar, analog beispielsweise zu *Babyfon*. Auch visuell wird diese Kontamination realisiert, indem eine Banane als Telefonhörer mit einem Kabel statt einem Stiel dargestellt wird.

9.4 Corporate Style als Zeichenmittel

[A18] *Es soll schon vorgekommen sein, dass der Deckel von ganz alleine abspringt. So was könnte eine ziemliche Sauerei in Deinem Kühlschrank verursachen. Wenn das wirklich passieren sollte, ruf uns an und wir helfen Dir beim Aufwischen.*

Neben einzelnen erklärenden und argumentierenden Teilen werden vor allem narrative Vertextungsstrategien verwendet. Damit folgt Innocent Drinks der Marketing-Strategie des Storytelling. Narrative Vertextungsstrategien zeigen sich vor allem durch die Verknüpfung der einzelnen Sätze mittels Handlungsverben und Konjunktionen, etwa im folgenden Verpackungstext:

[E01] *Die Powerpoint-Präsentation und der innocent Smoothie haben etwas gemeinsam: viele Buchstaben. Während sich jedoch die Buchstaben in einer Powerpoint zu Tode langweilen (merkt man ihnen sogar an, wenn man genau hinsieht), sind diese hier blendend gelaunt. Die üble Laune grauer Powerpoint-Buchstaben rührt daher, dass sie gemeinsam mit billigen Keksen in stickigen Räumen hausen. Und niemals Obst bekommen. Ein Glück also, dass es nicht nur Präsentationen gibt, sondern auch Smoothies, die man dazu genießen kann.*

Dabei werden Handlungszusammenhänge hergestellt, die ungewöhnlich sind. So wird den Buchstaben in Text [E01] eine Persönlichkeit zugeschrieben. Die Powerpoint-Buchstaben *langweilen sich*, während die Buchstaben auf Smoothie-Verpackungen *blendend gelaunt* sind. Schließlich wird das „Problem" gelöst, indem vorgeschlagen wird, die Smoothies zur Powerpoint-Präsentation zu genießen. Narrative und argumentative Strukturen verschränken sich hier.

Personifikationen sind insgesamt ein von Innocent Drinks häufig gebrauchtes Stilmittel, das zudem an einen kindlichen Sprachstil erinnert. Dabei wird Dingen jeweils ein Eigenleben zugeschrieben. Besonders häufig finden sich Personifikationen im Zusammenhang mit den Smoothies:

[A08] *Die Alphonso Mango ist unser besonderer Liebling. Sie hat ein unvergleichlich reiches Aroma. Wegen der dünnen Schale reist die Mango nicht gerne und ist daher fast nie in Deutschland zu finden. Wenn Du doch mal Alphonso Mangos irgendwo siehst: Sofort zugreifen. Bis dahin hilft Dir dieser Smoothie.*

Hierbei wird zunächst eine der enthaltenen Obstsorten personifiziert, die *Alphonso Mango* (eine besondere Mango-Sorte): Sie *reist nicht gerne*. Doch auch hier wird schnell eine Lösung für das Problem präsentiert: *Bis dahin hilft dir dieser Smoothie.* Hier wiederum wird der Smoothie personifiziert.

Die Personifikationen werden offenbar u.a. auch zur Vermeidung passiver Formulierungen genutzt, denn insgesamt finden sich in den Texten von Innocent Drinks nur selten passive Formulierungen. Auf syntaktischer Ebene ist vielmehr die häufige Verwendung von Imperativsätzen auffällig, die appellative Funktion haben und damit aktivierend wirken, wie etwa in [A35] *Kontaktiere uns* oder in [A19] *Halt sie kalt.*

Was intertextuelle Bezüge betrifft, so sind die Texte von Innocent Drinks nicht nur stilistisch-implizit oder mittels Referenz auf das Unternehmen selbst verknüpft, sondern es werden auch explizite referentielle Bezüge zwischen den Texten hergestellt. Ein Beispiel dafür ist, wie bereits erwähnt, die Bezugnahme in der Zutatenliste der Verpackungstexte auf den narrativen Teiltext auf der gleichen Verpackung. Diese Referenz kann auch als intratextuelle Verknüpfung kategorisiert werden. Ein weiteres Beispiel findet sich in der Beschreibung der Zutaten in den Produktbeschreibungen auf der Website. Der bereits oben zitierte Text zum Smoothie „Mango & Maracuja" [A08] bildet dabei den Referenztext, auf den sich der Text zum Smoothie „Orange, Karotte & Mango" [A09] als Phänotext bezieht:

[A09]   *Karotten sind super*. Sie haben eine Menge Beta-Carotin, das Dein Körper in Vitamin A umwandelt. Wenn man sie entsaftet, erhält man ein leckeres Getränk... das leider nicht lange haltbar ist. Unsere geheimnisvolle Lucy T ist die Magierin hinter diesem Rezept, an dem insgesamt fünf Jahre geforscht wurde. Heute schmeckt es nach frischen Karotten und tropischen Früchten. Natürlich haben wir auch hier unsere alte Freundin, die Alphonso Mango, eingesetzt. Mit den Worten von Jürgen Marcus: "Eine neue Liebe ist wie ein neues Leben."*

Dass hier ein intertextueller Verweis auf die bereits in [A08] erfolgte ausführliche Beschreibung der Mangosorte vorliegt, wird nur implizit mittels der Personifikation *alte Freundin* kenntlich gemacht.

Die Verknüpfungen zwischen Sprache, Bild und Lautlichem stellen bei Innocent Drinks ebenfalls markante Stilzüge dar, sie wirken zusammen. Der Eindruck eines kindlichen oder kindgerechten Unternehmens wird beispielsweise zusätzlich von der Typographie unterstützt. Serifenlose und breite Buchstaben sind auch für Kinder leicht lesbar. In den Texten wird neben der visuellen eine weitere Wahrnehmungsmodalität einbezogen, nämlich die gustatorische Modalität. Diese kann in Texten nur über die sprachliche Ebene angesprochen werden und stellt somit keine genuin textuelle Modalität dar:

[A07]   *Deine Zunge ist anspruchsvoll. Sie hat mehr Geschmackszonen, als es Tarife bei der Bahn gibt. Erst will sie süß, als nächstes will sie sauer und dann will sie am Bart des alten Seemanns lecken. Aber wenn Du Deiner Zunge etwas wirklich Gutes tun willst, solltest Du sie täglich erfrischen.*

Dabei werden gustatorische Adjektive (*süß*, *sauer*) und Verben (*lecken, erfrischen*) verwendet. Zudem wird die Zunge personifiziert: Ihr wird ein eigener Geschmack und ein eigener Wille zugeschrieben. Wie mit einem guten Freund soll man sich auch mit der Zunge beschäftigen, ihr *etwas Gutes tun* und *sie täglich erfrischen*.

Die verschiedenen bunten und fröhlichen Farben erinnern an das Produkt, die verschiedenen Smoothies. Als Schriftfarbe für die Navigation der Website wird ein dunkles Rot verwendet, das auch für das Innocent-Logo benutzt wird (siehe Abbildung 12). Zwischen Text, einzelnen Zeichnungen und Navigationselementen, Produktdarstellungen und nur wenigen Fotos ist auf den einzelnen Webseiten viel Weißraum. Die Hintergrundfarbe ist Weiß. Das Layout stellt zwischen der Navigationsleiste links und dem Text rechts jeweils eine Abbildung in den Mittelpunkt. Dies kann eine Symbolzeichnung sein (z.b. das Bananafon in visualisierter Form: eine Banane mit sich ringelndem Kabel am Ende, siehe Abbildung 12, Anhang 1) oder das Foto eines Smoothies (bei den Produktbeschreibungen). Ebenso wie die Darstellung des Bananafons erinnern auch die Symbolzeichnungen, die die Unternehmenswerte visualisieren, entfernt an Kinderzeichnungen, da sie sehr einfach gehalten sind (siehe Abbildung 13, Anhang 1).

Insgesamt lässt sich feststellen, dass Innocent Drinks häufig spezifisch erscheinende Stilmittel nutzt, die für auch im Rahmen von Werbe- und Marketingkommunikation noch einen hohen Aufmerksamkeitswert besitzen – gerade weil sie mit Understatement (Weißraum, Symbolzeichnungen) und kumpelhafter Lockerheit eingesetzt werden.

9.5 Corporate Style als Demonstration von Stilkompetenz

Bezogen auf die Verpackungstexte von Innocent Drinks, findet sich bei Simmons u.a. folgende Anmerkung:

> It's the same message: the drinks taste amazing and they're good for you. Now that would get very boring if you just kept saying it in the same way, so varying the delivery is vital. It's like being with your friends, your dialogue changes. But we try to keep that tone of talking to mates. (Germain in Simmons 2008: 63)

Es wird also insgesamt ein „kumpelhafter" Sprachstil angestrebt. Diskursbezogene Stilwirkungen zeigen sich bei Innocent vor allem darin, dass immer wieder Möglichkeiten zur Originalisierung gefunden werden und die Textsorten dabei ihre ursprüngliche Funktionalität behalten, wenngleich eine Zuordnung zum Unternehmenskontext teilweise schwer fällt. Kühl-von Puttkamer (2010) erinnert der Webauftritt von Innocent Drinks beispielsweise „eher an einen ‚Kindergarten' als an ein hartes Business".

Was die Ausgestaltung der einzelnen Textsorten insgesamt betrifft, so kann bezüglich der grundlegenden bei Fix (1991) aufgeführten Stilmuster ORIGINALISIEREN und DURCHFÜHREN festgestellt werden, dass bei Innocent Drinks das Stilmuster ORIGINALISIEREN stark überwiegt. Selbst stark normierte, gesetzlich vorgeschriebene Textteile wie die Angabe der Zutaten werden durch intratextuelle Bezüge in die narrativen Strukturen eingebunden und zudem ausführlicher und genauer gestaltet, als dies der Gesetzgeber verlangt. Dies sei am Beispiel eines Verpackungstextes zum Smoothie „Orange, Karotte und Mango" illustriert:

[C01]   *Aufstehen, duschen, Frühstück, den Bus kriegen, etwas arbeiten, mit Kollegen flirten, Mittagspause, noch etwas arbeiten, nach Hause gehen, Abendbrot, eine Runde joggen, abwaschen, ein Buch lesen, ins Bett gehen. Jeder Tag ist voll mit Dingen, die getan werden müssen. Obst-Essen sollte eins davon sein. So kriegst Du Dein tägliches Vitamin C, Nährstoffe und andere gesunde Sachen mit lateinischen Namen. Also mach etwas Platz für einen Smoothie in Deinem Tag. Vielleicht zwischen dem Flirten und dem Heimweg?*

[C07]   *Zutaten*
18 gepresste Weintrauben (36 %)
½ pürierte Banane (20 %)
½ gepresste Orange (18 %)
1 kleingemixte Karotte (16 %)
ein Stück zerdrückte Mango (8 %)
und ein Spritzer gepresste Zitrone (2 %)
und kein Linienbus.

In [C01] wird in einer Aufzählung ein alltäglicher Tagesablauf beschrieben. Eine Teilhandlung in diesem Tagesablauf ist *den Bus kriegen*. Darauf wird in der Zutatenliste ironisch Bezug genommen, indem die (für die Zutatenliste überflüssige) Feststellung gemacht wird, dass *kein Linienbus* enthalten sei. Innocent Drinks unikalisiert also die Teiltextsorte der Zutatenliste, indem das Unternehmen über die gesetzlich vorgeschriebenen Informationen hinausgeht. Die Originalisierungsstrategien zeigen somit auch einen spielerisch-humorvollen Umgang mit Sprache. Diese Strategien werden jedoch nicht auf alle Teiltexte übertragen, beispielsweise werden die Nährwertangaben nicht unikalisiert.

Die Produktbeschreibungen auf der Website unterscheiden sich inhaltlich deutlich von den auf den Produktpackungen (d.h. den Flaschen) aufgedruckten Texten. Zudem verwendet Innocent wechselnde Etiketten mit verschiedenen Texten. Der obige Text [C01] beispielsweise bezieht sich ebenso wie der folgende Verpackungstext [B01] auf den Smoothie „Orange, Karotte und Mango":

[B01]   *Erfindungen für eine bessere Welt: Spartaste auf der Toilette, CO2-Kompensation für Urlaubsflüge, Fahrgemeinschaften, Barack Obama, Fahrradwege, FSC-Zertifizierung, Kompost, Bono, ökologische Landwirtschaft, öffentlicher Personennahverkehr, biologischer Dünger, Mischkulturen, doppelseitiges Drucken, Elektroautos, Segelboote und unsere 100 % recycelte Flasche. Die, aus der Du gleich trinken wirst. Sie hinterlässt die Welt ein bisschen besser – mit jedem Smoothie ein Stück.*

So zeigt das Beispiel von Innocent Drinks auch sehr deutlich, dass trotz gleichbleibendem Sprachstil immer wieder Variation möglich ist.

Insgesamt lässt sich feststellen, dass Innocent Drinks die vorhandenen Stil- und Textmuster im Bereich Produktkommunikation stark bricht – indem Muster aus anderen Bereichen übernommen werden, Muster gemischt werden und vorhandene Muster originalisiert werden. Das Unternehmen passt sich also nur eingeschränkt an Diskursgepflogenheiten an, geht aber in seiner Unangepasstheit einheitlich vor – d.h. die festgestellten Stilmittel und Stilzüge finden Eingang in einen sehr großen Teil der Unternehmenskommunikate. Wo es möglich und nötig ist, werden die Stilmittel in angemessener Weise variiert. Das lässt großen Stilwillen erkennen und kann somit durchaus im positiven Sinne als Demonstration von Stilkompetenz verstanden werden.

9.6 Corporate Style als Identifikationsangebot

Der Corporate Style von Innocent Drinks ermöglicht in vielerlei Hinsicht die Identifikation mit dem Unternehmen.
In erster Linie zu nennen ist hier die sozialbezügliche Stilisierung als ‚Familie'. Diese Bedeutung wird sowohl auf lexikalisch-expliziter Ebene aktiviert (*Kinder, Mütter, Familie*) als auch auf impliziter Ebene durch verschiedene stilistische Anspielungen (Baby- bzw. Kindersprache: *Bananafon*). Typisch für eine Eltern-Kind-Kommunikation sind auch die Sprachhandlungen VERSPRECHEN und RATGEBEN sowie ERKLÄREN. Die allgemeinverständliche und gleichzeitig spielerische Ausdrucksweise trägt ebenfalls zu einer familiären „Wohlfühlatmosphäre" bei. Dies wird durch die Bildsymbole unterstützt, die teilweise an Kinderzeichnungen oder Comics erinnern (siehe [A20], Abbildung 10, Anhang 1).

Das Wort *Familie* in der Navigationsleiste der Homepage führt zum Anmeldeformular für den Innocent Drinks-Newsletter. Außerdem bezeichnet Innocent Drinks sich explizit als Familie, denn mit dieser Newsletter-Bestellung könne man *der Familie beitreten*. Familie wird also als eine Gemeinschaft stilisiert, der man beitreten oder die man verlassen kann. Die familiäre Atmosphäre wird des Weiteren unterstützt durch die Personaldeiktika *wir, unser, du* und *dein*.
Ferner finden sich viele Anlehnungen an mündlichen Sprachstil[86] wie elliptischer Satzbau, einzelne Ausrufe (*Und hey*), häufigen Gebrauch von Abtönungspartikeln (*hoffentlich, gerne*) und schließlich spontan wirkende, da emotionale Äußerungen wie *Wir mögen Rainforest Alliance, weil [...]*). Mit einem familiären, mündlichen Sprachstil wird an die Alltagssprache und an Alltagssituationen

---

[86] Zu mündlichem Sprachstil siehe z.B. Schwitalla (2006). Der Gegensatz zwischen konzeptionell schriftlichen und konzeptionell mündlichen Texten wird insbesondere von Koch/Oesterreicher (2008) thematisiert.

angeknüpft. Der Rezipient soll sich als Teil der Familie, als Mensch angesprochen fühlen und sich mit dem Unternehmen aufgrund dessen ‚Menschlichkeit' identifizieren.

Zudem kann sich der Rezipient auch als ‚Kind' angesprochen fühlen. Diese Adressierungsstrategie ist jedoch ambivalent, da damit vermutlich zum einen das positive Gefühl erweckt werden kann, man dürfe wieder Kind sein und könne mithilfe der Smoothies spielerisch und kreativ den Alltag bewältigen. Zum anderen kann der Rezipient sich jedoch auch bevormundet oder veralbert fühlen. Dann hätte er das Identifikationsangebot nicht positiv, sondern negativ interpretiert.

Interessant wird es nun, wenn es darum geht, wer sich von diesem Sprachstil angesprochen fühlen soll, d.h. auf welche Zielgruppe Innocent Drinks mit diesem Identifikationsangebot abzielen. Tatsächlich wird mit der Kinder- und Familiensprache u.U. weniger auf Familien und Kinder abgezielt, sondern vielmehr auf Einzelpersonen (*du* statt *ihr*), für die Innocent Drinks zu einer Art „Ersatzfamilie" werden kann und die ihr „inneres Kind pflegen", während sie sich gesundheits- und umweltbewusst ernähren. Insbesondere scheint Innocent Drinks mittels diverser Anspielungen auf den Büroalltag (z.B. *Powerpoint* in [D01] und [E01]) Büromitarbeiter zu fokussieren. Dieser Eindruck wird in der Gründungsgeschichte zu Innocent Drinks bestätigt, die eine hohe Identifikation der Gründer mit ihren Zielgruppen nahelegt:

[A22]   *Im Sommer 1998 hatten die drei Freunde die entscheidende Idee: Ein Drink aus ganzen Früchten, der nicht nur gut schmeckt, sondern auch gesund ist. Er würde jungen Berufstätigen wie ihnen selbst die Möglichkeit geben, sich unkompliziert Gutes zu tun.*

In den Website-Texten zu den Kinder-Smoothies wird der Sprachstil jedoch noch weiter in Richtung des Kindlich-Naiven und des Narrativen verstärkt. Diese Texte sprechen entweder Kinder direkt an oder richten sich an Eltern.

Insgesamt erzeugt Innocent Drinks sprachlich und visuell mit den dargestellten Stilmitteln eine kumpelhafte bis familiäre Atmosphäre, in der Innocent Drinks mit den Zielgruppen eine große Familie bildet.

9.7   Corporate Style als Referenz auf die Unternehmensidentität

Der Corporate Style von Innocent Drinks kann insgesamt als mündlich, narrativ, kindlich-naiv bzw. spielerisch und dialogisch charakterisiert werden. Ein mündlicher Sprachstil wird allgemein mit einer gewissen Lockerheit assoziiert. Das Dialogische kann mit Offenheit verbunden werden. In diesem Sinne strahlen die sprachlichen Manifestationen auch auf die Wahrnehmung der Unternehmensidentität aus. Innocent Drinks stellt sich als lockeres, offenes, spielerisches Un-

9.7 Corporate Style als Referenz auf die Unternehmensidentität 231

ternehmen dar. Mit den Anspielungen auf Eltern-Kind-Kommunikation, Kinder- und Babysprache (*Bananafon*) wird gleichzeitig selbstbezüglich ein wesentlicher Charakterzug des Unternehmens unterstrichen, der sich auch im Namen widerspiegelt: Die Unschuld. Assoziativ eng damit verbunden ist Naivität, und diese Naivität spiegelt sich in einer kindlichen Sprache. Der Unternehmensname Innocent Drinks ist ein wichtiges Symbol für diese naive, unschuldige Seite der Unternehmensidentität. „Unschuld" wird bei Innocent Drinks jedoch nicht nur als kindliche Naivität verstanden, sondern wird explizit als wirtschaftliche Unschuld dargestellt – denn das Unternehmen versucht ja, *das Richtige zu tun* (z.B. für die Umwelt, für seine Zulieferer). Der gesamte Sprachstil von Innocent Drinks kann als symbolische Umsetzung dieses Charakterzugs gesehen werden.

Den Unternehmensnamen von Innocent Drinks bildet ein Adjektiv aus der Standardsprache, das gleichzeitig eine leitende Wertvorstellung des Unternehmens verkörpert und von Innocent Drinks folgendermaßen kommentiert wird:

[A24] *Weil wir die Dinge pur, natürlich und gesund halten, haben wir uns innocent genannt.*

Eine wichtige Klammer neben dem Unternehmensnamen und dem kindlich-familiären Sprachstil ist auch das Innocent-Logo (siehe Abbildung 11, Anhang 1), das eine stilisierte Kinderzeichnung darstellt: Ein nicht ganz runder Kreis erinnert an einen Kopf, der elliptische Ring darüber erinnert an einen Heiligenschein. Assoziiert werden kann jedoch auch ein nicht ganz sorgfältig gezeichneter Apfel mit Blatt. Damit werden drei für Innocent Drinks als dominant anzusehenden Bildspenderbereiche (sowohl in sprachlicher als auch in bildlicher Hinsicht) aktiviert: Familie (Kinderzeichnung), Unschuld (Heiligenschein) und Früchte (bunte Farbe, Assoziation: Apfel).

Die konstruktive Funktion des Corporate Style für die Unternehmensidentität von Innocent Drinks wird vor allem darin evident, dass über das Identifikationsangebot der „Innocent-Familie" mittels des familiären, mündlichen Stils und über weitere sprachliche Mittel der Rezipient in diese Familie inkludiert werden kann und sich damit auch Rückwirkungen auf die Identität ergeben: Das Unternehmen ist nun nicht mehr nur ein Unternehmen, sondern eine „Familie". Familienmitglieder übernehmen gegenseitig Verantwortung füreinander. Insofern wirkt die Metapher der „Familie" auch selbstdisziplinierend auf das Unternehmen und seine Mitarbeiter.

Die Stilwirkungen lassen Rückschlüsse auf die Unternehmensidentität zu. Aufgrund seines kommunikativen Stils lässt sich Innocent Drinks positiv als offenes, faires und kreatives Unternehmen charakterisieren. Allerdings riskiert das Unternehmen mit diesem spezifischen Stil auch negative Assoziationen:

- *Diskursbezogen* lässt sich der spielerische Umgang mit Stilmustern zunächst positiv mit einer kreativen, lockeren Persönlichkeit assoziieren. Auf den ein oder anderen mag die Kommunikation von Innocent Drinks jedoch auch im negativen Sinne unseriös oder albern wirken. Die Tendenz zu narrativen Stilmustern zeugt von Offenheit, kann jedoch auch aufdringlich wirken.
- *Sozialbezogen* lässt sich der Stil von Innocent Drinks als kumpelhaft-familiär und dialogisch beschreiben. Im positiven Sinne verstanden, erscheint das Unternehmen so als zugänglich und offen, riskiert jedoch gleichzeitig, als anbiedernd wahrgenommen zu werden.
- *Selbstbezogen* fallen stark argumentativ-erklärende Stilmuster ins Auge, die im Rahmen der Unternehmenskommunikation ungewöhnlich sind. Rechtfertigungen werden normalerweise vermieden, in diesem Falle unterstützen sie jedoch das Bestreben von Innocent Drinks, als „faires" Unternehmen zu erscheinen. Auch hier besteht das Risiko negativer Assoziationen – das Unternehmen könnte beispielsweise „heuchlerisch" wirken.

9.8 Abschließende Betrachtung des Corporate Style

An dieser Stelle erfolgt ein knapper Abgleich mit dem Selbstbild des Unternehmens unter Rückgriff auf die Unternehmensphilosophie und -werte sowie ein Fazit in Bezug auf die Aspekte Einzigartigkeit, Kontinuität, Einheitlichkeit und Authentizität.

Auf der Homepage von Innocent Drinks findet sich bezüglich der Unternehmenswerte folgender bezeichnender Satz:

[A23] *Wir sind nicht perfekt, aber wir bemühen uns, das Richtige zu tun.*

Diese Nonperfektion spiegelt sich tatsächlich auch in den Texten des Unternehmens, in denen eben nicht das Übliche perfektioniert wird, indem Stilnormen befolgt werden, sondern in denen das „Richtige" getan wird, indem Stilnormen durchbrochen werden. Ebenso zeigt sich die Nonperfektion darin, dass ein mündlicher Stil in schriftlicher Kommunikation eingesetzt wird:

[A21] *Suchst Du einen Job? Wir suchen Kollegen. Passt doch. [...]*
Ruf das Bananafon an oder schau Dir schlimme Fotos von uns an.

Im zweiten Beispielsatz erscheint außerdem ein expliziter Hinweis auf die Nonperfektion: *schlimme Fotos*. Das klingt, als erzählte jemand seinem Freund von den letzten Partyfotos, und nicht, als spräche ein Unternehmen zu seinen Kunden.

Als Unternehmenswerte werden bei Innocent Drinks [A23] *100 % natürliche Getränke, Zutaten mit Anstand, nachhaltige Verpackungen, Ressourcen schonen* sowie *Gewinne teilen* genannt. Diese Werte lassen sich insbesondere mit dem Themenfeld ‚Unschuld' bzw. mit dem Unternehmensnamen *Innocent* verbinden. An dieser Stelle kann kein vollständiger Selbstbild-Fremdbild-Abgleich erfolgen, da lediglich Zugriff auf die Außendarstellung des Selbstbildes möglich ist. Aufgrund der vorhergehenden Ausführungen kann jedoch zumindest gefolgert werden, dass der Sprachstil des Unternehmens nicht im Widerspruch zu seinen Werten steht. Die Darstellung der Unternehmensidentität kann demnach als authentisch eingestuft werden.

Auch Einzigartigkeit ist durch die Kombination spezifischer sprachlicher Mittel erreicht worden. Kontinuität und Einheitlichkeit werden über die Wiederholung verschiedener Stilzüge in verschiedenen Texten gewährleistet. Die integrierende Wirkung des Stils von Innocent Drinks wird neben den bereits genannten Elementen und Stilzügen auch durch die verbindende Klammer dialogischer Elemente und persönlicher Adressierung sowie verschiedene bildliche und sprachliche Bezüge zwischen den Texten erreicht. Alle Websitetexte von Innocent Drinks verfolgen einen kumpelhaften, lockeren Stil. Bei einigen Texten – wie etwa den Pressemitteilungen – lassen sich zwar Variationen feststellen (z.B. der Verzicht auf die direkte Ansprache per Du), insgesamt ist die Einheitlichkeit jedoch gegeben. Deshalb lässt sich der Stil von Innocent Drinks mit Recht als ein Corporate Style bezeichnen.

9.9 Zwischenergebnis: Beurteilung des Analyserahmens

Der hier verwendete Analyserahmen aus Unterabschnitt 8.3.3, der in acht bzw. neun Schritten den Corporate Style zunächst semiotisch-strukturell und außerdem in seinen diskurs-, sozial- und selbstbezogenen Stilwirkungen im Hinblick auf die Unternehmensidentität beschreibt, hat sich als sehr leistungsfähig erwiesen. Insbesondere konnte gezeigt werden, dass die Multimodalität der Texte für die Analyse aller zeichenstrukturellen Teilaspekte relevant ist. Bild, Text und Typographie manifestieren sich an der Textoberfläche und spielen bei der Bedeutungskonstitution bezüglich des Identifikationsangebots und der Referenz auf die Unternehmensidentität als Zeichenobjekt ineinander. Ferner konnte gezeigt werden, dass diskurs-, sozial- und selbstbezogene Stilwirkungen für die Konstruktion der Unternehmensidentität eine große Rolle spielen. Damit wurde auch die bezüglich der Konzepte von Reins und Förster bemängelte unreflektierte

Gleichzeitigkeit der Ausrichtung auf die Zielgruppen und der Ausrichtung auf die Unternehmensidentität in einem gemeinsamen Modell aufgehoben.

Da es sich um ein integratives Analyseverfahren in mehreren Schritten handelt, kann es gegebenenfalls auch auf andere Untersuchungszwecke angepasst oder um weitere Analysekateogiren erweitert werden. Bereits jetzt ist der vorgeschlagene Kriterienkatalog recht umfangreich – und die hier dargestellten Ergebnisse einer Beispielanalyse konnten deshalb auch nur einen Bruchteil der Möglichkeiten demonstrieren. Eine weitere Erprobung und Ausarbeitung des Analyserahmens ist daher wünschenswert.

10 Schluss

10.1 Zusammenfassung

Ziel der Arbeit ist die linguistisch fundierte und umfassende Modellierung der Zusammenhänge zwischen Stil und Unternehmensidentität. Zu diesem Zweck wurde eine stiltheoretisch orientierte Perspektive gewählt.
In Kapitel 2 wurde diese Perspektivenwahl ausführlich begründet. Es wurde eine grundlegende Definiton von Corporate Style gegeben, die enge Anbindung an das Corporate Identity-Konzept sowie Verknüpfungen mit dem Konzept der Integrierten Kommunikation dargestellt. Weiterhin wurde festgestellt, dass die in der Literatur vorhandenen Konzepte zur Unternehmenskommunikation (wie Corporate Identity und Integrierte Kommunikation) selbst als stilistische Konzepte angesehen werden können. Schließlich wurde der Gegenstandsbereich der Arbeit eingegrenzt. Grundsätzlich kann die gesamte Unternehmenskommunikation als Geltungsbereich eines Corporate Style betrachtet werden, es wurde jedoch die geplante, externe, schriftliche Kommunikation, die sich auf den Markt richtet, als Minimalbereich festgelegt.
In Kapitel 3 wurden verschiedene aktuelle stiltheoretische Positionen dargestellt und diskutiert. Es wurden daraus verschiedene Forderungen für einen Stilbegriff der Unternehmenskommunikation abgeleitet. Insgesamt wird innerhalb der Arbeit eine pragmatisch-semiotische Sichtweise auf Stil angenommen. Entsprechend wurde Stil nicht mehr allein als Sprachstil verstanden, sondern als semiotisch komplexer ‚kommunikativer' Stil. Im Zusammenhang mit der Integrierten Kommunikation wird zudem der systematische Einsatz intertextueller Bezüge relevant. Stil muss daher vor dem Hintergrund der Unternehmenskommunikation verstärkt als intertextuell bzw. diskursiv verfasstes Phänomen betrachtet werden.
In Kapitel 4 konnte nachgewiesen werden, dass die stiltheoretischen Positionen auf die Gegebenheiten in der Unternehmenskommunikation übertragbar sind und sich dieser Stilbegriff somit für die Unternehmenskommunikation eignet.
Kapitel 5 beschäftigte sich grundlegend mit Unternehmensidentität. Dabei wurden Erkenntnisse verschiedener Disziplinen zu individueller, kollektiver

sowie institutionaler Identität berücksichtigt. Unternehmensidentität konnte als Wechselwirkung zwischen diesen Identitätsdimensionen beschrieben werden. Vor diesem Hintergrund wurde auch der Identitätsbegriff des Corporate-Identity-Konzeptes kritisiert, der Aspekte individueller und kollektiver Identität zu sehr vernachlässigt. Insbesondere wurden Identifikation und Ausgrenzung (Inklusion und Exklusion), Einzigartigkeit und Anpassung, Kontinuität und Dynamik, Einheitlichkeit und Vielfalt, Authentizität und Inszenierung als wichtige Bestimmungsgrößen bzw. Voraussetzungen für Identität diskutiert. Aufgrund der Verortung von Identität zwischen diesen scheinbaren Gegensatzpaaren ist das Phänomen der Identität ähnlich schwer greifbar wie das des Stils.

In Kapitel 6 wurden linguistisch-deskriptive Ansätze zur Modellierung der Zusammenhänge zwischen Stil und Identität evaluiert. Dabei wurde festgestellt, dass die umfassenderen linguistischen Modellierungen sich bisher nur mit individueller Identität auseinandersetzten, während Unternehmensidentität vor allem aus pragmatischer Perspektive im Zusammenhang mit Selbstdarstellungsstrategien und kaum aus stilistischer Sicht diskutiert wurde. Dennoch erwiesen sich einige der linguistischen Ansätze als auf die Unternehmensidentität übertragbar. Grundsätzlich wurde festgestellt, dass Stil für die Unternehmensidentität sowohl darstellende als auch konstruierende Funktion haben kann. Des Weiteren wurde die soziostilistische Unterscheidung diskurs-, sozial- und selbstbezogener Stilwirkungen im Verlauf der Arbeit immer wieder relevant und konnte auch für das Corporate-Style-Modell fruchtbar gemacht werden.

In Kapitel 7 wurden drei normativ-präskriptive Konzepte zu Stil und Unternehmensidentität einer ausführlichen Diskussion unterzogen. Die Konzepte weisen eine starke Praxisorientierung auf. Konkret wurden das Corporate-Wording-Konzept von Förster, das Corporate-Language-Konzept von Reins sowie das Konzept zu CI in Texten von Sauer berücksichtigt. Dabei wurden insbesondere die Stil- und Identitätsauffassungen und die grundsätzliche Funktionalität der Konzepte in den Blick genommen. Weder das sprachwissenschaftliche Konzept von Sauer noch die in Ratgeber eingebetteten Konzepte der Praktiker Reins und Förster konnten allerdings als umfassend und ausreichend linguistisch fundiert eingeordnet werden, um die Entwicklung eines unternehmensspezifischen Stils zu ermöglichen, der die Unternehmensidentität widerspiegelt. Auch berücksichtigen die Konzepte weder die semiotische Verfasstheit noch die intertextuelle Vernetztheit aktueller Texte in der Unternehmenskommunikation.

Aufgrund dieser Mängel der bereits vorhandenen Konzepte und der in Kapitel 4 definierten Anforderungen an die Unternehmenskommunikation wurden in Kapitel 8 Anforderungen an den Corporate Style sowie an ein Corporate-Style-Modell definiert. Das Corporate-Style-Modell ist semiotisch-integrativ angelegt, um die Komplexität von Stil angemessen darstellen zu können. Es beinhaltet die in Kapitel 5 thematisierten Zusammenhänge zwischen Unternehmensidentität und Sprachstil, nämlich Konstruktion und Darstellung als wichtige Funktionen des Sprachstils für die Unternehmensidentität. Die Konstruktionsfunktion kann jedoch nur indirekt über die Stilwirkungen des Corporate Style erfüllt werden. Hierbei lassen sich diskurs-, sozial- und selbstbezogene Stilwirkungen unterscheiden, die jeweils im Hinblick auf die Unternehmensidentität interpretiert werden können und so zur Konstruktion der Unternehmensidentität beitragen. Das Modell wurde unter Berücksichtigung linguistisch-stilistischer und semiotischer Dimensionen in einen Analyserahmen in fünf bzw. sechs Schritten überführt.

Es konnte in Kapitel 9 am Beispiel der Webkommunikation des Getränkeherstellers Innocent Drinks gezeigt werden, dass dieser Analyserahmen tatsächlich ermöglicht, den Corporate Style eines Unternehmens in Bezug auf seine Typizität/Einzigartigkeit, integrierende Wirkung und als Referenz auf die Unternehmensidentität zu charakterisieren. Dabei wurde wiederum auf die Unterscheidung zwischen diskurs-, sozial- und selbstbezogenen Dimensionen der Identitätsdarstellung zurückgegriffen.

10.2 Schlussfolgerungen

Abschließend soll dargestellt werden, inwiefern im Verlauf der Arbeit die eingangs in Abschnitt 1.2 aufgeworfenen übergreifenden Fragen beantwortet werden konnten. Die Antworten auf die sich anschließenden Teilfragen wurden bereits in der vorhergehenden Zusammenfassung der Arbeit gegeben. Für weitere Details sei auf die Zusammenfassungen der einzelnen Kapitel verwiesen.

Als Ziel der Arbeit wurde die Entwicklung eines sprachwissenschaftlich fundierten Modells zum Zusammenhang von Sprachstil und Unternehmensidentität definiert. Dies sollte im Rahmen eines stiltheoretischen Zugangs geschehen. Mit der Entwicklung des semiotischen Modells zu den Zusammenhängen zwischen Stil und Identität und des damit zusammenhängenden Analyserahmens zum Corporate Style kann dieses Ziel als erreicht gelten. Es konnte gezeigt werden, unter welchen Bedingungen und Voraussetzungen ein Corporate Style entwickelt werden kann und welche Determinanten berücksichtigt werden müssen. Auch kann der Analyserahmen ein geeignetes Kontrollinstrument zur Überprüfung des Corporate Style in der Praxis sein. Defizite sind jedoch noch im Bereich der Umsetzung und Durchsetzung des Modells im Unternehmen zu verzeichnen, da Implementierungsschritte und -maßnahmen innerhalb der Arbeit nur am Rande thematisiert wurden. Die Beantwortung von implementierungsbezogenen Fragen erfordert jedoch separate Untersuchungen und war im Rahmen dieser Arbeit nicht vorgesehen. Insgesamt bildet das Corporate-Style-Modell jedoch eine ausreichende Grundlage für ein sprachwissenschaftlich fundiertes Modell zum Zusammenhang von Sprachstil und Unternehmensidentität und einen Startpunkt für weitere, implementierungsbezogene Untersuchungen.

Auch die Frage nach den grundsätzlichen Zusammenhängen zwischen Sprachstil und Unternehmensidentität wurde im Rahmen des Modells beantwortet. Dabei wurde die Beziehung zwischen Sprachstil und Unternehmensidentität als ein von den Kommunikanten jeweils aktualisiertes zeichenstrukturelles Verhältnis dargestellt, das zwischen Corporate Style als Zeichenmittel, dem damit verbundenen Identifikationsangebot als Zeichenbedeutung und der Unternehmensidentität als Zeichenobjekt bzw. Referenzobjekt hergestellt wird. Als grundlegende Funktionen des Corporate Style für die Unternehmensidentität wurden Konstruktion und Darstellung benannt, die jedoch nur mittelbar über die Zeichenbedeutung zwischen Unternehmensidentität und Corporate Style wirken können. Vereinfachend kann jedoch festgehalten werden, dass Corporate Style als symbolische Manifestation der Unternehmensidentität zunächst darstellende Funktion für die Unternehmensidentität hat. In einer Rückkopplung wirken die Manifestationen der Identität jedoch auch auf diese zurück und haben über die dabei aktivierten sozialen Bedeutungen auch konstruierende Funktion für die Identität. Dabei wird von einer auch außerhalb des Diskurses und außerhalb der Repräsentation durch Zeichenmittel vorhandenen Identität ausgegangen. Extremen konstruktivistischen Positionen, die die Existenz einer Identität lediglich im Diskurs verorten, kann somit nicht gefolgt werden.

Grundsätzlich ist auch danach gefragt worden, wie und unter welchen Bedingungen sich Unternehmensidentität in einem bestimmten Sprachstil manifestieren kann. Zur Beantwortung dieser Frage kann auf die Ergebnisse aus Kapitel 5 verwiesen werden. Insbesondere soziolinguistische und gesprächslinguistische Ansätze haben deutlich gemacht, dass Texte stets auch Verweise auf die Identität der Autoren bzw. des Senders sind. Verweise auf den Autor gehen ebenso als Äußerungsmodalität in einen Text ein wie Verweise auf den Rezipienten. Zudem sind Sprache stets sowohl inkludierende als auch exkludierende Momente zuzuschreiben. Auch die stilistische Gestaltung von Texten hat somit Auswirkungen auf die Verortung von Identität innerhalb sozialer Gefüge, da mittels der sozialen Bedeutung von Stil Zugehörigkeiten zu bestimmten Gruppen und Institutionen markiert werden können. Neben dieser sozialbezüglichen Komponente kann Stil auch selbstbezügliche Dimensionen haben, die mittels spezifischer, einzigartig eingesetzter sprachlicher Mittel markiert werden können. Auch die Wirkung diskursbezogener Stilverfahren wie Originalisieren und Durchführen kann auf die Identität bezogen werden, da die Anwendung dieser Verfahren als Demonstration stilistischer Kompetenz interpretiert werden kann.

Über die Bedingungen, unter denen sich Unternehmensidentität in einem Sprachstil manifestieren kann, ist damit bereits einiges gesagt. Es wurde im Einführungskapitel jedoch außerdem die Frage nach dem möglichen Geltungsbereich und damit nach den Grenzen eines Corporate Style gestellt. Diese Frage machte die Erörterung weiterer Determinanten eines Corporate Style relevant. Es wurde zwar insbesondere als Ergebnis der exemplarischen Analyse festgestellt, dass ein Corporate Style prinzipiell in allen Textsorten und Geltungsbereichen angewendet werden kann. Dies gilt auch für stark musterhafte und normierte Texte wie die Allgemeinen Geschäftsbedingungen oder Stellenanzeigen. Allerdings konnte gleichzeitig nachgewiesen werden, dass die Festlegung des Geltungsbereichs eine kommunikationsstrategische Frage darstellt, deren Beantwortung u.a. abhängig ist von der gewünschten Auffälligkeit des Corporate Style sowie von der Aufgeschlossenheit der Zielgruppen. Auch die Identitätsmerkmale des Unternehmens (z.B. Branchenzugehörigkeit, Produktpalette, Hierarchien), die relevanten Kommunikationsbereiche (z.B. Presse- und Öffentlichkeitsarbeit, technische Dokumentation) und Textsorten des Unternehmens (z.B. Geschäftsbericht, Stellenanzeigen) sowie historische, kulturelle und andere pragmatische Bedingungen spielen eine Rolle bei der Festlegung des Geltungsbereichs.

Bezüglich der konkreten Entwicklung eines Corporate Styles in einem bzw. für ein Unternehmen lassen sich aufgrund der Vielfalt der möglichen Ausprägungen von Unternehmensidentität und ihren stilistischen Ausdrucksmöglichkeiten kaum pauschale Ratschläge geben. Inwiefern bestimmte (verbale, nonverbale oder paraverbale) Originalisierungs- und Unikalisierungsstrategien im konkreten Falle zielführend sind, ist stets abhängig von der konkreten Unternehmensidentität, den Strategien der Konkurrenz und weiteren, im Verlauf der Arbeit ausführlich thematisierten pragmatischen Faktoren. Auch um dem Ziel der Einzigartigkeit möglichst nahe zu kommen, empfiehlt es sich, nicht auf Nachahmerstrategien zu setzen, sondern sich als Unternehmen grundlegend mit der eigenen Identität und ihrer semiotischen Symbolisierung auseinanderzusetzen.

10.3 Ausblick und Desiderata

Einige Fragen in Bezug auf Corporate Style mussten im Zuge dieser Arbeit ausgespart werden. Dass ein unternehmensspezifischer Sprachstil realisierbar ist, hat die vorliegende Arbeit ausreichend bewiesen. Ausgeklammert wurden jedoch Fragen nach der Textoptimierung und Textproduktion bzw. nach der konkreten Entwicklung, Umsetzung und Durchsetzung eines Corporate Style im Unternehmen. Zwar wurde ein umfassendes Modell zur Beschreibung eines Corporate Style entwickelt, das auch als Kontrollinstrument der Umsetzung im Unternehmen dienen kann. Auch wurden die bei der Entwicklung eines Corporate Style zu beachtenden Faktoren ausführlich dargestellt. Konkrete Aspekte der Implementierung wurden allerdings explizit ausgeklammert – zum einen, weil im Rahmen der vorliegenden Arbeit zuerst einmal ein adäquates Beschreibungsmodells entwickelt werden sollte, das bislang Desiderat war, und zum anderen, weil die Beurteilung entsprechender Implementierungsmaßnahmen der Durchführung zusätzlicher empirischer Untersuchungen bedurft hätte.

Ein zentrales Desiderat ist daher die Untersuchung, wie die in der vorliegenden Untersuchung gewonnenen Erkenntnisse tatsächlich in der Praxis nutzbar gemacht werden können. Auch fehlen empirische Untersuchungen zur Funktionalität der Implementierungsinstrumente. Erst auf Basis solcher empirischer Untersuchungen zu den Implementierungsmaßnahmen kann ein weiterer Ausbau des Modells um Implementierungsmaßnahmen und -instrumente geleistet werden.

Als mögliche Hilfsmittel zur Implementierung und Optimierung sind in der Praxis der Unternehmenskommunikation bereits verschiedene Instrumente gebräuchlich. Hierunter fallen insbesondere Stilrichtlinien und Sprachregelungen, die beispielsweise in „Corporate Manuals" niedergelegt werden, sowie Dokumentvorlagen und Textbausteine. Corporate Manuals und Style Sheets werden zwar bei Ebert (2005: 117) und Emmerling (2006a: 254) kritisiert, die Sprachwissenschaft hat sich mit diesen Instrumenten insgesamt jedoch noch nicht ausreichend beschäftigt. So fehlen etwa empirische Untersuchungen zu ihrem Nutzen in Unternehmen.

Zur Durchsetzung und Implementierung eines Corporate Style sollten nicht nur Hilfsmittel zur Normenfestlegung betrachtet werden, sondern auch Hilfsmittel zur Textproduktion und damit zur Normenumsetzung. Hinweise aus der Sprachwissenschaft können daher aus Arbeiten zu Sprachratgebern (siehe Abschnitt 7.2), zu Sprachkompetenzen (z.B. Janich 2004; Efing 2006), zum Transfer linguistischer Erkenntnisse (z.B. Janich 2005a; Roelcke 2005) und zur beruflichen Textproduktion (z.B. Bosserhoff 2005; Jakobs 2005 und 2006) erwachsen. Auch Untersuchungen zur maschinellen, computerunterstützten Textproduktion (z.B. Rothkegel 1989) und zu Stilsoftware (z.B. Ufert 1995) können wichtige Anhaltspunkte liefern. Zur Bewertung von Implementierungshilfen können auch die Ausführungen von Ebert (2005) einbezogen werden.

Weitere Desiderate ergeben sich auch für die verschiedenen linguistischen Teilbereiche, die im Verlauf der Arbeit relevant wurden. So erscheint im Rahmen der ‚Laienlinguistik' eine umfassende Untersuchung zu Sprachratgebern in der Unternehmenskommunikation wünschenswert. Dies ist eine domänenspezifische Subtextsorte von Sprachratgebern, die bisher noch nicht ausreichend beachtet wurde. Die Untersuchung der Ratgeber von Förster und Reins in Bezug auf ihre Stilauffassungen (Kapitel 7) sowie die exemplarische Darstellung zum Stellenwert von Sprache und Sprachstil in den Werken zur Unternehmenskommunikation (Unterabschnitt 2.3.1) können jedoch als erste Nachweise dafür gelten, dass eine ausführliche Untersuchung in diesem Bereich durchaus zu relevanten Ergebnissen führen kann. Wünschenswert ist auch eine diachron orientierte Ar-

10.3 Ausblick und Desiderata

beit zur Entwicklung der Ratgeberliteratur zur Sprache in der Unternehmenskommunikation.

Eine weitere offene Frage, die ebenfalls in den Bereich der Linguistik fällt, ist die Frage nach der Übertragbarkeit eines Corporate Style in andere Sprachen. Die Frage nach der Übersetzbarkeit von Stilen stellt jedoch eine grundlegende Frage der Übersetzungstheorie dar, die noch nicht abschließend geklärt wurde. Damit verbundene Aspekte wurden daher sowohl in der Modellierung als auch in der Analyse zum Corporate Style weitgehend ausgespart, da dies zusätzliche Komplexität bedeutet hätte und zunächst die grundlegenden Zusammenhänge zwischen (Sprach-)Stil und (Unternehmens-)Identität dargestellt werden sollten. Gleichwohl ist die Frage nach der Übertragbarkeit des Corporate Style in andere Sprachen für die internationale, globalisierte Kommunikation von Unternehmen von großer Bedeutung und verdient weitere Aufmerksamkeit. Einige Hinweise diesbezüglich können beispielsweise aus der Arbeit von Emmerling (2007) entnommen werden.

Insgesamt können die Stil- und Identitätsauffassungen der Unternehmenskommunikation und die Modellierung ihrer Zusammenhänge als ein weiterhin fruchtbares Forschungsfeld charakterisiert werden.

Literatur

A. Primärliteratur

An dieser Stelle werden lediglich die in Kapitel 9 untersuchten Internetseiten von Innocent Drinks aufgeführt. Auf die in Klammern angegebenen Siglen wird im Text referiert. Die ebenfalls untersuchten Verpackungstexte werden mit Siglen in der Korpustabelle in Anhang 2 aufgeführt.

Innocent Drinks (A01): Innocent Drinks - Kleine feine Smoothies [Homepage]. Online verfügbar unter http://www.innocentdrinks.de, zuletzt geprüft am 10.05.2010.
Innocent Drinks (A02): Innocent Drinks – Drinks. Online verfügbar unter http://www.innocentdrinks.de/drinks, zuletzt geprüft am 10.05.2010.
Innocent Drinks (A03): Smoothies. Online verfügbar unter http://www.innocentdrinks.de/drinks/smoothies.php, zuletzt geprüft am 10.05.2010.
Innocent Drinks (A04): Kiwi, Apfel & Limette. Online verfügbar unter http://www.innocentdrinks.de/drinks/kiwi_apfel_limette.php, zuletzt geprüft am 10.05.2010.
Innocent Drinks (A05): Brombeere, Erdbeere & Boysenbeere. Online verfügbar unter http://www.innocentdrinks.de/drinks/brombeere_erdbeere_boysenbeere.php, zuletzt geprüft am 10.05.2010.
Innocent Drinks (A06): Erdbeere & Banane. Online verfügbar unter http://www.innocentdrinks.de/drinks/erdbeere_banane.php, zuletzt geprüft am 10.05.2010.
Innocent Drinks (A07): Kirsche, Apfel & Cranberry. Online verfügbar unter http://www.innocentdrinks.de/drinks/kirsche_apfel_cranberry.php, zuletzt geprüft am 10.05.2010.
Innocent Drinks (A08): Mango & Maracuja. Online verfügbar unter http://www.innocentdrinks.de/drinks/mango_maracuja.php, zuletzt geprüft am 10.05.2010.
Innocent Drinks (A09): Orange, Karotte & Mango. Online verfügbar unter http://www.innocentdrinks.de/drinks/orange_karotte_mango.php, zuletzt geprüft am 10.05.2010.
Innocent Drinks (A10): Kinder-Smoothies. Online verfügbar unter http://www.innocentdrinks.de/drinks/kindersmoothies.php, zuletzt geprüft am 10.05.2010.
Innocent Drinks (A11): Erdbeere, Brombeere & Himbeere. Online verfügbar unter http://www.innocentdrinks.de/drinks/ks_erdbeere-brombeere-himbeere.php, zuletzt geprüft am 10.05.2010.
Innocent Drinks (A12): Orange, Mango & Ananas. Online verfügbar unter http://www.innocentdrinks.de/drinks/ks_orange-mango-ananas.php, zuletzt geprüft am 10.05.2010.

Innocent Drinks (A13): Nährwerte unserer Smoothies. Online verfügbar unter http://www.innocentdrinks.de/drinks/naehrwerte_unserer_smoothies.php, zuletzt geprüft am 10.05.2010.
Innocent Drinks (A14): 5 am Tag. Online verfügbar unter http://www.innocentdrinks.de/drinks/5_am_tag.php, zuletzt geprüft am 10.05.2010.
Innocent Drinks (A15): Gute Kalorien. Online verfügbar unter http://www.innocentdrinks.de/drinks/gute_kalorien.php, zuletzt geprüft am 10.05.2010.
Innocent Drinks (A16): Ballaststoffe. Online verfügbar unter http://www.innocentdrinks.de/drinks/ballaststoffe.php, zuletzt geprüft am 10.05.2010.
Innocent Drinks (A17): Zucker. Online verfügbar unter http://www.innocentdrinks.de/drinks/zucker.php, zuletzt geprüft am 10.05.2010.
Innocent Drinks (A18): Pass auf Deinen Smoothie auf. Online verfügbar unter http://www.innocentdrinks.de/drinks/pass_auf_deinen_smoothie_auf.php, zuletzt geprüft am 10.05.2010.
Innocent Drinks (A19): Halt sie kalt. Online verfügbar unter http://www.innocentdrinks.de/drinks/halt_sie_kalt.php, zuletzt geprüft am 10.05.2010.
Innocent Drinks (A20): Das konzentrierte Böse. Online verfügbar unter http://www.innocentdrinks.de/drinks/das_konzentrierte_boese.php, zuletzt geprüft am 10.05.2010.
Innocent Drinks (A21): Über uns. Online verfügbar unter http://www.innocentdrinks.de/ueberuns, zuletzt geprüft am 10.05.2010.
Innocent Drinks (A22): Unsere Geschichte. Online verfügbar unter http://www.innocentdrinks.de/ueberuns/unsere_geschichte.php, zuletzt geprüft am 10.05.2010.
Innocent Drinks (A23): Unsere Werte. Online verfügbar unter http://www.innocentdrinks.de/ueberuns/unsere_werte.php, zuletzt geprüft am 10.05.2010.
Innocent Drinks (A24): 100% natürliche Getränke. Online verfügbar unter http://www.innocentdrinks.de/ueberuns/werte_100prozentnatuerlichegetraenke.php, zuletzt geprüft am 10.05.2010.
Innocent Drinks (A25): Zutaten mit Anstand. Online verfügbar unter http://www.innocentdrinks.de/ueberuns/werte_zutatenmitanstand.php, zuletzt geprüft am 10.05.2010.
Innocent Drinks (A26): Zutaten mit Anstand. Rainforest Alliance. Online verfügbar unter http://www.innocentdrinks.de/ueberuns/werte_rainforestalliance.php, zuletzt geprüft am 10.05.2010.
Innocent Drinks (A27): Nachhaltige Verpackungen. Online verfügbar unter http://www.innocentdrinks.de/ueberuns/werte_nachhaltigeverpackungen.php, zuletzt geprüft am 10.05.2010.
Innocent Drinks (A28): Nachhaltige Verpackung. 100% recycelte Flasche. Online verfügbar unter http://www.innocentdrinks.de/ueberuns/werte_100prozentrecycelteflasche.php, zuletzt geprüft am 10.05.2010.
Innocent Drinks (A29): Ressourcen schonen. Es gibt nur eine Erde. Online verfügbar unter http://www.innocentdrinks.de/ueberuns/werte_ressourcenschonendeshandeln.php, zuletzt geprüft am 10.05.2010.
Innocent Drinks (A30): Ressourcen schonen. Unser CO_2-Fußabdruck. Online verfügbar unter http://www.innocentdrinks.de/ueberuns/co2_unserco2fussabdruck.php, zuletzt geprüft am 10.05.2010.
Innocent Drinks (A31): Ressourcen schonen. Unser [sic] CO_2-Initiativen. Online verfügbar unter http://www.innocentdrinks.de/ueberuns/co2_unsereco2initiativen.php, zuletzt geprüft am 10.05.2010.
Innocent Drinks (A32): Ressourcen schonen. Wie viel CO_2 ist erlaubt? Online verfügbar unter http://www.innocentdrinks.de/ueberuns/co2_wievielco2isterlaubt.php, zuletzt geprüft am 10.05.2010.

Literatur

Innocent Drinks (A33): Gewinne teilen. Online verfügbar unter http://www.innocentdrinks.de/ueberuns/werte_gewinneteilen.php, zuletzt geprüft am 10.05.2010.

Innocent Drinks (A34): Unsere Autos. Online verfügbar unter http://www.innocentdrinks.de/ueberuns/unsere_autos.php, zuletzt geprüft am 10.05.2010.

Innocent Drinks (A35): Kontaktiere uns. Online verfügbar unter http://www.innocentdrinks.de/ueberuns/kontaktiere_uns.php, zuletzt geprüft am 10.05.2010.

Innocent Drinks (A36): Gegen das Vergessen. Online verfügbar unter http://www.innocentdrinks.de/ueberuns/gegendasvergessen.php, zuletzt geprüft am 10.05.2010.

Innocent Drinks (A37): Blog. Online verfügbar unter http://innocent.typepad.com, zuletzt geprüft am 10.05.2010.

Innocent Drinks (A38): Familie. Online verfügbar unter http://www.innocentdrinks.de/familie, zuletzt geprüft am 10.05.2010.

Innocent Drinks (A39): Kaufen? Online verfügbar unter http://www.innocentdrinks.de/kaufen, zuletzt geprüft am 10.05.2010.

Innocent Drinks (A40): Verkaufen? Online verfügbar unter http://www.innocentdrinks.de/verkaufen/index.php, zuletzt geprüft am 10.05.2010.

Innocent Drinks (A41): Presse. Online verfügbar unter http://www.innocentdrinks.de/presse, zuletzt geprüft am 10.05.2010.

Innocent Drinks (A42): Pressebereich. Lass Dir Zeit. Online verfügbar unter http://www.innocentdrinks.de/presse/stoebern.php, zuletzt geprüft am 10.05.2010.

Innocent Drinks (A43): Bilder. Online verfügbar unter http://www.innocentdrinks.de/presse/bilder.php, zuletzt geprüft am 10.05.2010.

Innocent Drinks (A44): Spickzettel. Online verfügbar unter http://www.innocentdrinks.de/presse/spickzettel.php, zuletzt geprüft am 10.05.2010.

Innocent Drinks (A45): Auszeichnungen. Online verfügbar unter http://www.innocentdrinks.de/presse/auszeichnungen.php, zuletzt geprüft am 10.05.2010.

Innocent Drinks (A46): Von Cupcakes bis zum Soufflé – mit innocent Smoothies tolle Desserts kreieren. 15.02.2010. Online verfügbar unter http://www.innocentdrinks.de/presse/download/100215_PA-Rezepte.pdf, zuletzt geprüft am 10.05.2010.

Innocent Drinks (A47): Obst zum Trinken: innocent mit neuem tropischem Kinder-Smoothie „Orange, Mango & Ananas". 09.02.2010. Online verfügbar unter http://www.innocentdrinks.de/presse/download/100209_PM_innocent_KOM_PP.pdf, zuletzt geprüft am 10.05.2010.

Innocent Drinks (A48): innocent setzt im Frühjahr auf grün. Neuer Smoothie Kiwi, Apfel & Limette mit erfrischendem Geschmack. 09.02.2010. Online verfügbar unter http://www.innocentdrinks.de/presse/download/100209_PM_innocent_AKL_PP.pdf, zuletzt geprüft am 10.05.2010.

Innocent Drinks (A49): innocent erobert Hamburger Miniatur Wunderland. Ikonisches Gras-Auto von Europas führendem Smoothie-Hersteller wird Teil der weltgrößten Modelleisenbahn. 02.02.2010. Online verfügbar unter http://www.innocentdrinks.de/presse/download/100202_PM_innocent_MiWuLa.pdf, zuletzt geprüft am 10.05.2010.

Innocent Drinks (A50): Hallo, ich bin Dein guter Vorsatz für 2010. Smoothie-Hersteller innocent hilft mit zahlreichen Aktionen beim Einhalten der Neujahrsvorsätze. 10.12.2009. Online verfügbar unter http://www.innocentdrinks.de/presse/download/091210_PM_innocent_ Starthilfe.pdf, zuletzt geprüft am 10.05.2010.

Innocent Drinks (A51): innocent mit LifeCare Food Award für verantwortungsvolle Unternehmensführung ausgezeichnet. 23.09.2009. Online verfügbar unter http://www.innocentdrinks.de/presse/download/090923_PM_LifeCareFoodAward.pdf, zuletzt geprüft am 10.05.2010.

Innocent Drinks (A52): Perfekt für jeden Geschmack: zwei neue innocent smoothies. 03.09.2009. Online verfügbar unter http://www.innocentdrinks.de/presse/download/ 090903_PM_Herbstprodukte.pdf, zuletzt geprüft am 10.05.2010.
Innocent Drinks (A53): innocent smoothie „Brombeere, Himbeere & Boysenbeere" gewinnt ZDF WISO-Test . 20.07.2009. Online verfügbar unter http://www.innocentdrinks.de/presse/download/090720_innocent_PM_WISO-Gewinn.pdf, zuletzt geprüft am 10.05.2010.
Innocent Drinks (A54): Wer wir sind und was wir machen. Online verfügbar unter http://www.innocentdrinks.de/presse/download/0410_innocent_Basispressetext_DE.pdf, zuletzt geprüft am 03.06.2010.
Innocent Drinks (A55): Fakten, Fakten, Fakten. Online verfügbar unter http://www.innocentdrinks.de/presse/download/0410_innocent_fakten_DE.pdf, zuletzt geprüft am 03.06.2010.
Innocent Drinks (A56): Nachhaltigkeit liegt uns am Herzen. Online verfügbar unter http://www.innocentdrinks.de/presse/download/0410_innocent_nachhaltigkeit_DE.pdf, zuletzt geprüft am 03.06.2010.
Innocent Drinks (A57): Arbeiten mit den Besten. Online verfügbar unter http://www.innocentdrinks.de/jobs, zuletzt geprüft am 10.05.2010.
Innocent Drinks (A58): current opportunities. how to apply. Online verfügbar unter http://www.innocentdrinks.co.uk/careers/opportunities/apply, zuletzt geprüft am 10.05.2010.
Innocent Drinks (A59): Kontaktiere uns. Online verfügbar unter http://www.innocentdrinks.de/ueberuns/kontaktiere_uns.php, zuletzt geprüft am 03.11.2010.
Innocent Drinks (A60): Unsere Werte. Online verfügbar unter http://www.innocentdrinks.de/ueberuns/unsere_werte.php, zuletzt geprüft am 03.11.2010.
Innocent Drinks (A61): Unser Team – Wir. Online verfügbar unter http://www.innocentdrinks.de/ueber_uns/team_wir.php, zuletzt geprüft am 28.07.2011.
Innocent Drinks (A62): Unsere Werte. Online verfügbar unter http://www.innocentdrinks.de/ueber_uns/werte_start.php, zuletzt geprüft am 28.07.2011.
Ehrlich trinken (G01): Ehrliches Bambi. Online verfügbar unter http://www.ehrlichtrinken.de/smoothies/klassiker/das-bambi.html, zuletzt geprüft am 10.08.2011.

B. Sekundärliteratur

Abels, Heinz (2007): Interaktion, Identität, Präsentation. Kleine Einführung in interpretative Theorien der Soziologie. 4. Aufl. Wiesbaden.
Abraham, Ulf (2009): Stil als ganzheitliche Kategorie: Gestalthaftigkeit. In: Fix, Ulla; Gardt, Andreas; Knape, Joachim (Hrsg.), S. 1348–1367.
Adamzik, Kirsten (2001a): Die Zukunft der Text(sorten)linguistik. Textsortennetze, Textsortenfelder, Textsorten im Verbund. In: Fix, Ulla; Habscheid, Stephan; Klein, Josef (Hrsg.), S. 15–30.
Adamzik, Kirsten (2001b): Kontrastive Textologie. Untersuchungen zur deutschen und französischen Sprach- und Literaturwissenschaft. Mit Beiträgen von Roger Gaberell und Gottfried Kolde. Tübingen (Textsorten 2).
Adamzik, Kirsten (2004): Textlinguistik. Eine einführende Darstellung. Tübingen (Germanistische Arbeitshefte 40).
Adorno, Theodor W. (1994): Negative Dialektik. 8. Aufl. Frankfurt am Main (Suhrkamp-Taschenbuch Wissenschaft 113).
Albert, Georg (2008): Die Konstruktion des Subjekts in Philosophie und Diskurslinguistik. In: Warnke, Ingo H.; Spitzmüller, Jürgen (Hrsg.), S. 151–182.
Antonoff, Roman (1993): Corporate Identity als Beruf. In: Bungarten, Theo (Hrsg.), S. 12–23.

Literatur

Antos, Gerd (1995): Warum gibt es normative Stilistiken? Sprachtheoretische Überlegungen zu einem scheinbar trivialen Phänomen. In: Stickel, Gerhard (Hrsg.): Stilfragen. Jahrbuch 1994 des IdS. Berlin u.a., S. 355–377.
Antos, Gerd (1996): Laien-Linguistik. Studien zu Sprach- und Kommunikationsproblemen im Alltag. Am Beispiel von Sprachratgebern und Kommunikationstrainings. Tübingen (Reihe germanistische Linguistik 146).
Antos, Gerd (1999): Struktur- und Funktionswandel in der alltagsweltlichen Sprachreflexion. In: Döring, Brigitte; Feine, Angelika; Schellenberg, Wilhelm (Hrsg.), S. 11–25.
Antos, Gerd (2000): Gesprächsanalyse und Ratgeberliteratur. In: Brinker, Klaus (Hrsg.), S. 1716–1725.
Antos, Gerd (2001): Sprachdesign als Stil? Lifting oder: Sie werden die Welt mit anderen Augen sehen. In: Jakobs, Eva-Maria; Rothkegel, Annely (Hrsg.), S. 55–75.
Antos, Gerd; Tietz, Heike (Hrsg.) (1997): Die Zukunft der Textlinguistik. Traditionen, Transformationen, Trends. Tübingen (Reihe germanistische Linguistik 188).
Antos, Gerd; Weber, Tilo (Hrsg.) (2005): Transferqualität. Bedingungen und Voraussetzungen für Effektivität, Effizienz, Erfolg des Wissenstransfers. Frankfurt am Main, Berlin, Bern u.a. (Transferwissenschaften 4).
Asmuth, Bernhard (1991): Stilprinzipien, alte und neue. Entstehung der Stilistik aus der Rhetorik. In: Neuland, Eva; Bleckwenn, Helga (Hrsg.), S. 23–38.
Auer, Peter (2007a): Chapter 1: Introduction. In: Auer, Peter (Hrsg.), S. 1–24.
Auer, Peter (Hrsg.) (2007b): Style and social identities. Alternative approaches to linguistic heterogeneity. Berlin, New York (Language power and social process 18).
Avenarius, Horst (2000): Public Relations. Die Grundform der gesellschaftlichen Kommunikation. 2., überarb. Aufl. Darmstadt: Wiss. Buchges.
Backhus, Michaela (2000): Public Relations als ein Bestandteil der Unternehmenskommunikation im Globalisierungsprozeß. Leipzig (Leipziger Arbeiten zur Fachsprachenforschung 11).
Barz, Irmhild; Lerchner, Gotthard; Schröder, Marianne (Hrsg.) (2003): Sprachstil – Zugänge und Anwendungen. Ulla Fix zum 60. Geburtstag. Heidelberg.
Beaugrande, Robert; Dressler, Wolfgang U. (1981): Einführung in die Textlinguistik. Tübingen (Konzepte der Sprach- und Literaturwissenschaft 28).
Beer, Alexander (1996): Corporate communication and corporate language. Illustrated by the example of Walt Disney World. Wien (Forschungsergebnisse der Wirtschaftsuniversität Wien).
Beier-Middelschulte, Amelie (2004): Finanzkommunikation junger Emittenten. Reaktionen der Wirtschaftspresse auf Presse- und Ad-hoc-Mitteilungen. Wiesbaden (Gabler Edition Wissenschaft 13).
Bell, Allan (2001): Back in style: reworking audience design. In: Eckert, Penelope; Rickford, John R. (Hrsg.), S. 139–169.
Bendel, Sylvia (2007): Sprachliche Individualität in der Institution. Telefongespräche in der Bank und ihre individuelle Gestaltung. Tübingen u.a.
Bense, Max; Walther, Elisabeth (Hrsg.) (1973): Wörterbuch der Semiotik. Köln.
Bensmann, Burkhard (1993): Identitätskonzepte in Unternehmen und Verwaltungen. In: Bungarten, Theo (Hrsg.), S. 24–38.
Bextermöller, Matthias (2001): Empirisch-linguistische Analyse des Geschäftsberichts. Paderborn.
Bextermöller, Matthias (2006): Über das Geschäft schreiben. Mit Ausdruckskraft zu überzeugenden Geschäftsberichten. Paderborn.
Biere, Bernd Ulrich (1994): Strategien der Selbstdarstellung. In: Bungarten, Theo (Hrsg.) (1994b), S. 9–26.
Birkigt, Klaus; Stadler, Marinus M. (2002): Corporate Identity-Grundlagen. In: Birkigt, Klaus; Stadler, Marinus M.; Funck, Hans Joachim (Hrsg.), S. 13–61.
Birkigt, Klaus; Stadler, Marinus M.; Funck, Hans Joachim (Hrsg.) (2002): Corporate Identity. Grundlagen, Funktionen, Fallbeispiele. 11., überarb. und aktualisierte Aufl. München.

Blühdorn, Hardarik (2006): Textverstehen und Intertextualität. In: Blühdorn, Hardarik; Breindl, Eva; Waßner, Ulrich H. (Hrsg.), S. 277–298.
Blühdorn, Hardarik; Breindl, Eva; Waßner, Ulrich H. (Hrsg.) (2006): Text – Verstehen. Grammatik und darüber hinaus. Berlin u.a.
Boenigk, Michael (Hrsg.) (2006): Innovative Wirtschaftskommunikation. Interdisziplinäre Problemlösungen für die Wirtschaft. Unter Mitarbeit von David Krieger, Andréa Belliger und Christoph Hug. Wiesbaden.
Boenigk, Michael (2008): Modelle der Integrierten Kommunikation. In: Siems, Florian U.; Brandstätter Manfred; Gölzner, Herbert (Hrsg.), S. 281–298.
Bolten, Jürgen (2000a): Sharan, Galaxy oder Alhambra: „Kommunikation" und „Kultur" als Differenzierungsmerkmale im internationalen Wettbewerb. Zu systematisch-methodischen Aspekten der kommunikationswissenschaftlichen Deskription und der kulturwissenschaftlichen Analyse am Beispiel von marketingorientierten Textsorten der US-amerikanischen, britischen, deutschen und französischen Automobilindustrie. In: Bolten, Jürgen (Hrsg.), S. 82–107.
Bolten, Jürgen (Hrsg.) (2000b): Studien zur internationalen Unternehmenskommunikation. Mit Häufigkeitslisten des deutschen Unternehmenswortschatzes. Waldsteinberg.
Bolten, Jürgen (2000c): Von der Terminologielehre zur Interkulturellen Wirtschaftskommunikation. In: Bolten, Jürgen (Hrsg.), S. 7–19.
Bolten, Jürgen (2003): Kultur und kommunikativer Stil. In: Germanistische Linguistik 169-170, S. 103–121.
Bolten, Jürgen; Dathe, Marion; Kirchmeyer, Susanne; Roennau, Marc; Witchalls, Peter; Ziebell-Drabo, Sabine (1996): Interkulturalität, Interlingualität und Standardisierung bei der Öffentlichkeitsarbeit von Unternehmen. Gezeigt an amerikanischen, britischen, deutschen, französischen und russischen Geschäftsberichten. In: Kalverkämper, Hartwig (Hrsg.): Fachliche Textsorten. Komponenten – Relationen – Strategien. Tübingen (Forum für Fachsprachen-Forschung 25), S. 389–425.
Bosserhoff, Ria (2005): Schreiben in der B2B-Kommunikation – über Kunden, Zielgruppen und Bewertungskriterien. Vorgehensweisen in der Schreibpraxis einer Werbeagentur. In: Jakobs, Eva-Maria; Lehnen, Katrin; Schindler, Kirsten (Hrsg.), S. 93–108.
Böttger, Claudia; Probst, Julia (2001): Adressatenorientierung in englischen und deutschen Texten. Hamburg: Sonderforschungsbereich 538 (Arbeiten zur Mehrsprachigkeit B 23).
Brandt, Wolfgang (1973): Die Sprache der Wirtschaftswerbung. Ein operationelles Modell zur Analyse und Interpretation von Werbungen im Deutschunterricht. In: Germanistische Linguistik 4, Heft 1-2, S. 117–125.
Bremerich-Vos, Albert (1991): Populäre rhetorische Ratgeber. Historisch-systematische Untersuchungen. Tübingen (Reihe germanistische Linguistik 112).
Bremerich-Vos, Albert (2000): Der Einfluss der Textlinguistik auf die Ratgeberliteratur. In: Brinker, Klaus (Hrsg.), S. 877–884.
Brinker, Klaus (Hg.) (2000): Text- und Gesprächslinguistik. Linguistics of text and conversation. Ein internationales Handbuch zeitgenössischer Forschung. 1. Halbband. Berlin, New York (Handbücher zur Sprach- und Kommunikationswissenschaft 16).
Brinker, Klaus (2010): Linguistische Textanalyse. Eine Einführung in Grundbegriffe und Methoden. 7., durchges. Aufl. Berlin (Grundlagen der Germanistik 29).
Brudler, Wolfgang (1993): Sprachliche Komponenten von Corporate Identity-Prozessen. In: Bungarten, Theo (Hrsg.), S. 97–107.
Bruhn, Manfred (2005): Unternehmens- und Marketingkommunikation. Handbuch für ein integriertes Kommunikationsmanagement. München.
Bruhn, Manfred (2009): Integrierte Unternehmens- und Markenkommunikation. Strategische Planung und operative Umsetzung. 5., überarb. und erw. Aufl. Stuttgart: Schäffer-Poeschel.
Brünner, Gisela (1994): „Würden Sie von diesem Mann einen Gebrauchtwagen kaufen?". Interaktive Anforderungen und Selbstdarstellung in Verkaufsgesprächen. In: Brünner, Gisela; Graefen, Gabriele; Rehbein, Jochen; et al. (Hrsg.): Texte und Diskurse. Methoden und Forschungsergebnisse der funktionalen Pragmatik. Opladen, S. 328–350.

Literatur

Brünner, Gisela (2000): Wirtschaftskommunikation. Linguistische Analyse ihrer mündlichen Formen. Tübingen (Reihe germanistische Linguistik 213).
Bucher, Hans-Jürgen (2000): Formulieren oder Visualisieren? Multimodalität in der Medienkommunikation. In: Richter, Gerd; Riecke, Jörg; Schuster, Britt (Hrsg.), S. 661–691.
Bungarten, Theo (1993a): Der Beitrag der Sprache zur Unternehmensidentität. Anstatt eines Vorworts. In: Bungarten, Theo (Hrsg.), S. 7–11.
Bungarten, Theo (1993b): Quo vadis CI? Tendenzen und Entwicklungen der Corporate Identity-Diskussion in Wissenschaft und Wirtschaft. In: Bungarten, Theo (Hrsg.), S. 108–122.
Bungarten, Theo (Hrsg.) (1993c): Unternehmensidentität – Corporate Identity. Betriebswirtschaftliche und kommunikationswissenschaftliche Theorie und Praxis. Tostedt (Beiträge zur Wirtschaftskommunikation 5).
Bungarten, Theo (1994a): Die Sprache in der Unternehmenskommunikation. In: Bungarten, Theo (Hrsg.) (1994c), S. 29–42.
Bungarten, Theo (Hrsg.) (1994b): Selbstdarstellung und Öffentlichkeitsarbeit, Eigenbild und Fremdbild von Unternehmen. Tostedt (Beiträge zur Wirtschaftskommunikation 10).
Bungarten, Theo (Hrsg.) (1994c): Unternehmenskommunikation. Linguistische Analysen und Beschreibungen. Tostedt (Beiträge zur Wirtschaftskommunikation 4).
Bungarten, Theo (Hrsg.) (1997): Aspekte der Unternehmungskultur und Unternehmensidentität in der historischen Wirtschaftslinguistik. Tostedt (Beiträge zur Wirtschaftskommunikation 1).
Bungarten, Theo (2005): Die Schwierigkeiten der Betriebswirtschaftslehre mit Identität und Kultur. In: Janich, Nina (Hrsg.), S. 235–239.
Bunkus, Andreas (1994): Kulturspezifisches Kommunikationsverhalten von Unternehmen als Ausdruck kulturbedingter Identität. In: Bungarten, Theo (Hrsg.): Unternehmenskultur als Herausforderung für Gesellschaft und Unternehmen. Tostedt (Beiträge zur Wirtschaftskommunikation 8), S. 51–66.
Buß, Miriam (2006): Unternehmenssprache. Kommunikation und Information in internationalen Unternehmen. Saarbrücken.
Christensen, Lars Thøger; Cheney, George (2000): Self-absorption and self-seduction in the corporate identity game. In: Schultz, Majken (Hrsg.), S. 246–270.
Christensen, Lars Thøger; Morsing, Mette (2005): Bag om corporate communication. Frederiksberg.
Coupland, Nikolas (2001): Language, situation, and the relational self: theorizing dialect-style in sociolinguistics. In: Eckert, Penelope; Rickford, John R. (Hrsg.), S. 185–210.
Coupland, Nikolas (2007): Style. Language variation and identity. Cambridge u.a.
Crijns, Rogier; Dörner, Nina; Lang, Philip (2003): Selbstbildschemata in der innerbetrieblichen E-Mail. Konzept zur Bestimmung digitaler Kooperationseffizienz. In: Nielsen, Martin (Hrsg.), S. 135–150.
Crijns, Rogier; Thalheim, Janine (Hrsg.) (2006): Kooperation und Effizienz in der Unternehmenskommunikation. Inner- und außerbetriebliche Kommunikationsaspekte zur Corporate Identity und Interkulturalität. Wiesbaden. (Europäische Kulturen in der Wirtschaftskommunikation 8).
Dahrendorf, Ralf (1964): Homo sociologicus. Ein Versuch zur Geschichte, Bedeutung und Kritik der Kategorie der sozialen Rolle. 4., erw. Aufl. Köln, Opladen.
Debus, Friedhelm (2003): Identitätsstiftende Funktion von Personennamen. In: Janich, Nina; Thim-Mabrey, Christiane (Hrsg.), S. 77–90.
Derieth, Anke (1995): Unternehmenskommunikation. Eine theoretische und empirische Analyse zur Kommunikationsqualität von Wirtschaftsorganisationen. Opladen (Studien zur Kommunikationswissenschaft 5).
Diatlova, Irina (2003): Unternehmenstexte. Textsorten, Textcluster, topische Muster. Frankfurt am Main u.a. (Europäische Hochschulschriften I 1850).
Ditlevsen, Marianne Grove (2006): Aspekte der integrierten Unternehmenskommunikation – Begriff, Auswirkung, Messung. In: Crijns, Rogier; Thalheim, Janine (Hrsg.), S. 15–29.

Dittgen, Andrea Maria (1989): Regeln für Abweichungen. Funktionale sprachspielerische Abweichungen in Zeitungsüberschriften, Werbeschlagzeilen, Werbeslogans, Wandsprüchen und Titeln. Frankfurt am Main u.a. (Europäische Hochschulschriften 1160).

Dittmar, Norbert (1995): Theories of sociolinguistic variation in the german context. The German language and the real word. In: Stevenson, Patrick (Hrsg.): The German language and the real world. Sociolinguistics cultural and pragmatic perspectives on contemporary German. Oxford.

Döring, Brigitte; Feine, Angelika; Schellenberg, Wilhelm (Hrsg.) (1999): Über Sprachhandeln im Spannungsfeld von Reflektieren und Benennen. Frankfurt am Main u.a. (Sprache 28).

Dubiel, Helmut (1973): Identität und Institution. Studien über moderne Sozialphilosophien. Düsseldorf: Bertelsmann Universitätsverl. (Konzepte Sozialwissenschaft 9).

Dukerich, Janet M.; Carter, Suzanne M. (2000): Distorted images and reputation repair. In: Schultz, Majken (Hrsg.), S. 97–112.

Ebert, Helmut (1997): Textfunktionen und Textstrukturen von Führungs- und Unternehmensgrundsätzen der Gegenwart. Frankfurt am Main (Linguistische Studien zu unternehmenspolitischen Texten 1).

Ebert, Helmut (2005): Schreiben in der Verwaltung. Konzeptskizze für ein Theorie- und Praxishandbuch. In: Jakobs, Eva-Maria; Lehnen, Katrin; Schindler, Kirsten (Hrsg.), S. 109–126.

Ebert, Helmut (2006): Handbuch Bürgerkommunikation. Moderne Schreibkultur in der Verwaltung – der Arnsberger Weg. Berlin, Münster (Medienpraxis 8).

Ebert, Helmut; Piwinger, Manfred (2003): ‚Sie als Aktionär können sich freuen'. Sprachstil und Imagearbeit in Aktionärsbriefen. In: Muttersprache 113, Heft 1, S. 23–35.

Eckert, Penelope; Rickford, John R. (Hrsg.) (2001): Style and sociolinguistic variation. Cambridge.

Eco, Umberto (1991): Semiotik. Entwurf einer Theorie der Zeichen. 2., korrigierte Aufl. München (Supplemente 5).

Eco, Umberto (1994): Einführung in die Semiotik. Autorisierte dt. Ausg., 8., unveränd. Aufl. München (UTB 105).

Efing, Christian (Hrsg.) (2006): Förderung der berufsbezogenen Sprachkompetenz. Befunde und Perspektiven. Paderborn.

Emmerling, Tanja (2006a): Probleme der textuellen Darstellung von Unternehmensidentität auf Unternehmenswebsites. In: Crijns, Rogier; Thalheim, Janine (Hrsg.), S. 245–258.

Emmerling, Tanja (2006b): Unternehmensprofile auf Websites - heterogene Sender und Botschaften. In: Boenigk, Michael (Hrsg.), S. 227–242.

Emmerling, Tanja (2007): Corporate Identity und ihre länderspezifischen Realisierungen. Am Beispiel der italienisch-, portugiesisch- und spanischsprachigen Websites von Aventis. Wiesbaden.

Emmerling, Tanja (2008): Selbstdarstellung auf Unternehmenswebsites – im Spannungsfeld zwischen sprachlicher Differenzierung und unternehmensspezifischem Standard. In: Niemeier, Susanne; Diekmannshenke, Hajo (Hrsg.), S. 277–292.

Eroms, Hans-Werner (1986): Textlinguistik und Stiltheorie. In: Weiss, Walter (Hrsg.): Textlinguistik contra Stilistik? – Wortschatz und Wörterbuch – Grammatische oder pragmatische Organisation der Rede. Akten des VII. Internationalen Germanistenkongresses in Göttingen 1985. Tübingen (Kontroversen, alte und neue 3), S. 10–21.

Eroms, Hans-Werner (2008): Stil und Stilistik. Eine Einführung. Berlin.

Erzgräber, Willi; Gauger, Hans-Martin (Hrsg.) (1992): Stilfragen. Tübingen (ScriptOralia 38).

Eßbach, Wolfgang (Hrsg.) (2000): wir / ihr / sie. Identität und Alterität in Theorie und Moderne. Würzburg (Identitäten und Alteritäten 2).

Ettl, Susanne (1984): Anleitungen zu schriftlicher Kommunikation. Briefsteller von 1880 bis 1980. Tübingen (Reihe germanistische Linguistik 50).

Fabricius-Hansen, Cathrine (2000): Übersetzen mit Stil – ein unmögliches Ziel? In: Fabricius-Hansen, Cathrine (Hrsg.): Übertragung, Annäherung, Angleichung. Sieben Beiträge zur Theorie und Praxis des Übersetzens. Frankfurt am Main u.a. (Osloer Beiträge zur Germanistik 25), S. 65–95.

Fairclough, Norman (2003): Analysing discourse. Textual analysis for social research. London u.a.

Fishman, Joshua A. (1977): Language and Ethnicity. In: Giles, Howard (Hrsg.): Language, ethnicity and intergroup relations. London u.a. (European monographs in social psychology 13), S. 15–57.

Fix, Ulla (1989): Alltagswissen und Spracherfahrung als Stilmaximen in Stilistiken und Stillehren. In: Heimann, Sabine; Lerchner, Gotthard; Große, Rudolf (Hrsg.): Soziokulturelle Kontexte der Sprach- und Literaturentwicklung. Festschrift für Rudolf Große zum 65. Geburtstag. Stuttgart (Stuttgarter Arbeiten zur Germanistik 231), S. 131–139.

Fix, Ulla (1991): Unikalität von Texten und Relativität von Stilmustern. In: Beiträge zur Erforschung der deutschen Sprache 10, S. 51–61.

Fix, Ulla (1996): Gestalt und Gestalten. Von der Notwendigkeit der Gestaltkategorie für eine das Ästhetische berücksichtigende pragmatische Stilistik. In: Zeitschrift für Germanistik. Neue Folge, Heft 2, S. 308–323.

Fix, Ulla (1997): Kanon und Auflösung des Kanons. Typologische Intertextualität – ein postmodernes Stilmittel? In: Antos, Gerd; Tietz, Heike (Hrsg.), S. 97–108.

Fix, Ulla (2000): Aspekte der Intertextualität. In: Brinker, Klaus (Hrsg.), S. 449–457.

Fix, Ulla (2001a): Die Ästhetisierung des Alltags – am Beispiel seiner Texte. In: Zeitschrift für Germanistik. Neue Folge, Heft 1, S. 36–53.

Fix, Ulla (2001b): Zugänge zu Stil als semiotisch komplexer Einheit. Thesen, Erläuterungen und Beispiele. In: Jakobs, Eva-Maria; Rothkegel, Annely (Hrsg.), S. 113–126.

Fix, Ulla (2005): Texte zwischen Musterbefolgen und Kreativität. In: Der Deutschunterricht, Heft 1, S. 13–22.

Fix, Ulla (2006): Stil gibt immer etwas zu verstehen – Sprachstile aus pragmatischer Perspektive. In: Neuland, Eva (Hrsg.), S. 245–258.

Fix, Ulla (2007a): Stil – ein sprachliches und soziales Phänomen. Beiträge zur Stilistik. Barz, Irmhild; Poethe, Hannelore; Yos, Gabriele (Hrsg.). Berlin.

Fix, Ulla (2007b): Stil als komplexes Zeichen im Wandel. Überlegungen zu einem erweiterten Stilbegriff. In: Fix, Ulla, S. 61–79.

Fix, Ulla (2007c): Textstil und KonTextstile. Stil in der Kommunikation als umfassende Semiose von Sprachlichem, Parasprachlichem und Außersprachlichem. In: Fix, Ulla, S. 87–105.

Fix, Ulla; Gardt, Andreas; Knape, Joachim (Hrsg.) (2009): Rhetorik und Stilistik. Ein internationales Handbuch historischer und systematischer Forschung = Rhetoric and stylistics: an international handbook of historical and systematic research. 2. Halbband: Language and languages – Style. Berlin u.a. (Handbücher zur Sprach- und Kommunikationswissenschaft 31).

Fix, Ulla; Habscheid, Stephan; Klein, Josef (Hrsg.) (2001): Zur Kulturspezifik von Textsorten. Tübingen (Textsorten 3).

Fix, Ulla; Poethe, Hannelore; Yos, Gabriele (2003): Textlinguistik und Stilistik für Einsteiger. Ein Lehr- und Arbeitsbuch. 3., durchges. Aufl. Unter Mitarbeit von Ruth Geier. Frankfurt am Main u.a. (Leipziger Skripten 1).

Fleischer, Wolfgang (1992a): Einige Bemerkungen über Ziele und Aufgaben unserer Sprachpflege. In: Fleischer, Wolfgang, S. 105–117.

Fleischer, Wolfgang (1992b): Grundfragen der Stilklassifikation unter funktionalem Aspekt. In: Fleischer, Wolfgang, S. 118–131.

Fleischer, Wolfgang (1992c): Name und Text. Ausgewählte Studien zur Onomastik und Stilistik. Zum 70. Geburtstag. Barz, Irmhild; Fix, Ulla; Schröder, Marianne (Hrsg.). Tübingen.

Förster, Hans-Peter (o.J.): Hans Peter Förster [Homepage]. Online verfügbar unter http://www.hans-peter-foerster.de, zuletzt geprüft am 13.06.2010.

Förster, Hans-Peter (1994): Corporate Wording. Konzepte für eine unternehmerische Schreibkultur. Frankfurt/Main u.a.

Förster, Hans-Peter (2003): Corporate Wording. Das Strategiebuch. Für Entscheider und Verantwortliche in der Unternehmenskommunikation. 2. Aufl. Frankfurt am Main.

Förster, Hans-Peter (2006): Texten wie ein Profi. Ob 5-Minuten-Text oder überzeugende Kommunikationsstrategie - ein Buch für Einsteiger, Könner und solche, die den Kopf hinhalten müssen. Mit über 5000 Wort-Ideen zum Nachschlagen! 8. Aufl. Frankfurt am Main.

Förster, Hans-Peter; Rost, Gerhard; Thiermeyer, Michael (2010): Corporate Wording. Die Erfolgsfaktoren für professionelle Kommunikation. Kommunikation perfektionieren, Unternehmen profilieren. Frankfurt am Main.

Förster, Hans-Peter; Steinborn, Axel (2004): WORDINGanalyzer 2. 0. Basic-Box. Online verfügbar unter http://www.asteinborn.de/wa_basicbox.htm, zuletzt geprüft am 22.01.2009.

Förster, Uwe (1980): Formulieren – wer lehrt es wie? Versuch einer Antwort an Hand der Stilistiken von Ludwig Reiners, Georg Möller, Elise Riesel/Eugenie Schendels, Wolfgang Fleischer/Georg Michel, Bernhard Sowinski u.a. In: Muttersprache 90, Heft 5/6, S. 245–262.

Gauger, Hans-Martin (1992): Zur Frage des Stils. In: Erzgräber, Willi; Gauger, Hans-Martin (Hrsg.), S. 9–27.

Germain, Dan (2009): Book about Innocent: our story and some stuff we've learned. London.

Gerzymisch-Arbogast (2001): Translation und Stil. In: Jakobs, Eva-Maria; Rothkegel, Annely (Hrsg.), S. 165–186.

Giddens, Anthony (1991): Modernity and self-identity. Self and society in the late modern age. Cambridge.

Goffman, Erving (2003): Wir alle spielen Theater. Die Selbstdarstellung im Alltag. München u.a.

Gohr, Martina (2002): Geschäftsbericht und Aktionärsbrief. Eine textsortenlinguistische Analyse mit anwendungsbezogenen Aspekten. Düsseldorf. Online verfügbar unter http://www.uni-koblenz.de/~klemm/material_GB.pdf, zuletzt geprüft am 22.06.2009.

Göldi, Susan (2005): Grundlagen der Unternehmenskommunikation. Werbung, Public Relations und Marketing im Dienste der Corporate Identity. Bern.

Göttler, Hans (1991): Stilbildung durch Klangerfahrung. In: Neuland, Eva; Bleckwenn, Helga (Hrsg.), S. 195–207.

Grage, Jens (1993): Corporate Identity. Der Versuch einer begrifflichen Bestimmung unter besonderer Berücksichtigung der kommunikativen Funktion des Corporate Design. In: Bungarten, Theo (Hrsg.), S. 140–168.

Greule, Albrecht (1995): Kriterien für die Bewertung von Sprachberatung. Sprachberatung als kommunikatives Ereignis. In: Biere, Bernd Ulrich (Hrsg.): Bewertungskriterien in der Sprachberatung. Tübingen, S. 28–36.

Greule, Albrecht (1997): Die „Buchsorte" Sprachratgeber. Definition, Subsorten, Forschungsaufgaben. In: Simmler, Franz (Hrsg.): Textsorten und Textsortentraditionen. Bern u.a. (Berliner Studien zur Germanistik 5), S. 239–269.

Greule, Albrecht (1998): Sprachkultivierung - Theorie und Praxis in Deutschland. In: Greule, Albrecht; Lebsanft, Franz (Hrsg.): Europäische Sprachkultur und Sprachpflege. Akten des Regensburger Kolloquiums Oktober 1996. Tübingen (Tübinger Beiträge zur Linguistik 434), S. 25–36.

Greule, Albrecht (2002): Die Textsortengruppe „Sprachratgeber". In: Simmler, Franz (Hrsg.): Textsorten deutscher Prosa vom 12./13. bis 18. Jahrhundert und ihre Merkmale. Akten zum internationalen Kongress in Berlin 20. bis 22. September 1999. Bern u.a. (Jahrbuch für internationale Germanistik A 67), S. 589–601.

Günthner, Susanne; Knoblauch, Hubert (1994): "Forms are the food of faith": Gattungen als Muster kommunikativen Handelns. In: Kölner Zeitschrift für Soziologie und Sozialpsychologie 46, Heft 4, S. 693–723.

Haase, Jana; Holly, Werner; Teichert, Ingo (2006): Dramaturgie von Webauftritten: Selbstdarstellung und Adressierung. In: Habscheid, Stephan; Arnold, Katrin (Hrsg.), S. 200–231.

Habermas, Jürgen (1995): Moralentwicklung und Ich-Identität. In: Habermas, Jürgen: Zur Rekonstruktion des Historischen Materialismus. 6. Aufl. Frankfurt am Main (Suhrkamp-Taschenbuch Wissenschaft 154), S. 63–91.

Habscheid, Stephan; Arnold, Katrin (Hrsg.) (2006): Über Geld spricht man ... Kommunikationsarbeit und medienvermittelte Arbeitskommunikation im Bankgeschäft. Wiesbaden.

Habscheid, Stephan; Fix, Ulla (Hrsg.) (2003): Gruppenstile. Zur sprachlichen Inszenierung sozialer Zugehörigkeit. Frankfurt am Main (Forum Angewandte Linguistik 42).
Habscheid, Stephan; Stöckl, Hartmut (2003): Inszenierung sozialer Stile in Werbetexten – dargestellt am Beispiel der Möbelbranche. In: Habscheid, Stephan; Fix, Ulla (Hrsg.), S. 189–210.
Hager, Willi; Hasselhorn, Marcus (1994): Handbuch deutschsprachiger Wortnormen. Göttingen u.a.
Handler, Peter (2005): Stilanweisungen im Medienwandel. In: Jakobs, Eva-Maria; Lehnen, Katrin; Schindler, Kirsten (Hrsg.), S. 127–152.
Hansen, Renée; Schmidt, Stephanie (2006): Konzeptionspraxis. Eine Einführung für PR- und Kommunikationsfachleute. Mit einleuchtenden Betrachtungen über den Gartenzwerg. 3., aktualisierte Aufl. Frankfurt am Main.
Hardt-Mautner, Gerlinde (1994): How packages communicate: Linguistic and semiotic aspects of packaging discourse. In: Bungarten, Theo (Hrsg.) (1994c), S. 61–83.
Harras, Gisela (1998): Intertextualität von linguistischen Fachtexten: ein Analysebeispiel. In: Hoffmann, Lothar; Kalverkämper, Hartwig; Wiegand, Herbert Ernst; et al. (Hrsg.): Fachsprachen. Ein internationales Handbuch zur Fachsprachenforschung und Terminologiewissenschaft. 2. Halbbd. Berlin (Languages for special purposes), S. 602–610.
Hartung, Wolfdietrich (1986): Sprachnormen: Differenzierungen und kontroverse Bewertungen. In: Polenz, Peter (Hrsg.), S. 3–11.
Hassinen, Tiia; Wenner, Marion (1994): Zur Selbstdarstellung in Werk- und Kundenzeitschriften. In: Bungarten, Theo (Hrsg.) (1994b), S. 27–48.
Hatch, Mary Jo; Schultz, Majken (2000): Scaling the Tower of Babel: Relational differences between identity, image, and culture in organizations. In: Schultz, Majken (Hrsg.), S. 11–35.
Heinemann, Margot; Heinemann, Wolfgang (2002): Grundlagen der Textlinguistik. Interaktion - Text - Diskurs. Tübingen (Reihe germanistische Linguistik 230: Kollegbuch).
Heinemann, Wolfgang (1997): Zur Eingrenzung des Intertextualitätsbegriffs aus linguistischer Sicht. In: Klein, Josef; Fix, Ulla (Hrsg.), S. 21–37.
Heinemann, Wolfgang; Viehweger, Dieter (1991): Textlinguistik. Eine Einführung. Tübingen (Reihe germanistische Linguistik 115).
Heller, Eva (1989): Wie Farben wirken. Farbpsychologie, Farbsymbolik, kreative Farbgestaltung. Reinbek bei Hamburg.
Heller, Stephan (1998): Handbuch der Unternehmenskommunikation. München.
Henne, Helmut; Gauger, Hans-Martin; Wiegand, Herbert Ernst; et al. (Hrsg.) (1986): Sprachnormen in der Diskussion. Beiträge vorgelegt von Sprachfreunden. Berlin u.a.
Herbst, Dieter; Scheier, Christian (2004): Corporate imagery. Wie Ihr Unternehmen ein Gesicht bekommt. Orientierung und Vertrauen durch starke Bilder. Berlin.
Herger, Nikodemus (2006): Vertrauen und Organisationskommunikation. Identität – Marke – Image – Reputation. Wiesbaden.
Hochschule Amberg-Weiden (o.J.): Prof. Dr. Michael Thiermeyer. Online verfügbar unter http://www.haw-aw.de/hochschule/personen/professoren/detailansicht_professor/person/thiermeyer_michael.html, zuletzt geprüft am 13.10.2010.
Hoffmann, Edgar (2005): Werbung, Geschichte und nationale Identität in Russland. In: Janich, Nina (Hrsg.), S. 49–65.
Hoffmann, Michael (2001): Der gezeichnete Witz und der ästhetische Code. Über Text-Bild- und andere Beziehungen in der Scherzkommunikation. In: Jakobs, Eva-Maria; Rothkegel, Annely (Hrsg.), S. 127–148.
Hoffmann, Michael (2002): Werbesprache als Gefüge aus Stilregistern. In: Pohl, Inge (Hrsg.): Semantische Aspekte öffentlicher Kommunikation. Frankfurt am Main u.a. (Sprache 44), S. 413–437.
Höhne, Steffen (1993): Ein komplexer Ansatz zur Beschreibung von Unternehmenskommunikation. In: Lingua / Deutsch, Heft 6, S. 5–32.

Hölscher, Barbara (1998): Lebensstile durch Werbung? Zur Soziologie der Life-Style-Werbung. Opladen u.a.
Holten Larsen, Mogens (2000): Managing the corporate story. In: Schultz, Majken (Hrsg.), S. 196–207.
Holthuis, Susanne (1993): Intertextualität. Aspekte einer rezeptionsorientierten Konzeption. Tübingen (Stauffenburg-Colloquium 28).
Hornung, Antonie (2002): Zur eigenen Sprache finden. Modell einer plurilingualen Schreibdidaktik. Tübingen (Reihe germanistische Linguistik 234).
Huber, Emel (2007): Das Pronomen ‚WIR'. In: Ronneberger-Sibold, Elke (Hrsg.): Identität und Differenz. Ein interdisziplinäres Kolloquium zu Ehren von Wolfgang Huber. Tübingen, S. 5–21.
Huck, Simone (2008): Internationale Unternehmenskommunikation. In: Mast, Claudia (Hrsg.), S. 389–407.
Hundt, Markus (2000): Textsorten des Bereichs Wirtschaft und Handel. In: Brinker, Klaus (Hrsg.), S. 642–658.
Jakobs, Eva-Maria (1999): Textvernetzung in den Wissenschaften. Zitat und Verweis als Ergebnis rezeptiven, reproduktiven und produktiven Handelns. Tübingen (Reihe germanistische Linguistik 210).
Jakobs, Eva-Maria (2005): Writing at Work. Fragen, Methoden und Perspektiven einer Forschungsrichtung. In: Jakobs, Eva-Maria; Lehnen, Katrin; Schindler, Kirsten (Hrsg.), S. 13–40.
Jakobs, Eva-Maria (2006): Texte im Berufsalltag: Schreiben, um verstanden zu werden? In: Blühdorn, Hardarik; Breindl, Eva; Waßner, Ulrich H. (Hrsg.), S. 315–331.
Jakobs, Eva-Maria (2008): Unternehmenskommunikation. Arbeitsfelder, Trends und Defizite. In: Niemeier, Susanne; Diekmannshenke, Hajo (Hrsg.), S. 13–32.
Jakobs, Eva-Maria; Lehnen, Katrin; Schindler, Kirsten (Hrsg.) (2005): Schreiben am Arbeitsplatz. Wiesbaden.
Jakobs, Eva-Maria; Rothkegel, Annely (Hrsg.) (2001): Perspektiven auf Stil. Tübingen (Reihe germanistische Linguistik 226).
Janich, Nina (1998): Probiotisch – Die Biotechnologie prägt einen neuen Naturbegriff. Eine fachsprachlich-semiotische Untersuchung von Lebensmittelwerbung. In: Kodikas/Code Ars Semeiotica 21, Heft 1-2, S. 99–110.
Janich, Nina (2001): Werbesprache. Ein Arbeitsbuch. 2., vollst. überarb. und erw. Aufl. Tübingen.
Janich, Nina (2003): Vergleichende Sprachkulturforschung - und was sie der Wirtschaft bietet. In: Nielsen, Martin (Hrsg.), S. 153–172.
Janich, Nina (2004): Die bewusste Entscheidung. Eine handlungsorientierte Theorie der Sprachkultur. Tübingen.
Janich, Nina (2005a): Richtig und falsch oder „Anleitung zum Querdenken"? Zur Frage des Anspruchs an Wissenstransfer. In: Antos, Gerd; Weber, Tilo (Hrsg.), S. 23–39.
Janich, Nina (Hrsg.) (2005b): Unternehmenskultur und Unternehmensidentität. Wirklichkeit und Konstruktion. Wiesbaden (Europäische Kulturen in der Wirtschaftskommunikation 5).
Janich, Nina (2006): Stil als Ware - Variation in der Werbung. In: Neuland, Eva (Hrsg.), S. 273–286.
Janich, Nina (2008a): Intertextualität und Text(sorten)vernetzung. Kap. 7. In: Janich, Nina (Hrsg.), S. 177–196.
Janich, Nina (Hrsg.) (2008b): Textlinguistik. 15 Einführungen. Tübingen.
Janich, Nina (2008c): Unternehmenskommunikation als Forschungsgegenstand, Strategie und Berufsfeld. Ein Systematisierungsversuch. In: Szurawitzki, Michael; Schmidt, Christopher M. (Hrsg.): Interdisziplinäre Germanistik im Schnittpunkt der Kulturen. Festschrift für Dagmar Neuendorff zum 60. Geburtstag. Würzburg, S. 273–287.
Janich, Nina (Hrsg.) (2009a): Marke und Gesellschaft. Markenkommunikation im Spannungsfeld von Werbung und Public Relations. Wiesbaden.
Janich, Nina (2009b): Zur Analyse von Textsorten-in-Vernetzung. Eine Modelldiskussion an einem Fallbeispiel aus der Unternehmenskommunikation. Essen: LAUD Linguistic Agency University of Duisburg-Essen (General and Theoretical Paper A 734).

Janich, Nina; Thim-Mabrey, Christiane (Hrsg.) (2003): Sprachidentität. Identität durch Sprache. Tübingen (Tübinger Beiträge zur Linguistik 465).
Janik, Achim (2002): Investor relations in der Unternehmenskommunikation. Kommunikationswissenschaftliche Analysen und Handlungsempfehlungen. Wiesbaden.
Janik, Christina; Böttger, Claudia (2007): "Look after your smoothie". New Trends in German and British Drink Packaging Texts? A Contrastive Study on Communication Strategies in Differing Markets. In: Neuendorff, Dagmar; Schmidt, Christopher M. (Hrsg.): Sprache, Kultur und Zielgruppen. Bedingungsgrößen für die Kommunikationsgestaltung in der Wirtschaft. Wiesbaden (Europäische Kulturen in der Wirtschaftskommunikation, 11), S. 139–156.
Janik, Christina; Böttger, Claudia (2008): *'We want you to love our product'*. An English-German Translation Analysis of Consumer Oriented Language on Drink Packaging Texts. In: In: Siems, Florian U.; Brandstätter Manfred; Gölzner, Herbert (Hrsg.), S. 67-84.
Janoschka, Anja (2008): *'Being hopeful'* oder wie die Biene zum Corporate Weblog kommt: Sprachliche, inhaltliche und gestalterische Mittel der Interaktivität. In: In: Siems, Florian U.; Brandstätter Manfred; Gölzner, Herbert (Hrsg.), S. 85-106.
Jones, Edward E.; Pittman, Thane S. (1982): Toward a general theory of strategic self-presentation. In: Suls, Jerry (Hrsg.): Psychological perspectives on the self. Band 1. Hillsdale, New Jersey u.a., S. 231–262.
Josten, Dirk (1976): Sprachvorbild und Sprachnorm im Urteil des 16. und 17. Jahrhunderts. Sprachlandschaftliche Prioritäten, Sprachautoritäten, sprachimmanente Argumentation. Frankfurt am Main u.a. (Europäische Hochschulschriften I 152).
Juhl Bang, Cathrine (2004): Die Website des Unternehmens: Ein linguistisches Textsortenprofil im Unterschied zur Unternehmensbroschüre – dargestellt anhand von Websites deutscher Telefongesellschaften. In: Schmidt, Christopher M.; Neuendorff, Dagmar; Nielsen, Martin (Hrsg.): Marktkommunikation in Theorie und Praxis. Inter- und intrakulturelle Dimensionen in der heutigen Wirtschaft. Wiesbaden (Europäische Kulturen in der Wirtschaftskommunikation 4), S. 139–166.
Jungbluth, Rüdiger (2008): Die 11 Geheimnisse des IKEA-Erfolgs. Bergisch Gladbach.
Keller, Rudi (2006): Der Geschäftsbericht. Überzeugende Unternehmenskommunikation durch klare Sprache und gutes Deutsch. Wiesbaden.
Kessel, Katja (2009): Die Kunst des Smalltalks. Sprachwissenschaftliche Untersuchungen zu Kommunikationsratgebern. Tübingen (Europäische Studien zur Textlinguistik 7).
Keupp, Heiner (2002): Identitätsarbeit heute. Klassische und aktuelle Perspektiven der Identitätsforschung. 2. Aufl. Frankfurt am Main (Suhrkamp-Taschenbuch Wissenschaft 1299).
Kiessling, Waldemar; Babel, Florian (2007): Corporate Identity. Strategie nachhaltiger Unternehmensführung. 3., überarb., erw. Aufl. Augsburg.
Klein, Josef (2000): Intertextualität, Geltungsmodus, Texthandlungsmuster. Drei vernachlässigte Kategorien der Textsortenforschung – exemplifiziert an politischen und medialen Textsorten. In: Adamzik, Kirsten (Hrsg.): Textsorten. Reflexionen und Analysen. Tübingen (Textsorten 1), S. 31–44.
Klein, Josef; Fix, Ulla (Hrsg.) (1997): Textbeziehungen. Linguistische und literaturwissenschaftliche Beiträge zur Intertextualität. Tübingen (Stauffenburg Linguistik 5).
Klein, Susanne (1995): Verstehen und Verständlichkeit. Eine psycholinguistische Studie zum Verstehen von Führungsgrundsätzen in Wirtschaftsunternehmen. Wiesbaden.
Klotz, Peter (1991): Syntaktische und textuelle Perspektiven zu Stil und Textsorten. In: Neuland, Eva; Bleckwenn, Helga (Hrsg.), S. 39–54.
Knape, Joachim; Schick, Hagen; Hoos, Sebastian; Rieder, Claus (2001): Rhetorikratgeberliteratur und Rhetoriktrainings für Manager. In: Ueding, Gert (Hrsg.): Historisches Wörterbuch der Rhetorik. Band 5: L-Musi. Tübingen, S. 869–872.

Knüwer, Thomas (2010): Innocent – wenn Juristen mal nicht das letzte Wort haben. Online verfügbar unter http://www.indiskretionehrensache.de/2010/01/innocent-juristen/, zuletzt aktualisiert am 26.01.2010, zuletzt geprüft am 05.02.2010.

Koch, Peter; Oesterreicher, Wulf (2008): Mündlichkeit und Schriftlichkeit von Texten. Kap. 8. In: Janich, Nina (Hrsg.), S. 199–215.

Krappmann, Lothar (1993): Soziologische Dimensionen der Identität. Strukturelle Bedingungen für die Teilnahme an Interaktionsprozessen. 8. Aufl. Stuttgart: Klett-Cotta.

Kresic, Marijana (2006): Sprache, Sprechen und Identität. Studien zur sprachlich-medialen Konstruktion des Selbst. München: Iudicium.

Kress, Gunther (1998): Visual and verbal modes of representation in electronically mediated communication. The potentials of new forms of text. In: Snyder, Ilana (Hrsg.): Page to screen. Taking literacy into the electronic era. London u.a., S. 53–79.

Kress, Gunther; Leeuwen, Theo van (2001): Multimodal discourse. The modes and media of contemporary communication. London u.a.

Kroeber-Riel, Werner (1996): Konsumentenverhalten. 6., völlig überarb. Aufl. Unter Mitarbeit von Peter Weinberg. München.

Krohn, Claus-Dieter (Hrsg.) (1999): Sprache – Identität – Kultur. Frauen im Exil. München.

Kühl-von Puttkamer, Roland (2010): Unschuldig, sanft und süß. Innocent Smoothies. Online verfügbar unter http://www.werbeblogger.de/2010/02/03/unschuldig-sanft-und-suess-innocent-smoothies, zuletzt aktualisiert am 03.02.2010, zuletzt geprüft am 05.02.2010.

Kühn, Peter (1995): Mehrfachadressierung. Untersuchungen zur adressatenspezifischen Polyvalenz sprachlichen Handelns. Tübingen (Reihe germanistische Linguistik 154).

Kunczik, Michael (2010): Public Relations. Konzepte und Theorien. 5., überarb. und erw. Aufl. Köln u.a. (UTB 2277).

Law, Claudia (2007): Sprachratgeber und Stillehren in Deutschland (1923-1967). Ein Vergleich der Sprach- und Stilauffassung in vier politischen Systemen. Berlin u.a. (Studia Linguistica Germanica 84).

Le Page, Robert B.; Tabouret-Keller, Andrée (1985): Acts of identity. Creole-based approaches to language and ethnicity. Cambridge Mass. u.a.

Lehky, Andrea (2011): Innocent: Ganz und gar unschuldige Früchtchen. In: Die Presse , 01.07.2011. Online verfügbar unter http://karrierenews.diepresse.com/home/karrieretrends/entrepreneure/674292/print.do, zuletzt geprüft am 15.08.2011.

Lehr, Andrea (2001): „Überdosis Sprache". Ein Panoptikum sprachreflexiver Äußerungen in Pressetexten. In: Lehr, Andrea; Kammerer, Matthias; Konerding, Klaus-Peter; et al. (Hrsg.): Sprache im Alltag. Beiträge zu neuen Perspektiven in der Linguistik. Herbert Ernst Wiegand zum 65. Geburtstag gewidmet. Berlin u.a., S. 321–348.

Lehr, Andrea (2002): Sprachbezogenes Wissen in der Lebenswelt des Alltags. Tübingen (Reihe germanistische Linguistik 236).

Linke, Angelika; Nussbaumer, Markus (1997): Intertextualität. Linguistische Bemerkungen zu einem literaturwissenschaftlichen Textkonzept. In: Antos, Gerd; Tietz, Heike (Hrsg.), S. 109–126.

Löffler, Heinrich (2010): Germanistische Soziolinguistik. 4., neu bearb. Aufl. Berlin (Grundlagen der Germanistik 28).

Lötscher, Andreas; Wirz, Adolf (1992): Von Ajax bis Xerox. Ein Lexikon der Produktenamen. 2., überarb. und stark erw. Aufl. Zürich, München.

Lucius-Hoene, Gabriele; Deppermann, Arnulf (2004): Rekonstruktion narrativer Identität. Ein Arbeitsbuch zur Analyse narrativer Interviews. 2. Aufl. Wiesbaden.

Lüde, Rolf von (2005): Die Bedrohung der Identität in Zeiten der Globalisierung und ihre Rekonstruktion. In: Scholz, Christian (Hrsg.): Identitätsbildung: Implikationen für globale Unternehmen und Regionen. München u.a. (Strategie- und Informationsmanagement 16).

Luhmann, Niklas (2005): Soziologische Aufklärung 3. Soziales System, Gesellschaft, Organisation. 4. Aufl. Wiesbaden.

Luhmann, Niklas (2006): Organisation und Entscheidung. 2., Aufl. Wiesbaden.

Lüscher, Max (2005): Der 4-Farben-Mensch. Der Weg zum inneren Gleichgewicht. Mit der Lüscher-Farbscheibe. Berlin.
Lütten-Gödecke, Jutta (1994): Briefsteller. In: Lütten-Gödecke, Jutta; Zillig, Werner (Hrsg.), S. 17–48.
Lütten-Gödecke, Jutta; Zillig, Werner (Hrsg.) (1994): „Mit freundlichen Grüssen". Linguistische Untersuchungen zu Problemen des Briefe-Schreibens. Münster (Linguistische Skripten 1).
Mackeprang, Christiane (1993): Der Einfluß von Rollenkonflikten auf die persönliche Identität und die Unternehmensidentität. In: Bungarten, Theo (Hrsg.), S. 194–211.
Markus, Hazel Rose (1977): Self-schemata and processing information about the self. In: Journal of Personality and Social Psychology 35, S. 63–78.
Martin, Joanne; Feldman, Martha S.; Hatch, Mary Jo; Sitkin, Sim B. (1983): The claim of uniqueness. In: Administrative Science Quarterly 28, S. 438–453.
Mast, Claudia (Hrsg.) (2008): Unternehmenskommunikation. Ein Leitfaden. Mit Beiträgen von Simone Huck und Monika Hubbard. 3., neu bearb. und erw. Aufl. Stuttgart (UTB 2308).
Meier, Jörg (2009): „Das unmögliche Möbelhaus aus Schweden". In: Janich, Nina (Hrsg.), S. 227–240.
Meier, Stefan (2008a): (Bild-)Diskurs im Netz. Konzept und Methode für eine semiotische Diskursanalyse im World Wide Web. Köln.
Meier, Stefan (2008b): Von der Sichtbarkeit im Diskurs – Zur Methode diskursanalytischer Untersuchung multimodaler Kommunikation. In: Warnke, Ingo H.; Spitzmüller, Jürgen (Hrsg.), S. 263–286.
Michel, Georg (2001): Stilistische Textanalyse. Eine Einführung. Frankfurt am Main u.a. (Sprache 38).
Müller, Andreas P. (2006): Sprache und Arbeit. Aspekte einer Ethnographie der Unternehmenskommunikation. Tübingen.
Müller-Rees, Vanessa (2008): Haute Architecture. Eine Untersuchung der Baustrategie der Marke Cartier und der Corporate Architecture von Luxusmodemarken seit 1990. München u.a. (Kunstwissenschaftliche Studien 152).
Nabrings (Adamzik), Kirsten (1981): Sprachliche Varietäten. Tübingen (Tübinger Beiträge zur Linguistik 147).
Nestler, Emily (2007): Erfolgsfaktor Kommunikation. Ansätze aus der Linguistik und Informatik zur Optimierung betrieblicher Kommunikation. Saarbrücken.
Neuberger, Oswald (2000): Individualisierung und Organisierung. Die wechselseitige Erzeugung von Individuum und Organisation durch Verfahren. In: Ortmann, Günther; Sydow, Jörg; Türk, Klaus (Hrsg.): Theorien der Organisation. Die Rückkehr der Gesellschaft. 2., durchges. Aufl. Wiesbaden, S. 487–522.
Neuland, Eva (Hrsg.) (2006): Variation im heutigen Deutsch. Perspektiven für den Sprachunterricht. Frankfurt am Main (Sprache – Kommunikation – Kultur 4).
Neuland, Eva; Bleckwenn, Helga (Hrsg.) (1991): Stil – Stilistik – Stilisierung. Linguistische literaturwissenschaftliche und didaktische Beiträge zur Stilforschung. Frankfurt am Main u.a. (Europäische Hochschulschriften XXXIX 4).
Nickerson, Catherine Clare (2000): Playing the corporate language game. An investigation of the genres and discourse strategies in English used by Dutch writers working in multinational corporations. Amsterdam u.a. (Utrecht studies in language and communication 15).
Nickisch, Reinhard M. G. (1969): Die Stilprinzipien in den deutschen Briefstellern des 17. und 18. Jahrhunderts. Mit einer Bibliographie zur Briefschreiblehre (1474 - 1800). Göttingen (Palaestra 254).
Nickisch, Reinhard M. G. (1975): Gutes Deutsch? Kritische Studien zu den maßgeblichen praktischen Stillehren der deutschen Gegenwartssprache. Göttingen.
Nickl, Markus (2005): Corporate Identity, Linguistik und das Internet. In: Janich, Nina (Hrsg.), S. 115–127.

Nickl, Markus (2009): Marken – Herausforderung für die Technische Dokumentation. In: Janich, Nina (Hrsg.), S. 163–178.
Nielsen, Martin (Hrsg.) (2003): Wirtschaftskommunikation im Wandel. Dynamik, Entwicklung und Prozessualität. Wiesbaden. (Europäische Kulturen in der Wirtschaftskommunikation 3).
Nielsen, Martin (2005): Made in Denmark, sold in Germany – zur Verwendung des Country-of-Origin-Prinzips im dänisch-deutschen Kontext. In: Janich, Nina (Hrsg.), S. 155–169.
Nielsen, Martin (2006): Integrierte Kommunikation - Problem und Lösung zugleich? Paradox und Kulturspezifik in der Integrierten Kommunikation. In: Boenigk, Michael (Hrsg.), S. 83–96.
Niemeier, Susanne; Diekmannshenke, Hajo (Hrsg.) (2008): Profession & Kommunikation. Wuppertal (Forum Angewandte Linguistik 49).
Nordmann, Jenni (2002): Kulturunterschiede in der Marketingkommunikation am Beispiel deutscher, schwedischer und US-amerikanischer Betriebsbroschüren eines internationalen Unternehmens. In: Janich, Nina; Neuendorff, Dagmar (Hrsg.): Verhandeln, kooperieren, werben. Beiträge zur interkulturellen Wirtschaftskommunikation. Wiesbaden. (Europäische Kulturen in der Wirtschaftskommunikation, 1), S. 31–57.
Nöth, Winfried (1985): Handbuch der Semiotik. Stuttgart.
Nöth, Winfried (2009): Stil als Zeichen. In: Fix, Ulla; Gardt, Andreas; Knape, Joachim (Hrsg.), S. 1178–1196.
Otto, Raimund (1995): Aufriss zu einem Konzept der Identität in Zeiten der Moderne – zum Konzept von Anthony Giddens. Witten.
Pakkala, Tuija (1994): Das Verhältnis zwischen verbalen und nonverbalen Textelementen in Produkt- und Firmenvorstellungen – eine kontrastive Untersuchung finnisch-deutsch. In: Bungarten, Theo (Hrsg.) (1994b), S. 72–90.
Pätzmann, Jens (1993): Unternehmensinszenierung. Kreatives Abweichen von Erwartungen als Selbstinzenierungstechnik integrierter Unternehmenskommunikation. Berlin [Mikrofiche-Ausg.].
Paul, Ingwer (1999a): Praktische Sprachreflexion. In: Döring, Brigitte; Feine, Angelika; Schellenberg, Wilhelm (Hrsg.), S. 193–204.
Paul, Ingwer (1999b): Praktische Sprachreflexion. Tübingen (Konzepte der Sprach- und Literaturwissenschaft 61).
Peer, Willie van (2001): Über den Ursprung des Stils. In: Jakobs, Eva-Maria; Rothkegel, Annely (Hrsg.), S. 35–52.
Peirce, Charles S. (1993): Phänomen und Logik der Zeichen. Frankfurt am Main.
Pfister, Manfred (1985): Konzepte der Intertextualität. In: Broich, Ulrich; Pfister, Manfred (Hrsg.): Intertextualität. Formen, Funktionen, anglistische Fallstudien. Tübingen (Konzepte der Sprach- und Literaturwissenschaft, 35), S. 1–30.
Piitulainen, Marja-Leena (2001): Zur Selbstbezeichnung in deutschen und finnischen Textsorten. In: Fix, Ulla; Habscheid, Stephan; Klein, Josef (Hrsg.), S. 159–173.
Platen, Christoph (1997): „Ökonymie". Zur Produktnamen-Linguistik im europäischen Binnenmarkt. Tübingen (Zeitschrift für romanische Philologie 280).
Polajnar, Janja (2005): Strategien der Adressierung in Kinderwerbespots. Zur Ansprache von Kindern und Eltern im Fernsehen. Wiesbaden (Europäische Kulturen in der Wirtschaftskommunikation 7).
Polenz, Peter (Hrsg.) (1986): Sprachnormen: lösbare und unlösbare Probleme. Kontroversen um die neuere deutsche Sprachgeschichte. Tübingen (Kontroversen, alte und neue 4).
Püschel, Ulrich (1991): Praktische Stilistiken – Ratgeber für gutes Deutsch? In: Neuland, Eva; Bleckwenn, Helga (Hrsg.), S. 55–68.
Püschel, Ulrich (1997): „Puzzle-Texte" – Bemerkungen zum Textbegriff. In: Antos, Gerd; Tietz, Heike (Hrsg.), S. 27–41.
Püschel, Ulrich (2000): Duden. Wie schreibt man gutes Deutsch? 2., völlig neu bearb. Aufl. Mannheim u.a.
Raible, Wolfgang (1998): Alterität und Identität. In: Zeitschrift für Literaturwissenschaft und Linguistik 110, S. 7–22.

Literatur

Regenthal, Gerhard (2003): Ganzheitliche Corporate Identity. Form, Verhalten und Kommunikation erfolgreich gestalten. Wiesbaden.
Reichert, Klaus (1992): Stil und Übersetzung. In: Erzgräber, Willi; Gauger, Hans-Martin (Hrsg.), S. 271–286.
Reichert, Klaus (1997): Zur Übersetzbarkeit von Kulturen – Appropriation, Assimilation oder ein Drittes? In: Hilfrich-Kunjappu, Carola (Hrsg.): Zwischen den Kulturen. Theorie und Praxis des interkulturellen Dialogs. Tübingen (Conditio Judaica 20), S. 35–45.
Reins, Armin (2006): Corporate Language. CL. Wie Sprache über Erfolg oder Misserfolg von Marken und Unternehmen entscheidet. Mainz.
Renner, Karl-Heinz; Klaus, Florian; Schütz, Astrid (2006): Selbstdarstellung und Eindrucksmanagement in Call-Centern. In: Habscheid, Stephan; Arnold, Katrin (Hrsg.), S. 100–122.
Richter, Gerd; Riecke, Jörg; Schuster, Britt (Hrsg.) (2000): Raum, Zeit, Medium – Sprache und ihre Determinanten. Festschrift für Hans Ramge zum 60. Geburtstag. Darmstadt.
Riel, Cees B. M. van (2000): Corporate communication orchestrated by a sustainable corporate story. In: Schultz, Majken (Hrsg.), S. 157–181.
Roelcke, Thorsten (2005): Ist ein gelungener Wissenstransfer auch ein guter Wissenstransfer? Effektivität und Effizienz als Maßstab der Transferqualität. In: Antos, Gerd; Weber, Tilo (Hrsg.), S. 41–53.
Roinila, Pauli (1991): Zur Problematik der interkulturellen Kommunikation am Beispiel von Betriebsbroschüren. In: Bungarten, Theo (Hrsg.): Konzepte zur Unternehmenskommunikation, Unternehmenskultur & Unternehmensidentität. Tostedt (Beiträge zur Wirtschaftskommunikation 2), S. 127–129.
Rolf, Eckard (1993): Die Funktionen der Gebrauchstextsorten. Berlin u.a.
Rometsch, Markus (2008): Organisations- und Netzwerkidentität. Systemische Perspektiven. Mit einem Geleitwort von Prof. Dr. Jörg Sydow. Wiesbaden.
Rothkegel, Annely (1989): Maschinelle Textproduktion. In: Antos, Gerd (Hrsg.): Textproduktion. Ein interdisziplinärer Forschungsüberblick. Tübingen .
Rothkegel, Annely (2001): Stil und/oder Design. In: Jakobs, Eva-Maria; Rothkegel, Annely (Hrsg.), S. 77–87.
Rupp, Gerhard (1986): Über die Notwendigkeit von und das Unbehagen an Stilbüchern. In: Henne, Helmut; Gauger, Hans-Martin; Wiegand, Herbert Ernst; et al. (Hrsg.), S. 102–115.
Sanders, Willy (1998): Sprachkritikastereien. 2., überarb. Aufl. Darmstadt.
Sanders, Willy (2003): Über WAS und WIE und andere W-Fragen. In: Barz, Irmhild; Lerchner, Gotthard; Schröder, Marianne (Hrsg.), S. 269–275.
Sandig, Barbara (1986): Stilistik der deutschen Sprache. Berlin u.a.
Sandig, Barbara (2001): Stil ist relational! Versuch eines kognitiven Zugangs. In: Jakobs, Eva-Maria; Rothkegel, Annely (Hrsg.), S. 19–31.
Sandig, Barbara (2006): Textstilistik des Deutschen. 2., völlig neu bearb. und erw. Aufl. Berlin u.a.
Sauer, Nicole (1994): Von lieben Kollegen und Nichtlackierspezialisten. In: Lütten-Gödecke, Jutta; Zillig, Werner (Hrsg.), S. 234–271.
Sauer, Nicole (1998): Werbung – wenn Worte wirken. Ein Konzept der Perlokution entwickelt an Werbeanzeigen. Münster u.a. (Internationale Hochschulschriften 274).
Sauer, Nicole (2002): Corporate Identity in Texten. Normen für schriftliche Unternehmenskommunikation. Berlin.
Saussure, Ferdinand de (2000): Grundfragen der allgemeinen Sprachwissenschaft. In: Hoffmann, Ludger (Hrsg.): Sprachwissenschaft. Ein Reader. 2., verb. Aufl. Berlin u.a., S. 32–50.
Scharnigg, Max (2007): Das duzende Früchtchen. In: Jetzt.de, 12.08.2007. Online verfügbar unter http://jetzt.sueddeutsche.de/texte/anzeigen/393929, zuletzt geprüft am 15.08.2011.
Scheuss, Ralph (2007): Der Sprung des Drachen. Strategien gegen Produktkopierer, Qualitätsanbieter und andere Hyper-Wettbewerber aus China. Frankfurt am Main u.a.

Schierl, Thomas (2001): Text und Bild in der Werbung. Bedingungen, Wirkungen und Anwendungen bei Anzeigen und Plakaten. Köln.

Schlierer, Hans-Jörg (2004): Kulturspezifische Stilmerkmale deutscher und französischer Geschäftsberichte. Eine kontrastive Analyse. St. Ingbert (Saarbrücker Studien zur interkulturellen Kommunikation 8).

Schlippe, Arist von; Groth, Torsten (2007): The power of stories – zur Funktion von Geschichten in Familienunternehmen. In: KONTEXT 38, Heft 1, S. 26–4.

Schlögl, Gerhard (2003): Integrierte Unternehmenskommunikation. Vom einzelnen Werbemittel zur vernetzten Kommunikation. Wien.

Schmedes, Götz (2002): Medientext Hörspiel. Ansätze einer Hörspielsemiotik am Beispiel der Radioarbeiten von Alfred Behrens. Münster u.a. (Internationale Hochschulschriften 371).

Schmidt-Wächter, Anke (2003): Stilauffassungen in Rhetorik- und Stillehrbüchern des 18. Jahrhunderts. Ein Beitrag zur Geschichte des Stilbegriffs. In: Barz, Irmhild; Lerchner, Gotthard; Schröder, Marianne (Hrsg.), S. 285–294.

Schmitz, Ulrich (1997): Rezension: Schriftliche Texte in multimedialen Kontexten. In: Weingarten, Rüdiger (Hrsg.): Sprachwandel durch Computer. Opladen, S. 131–158.

Schuldt, Kai (1997): Die Wirtschaftslinguistik und der europäische Binnenmarkt. Gemeinsamkeiten und Unterschiede im Hinblick auf sprachliche und kommunikative Aspekte. In: Bungarten, Theo (Hrsg.) (1997), S. 73–90.

Schultz, Majken (Hrsg.) (2000): The expressive organization. Linking identity, reputation, and the corporate brand. Oxford u.a.

Schultz, Majken; Hatch, Mary Jo; Holten Larsen, Mogens (2000): Introduction: Why the expressive organization? In: Schultz, Majken (Hrsg.), S. 1–7.

Schuster, Britt (2000): Imageaufbau – eine Aufgabe für die angewandte Sprachwissenschaft? In: Richter, Gerd; Riecke, Jörg; Schuster, Britt (Hrsg.), S. 591–612.

Schütte, Daniela (2004): Homepages im world wide web. Eine interlinguale Untersuchung zur Textualität in einem globalen Medium. Frankfurt am Main u.a. (Germanistische Arbeiten zu Sprache und Kulturgeschichte 44).

Schwarz-Friesel, Monika (2007): Sprache und Emotion. Tübingen, Basel: Francke (UTB 2939).

Schwitalla, Johannes (2006): Gesprochenes Deutsch. Eine Einführung. 3., neu bearb. Aufl. Berlin: Schmidt (Grundlagen der Germanistik 33).

Searle, John R. (1969): Speech acts. An essay in the philosophy of language. Cambridge.

Seidel, Hagen (2009): Der Porsche unter den Smoothies, In: Welt am Sonntag, 06.09.2009. Online verfügbar unter http://www.welt.de/die-welt/wirtschaft/article4472230/Der-Porsche-unter-den-Smoothies.html, zuletzt geprüft am 15.08.2011.

Seidler, Detlev (1997): Unternehmenskultur und Corporate Identity. Ihre Ansätze in der Wirtschaftslinguistik. In: Bungarten, Theo (Hrsg.) (1997), S. 91–107.

Selkälä, Satu (2005): Zum Verhältnis von Unternehmensimage und Jahresbericht. In: Janich, Nina (Hrsg.), S. 219–228.

Shannon, Claude Elwood; Weaver, Warren (1949): The mathematical theory of communication. Urbana.

Sick, Bastian (2006): Siezt du noch, oder duzt du schon? In: Der Spiegel vom 26.12.2006. Online verfügbar unter http://www.spiegel.de/kultur/zwiebelfisch/0,1518,druck-455733,00.html, zuletzt geprüft am 09.10.2009.

Siems, Florian U.; Brandstätter Manfred; Gölzner, Herbert (Hrsg.) (2008): Anspruchsgruppenorientierte Kommunikation. Neue Ansätze zu Kunden-, Mitarbeiter- und Unternehmenskommunikation. Wiesbaden (Europäische Kulturen in der Wirtschaftskommunikation 12).

Simmons, John (2007): Great brand stories: Innocent. Building a brand from nothing but fruit. London.

Smith, Kenwyn K. (1987): Paradoxes of group life. Understanding conflict paralysis and movement in group dynamics. San Francisco.

Sowinski, Bernhard (1991): Stilauffassungen in der Sprachwissenschaft und Sprachdidaktik. In: Neuland, Eva; Bleckwenn, Helga (Hrsg.), S. 13–22.

Literatur

Spranz-Fogasy, Thomas (1997): Interaktionsprofile. Die Herausbildung individueller Handlungstypik in Gesprächen. Opladen.
Stöckl, Hartmut (1997): Werbung in Wort und Bild. Textstil und Semiotik englischsprachiger Anzeigenwerbung. Frankfurt am Main u.a. (Europäische Hochschulschriften XIV 336).
Stöckl, Hartmut (1998): (Un-)Chaining the floating image. Methodologische Überlegungen zu einem Beschreibungs- und Analysemodell für die Bild/Textverknüpfung aus linguistischer und semiotischer Perspektive. In: Kodikas/Code Ars Semeiotica 21, Heft 1-2, S. 75–98.
Stöckl, Hartmut (2003): 'Imagine': Stilanalyse multimodal – am Beispiel des TV-Werbespots. In: Barz, Irmhild; Lerchner, Gotthard; Schröder, Marianne (Hrsg.), S. 305–323.
Stöckl, Hartmut (2003): „Prickeln, Perlchen, Phantasie …" - Sozialer Stil in der Sektwerbung. In: Habscheid, Stephan; Fix, Ulla (Hrsg.), S. 211–233.
Stöckl, Hartmut (2004a): Die Sprache im Bild - das Bild in der Sprache. Zur Verknüpfung von Sprache und Bild im massenmedialen Text. Konzepte, Theorien, Analysemethoden. Berlin u.a. (Linguistik - Impulse & Tendenzen, 3).
Stöckl, Hartmut (2004b): Typografie: Gewand und Körper des Textes – Linguistische Überlegungen zu typografischer Gestaltung. In: Zeitschrift für Angewandte Linguistik, Heft 41, S. 5–48.
Stumpf, Marcus (2008): Integrierte Kommunikation in Unternehmen – Forschungsstand, empirische Befunde, Bewertungsansatz. In: Siems, Florian U.; Brandstätter Manfred; Gölzner, Herbert (Hrsg.), S. 361–370.
Tegtmeyer, Henning (1997): Der Begriff der Intertextualität und seine Fassungen – Eine Kritik der Intertextualitätskonzepte Julia Kristevas und Susanne Holthuis'. In: Klein, Josef; Fix, Ulla (Hrsg.), S. 49–82.
Thim-Mabrey, Christiane (2003): Sprachidentität – Identität durch Sprache. Ein Problemaufriss aus sprachwissenschaftlicher Sicht. In: Janich, Nina; Thim-Mabrey, Christiane (Hrsg.), S. 1–18.
Tophinke, Doris (2000): Linguistische Perspektiven auf das Verhältnis von Identität und Alterität. In: Eßbach, Wolfgang (Hrsg.), S. 345–371.
Ufert, Detlef (1995): How do style checkers check style? In: Grosser, Wolfgang; Hogg, James; Hubmayer, Karl (Hrsg.): Style. Literary and non-literary. Contemporary trends in cultural stylistics. Lewiston, N.Y. u.a., S. 341–354.
Veser, Ekkehard (1995): Unternehmungskultur, -identität und -image als interdependente Problemfelder strategischer Unternehmungsführung. Eine konzeptionelle Untersuchung ausgewählter sozio-emotionaler Differenzierungs- und Integrationsmöglichkeiten der Unternehmung auf system-, entscheidungs- und verhaltenstheoretischer Grundlage. Gießen (Schriftenreihe des Instituts für Unternehmungsplanung 17).
Vogel, Kathrin (2009): Sprachstil und Corporate Identity. In: Janich, Nina (Hrsg.), S. 191–197.
Vries, Michael (1998): Das Unternehmen und seine Umwelten. Identität und Grenzen unter den Bedingungen der Virtualisierung. Witten [Mikrofiche-Ausg.].
Wahl, Sabine (2009): Nike – die Marke der Sieger. In: Janich, Nina (Hrsg.), S. 207–225.
Warnke, Ingo H.; Spitzmüller, Jürgen (Hrsg.) (2008): Methoden der Diskurslinguistik. Sprachwissenschaftliche Zugänge zur transtextuellen Ebene. Berlin (Linguistik - Impulse und Tendenzen 31).
Warnke, Ingo H.; Spitzmüller, Jürgen (2008): Methoden und Methodologie der Diskurslinguistik – Grundlagen und Verfahren einer Sprachwissenschaft jenseits textueller Grenzen. In: Warnke, Ingo H.; Spitzmüller, Jürgen (Hrsg.), S. 3–54.
Wawra, Daniela (2008): Public Relations im Kulturvergleich. Die Sprache der Geschäftsberichte US-amerikanischer und deutscher Unternehmen. Frankfurt am Main u.a.
Yaeger-Dror, Malcah (2001): Primitives of a system for "style" and "register". In: Eckert, Penelope; Rickford, John R. (Hrsg.), S. 170–184.
Zerfaß, Ansgar (2010): Unternehmensführung und Öffentlichkeitsarbeit. Grundlegung einer Theorie der Unternehmenskommunikation und Public Relations. 3., aktualisierte Aufl. Wiesbaden.
Zilg, Antje (2006): Markennamen im italienischen Lebensmittelmarkt. Wilhelmsfeld (Pro lingua 41).

Zilg, Antje (2009): MAMMA ANTONIA, MAMMA MARIA, MAMA MIA. Kulturspezifika in der italienischen Markennamengebung. In: Janich, Nina (Hrsg.), S. 123–136.

Zimmerer, Vitor (2006): Herrschaft durch Sprachherrschaft? Was uns die Psycholinguistik über die „Macht der Wörter" sagen kann. Berlin (Berliner Beiträge zur Linguistik 4).

Zimmermann, Gerd; Germann, Thomas (Hrsg.) (2009): Corporate Fashion. Akzeptanz und Nutzung von Firmenbekleidungen in KMU. Marktstudie. Markdorf.

Anhang 1: Farbabbildungen

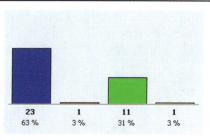 Farbanalyse eines Absatzes aus dieser Arbeit (Funktionalstil der Wissenschaft)	Die außersprachliche Relationierung von Stil wird bei Förster vor allem auf die Bezugsgruppen von Unternehmen ausgerichtet. Die Ausrichtung auf die Unternehmensidentität steht nur nominell im Vordergrund – zentral für das Konzept von Förster ist das Schreiben für einen bestimmten Lesertyp. Dieses unbestimmte Pendeln zwischen der Ausrichtung auf die Zielgruppe einerseits und der auf die Unternehmensidentität andererseits kritisiert bereits Sauer (2002: 44f.). Das Kriterium der Angemessenheit von Stil wird lediglich in Bezug auf Zielgruppen thematisiert, aber im Hinblick auf Textsorten oder Kommunikationsbereiche vernachlässigt.
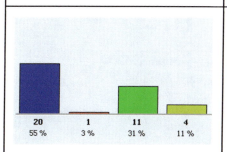 Farbanalyse eines Absatzes aus Elfriede Jelinek (1986): Die Klavierspielerin. S. 174. (Funktionalstil der Belletristik)	Die Stufen des Treppenhauses prallen, ausgehöhlt von zornigen Kindertritten, unter Erikas Leichtlaufsohlen ab. Sie verschwinden unter ihr. Erika schraubt sich in die Höhe. Im Turnsaal haben sich inzwischen Beratergruppen gebildet, die Mutmaßungen anstellen. Und Schritte empfehlen. Sie ziehen Täterfelder in Betracht und bilden Ketten, um mit Lärmwerkzeugen diese Felder zu durchkämmen. Dieses Knäuel Menschen wird sich nicht so rasch auflösen. Erst viel später wird es Stück um Stück zerbröckeln, weil die jungen Musiker nach Hause müssen.

Tabelle 8: Gegenüberstellung der Farbanalysen verschiedener Funktionalstile

Abbildung 10: Visualisierung zur Herstellung von Säften aus Konzentraten [A20]

Abbildung 11: Logo von Innocent Drinks

264 Anhang 1: Farbabbildungen

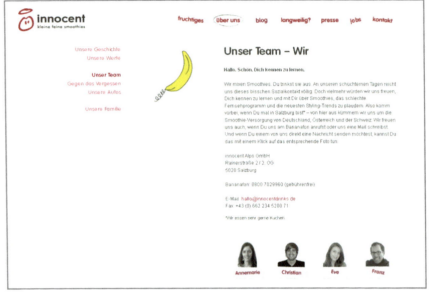

Abbildung 12: Screenshot der Webseite „Unser Team – Wir" von Innocent Drinks [A61]

Abbildung 13: Screenshot der Webseite „Unsere Werte" von Innocent Drinks [A62]

Anhang 2: Korpustabellen

Im Folgenden werden in Tabellenform die analysierten Texte auf den Produktpackungen von Innocent Drinks beigegeben. Die Webkommunikation ist bereits in der Primärliteratur erfasst. Dabei werden die Texte mit einer Sigle versehen, die zum einen das Etikett mittels eines Buchstaben (B-F) identifiziert und zum anderen den jeweils relevanten Textteil mit einer Zahl (00-08) identifiziert. Abgesehen von der Darstellung des Textes werden auch die Funktionen bzw. Themen oder Textsorten der Teiltexte angegeben. Typographische oder farbliche Auszeichnungen der Texte werden hier nicht wiedergegeben. Da die Verpackungstexte vor allem als Vergleichskorpus zur Charakterisierung des Sprachstils dienen und nicht zur Charakterisierung des semiotisch komplexen Stils von Innocent, kann darauf verzichtet werden. Die Nährwerttabelle erscheint im Anschluss an die Zutatenliste, entspricht jedoch den gesetzlichen Anforderungen und ist damit für die Untersuchung des Corporate Style nicht relevant. Sie wird daher in der Darstellung der Etikettentexte nicht berücksichtigt.
Zunächst erfolgt eine Auflistung der Etiketten unter Angabe des Buchstaben-Sigles:

[B]: Orange, Karotte und Mango mit Weintrauben, Banane und Zitrone [Verfallsdatum 21.03.2010]

[C]: Orange, Karotte und Mango [Verfallsdatum 06.05.2010]

[D] Mango & Maracuja mit Apfel, Banane, Orange und Limette [Verfallsdatum 20.03.2010]

[E]: Mango & Maracuja mit Apfel, Banane, Orange und Limette [Verfallsdatum 11.05.2010]

[F]: Brombeere, Erdbeere & Boysenbeere mit Apfel, Banane, Weintrauben, Orange, schwarzer Johannisbeere und Limette [Verfallsdatum 04.04.2010]

Sigle	Teiltext	Teiltextthema/ Teiltextsorte
B01	Erfindungen für eine bessere Welt: Spartaste auf der Toilette, CO2-Kompensation für Urlaubsflüge, Fahrgemeinschaften, Barack Obama, Fahrradwege, FSC-Zertifizierung, Kompost, Bono, ökologische Landwirtschaft, öffentlicher Personennahverkehr, biologischer Dünger, Mischkulturen, doppelseitiges Drucken, Elektroautos, Segelboote und unsere 100 % recycelte Flasche. Die, aus der Du gleich trinken wirst. Sie hinterlässt die Welt ein bisschen besser – mit jedem Smoothie ein Stück.	Fiktionale Geschichte, Thema: Der gekaufte Smoothie
B02	DAS INNOCENT VERSPRECHEN Wir versprechen, dass unsere Smoothies Dir immer gut schmecken werden. Wir versprechen, dass wir niemals Konzentrate in unsere Smoothies mischen. Und dass wir immer unsere Schuhe abputzen.	Produktversprechen
B03	Besuch uns in Fruit Towers oder online, ruf an oder schreib uns: innocent GmbH, Stadtdeich 7, 20097 Hamburg, 040 7029960, hallo@innocentdrinks.de, www.innocentdrinks.de **oder**: Lasserstraße 17, 5020 Salzburg, 0662 882883, hallo@innocentdrinks.at und in der Schweiz: 0712 446076, gruezi@innocentsmoothies.ch	Kontaktdaten
B04	Diese Flasche besteht zu 100 % aus recyceltem Plastik. Bitte recycle auch Du.	Recyclinginformationen
B05	3 GUTE GRÜNDE, DIESEN SMOOTHIE ZU TRINKEN 1. ES STECKEN 2 PORTIONEN OBST UND GEMÜSE IN JEDER FLASCHE 2. ER VERSORGT DICH MIT 90 % DEINER EMPFOHLENEN TAGESMENGE AN VITAMIN A 3. ER GIBT DIR DAS GUTE AUS 6 VERSCHIEDENEN SORTEN OBST	Faktenbasierte Argumentation für das Trinken des Smoothies
B06	BITTE HALT MICH KALT Bei 0-8° C im Kühlschrank aufbewahren. Vor dem Öffnen schütteln, danach innerhalb von 2 Tagen verzehren. Gekühlt mindestens haltbar bis: siehe Deckel. Schweiz: Zu verbrauchen bis: siehe Deckel. EIN INNOCENT SMOOTHIE IST EIN MIX AUS PÜRIERTEN FRÜCHTEN UND PUREN SÄFTEN	Gebrauchsanweisung
B07	Zutaten 19 gepresste Weintrauben (36 %) ½ pürierte Banane (20 %) ½ frisch gepresste Orange (18 %) 5 süße Baby Karotten (16 %) ein Stück zerdrückte Mango (8 %) und etwas frisch gepresste Zitrone (2 %).	Zutatenliste

Anhang 2: Korpustabellen

Sigle	Teiltext	Teiltextthema/ Teiltextsorte
B08	Zubereitung aus pürierten Früchten und Fruchtsäften. Produziert von Mutter Natur – hergestellt in Großbritannien.	Herstellernachweis
C01	Aufstehen, duschen, Frühstück, den Bus kriegen, etwas arbeiten, mit Kollegen flirten, Mittagspause, noch etwas arbeiten, nach Hause gehen, Abendbrot, eine Runde joggen, abwaschen, ein Buch lesen, ins Bett gehen. Jeder Tag ist voll mit Dingen, die getan werden müssen. Obst-Essen sollte eins davon sein. So kriegst Du Dein tägliches Vitamin C, Nährstoffe und andere gesunde Sachen mit lateinischen Namen. Also mach etwas Platz für einen Smoothie in Deinem Tag. Vielleicht zwischen dem Flirten und dem Heimweg?	Fiktionale Geschichte, Thema: Der gekaufte Smoothie
C02	DAS INNOCENT VERSPRECHEN Wir versprechen, dass unsere Smoothies Dir immer gut schmecken werden. Wir versprechen, dass wir niemals Konzentrate in unsere Smoothies mischen. Und dass wir immer Zahnseide verwenden.	Produktversprechen
C03	Deutschland: Innocent GmbH, Stadtdeich 7, 20097 Hamburg, 040 7029960, hallo@innocentdrinks.de, www.innocentdrinks.de Österreich, Schweiz: innocent Alps, Lasserstraße 17, 5020 Salzburg, AT: 0662 882883, CH: 0712 446076, www.innocentdrinks.at, www.innocentsmoothies.ch	Kontaktdaten
C04	Diese Flasche besteht zu 100 % aus recyceltem Plastik. Bitte recycle auch Du.	Recyclinginformationen
C05	3 GUTE GRÜNDE, DIESEN SMOOTHIE ZU TRINKEN 1. ES STECKEN 2 PORTIONEN OBST UND GEMÜSE IN JEDER FLASCHE 2. ER VERSORGT DICH MIT 90 % DEINER EMPFOHLENEN TAGESMENGE AN VITAMIN A 3. ER GIBT DIR DAS GUTE AUS 6 VERSCHIEDENEN SORTEN OBST	Faktenbasierte Argumentation für das Trinken des Smoothies
C06	BITTE HALT MICH KALT Bei 0-8° C im Kühlschrank aufbewahren. Vor dem Öffnen schütteln, danach innerhalb von 2 Tagen verzehren. Gekühlt mindestens haltbar bis: siehe Deckel. Schweiz: Zu verbrauchen bis: siehe Deckel. EIN INNOCENT SMOOTHIE IST EIN MIX AUS PÜRIERTEN FRÜCHTEN UND PUREN SÄFTEN	Gebrauchsanweisung

Sigle	Teiltext	Teiltextthema/ Teiltextsorte
C07	Zutaten 18 gepresste Weintrauben (36 %) ½ pürierte Banane (20 %) ½ gepresste Orange (18 %) 1 kleingemixte Karotte (16 %) ein Stück zerdrückte Mango (8 %) und ein Spritzer gepresste Zitrone (2 %) und kein Linienbus.	Zutatenliste
C08	Zubereitung aus pürierten Früchten und Fruchtsäften. Produziert von Mutter Natur – hergestellt in Großbritannien.	Herstellernachweis
D01	Dies ist ein Smoothie, keine Powerpoint-Präsentation. Sie haben beide eine Menge Text, aber abgesehen davon nichts gemeinsam. Eine Powerpoint ist todlangweilig, während Dich ein Smoothie mit netten Texten auf dem Etikett unterhält. Die Powerpoint ist in stickigen Räumen mit billigen Keksen zu Hause, was dem Smoothie nicht entspricht. Und eine Powerpoint gibt Dir keine zwei Portionen Obst. Das aber ist der Sinn von Smoothies, die man wunderbar während Powerpoints genießen kann.	Fiktionale Geschichte, Thema: Der gekaufte Smoothie
D02	[Ein Innocent-Versprechen fehlt an dieser Stelle.]	Produktversprechen
D03	Besuch uns in Fruit Towers oder online, ruf an oder schreib uns: innocent GmbH, Stadtdeich 7, 20097 Hamburg, 040 7029960, hallo@innocentdrinks.de, www.innocentdrinks.de **oder**: Lasserstraße 17, 5020 Salzburg, 0662 882883, hallo@innocentdrinks.at und in der Schweiz: 0712 446076, gruezi@innocentsmoothies.ch	Kontaktdaten
D04	Dieses Etikett ist nicht so papierig wie sonst. Aber es klebt noch auf der gleichen 100 % recycelten Flasche und beides zusammen ist noch genauso recycelbar. Bitte wirf nach dem Austrinken alles in die richtige Tonne. Danke.	Recyclinginformationen
D05	3 GUTE GRÜNDE, DIESEN SMOOTHIE ZU TRINKEN 1. ES STECKEN 2 PORTIONEN OBST IN JEDER FLASCHE 2. ER VERSORGT DICH MIT 85 % DEINER EMPFOHLENEN TAGESMENGE AN VITAMIN C 3. ER GIBT DIR DAS GUTE AUS 6 VERSCHIEDENEN SORTEN OBST	Faktenbasierte Argumentation für das Trinken des Smoothies
D06	BITTE HALT MICH KALT Bei 0-8° C im Kühlschrank aufbewahren. Vor dem Öffnen schütteln, danach innerhalb von 2 Tagen verzehren. Gekühlt mindestens haltbar bis: siehe Deckel. Schweiz: Zu verbrauchen bis: siehe Deckel. EIN INNOCENT SMOOTHIE IST EIN MIX AUS PÜRIERTEN FRÜCHTEN UND PUREN SÄFTEN	Gebrauchsanweisung

Anhang 2: Korpustabellen 269

Sigle	Teiltext	Teiltextthema/ Teiltextsorte
D07	Zutaten 2 ½ gepresste Äpfel (47 %) ½ zerdrückte Mango (23 %) ½ pürierte Banane (13 %) ½ gepresste Orange (11 %) ½ gepresste Maracuja (5 %) und etwas frisch gepresste Limette (1 %).	Zutatenliste
D08	Zubereitung aus pürierten Früchten und Fruchtsäften. Produziert von Mutter Natur – hergestellt in Großbritannien.	Herstellernachweis
E01	Die Powerpoint-Präsentation und der innocent Smoothie haben etwas gemeinsam: viele Buchstaben. Während sich jedoch die Buchstaben in einer Powerpoint zu Tode langweilen (merkt man ihnen sogar an, wenn man genau hinsieht), sind diese hier blendend gelaunt. Die üble Laune grauer Powerpoint-Buchstaben rührt daher, dass sie gemeinsam mit billigen Keksen in stickigen Räumen hausen. Und niemals Obst bekommen. Ein Glück also, dass es nicht nur Präsentationen gibt, sondern auch Smoothies, die man dazu genießen kann.	Fiktionale Geschichte, Thema: Der gekaufte Smoothie
E02	DAS INNOCENT VERSPRECHEN Wir versprechen, dass unsere Smoothies Dir immer gut schmecken werden. Wir versprechen, dass wir niemals Konzentrate in unsere Smoothies mischen. Und dass wir beim Gähnen die Hand vorhalten.	Produktversprechen
E03	Deutschland: Innocent GmbH, Stadtdeich 7, 20097 Hamburg, 040 7029960, hallo@innocentdrinks.de, www.innocentdrinks.de Österreich, Schweiz: innocent Alps, Lasserstraße 17, 5020 Salzburg, AT: 0662 882883, CH: 0712 446076, www.innocentdrinks.at, www.innocentsmoothies.ch	Kontaktdaten
E04	Diese Flasche besteht zu 100 % aus recyceltem Plastik. Bitte recycle auch Du.	Recyclinginformationen
E05	3 GUTE GRÜNDE, DIESEN SMOOTHIE ZU TRINKEN 1. ES STECKEN 2 PORTIONEN OBST IN JEDER FLASCHE 2. ER VERSORGT DICH MIT 85 % DEINER EMPFOHLENEN TAGESMENGE AN VITAMIN C 3. ER GIBT DIR DAS GUTE AUS 6 VERSCHIEDENEN SORTEN OBST	Faktenbasierte Argumentation für das Trinken des Smoothies

Anhang 2: Korpustabellen

Sigle	Teiltext	Teiltextthema/ Teiltextsorte
E06	BITTE HALT MICH KALT Bei 0-8° C im Kühlschrank aufbewahren. Vor dem Öffnen schütteln, danach innerhalb von 2 Tagen verzehren. Gekühlt mindestens haltbar bis: siehe Deckel. Schweiz: Zu verbrauchen bis: siehe Deckel. EIN INNOCENT SMOOTHIE IST EIN MIX AUS PÜRIERTEN FRÜCHTEN UND PUREN SÄFTEN	Gebrauchsanweisung
E07	Zutaten 1 gepresster Apfel (47 %) ½ zerdrückte Mango (23 %) ⅓ pürierte Banane (13 %) ⅓ gepresste Orange (11 %) ½ gepresste Maracuja (5 %) ein Spritzer gepresste Limette (1 %) und kein Flipchart.	Zutatenliste
E08	Zubereitung aus pürierten Früchten und Fruchtsäften. Produziert von Mutter Natur – hergestellt in Großbritannien.	Herstellernachweis
F01	Gut gemacht, Soldat. Es ist Krieg dort draußen, und Du hast gerade einen kleinen Kampf gewonnen. Du hättest irgendetwas vom Getränkeautomaten holen können, aber Du hast Dich für einen 100 % natürlichen Mix aus ganzen Früchten und puren Säften entschieden. Dein Körper will sich dafür bedanken, dass Du die richtige Entscheidung getroffen hast (und Deine Zunge auch). Bitte stell die leere Flasche stolz auf deinem Schreibtisch zur Schau – als Medaille für Deinen heutigen Sieg über Junkfood.	Fiktionale Geschichte, Thema: Der gekaufte Smoothie
F02	DAS INNOCENT VERSPRECHEN Wir versprechen, dass unsere Smoothies Dir immer gut schmecken werden. Wir versprechen, dass wir niemals Konzentrate in unsere Smoothies mischen. Und dass wir Dir nie ein X für'n U vormachen.	Produktversprechen
F03	Besuch uns in Fruit Towers oder online, ruf an oder schreib uns: innocent GmbH, Stadtdeich 7, 20097 Hamburg, 040 7029960, hallo@innocentdrinks.de, www.innocentdrinks.de **oder**: Lasserstraße 17, 5020 Salzburg, 0662 882883, hallo@innocentdrinks.at und in der Schweiz: 0712 446076, gruezi@innocentsmoothies.ch	Kontaktdaten
F04	Diese Flasche besteht zu 100 % aus recyceltem Plastik. Bitte recycle auch Du.	Recyclinginformationen

Anhang 2: Korpustabellen

Sigle	Teiltext	Teiltextthema/ Teiltextsorte
F05	3 GUTE GRÜNDE, DIESEN SMOOTHIE ZU TRINKEN 1. ES STECKEN 2 PORTIONEN OBST IN JEDER FLASCHE 2. ER VERSORGT DICH MIT 107 % DEINER EMPFOHLENEN TAGESMENGE AN VITAMIN C 3. ER GIBT DIR DAS GUTE AUS 9 VERSCHIEDENEN SORTEN OBST	Faktenbasierte Argumentation für das Trinken des Smoothies
F06	BITTE HALT MICH KALT Bei 0-8° C im Kühlschrank aufbewahren. Vor dem Öffnen schütteln, danach innerhalb von 2 Tagen verzehren. Gekühlt mindestens haltbar bis: siehe Deckel. Schweiz: Zu verbrauchen bis: siehe Deckel. EIN INNOCENT SMOOTHIE IST EIN MIX AUS PÜRIERTEN FRÜCHTEN UND PUREN SÄFTEN	Gebrauchsanweisung
F07	Zutaten 2 gepresste Äpfel (36 %) ½ pürierte Banane (20 %) 5 gepresste weiße Weintrauben (9 %) 2 ½ zerdrückte Erdbeeren (9 %) 5 zerdrückte Brombeeren (9 %) 4 zerdrückte Boysenbeeren (8 %) ¼ gepresste Orange (5 %) 21 zerdrückte schwarze Johannisbeeren (3 %) und etwas frisch gepresste Limette (1 %).	Zutatenliste
F08	Zubereitung aus pürierten Früchten und Fruchtsäften. Produziert von Mutter Natur – hergestellt in Großbritannien.	Herstellernachweis

VS Forschung | VS Research
Neu im Programm Medien | Kommunikation

Roger Blum / Heinz Bonfadelli / Kurt Imhof / Otfried Jarren (Hrsg.)
Krise der Leuchttürme öffentlicher Kommunikation
Vergangenheit und Zukunft der Qualitätsmedien
2011. 260 S. (Mediensymposium) Br. EUR 34,95
ISBN 978-3-531-17972-8

Kristin Bulkow / Christer Petersen (Hrsg.)
Skandale
Strukturen und Strategien öffentlicher Aufmerksamkeitserzeugung
2011. 315 S. Br. EUR 39,95
ISBN 978-3-531-17555-3

Olga Galanova
Unzufriedenheitskommunikation
Zur Ordnung sozialer Un-Ordnung
2011. 201 S. Br. EUR 39,95
ISBN 978-3-531-17674-1

Hans Mathias Kepplinger
Realitätskonstruktionen
2011. 235 S. (Theorie und Praxis öffentlicher Kommunikation Bd. 5) Br. EUR 34,95
ISBN 978-3-531-18033-5

Verena Renneberg
Auslandskorrespondenz im globalen Zeitalter
Herausforderungen der modernen TV-Auslandsberichterstattung
2011. 347 S. Br. EUR 39,95
ISBN 978-3-531-17583-6

Anna Schwan
Werbung statt Waffen
Wie Strategische Außenkommunikation die Außenpolitik verändert
2011. 397 S. Br. EUR 49,95
ISBN 978-3-531-17592-8

Ansgar Thießen
Organisationskommunikation in Krisen
Reputationsmanagement durch situative, integrierte und strategische Krisenkommunikation
2011. 348 S. Br. EUR 39,95
ISBN 978-3-531-18239-1

Erhältlich im Buchhandel oder beim Verlag.
Änderungen vorbehalten. Stand: Juli 2011.

Einfach bestellen:
SpringerDE-service@springer.com
tel +49(0)6221/345-4301
springer-vs.de